新闻学与传播学案例系列教材
主编　胡舒立　展江

媒体道德与伦理·案例教学

展江　彭桂兵　著

中国传媒大学出版社
·北京·

总 序

从本系列教材的策划到第一批面市，转眼四年过去了。其间中国社会和媒体的变化之大，令人目不暇接，更难全面理解其中玄机。这种巨变也给新闻传播教育提出了更大的挑战：原有的教学内容和方法哪些已经无效？哪些行将过时？对于本专业来说，还有一个特殊之处，那就是随着自媒体的崛起，师生教学关系是否已经从“前喻文化”变成了“后喻文化”？

“前喻文化”、“并喻文化”、“后喻文化”的概念源于美国女人类学家玛格丽特·米德。所谓“后喻文化”，在此特别是指在新媒体时代，学生通过互联网或其他现代学习手段，比家长、老师等长辈更早、更多地获得信息，更熟练地使用新媒体，而当学生对事物的感知与教师所教知识发生冲突时，学生会大胆或无情地对教师的“教育”进行评价或批判。

今天，对于站在三尺讲台前的教师来说，一个严峻的考验是：在应用型学科里，如果你讲课拘泥于传统套路，从概念到概念，或从抽象到具体，效果可能堪忧。如果讲述方式又是那么枯燥乏味，那么台下的学生即使不便公开表达不满，也会拨弄起手机来。换言之，“手机个人主义”正在改变我们的生活，而过度干预学生喜好的教师，是不会受到欢迎的。

我们再从方法论的角度来反思：即使教学效果尚可，从概念到概念式的讲课，极有可能令学生绝缘于火热的现实生活。而从抽象到具体的演绎法，其局限性是明显的：1）不能解决思维活动中演绎前提的真实性问题。2）不具有绝对性普遍意义。当事物由于发展而出现了一般没有的特点时，以一般演绎到个别往往不能成功。3）得出的结论正确与否，有待于实践检验，不能从内容上确保其结论的真理性。

由此我们不难想象，教师组织教学活动中确实面临着不小的风险与陷阱。如何规避这些风险与陷阱，至少是当下高校教师的急务要务之一。而趣味性强、与演绎法反其道而行之的案例教学法应运而生。说来始于哈佛大学的案例教学法已有百年以上历史，但是引入中国只是近年的事情，而且主要的运用者还是商学院。

不过寥寥数年的实践，案例教学法的影响迅速超越了商学院。而在案例教学法的发源地哈佛，情况更是如此。这两年在中国走红的哈佛公开课，其中由迈克尔·桑德尔教授开讲的政治哲学课程《正义》系列，收获了巨大的反响和声誉。桑德尔借助假想案例，引诱由“局外人”变成“局中人”的听众钻入其设计的困局，令上千学生忽而哄堂大笑，忽而转为沉思苦想，忽而身陷两难境地不能自拔。

入神于这些案例之后，学生们的学习兴趣油然而生。于是桑德尔再交代本课程的学习要求和相关理论的要点难点，这时我们所看到的是学生们聚精会神地聆听和记录……去过哈佛的人都知道，这所名校校园不大，而桑德尔授课的地方实际上是一所老剧院——桑德斯剧院。能让偌大的剧院座无虚席，肯定不是一件易事。可以说，桑德尔不仅是杰出的社群主义哲学大师，而且是善于捕捉和拴住学生心灵的法师。

那么，新闻传播学能不能推出完整的案例教材系列？这恐怕难以做出肯定的断言，因为案例教学也有局限性。长江商学院院长项兵坦陈，案例教学至少有两个局限性：第一，见树木不见森林。如果没有可复制性，那么相关意义就不大。第二，中国变化特别快，案例容易过时，这与多年不变的美国不同。①

此外，案例往往以较短的篇幅材料来涵盖相当长的时间历程，很难在内容与时间历程之间保持协调一致。案例叙述的是某一事件，没有严整的结构，这样学生所获得知识、技能等也难以汇总进一个整体框架中。案例可能也会使学生形成一些不正确的概括化认识，易出现“过度概括化现象”。② 案例教学不一定适合讲究系统性的新闻史和新闻传播理论课程。

但是，在日益丰富的新闻传播学的课程群中，至少有一半以上、甚至更多的与实践相关的课程是可能采用案例教学法的。本系列就是这样一种大胆尝试。我们规划的系列中，包括财经报道、媒体道德与伦理、媒体法、新闻摄影、调查性报道、深度新闻报道、融合新闻报道、新闻采访、全媒体新闻编辑、新闻评论、法治报道、网络舆情等。它们将陆续面世。

当然，出版系列案例教学教材是一种带风险的尝试，其绩效如何，端赖作为使用者的学生以及同行的评判。我们的初步努力一定多有不成熟之处和不周严之处，因此真心欢迎广大师生的批评和改进建议。

本系列教材从设计规划到编辑出版，始终得到了新闻传播学资深出版人司马兰女士的支持和关注，她的眼光和经验为本系列的可持续性提供了动力，在此我们深表谢意。

展江

① 刘丽虹：《项兵：案例教学局限性一目了然 前瞻得靠理论》，http://bschool.sohu.com/20100526/n272362494.shtml。

② 李志勇：《案例教学：理念・方法・示范》，http://pppdlee.blog.sohu.com/84103608.html。

前　言

本教材定稿前夕，两宗国内外事件中新闻媒体表现引发了批评和争议：其一，据信消失在西印度洋的马来西亚航空公司 MH370 号航班的搜寻作业仍在进行之中，中外媒体数十天的相关报道被公众追问其专业性的高下。其二，演员文章背着演员妻子与另一演员幽会的过程被媒体以图文形式详细报道引发风波。这说明，媒体道德问题和伦理议题层出不穷。

事实上，自 19 世纪末大众化报刊勃兴以来，大众传播的迅猛发展已经诱发了大量的道德问题和伦理难题。在传统媒体和新媒体十分强大的今天，人们将许多事件称为“媒体驱动”的，受众对事件的体认常常被媒体的有关报道所框定、所扭曲。

因此，许多国家的媒体面临公信力持续下降的信任危机。当代社会，新闻自由作为国际公认的基本人权，得到普遍的法律保护；但是，各国公众对于新闻和大众传播伦理现状多有不满，甚至谴责、控诉，这是一个新闻与传播专业学生和新闻从业者必须面对的时代悖论。

本教材的出版就是对这一现实的一种积极回应。本教材从设计、写作到交出文稿，前后持续了 4 年。整体框架由展江设计，其间多次修改和微调。在 15 讲内容的写作中展江完成 12 讲。展江的博士生彭桂兵参与完成其他 3 讲（第三、十四和十五讲），并帮助整理了部分案例。

本教材是在广泛借鉴国内外多部教材，尤其是在英国、美国、南非、印度等国同类教科书的基础上，结合国内丰富的媒体发展和新闻生产实践加以融汇和创新的成果。所谓的创新，首先是以单本的形式，将案例教学贯彻始终；其次是作者设计出了一个便于教学的独特框架；第三是本教材与另一部教材《媒体法：案例教学》形成了姐妹篇的关系。

通过潜心研究和与国际知名的媒体伦理学者、美国伊利诺伊大学克利福德·克里斯琴斯教授的交流，本教材作者对本领域如何选编案例作了积极探索，并得出基本看法：像商学院那种每讲分析一个大案例的做法或许不适合媒体伦理道德课程的案例教学，媒体实践的丰富性和多层次性在召唤案例群的呈现。

与案例分析相比，案例的汇集和编写是作者投入精力最多的地方。其间有两个问题困扰着作者：一是如何平衡中外案例？作者广泛搜集国内外案例，以努力实现这种平衡。在案例的选配上，大致做到了中外的一比一配对。二是如何辨别材料的真伪？作者发现，中文世界传播的材料中以讹传讹的不在少数，作者努力寻找原文加以甄别的过程不可谓不艰辛。

试举作者纠正的两个在中国学界广泛流传的以讹传讹故事。第十二讲中的黑格案不但案发时间错了数十年，而且多个关键事实有误。第十一讲中的非洲孩童被秃鹰虎视眈眈以及摄影记者卡特自杀案，基本事实中同样错误多多，连孩童的性别和生死都有误。这些错误所影响的不仅有新闻传播学界和媒体业界，还有法学界和法律界，可知拨乱反正的意义。

至于案例为什么选择的都是负面材料，那是遵循国内外惯例。作者在第一讲和第二讲中给出了国内外职业机构制定的职业道德准则或伦理规约，作为一种规范性的参照标准。而在具体案例中，无一例外地选择负面问题和争议问题，一来突出问题意识，二来以问题和议题来警醒、告诫和启发读者，要比正面褒扬的效果为佳，这些已经被实践所证明。

本教材的另一贡献，是将道德和伦理这两个中外常常混用的同义词汇变成异义词汇而加以区分。具体而言，作者将针对媒体表现的林林总总的批评、谴责和争议，分为媒体道德问题和媒体伦理议题。而真正能突显中国式问题的，是媒体道德问题。

在此基础上作者给出了四个常见的道德问题，即：1）媒体和从业者接受不正当的经济上的好处到头来以“正面宣传”、“有偿不闻”和新闻式广告来欺骗公众。2）虚假新闻：有鉴于虚假新闻的案例和分类的复杂性，将它拆分为三讲。3）悲剧、隐痛与媒体的残酷呈现。4）在涉性报道中媒体的肆无忌惮甚至违法行为。

至于作者给出的七个多发的中外媒体伦理议题，细心的读者会发现它们的全球普遍性。换言之，中国媒体同时面临比较严峻的道德失范挑战和经常是聚讼不已的伦理纷争。对于前者，我们只能以职业和一定程度的社会共识来加以识别和抵制。对于后者，作者认为中国业界和学界还不习惯于给予持不同意见的人士以充分表达的机会，而这恰恰是极端重要的。

作者暗含的一个观点是：媒体道德问题虽然不容易得到解决，但是共识和标准是不能轻易动摇的，这就是所谓“道德问题一般不能相对化”；对于媒体伦理议题，应该持开放的态度，鼓励各方参与讨论，以净化和活跃媒体建构的公共领域，这就是所谓“伦理议题一般不能绝对化”。作者引介五种伦理理论和两种分析工具，意在帮助读者分别探究不同性质的分析对象。至于媒体道德问题和媒体伦理议题有没有可能交汇？作者也持开放态度，分属于中编和下编的第八讲和第九讲之间关系的某种关联性就是一例。

此外，本教材作者还强调，媒体道德伦理与媒体涉及的法律问题既有分殊又有密切联系。因此在教材规划上首先将两者分为两部教材来实施教学，其次在教学过程中互为参照和关照。让学生学会用伦理道德和法律这两只眼睛来看待和分析媒体的表现，是作者致力的一个目标。当然，这给作者的知识结构提出了挑战：媒体法学属于法学门下，媒体道德伦理属于哲学门下。事实上在国外高校，由不同学科背景的师资分别承担相关课程已成惯例。这与目前国内高校“一身二任”的做法是不同的。而在本教材中，一部分案例或者本身就是司法案件，或者与法律高度相关。作者的尝试是否成功，全由读者评判。

作者最后要说明的一点，是关于传统媒体与新媒体的关系以及媒体道德伦理议题和问题的范畴。报刊和广播电视的职业化已经得到公认，而新媒体内容生产是否遵从传统媒体的标准是一个悬而未决的问题。换言之，一方面要面对媒体融合和交替产生的问题，一方面自媒体使用者通常并非媒体从业者，他们适用什么样的道德伦理规范，还有待较长时期的探讨。很显然，本教材是以传统媒体的规范和标准为基础的，其优点和局限性希望读者明鉴。

展江

目 录

上编 理论框架篇

中编 媒体道德篇

下编 媒体伦理篇

上编　理论框架篇

Chapter 1
第一讲　基点：把伦理和道德分开

- “头上的星空和内心的道德法则”
- 道德和伦理没有界限吗？
- 本教材基点：区分伦理与道德
- 消极义务与积极义务
- 伦理困境与现实选择
- 职业道德与职业伦理
- 媒体职业道德与职业伦理
- 媒体职业伦理道德与新闻专业主义
- 《职业新闻工作者协会伦理规约》
- 《伦理规约》分析
- 违反新闻职业道德和伦理的表现
- 《中国新闻工作者职业道德准则》
- 现行《职业道德准则》分析
- 谁来做出道德决定和伦理抉择？
- 伦理道德与法律的界限
- 学习本课程的几点建议

案例一 经济学不讲道德?

国内有经济学家说经济学是不讲道德的。在1992年邓小平“南方讲话”再次掀起经济发展高潮两年后的1994年，经济学家樊纲和作家梁晓声之间有关道德问题的论争，一时沸沸扬扬，构成那一年知识文化圈内的新景观。① 樊纲称，他“对我们一些科学家(这里主要指社会科学家)、理论家在他们从事自己的专业活动、写他们的专业文章中夹杂了太多的感情色彩、太多的‘是非’观念、太多的道德说教很不以为然……那会影响到你作为一个科学家的客观性”，而“经济学就其学科、就其职业来说是‘道德中性’的，经济学家是‘不讲道德’的”，所以他作为经济学家“只想分析事实而不想改变人性”。他还批评说：“现在有的经济学家也在著书立说，大谈‘市场经济应该有什么样的道德’，告诉人们什么好什么坏，从职业角度说，这是‘不务正业’。”②在经济学家茅于轼于1997年出版被封底文字称为“一部从反思历史的角度揭示中华命运兴衰的扛鼎之作”的《中国人的道德前景》③ 一书之后的1998年，樊纲再次撰文坚称他的观点：“经济学本身不谈道德！第一，它不对一种（任何一种）价值观的好坏作出评价；第二，它不研究各种道德观形成的历史，虽然不排除经济学能把一种经济制度的运行会怎样最终影响到社会道德规范的变化揭示出来，也就是把道德规范作为一个经济过程的‘副产品’来看待；第三，经济学本身不研究如何改变道德规范，特别是不研究如何通过道德教化、思想教育等等来改变人们的价值观、道德观，并通过这种道德说教活动来改变人们的经济行为和社会的经济结果。”④

案例二 中文教授指媒体新闻观念扭曲

北京大学中文系陈平原教授2012年6月11日在《人民日报》发表题为“北大教授斥媒体误区：新闻观念扭曲 刻意逢迎”的文章，对当代中国的大学和媒体“职业素养正在销蚀”忧心忡忡。他写道：在上世纪五六十年代，北大中文系的《现代汉语》课专门找《人民日报》的病句，定期整理好送给报社。但是今天“媒体的问题，不仅仅是出在遣词造句上，更严重的是新闻理念的扭曲”。陈教授首先斥责了网络时代的“标题党”：“最近几年，我不时受到媒体‘标题党’的困扰。不久前我发表了一篇题为《如何建立中国大学的独立与自信》的文章，结果经网络媒体‘润色’之后，题目变得有些‘刀光剑影’了——《中国大学唯哈佛剑桥马首是瞻 误尽苍生》。”继而他批评了媒体的另一时弊即媚上，尽管只是点到为止：“有些媒体还有一种心态，那便是刻意逢迎。

① 参见刘福寿：《经济学家不讲道德吗?》，载《探索与争鸣》，1995（7）。
② 樊纲：《经济学家谈道德?》，载《经济学消息报》，1994-12-08。
③ 茅于轼：《中国人的道德前景》，广州：暨南大学出版社，1997。
④ 樊纲：《“不道德”的经济学》，载《读书》，1998（6）。

须知新闻报道也是文章，也必须有自家立场。问题在于，目前不少媒体人只是把报道当作信息，还掺杂着媚上的情愫，不免让人有些遗憾。”接下来他又认为记者素质今非昔比：“这20多年来，我明显感觉到，记者的素养在下降。上世纪80年代的记者，采访时很认真，报道也像样，直接就可以入集。到了上世纪90年代，也还算是敬业。现在不行了，记者的采访稿，我一定要认真审核，改得花花绿绿的。很多时候，干脆将‘采访’变成了‘笔谈’，大家都轻松。”他特别提到一件事：“去年遇到最离谱的事，我花了一晚上改记者的稿子，结果见报时还是原样，我的意见一个字也没有采纳。”陈教授还抨击了高校与媒体结成“神圣同盟”的一个典型例证：“这些年来时有高校校长论文抄袭的丑闻，这可是中国大学的耻辱，本应刨根究底，但最后都不了了之。现在的中国大学，尤其是名校，公关能力都很强，有时候媒体不看‘僧面’也要看‘佛面’，想追也追不下去。我有些担心，某些中国人是否已经丧失了‘自我清洁’的精神和能力?”“中国的大学和传媒，因何得病?”他认为一个重要根源就在于媒体和记者缺乏职业精神，“不管是教授还是记者，或者是社会上其他人群，都需要维护自己职业的尊严，并建立职业精神”。陈教授深知：“这并不只存在于传媒人或者教授的群体中，整个社会似乎陷入了一种错位”，“凭一人之力、一己之言”已经难以解决问题，所以他只开出了不是药方的药方：“起码我们应该多一点理想主义，多几分人文情怀。”

北大教授斥媒体误区：新闻观念扭曲 刻意逢迎

案例三 三名中国经济学家眼中的媒体

经济学家通常对媒体和新闻工作者的印象不佳。在他们看来，这首先是源于新闻这个行当专业化有限，新闻工作者入行门槛低，甚至没有。如果说诺贝尔经济学奖得主弗里德里希·哈耶克把记者喻为“思想的二道贩子”，那么他是指记者只是思想观念的传播者、转述者，而不是创造者，因此这与记者的道德品行无关。在当代中国，一些经济学家似乎也对媒体的道德水准颇有微词。北京大学张维迎教授是坚定的市场派，他近年来在媒体指他为权贵效劳的抨击声中偶尔做一两次反击。张维迎在2007年这样说：“部分大众媒体对学术的摧残，对科学思想的藐视，对学者人格的侮辱，应该不是少数吧，这是我们这个社会不可饶恕的罪恶之一。”他认为，在一个相对更宽松的环境中媒体本来不至于如此不堪，“媒体在这个社会应该是越来越自由，越来越开放了，这是大好之事，但是媒体也应该越来越有理念、价值观和信仰。如果通过有意误导，恶意攻击，博取廉价、非理性的喝彩，我不知道媒体人的信念在哪里”。他另外又给媒体定了“三宗罪”：

“自由，意味着更多的选择，选择推进社会进程，还是破坏社会，不要把所有的错都归给别人。媒体本身浮躁、造假、哗众取宠，你怎么让这个社会不造假、不哗众取宠呢?”并且认为这样的媒体不代表公众舆论：“当媒体说自己为民做主时，他们多大程度上花费心思去调查考证真实的民意、真实的现实呢?”①

那么有没有经济学家看得上的国内媒体呢？笔者2006年年底有这样一段现场见闻：一位经济学家在参加《财经》杂志的新年座谈会上用这样一个故事来表达他与《财经》的关系：在认识《财经》以前，他对新闻媒体不屑一顾，看法相当负面。在他看来，“你们不就是耸人听闻吗，你们不就是敲诈勒索吗?”但是，在接触《财经》以后，他改变了对媒体的笼而统之的看法，不但成为《财经》的撰稿人，而且说服他女儿报考了纽约大学的媒体专业。后经确认，这位经济学家就是许小年教授。而另外一位经济学家则讲了这样一个故事来展示他与《财经》的关系：有一次他出差去加拿大，在首都机场候机时不忘为《财经》写专栏，不知不觉笔记本电脑没电了，才悻悻然准备登机。他突然发现，全飞机的人都在等他和诅咒他，因为此时已超过起飞时间一个多小时。因为他乘坐的是高等级舱位，所以只要他已经值机，飞机就要等他。而他在写稿时压根儿就没有听到一遍一遍播放的广播找人。

“头上的星空和内心的道德法则”

做好人、做善事，是先辈对后人的告诫。有价值的人生是道德的人生。苏格拉底说：“每天探讨德性以及相关的问题，对于人来说是一种至高之善，没有经受这种考察的人生是没有价值的人生。”

伊曼纽尔·康德说：“有两种东西，我们愈时常、愈反复加以思维，它们就给人心灌注了时时在翻新、有加无已的赞叹和敬畏：头上的星空和内心的道德法则。”② 德育，伴随着一个人所受教育的全过程，任何社会都不会拒斥道德包装。没有哪个统治者、圣人贤者和教育家不提倡道德。

当然，也有哲人怀疑人的道德水平。法国人文主义思想家蒙田是16世纪作家中很少受到现代人的崇敬和接受的一位。这位人类感情的冷峻观察家说过：“我们怎么诅咒自己思想的放纵都不过分。”如果说陈平原指责国内部分媒体媚上、刻意逢迎，有的网站玩“标题党”，张维迎直斥它们浮躁、造假、哗众取宠，许小年抨击它们耸人听闻和敲诈勒索，那么这些做派和行径正是现代科技支撑下的大众媒体和从业者自我放纵的典型特征。它们明显违反了古已有之的道德戒律（甚至触犯现代法律，构成职务犯罪），只是属于容易辨识的道德底线问题而已。

① 转引自陈东、傅小永：《张维迎：我对我的为人很自信》，载《南方人物周刊》2007（17）。
② 〔德〕康德：《实践理性批判》，韩水法译，北京：商务印书馆，1999，177页。

道德和伦理没有界限吗？

中国传统伦理道德思想源远流长。道，本义为“道路”，引申为“规律和规则”：德，本义为“得”，引申为“品德”。道德一词在汉语中可追溯到老子《道德经》：“道生之，德畜之，物形之，势成之。是以万物莫不尊道而贵德。道之尊，德之贵，夫莫之命而常自然。”“道德”二字连用始于荀子《劝学》篇：“故学至乎礼而止矣，夫是之谓道德之极。”构成“道德”一词的“道”与“德”的词源涵义也就都是指应该如何的行为规范。伦，本义为“辈”，引申为“人际关系”；理，本义为“治玉”（《说文》：“理，治玉也……玉之未理者为璞”），引申为“规律和规则”。合而言之，所谓伦理，就其在中国的词源涵义来看，便是人际关系事实如何的规律及其应该如何的规范。

而伦理与道德的西文词源涵义却有所不同。英文中伦理与伦理学是同一个词：ethics，源于拉丁文 ethica，ethica 又出于希腊文 ethos，意为品性与气禀以及风俗与习惯。英文中道德是 morality，源于拉丁文 mos，也是指风俗、习惯以及品性、品德。“所以，伦理与道德在西方的词源涵义完全相同，都是指人们应当如何的行为规范：它外化为风俗、习惯，而内化为品性、品德。所以，古罗马哲学家西塞罗（公元前 106—前 43 年）把亚里士多德著作中的 ethos（伦理）译为拉丁文 mores（道德）。于是，伦理学的拉丁文同义词是道德哲学：philosophia moralis。”①

但是，到了现当代，关于什么是道德、什么是伦理、两者之间的联系和区别如何，国内学界的意见并不一致。至于西方语言中最常见的与道德、伦理相关的概念如何与中文对应，彼此之间是什么样的关系，也是众说纷纭。一种在国内外学界都非常典型的观点是，道德（morals）和伦理（ethics）在现代是同义词，可以互换。

例如，有论者认为，“伦理”与“道德”皆指涉某种规范系统；若是严格加以区分，则伦理偏重于社会的层面，道德偏重于个人的层面。不过，在一般使用上，二者经常被视为同义词，有时更被连用为“伦理道德”一词。②

就像新闻的定义数以百计一样，关于什么是道德也是众说纷纭。③ 以下三个道德定义你更倾向于哪一个呢？道德是指：（1）应该如何的行为规范；（2）衡量行为正当与否的观念标准；（3）以善恶为标准，通过社会舆论、内心信念和传统习惯来评价人的行为，调整人与人之间以及个人与社会之间相互关系的行动规范的总和。

本教材基点：区分伦理与道德

当然，国内也有论者指出，“伦理”与“道德”是伦理学或道德哲学中的两个核心概

---

① 王海明：《伦理学是什么》，载《伦理学研究》，2002（1），90 页。

② 参见《伦理学是什么》，见 http：//iask. sina. com. cn /b /6010918. html，2006-08-19。

③ 对于道德与良心（良知）的关系，恐怕多数人会达成一致：道德很多时候与“良心”相提并论，良心是指自觉遵从主流道德规范的心理意识。

伦理

是建立在某些得到普遍接受的准则上的理性过程。

道德

是宗教领域的用语，往往表现为各种戒律及其形成的道德体系。

《摩西十诫》

第一条：除了耶和华以外，不可有别的上帝。第二条：禁止拜偶像。第三条：不可妄称上帝的名。第四条：遵守安息日。第五条：孝敬父母。第六条：不可杀人。第七条：不可奸淫。第八条：不可偷盗。第九条：不可做假见证陷害人。第十条：不可作非分之贪恋。

佛教八正道

(1) 正见；
(2) 正思维；
(3) 正语；
(4) 正业；
(5) 正命；
(6) 正方便；
(7) 正念；
(8) 正定。

念，但二者长期处于概念模糊和逻辑混乱状态，导致伦理学和道德教育“名不正而言不顺”。当代“伦理”概念蕴含着西方文化的理性、科学、公共意志等属性，“道德”概念蕴含着更多的东方文化的性情、人文、个人修养等色彩。“西学东渐”以来，中西“伦理”与“道德”概念经过碰撞、竞争和融合的过程，目前二者划界与范畴日益清晰，即“伦理”是伦理学中的一级概念，而“道德”是“伦理”概念下的二级概念。二者不能相互替代，它们有着各自的概念范畴和使用区域。①

不过，上述观点虽然颇有价值，尤其是作者的三重比较，即汉语言文化中的比较、英语文化中的比较、中西文化中的比较——很有启发性，却与本书的旨趣不符。本教材作者认为，对“伦理”和“道德”加以区分十分重要。有鉴于此，本教材借鉴美国教科书《媒介伦理学》的界定和划界方法来理解道德和伦理。“伦理”是建立在某些得到普遍接受的准则上的理性过程；而“道德”是宗教领域的用语，往往表现为各种戒律及其形成的道德体系。②

《摩西十诫》是犹太教与基督教共有的道德体系，作为《圣经》中的基本行为准则流传下来，影响深远。它是以色列人一切立法的基础，也是西方文明的核心道德观。《摩西十诫》第一条：除了耶和华以外，不可有别的上帝。第二条：禁止拜偶像。第三条：不可妄称上帝的名。第四条：遵守安息日。第五条：孝敬父母。第六条：不可杀人。第七条：不可奸淫。第八条：不可偷盗。第九条：不可做假见证陷害人。第十条：不可作非分之贪恋。③

犹太教和基督教认为，十条诫命的前四条是神和人立的约，事关信仰上帝这个总纲：尽心、尽性、尽意、尽力地爱上帝，后六条是人和人之间立的约，核心是爱人如己。

佛教的八正道提供了类似的道德框架。八正道意指达到佛教最高理想境地（涅槃）的八种方法和途径：(1) 正见。正确的见解，亦即坚持佛教四谛（苦、集、灭、道）的真理；(2) 正思维。又称正志，即根据四谛的真理进行思维、分别；(3) 正语。即说话要符合佛陀的教导，不说妄语、绮语、恶口、两舌等违背佛陀教导的话；(4) 正业。正确的行为。一切行为都要符合佛陀的教导，不作杀生、偷盗、邪淫等恶行；(5) 正命。过符合佛陀教导的正当生活；(6) 正方便。又称正精进，即毫不懈怠地修行佛法，以达到涅槃的理想境地；(7) 正念。念念不忘四谛真理；(8) 正定。专心致志地修习佛教禅定，于内心静观四谛真理，以进入清净无漏的

① 参见尧新瑜：《“伦理”与“道德”概念的三重比较义》，载《伦理学研究》2006 (4)。

② 参见〔美〕菲利普·帕特森、李·威尔金斯：《媒介伦理学》，李青藜译，北京：中国人民大学出版社，2006，2页。

③ 这里是最简版。《圣经》中并没有明确提出“十诫”，具体十条诫文是后人总结归类的。因此，各个教派的“十诫”条文不完全一样。

境界。

基督教承认，那些归向上帝的人也不能完全守住这些诫命，因为就是最圣洁的人，在律法面前也只是一个小小的起步；但他们既然因信称义，就被基督的爱激励，不仅照着这些诫命，也照着上帝的一切诫命开始生活，一生一世竭力追求，忘记背后，努力面前，向着标杆直跑。①

消极义务与积极义务

《摩西十诫》实际上是十条诫命。“诫”就是上帝所禁止的；“命”就是上帝的命令。也就是说：上帝让你去做的，你就去做；上帝不让你去做的，你就不要做，这就是诫命。十条诫命中只有第四条和第五条是“命”，其他八条都是“诫”。

在大哲学家康德的道德世界中有两类义务。严格义务一般是消极的：不谋杀，不失信，不撒谎。善意义务更积极一些：帮助他人，发展某人的才能，表示感激，等等。哲学家们一般认为，严格义务（例如不伤害人）比善意义务（例如帮助他人）更具有道德上的强制性。

社会公德应当体现消极义务与积极义务的平衡。一般而言，消极义务是底线性质的基本义务，人人必须遵守。底线实际上是一种类似于禁忌的基础生活秩序，这种基础生活秩序往往是由道德信念、成文或不成文的规则、非正式或正式的基础秩序混合在一起构成的。比如“不许杀人放火”、“货真价实、童叟无欺”，应该说这是一种维系社会正常运行的“最低道德保障”，底线失守是一种很深刻的社会危机。②

而积极义务则是一部分人承担的义务，它塑造高尚人格，我们人性中美好的一面往往因此激发出来，但是现实生活中许多人可望而不可即。过于强调道德中的积极义务，制定高不可攀的道德标准，制造“道德理想国”，往往导致两种情况：其一是极权统治，一个道德上完美无缺的伟大领导人号召民众无条件服从，否则就以专政手段整肃；其二是“规而不约”，官方制订了许多“道德准则”，但是民众视若无睹，没有人去参照执行，从而失去操作性。

除了消极义务和积极义务的二分法，经济学家张曙光还提出了道德层次的三分法：“第一个层次是单纯的为己利己的自利行为，既不损人也不利人。这是最低的和起码的道德要求，也就是何怀宏先生所说的‘底线伦

严格义务（消极义务）

不谋杀，不失信，不撒谎。消极义务是底线性质的基本义务，人人必须遵守。

善意义务（积极义务）

帮助他人。积极义务是一部分人承担的义务，它塑造高尚人格，我们人性中美好的一面往往因此激发出来，但是现实生活中许多人可望而不可即。

道德层次三分法

1. 为己利己；
2. 为己利人；
3. 为人利己。

① 参见《十条诫命——基督徒要学 100 问》，http://www.jidunet.cn/content/200704/043021F2007.html，2003-12-26。

② 参见孙立平：《守卫底线：转型社会生活的基础秩序》，北京：社会科学文献出版社，2007，2 页。

理'，它的一端连着法律，其主要内容几乎等于法律；它的另一端连着类似于宗教的信仰、信念。第二个层次是为己利人，或利己利人的互利行为，这是最普遍的道德要求。第三个层次是为人利人，无私奉献，这是最高的道德理想和道德要求。"①

伦理困境与现实选择

但是，现实世界远远不像学童背诵人生格言和宗教诫命那样简单。一个道德体系中的多个因素（诫命）有可能相互冲突，这时伦理就开始起作用了。

康德宣称：谎言，即故意的不诚实，在任何情况下，"仅仅由于它的形式，就是人对他自身的一种犯罪，就是使一个人在他自己眼中变得低贱的一种卑劣"②。但是，这位200年前的先哲又描述了一个典型的伦理困境：当一个持枪男人来到你家门前，问另一个人在哪里（正藏在你家壁橱里），因为持枪男人想杀了他，你应该怎么做？你是撒谎，还是说实话？犹太教与基督教共有的道德体系认为杀戮和撒谎都是不对的。但是，你必须痛苦地在二者之间做出选择。

我们可以在反映抗日战争的老电影中找到这样的场景：鬼子要进村了，在村头问一群孩子："八路在哪里？"孩子故意指着相反方向回答："八路在那儿！"结果鬼子当然是上当受骗。为什么后人将"骗鬼子"作为美谈来称道？这是因为我们假定"鬼子"代表绝对邪恶，反抗"鬼子"代表绝对正义，所以一切手段都是正当的，产生的效果越正面越好。但是，日常生活中并不经常出现"绝对正义"与"绝对邪恶"的对峙和搏杀。

"善意的谎言"

2005年11月13日下午，位于吉林省吉林市的中石油所属吉林石化公司101双苯厂一化工车间发生连续爆炸，致5人死亡，另有1人失踪、2人重伤、21人轻伤，数万居民紧急疏散。爆炸使约100吨化学物流入松花江，江面上产生了一条长达80公里的污染带，主要污染物为苯和硝基苯，为致癌物质。苯含量一度超标108倍。污染带先通过吉林省的多个市县进入黑龙江省境内，哈尔滨市几乎是首当其冲。

21日，哈尔滨市政府发布公告宣布，该市因为要全面检修供水管网，自来水供应将于月22日中午暂停。同时，网上出现关于停水原因的谣传，其中有的说哈尔滨将会发生地震，导致一些市民在户外过夜，有的说哈尔滨供水系统被恐怖分子投毒。市内各超市出现抢购饮用水、饮料、食品的现象，从哈尔滨出发的火车票和机票也全部售完。同时，上游的松花江江畔也出现了死鱼，这加剧了恐慌。

---

① 张曙光：《走向市场经济的制度结构：市场、政府和道德》，载《天津社会科学》，1998（3）。

② 转引自〔德〕弗里德里希·包尔生：《伦理学体系》，何怀宏、廖申白译，北京：中国社会科学出版社，1988，583页。

当日晚些时候，市政府修改公告："因中石油吉化公司双苯厂发生爆炸事故致使松花江水被污染而临时停水"。停水推迟到 23 日午夜。污染带 24 日凌晨抵哈尔滨。硝基苯含量一度超标 16.87 倍。25 日，硝基苯含量再度升高，达到 0.5805mg/L，超标 33.15 倍，然后开始下降，苯含量始终没有超标。11 月 27 日晚，历经 5 天停水后，哈尔滨部分地区恢复自来水供应。污染带后来经黑龙江流入俄罗斯境内。黑龙江省省长张左己表示，政府在断水危机来临之初，向民众声称要检修供水管网，发布了"善意的谎言"。

与其说伦理解决的是对与错的矛盾，不如说解决的是价值观之间的矛盾，并决定如何在二者之间做出取舍。伦理学意味着：（1）学习在善与恶、合乎道德的正义行为与非正义行为之间做出理性的抉择。（2）运用理性对若干个可能都合乎道德的正义抉择进行区分，挑选出其中更加合乎道德的。①

职业道德与职业伦理

职业道德与伦理

主要包括工作观和专业规范两部分。成熟的职业道德和伦理规范，通常以消极义务为主。

所谓"职业道德和伦理"大体包括工作观（人为什么要工作?）及专业规范两部分，这也是中国传统伦理道德较欠缺的部分。首先这是因为，与世界上多数古代国家以宗教为统治者的意识形态不同，儒家学说强调"以德治国"，中国古代社会的道德特点是把宗法观点和皇权至上合二为一，也就是让皇权统治和家长制统治互相呼应；其次是因为，职业道德和伦理是伴随着商品经济的发展而产生的新的道德伦理观，而在长期的自然经济之下并无所谓职业，每个家庭所从事的生产活动是大同小异的；既然无所谓职业，当然就无所谓职业道德和伦理。②

在西方新教世界，各种现代职业（专业）较早产生，于是就有了专业人士即从业者的称谓。按照马克思·韦伯的理解，现代早期资本主义职业的兴盛与职业观念的世俗化有深刻的内在联系，世俗化的谋利活动，得到了宗教上的肯定，对于世俗职业的发展发挥了作用。

韦伯认识到，在以往的所有信仰天主教为主的诸民族的语言中，都没有任何表示与我们所知的"职业"相似的概念。自从 16 世纪初马丁·路德宗教改革以后，强调人在世间的责任，这样体现这一意义的职业概念就

① 参见〔美〕菲利普·帕特森、李·威尔金斯：《媒介伦理学：问题与案例》，李青藜译，北京：中国人民大学出版社，2006，3 页。

② 参见茅于轼：《中国人的道德前景》，2 版，广州：暨南大学出版社，2003，128 页。

出现了。而宗教改革以来，将履行职责义务看成是上帝应允的唯一生活方式的看法，越来越受到重视。每一种正统的职业在上帝那里都具有完全同等的价值。①

从《圣经》的观点来看，工作有三重意义：发展自我、服务社会及服侍上帝。专业（profession）和专业人士（professional）的词源是动词 profess，意指“向上帝发誓，以此为职业”。在人欲横流的商业社会，职业道德和伦理格外重要。

一个社会职业要得到公众的认可和尊重，就必须遵循一般的和这个职业特殊的道德诫命和伦理原则。当然，也有哲人这样挖苦说：“在所有职业中，每种职业都或多或少地装扮出某种面孔，人们以自我预期的样子粉墨登场。因此，这个世界不过是由众多的演员组成的大舞台而已。”②

我们可以发现，一部成熟的职业道德与伦理规范，通常是以消极义务为主的。积极义务主要体现在概述性的“工作观”，尤其注重发展自我和服务社会这两点，但绝不是规定什么“圣人”标准，因为它要求从业者做一个达到一般道德标准的合格公民，而不是助人为乐的善人。从业者必须完成专业技术性强的本职工作，而本职工作不能等同于乐善好施，甚至要排除业外人士的干扰。

《希波克拉底誓言》（医生宣言）③

1. 请允许我行医，我要终生奉行人道主义。
2. 向恩师表达尊敬与感谢之意。
3. 在行医过程中严守良心与尊严。
4. 以患者的健康与生命为第一位。
5. 严格为患者保守秘密。
6. 保持医学界的名誉与宝贵的传统。
7. 把同事视为兄弟，不因患者的人种、宗教、国籍和社会地位的不同而区别对待。
8. 从受孕之始，即把人的生命作为至高无上之物来尊重。
9. 无论承受怎样的压力，在运用自己的知识时也不会违背人道主义。

在这个意义上，张曙光先生指出了职业道德与社会普遍道德即公德可能存在的不一致性：“当一个人处在职业生活中时，为了遵守职业道德，可以违背一般人的道德要求，也

① 参见龚群：《社会伦理十讲》，北京：中国人民大学出版社，2008，160～161 页。

② 〔法〕拉罗什福科：《道德箴言录》，王水译，上海：上海三联书店，2008，54 页。

③ 参见〔日〕大前研一：《专业主义》，裴立杰译，北京：中信出版社，2010，7～8 页。希波克拉底是公元前 4—前 3 世纪著名的希腊医生，被誉为“医学之父”。该誓言很可能在希波克拉底之前已经在医生中代代相传，以口头的形式存在，希波克拉底也许是第一个把这一誓言用文字记录了下来的人。该誓言中有过时内容，但其基本精神被视为医生的行为规范，沿用至 2000 年。这里的版本是现代版之一。

就是说，职业道德和一般人的道德不仅有所不同，甚至还会出现矛盾。”① 张曙光论辩道：“比如，医生对一个绝症患者不讲实话，这既符合人道主义精神，也符合医生的职业道德，但却有违其作为一般人要诚实的道德要求。再如，即使知情，在法庭上律师可以而且不应提供对自己委托人不利的指证，同时应当钻法律的空子替自己的当事人辩护，这些都符合律师的职业道德，但却不符合其作为一般人的道德……然而，如果律师不钻法律的空子，不替自己的当事人说话，反而举证自己当事人的罪责，法庭抗辩和律师职业也就失去了光彩，律师职业也就没有独立存在的价值，还谈什么律师的职业道德。”②

媒体职业道德与职业伦理

专业人士必备四种能力
1. 先见能力；
2. 构思能力；
3. 讨论能力；
4. 适应矛盾能力。

世界知名的管理学家大前研一认为，专业人士必须具备四种能力：(1) 先见能力；(2) 构思能力；(3) 讨论能力；(4) 适应矛盾能力。③ 在国内外，人们常常将新闻职业与法律和医疗职业对比。那么，新闻工作者能否做出有违常人伦理道德观念的伦理选择并自圆其说呢？我们在本教材中将反复探讨这一问题。

媒体职业道德
是媒体从业者和媒体机构自身，遵循体现普遍性的社会公德（工作观）和体现特殊性的专业标准（专业规范），对其职业行为进行的自我约束和自我管理。

在古希腊，伦理学的原初意义是关于幸福或美好生活的学问，幸福是伦理学研究的出发点和归宿，是伦理学要解决的问题。但是与这种一般性的理解不同，媒体职业道德与职业伦理试图解决的经常是问题、恐慌、不安、批评、抱怨、投诉、愤怒、抗议、抵制等大众传播业者不愿看到的反应。一旦新闻伦理抉择发生错误，受众的反应既迅速又苛刻。

由于新闻工作者必须频繁做出内容选择和判断的特性，为多家报刊撰写专栏文章的法国女作家玛格丽特·杜拉斯认为：“没有不涉及道德的新闻写作。所有的记者都是伦理学家。这绝对无可避免。记者就是一个观察世界的人，观察这个世界的运转，每天，站在很近的地方注视着它，把它展现出来，让大家得以再度审视——这世界，这世界里的事件。”④

媒体职业伦理
是媒体从业者和媒介机构在媒体职业道德体系中的诸个因素（道德诫命）发生冲突时的理性抉择原则。

媒体职业道德就是媒体从业者和媒体机构自身，遵循体现普遍性的社会公德（工作观）和体现特殊性的专业标准（专业规范），对其职业行为进行的自我约束和自我管理。媒体职业伦理就是媒体从业者和媒介机构在媒体职业道德体系中的诸个因素（道德诫命）发生冲突时的理性抉择原则。

具体而言，凡是在媒体职业共同体内有共识而少争议的批评对象，我们就称之为媒体道德问题，本教材中编各讲所分析的就是几种常见的媒体

①② 张曙光：《经济学（家）如何讲道德？——评〈中国人的道德前景〉》，载《读书》1999（1）。
③ 参见〔日〕大前研一：《专业主义》，裴立杰译，北京：中信出版社，2010，Ⅲ～Ⅴ。
④ 〔法〕玛格丽特·杜拉斯：《外面的世界》，袁筱一译，北京，作家出版社，2007，18 页。

道德问题。凡是在媒体职业共同体内缺乏共识而多有争议的话题，我们就称之为媒体伦理议题，本教材下编各讲所分析的就是几种常见的媒体伦理议题。我们的一个提示是，媒体道德问题一般不宜相对化，而媒体伦理议题一般不宜绝对化。在特殊情况下，媒体道德问题和媒体伦理议题才有可能转化或融通。

新闻职业道德和职业伦理是媒体职业道德与职业伦理的核心，是决定新闻应该如何采集、制作、报道和编辑的行为准则。对于新闻工作者来说，能够解释自己的伦理选择很重要，因为他们在报道一则新闻的过程中要与消息来源打交道、处理与同事的关系，最后还要面对公众，所以可能要同时做出几个互不相关的伦理抉择。

媒体职业伦理道德与新闻专业主义

三种媒介模式
1. 北大西洋/自由主义模式；
2. 北欧和中欧/民主法团主义模式；
3. 地中海/极化多元主义模式。

美国学者丹尼尔·C·哈林和意大利学者保罗·曼奇尼在貌似大一统的西方阵营中划分出不同类型，提炼出令人耳目一新的三种媒介模式：(1) 北大西洋/自由主义模式；(2) 北欧和中欧/民主法团主义模式；(3) 地中海/极化多元主义模式。与民主法团主义模式类似，自由主义模式以新闻自由和大规模发行报刊的先期发展为特征。不同的是，在自由主义模式中，商业性报纸占主导地位，政治对媒介的支配性很低，媒介内部多元主义盛行。① 正是在这种语境下，新闻专业主义应运而生。

从20世纪初起，新闻专业主义首先在美国兴起，如今已经影响了世界上许多地方，包括西方世界中与美国和英国的新闻事业迥然有异的欧洲大陆国家。哈林和曼奇尼指出，新闻事业专业化有三个维度：

新闻事业专业化三维度
1. 自治；
2. 独特的专业规范；
3. 公共服务取向。

(1) 自治（自主性）。自治永远是专业化这一定义的核心，这是许多职业努力实现自身“专业化”、证明对它们的工作过程施加更大控制具有正当性的关键原因之一。与提供私人服务的医生和律师不同，新闻工作者是在一个以大批量生产为规范的产业中工作的。他们几乎从不拥有自己的制作手段，而是大型企业的拿薪雇员。在某种意义上，新闻事业的专业化是从第一批受聘用的采访记者出现而发端的；这样，新闻工作者的职业才与印刷商或政治家/业主的职业区分开来。新闻工作者极少声称并几乎从未完全获得媒介组织的控制权。尽管如此，他们经常成功地在组织内部获得重要的相对自主性。

(2) 独特的专业规范。所谓专业，就是“用某种生活方式、伦理规约、自我意识的身份和对局外人的障碍，将其自身‘水平地’组织起来的职业”。这种“水平”组织的一个重要部分是有一套该专业独特的共享规

① 参见〔美〕丹尼尔·C·哈林、〔意〕保罗·曼奇尼：《比较媒介体制》，陈娟、展江等译，北京：中国人民大学出版社，2012，66~74页。

范。以新闻事业为例，这些规范包括伦理原则——例如保护匿名消息来源或区分广告与编辑内容的义务，以及新闻实践常规——例如“新闻价值”的共同尺度，还有判断专业实践的卓越性和分配声望的标准。

（3）公共服务取向。与其他主张专业地位的职业相比，公共服务伦理于新闻事业也许特别重要：因为新闻事业缺乏深奥的知识，新闻工作者对自治性和权威性的主张在特别大的程度上依赖于他们对服务于公共利益的主张。关于公共服务伦理的发展，最清晰的昭示之一是新闻事业自律机制的存在。[1]

根据哈林和曼奇尼的一个分类，新闻事业有“信息取向型新闻事业”和“评论取向型新闻事业”之别。“信息取向型新闻事业”盛行于美国等自由主义国家，它推崇新闻媒体以新闻报道而不是观点鼓吹为主，崇尚新闻客观性，主张事实报道和意见表达分离，在报道中秉持中立立场和平衡各方利益。

信息取向型新闻事业

推崇新闻媒体以新闻报道而不是观点鼓吹为主，崇尚新闻客观性，主张事实报道和意见表达分离，在报道中秉持中立立场和平衡各方。

传统上中国的新闻事业是评论取向型的，在新闻媒体上观点和事实不加区分（所谓“夹叙夹议”和表达记者立场），改革开放以来仍然主导了中国新闻界多年。随着 20 世纪 90 年代中后期市场经济体制的初步确立和西风东渐，倡导和实践新闻专业主义的“信息取向型新闻事业”大有后来居上之势，这在都市类媒体中最为显著。但是，随着新媒体尤其是微博的快速兴起，信息和意见交织的“鼓吹型”表达似乎又卷土重来。

评论取向型新闻事业

在新闻媒体上观点和事实不加区分（所谓“夹叙夹议”和表达记者立场）。

《职业新闻工作者协会伦理规约》

如上所言，新闻专业主义建基于媒体的独立自主性，强调为公众利益服务，并拥有独特的专业规范。这种专业规范常常见诸文字，以其对媒体从业者形成道德约束机制和可遵循的实践常规，帮助他们在陷入伦理困境时解困。尽管不时有人怀疑这种经常叫做《伦理规约》（*code of ethics*）[2]的权威性和约束力，但是本书作者认为，我们作为大众媒体的后发国家，从剖析有代表性的成文伦理道德规约入手是一个不错的开端。

职业新闻工作者协会（Society of Professional Journalists，SPJ）是美国历史最悠久的代表新闻工作者的专业组织，成立于 1909 年，与 1903 年报人约瑟夫·普利策与哥伦比亚大学签约计划设立普利策新闻奖和新闻学院、1908 年报人沃尔特·威廉斯在密苏里大学创办世界上第一所新闻学院[3]并起草《新闻工作者信条》（*Journalist's Creed*）[4]，共同成为新闻专

① 参见〔美〕丹尼尔·C·哈林、〔意〕保罗·曼奇尼：《比较媒介体制》，陈娟、展江等译，北京：中国人民大学出版社，2012，34～37 页。

② 通常被译为“道德准则”、“道德规范”等。但本书采用“伦理规约”的译法，这首先是基于伦理与道德的区分，其次是突出它们对于解决职业伦理困境的指导作用，最后是显示其协约性，而不是“准则”等词汇带有的训诫性。

③ 前身为社会科学自由学院（Collège Libre des Sciences Sociales），1895 年成立的巴黎高等新闻学院（Ecole Supérieure de Journalisme de Paris）也自称是世界上第一所新闻学院。

④ 旧译为“《报人守则》”。

业主义起步的标志。它如今拥有 300 个分会，会员人数超过 9000 人，既有传统的报刊和广播电视媒体新闻工作者，也有新媒体新闻工作者，还包括新闻教育者和有志于从事新闻工作的学生。

新闻工作者信条①

沃尔特・威廉斯

我信赖新闻工作这一职业。

我相信，公共刊物是一份公共信托；为了承担全部责任，与它相关联的所有人士都是服务公众的受托人；对公共服务克斤扣两就是对这种信托的背叛。

我相信，清晰的思维、清晰的表述、准确性和公正性是优秀新闻事业的基础。

我相信，新闻工作者只应该写他由衷地认定是真实的东西。

我相信，除了基于社会福利，基于其他任何考虑而打压新闻是不可原谅的。

我相信，作为新闻工作者，谁也不应该去写不能出自君子之口的东西；用自己的钱包行贿与用别人的钱包行贿一样，都是要避免的；不能以受他人之命或为他人谋利为由而逃避个人责任。

我相信，广告、新闻和社论栏都应该服务于读者的最大利益；作为单一标准，有益的真相和纯洁无瑕应该主导一切；对优秀新闻事业的最高检验是衡量其公共服务。

我相信，最成功的——当之无愧最为成功的——新闻事业敬畏上帝并尊重人类；它是决然独立的；它不为出言不逊或贪图权力所动；它是建设性的、宽容的而不是草率的；自治的、耐心的，永远是尊重读者的，但永远是无畏的，它敏于对不公不义表示愤慨；它面对特权的诉求或暴徒的喧嚣毫不动摇；它寻求给每个人以机会，而这是一种均等的机会，从法律层面讲，正当的薪俸以及对人类手足之情的认可能够做到这一点；当它真挚地促进国际善意和巩固世界友谊时非常爱国，是一种为当今世界所有和所享的人道的新闻事业。

（展江、周卫译）

职业新闻工作者协会成立之初借鉴了美国报纸主编协会的《伦理规约》。它自己的《职业新闻工作者协会伦理规约》（下简称《伦理规约》）问世于 1973 年，其间还经过了 1984 年和 1987 年的修订。现行的是 1996 年最新修订版。②

《伦理规约》中译文正文 1540 个汉字，分为 5 个部分，依次为：前言（129 字）；探究与报道事实真相（688 字）；将伤害最小化（346 字）；独立行事（239 字）；可被问责（138 字）。

① 拟于 1906 年前后。

② 见 http：//www. spj. org /ethicscode. asp。

职业新闻工作者协会伦理规约

前　言

职业新闻工作者协会的成员相信，公众启蒙是正义的前奏和民主的基础。新闻工作者的责任是探究事实真相以及就事件和议题提供公正而全面的报道，进而实现上述目标。来自所有媒介和专业的有良知的新闻工作者努力全面而诚实地为公众利益服务。职业廉正是新闻工作者公信力的基石。

探究与报道事实真相

在采集、报道和解释信息时，新闻工作者应该诚实、公正而勇敢。新闻工作者应：

● 根据所有的消息来源来检验信息的准确性，以谨慎行事来避免因疏忽而导致的差错。绝对不允许蓄意的歪曲。

● 努力找到新闻报道对象，向他们提供回应对其不当行为的指陈的机会。

● 只要有可能，就要交代消息来源的身份。公众有权就消息来源的可靠性获得尽可能多的信息。

● 在允诺匿名之前，一律要质疑消息来源的动机。说明为获取信息而做出任何承诺的附带条件。信守诺言。

● 防止标题、新闻贴士和宣传性材料、图片、录像、录音、图表、同期声、引语失实。它们不能背离语境而过于简化或夸大事件。

● 杜绝扭曲新闻图片或录像的内容。为了提高技术清晰度而强化形象是允许的。使用蒙太奇或图片说明需注明。

● 不得重现或导演新闻事件，以避免误导。如果为了讲述故事而有必要重现，必须加以说明。

● 避免暗中进行的或其他鬼鬼祟祟的信息采集方式，除非传统的公开方法不能产生对公众来说至关重要的信息。对这些方式的运用应当作为报道的一部分加以解释。

● 杜绝抄袭剽窃。

● 大胆地讲述关于人类经验的多样性和重要性的故事，即便这种做法并不受欢迎。

● 审视自身的文化价值观，避免将这些价值观强加于人。

● 避免就种族、性别、年龄、宗教、族裔、地理、性取向、残障、体貌或社会地位形成刻板成见。

● 支持观点的公开交流，即便他们发现的观点是相互抵触的。

● 给无发言权者以发言权；官方的和非官方的消息来源具有同等效用。

● 区分观点鼓吹与新闻报道。分析与评论应标明，以避免歪曲事实或语境。

● 区分新闻与广告，警惕模糊二者界限的混合物。

● 认识到以下特殊责任：确保公众事务公开处理，政府记录公开审查。

将伤害最小化

有道德的新闻工作者将消息来源、报道对象和同事奉为值得尊敬的人。新闻工作者应该：

● 对那些可能受到新闻报道负面影响的人表示同情。在对待儿童和无经验的消息来源或报道对象时，具有特殊的敏感性。

● 在寻求和使用那些遭到悲剧或哀痛打击的人的访问和照片时谨慎行事。

● 认识到采集和报道信息可能会造成伤害和不适。追寻新闻不是傲慢无礼的许可证。

● 认识到与公共官员和其他努力寻求权力、影响力或注意力的人相比，私人有更大的权利控制关于自身的信息。只有压倒一切的公共需要才能证明侵犯个人隐私的正当性。

● 表现良好的品位。避免迎合耸人听闻的猎奇癖。

● 在交代青少年犯罪嫌疑人或性犯罪受害者的身份时谨慎从事。

● 在正式发出指控之前，明智地使用犯罪嫌疑人这一称谓。

● 在犯罪嫌疑人的公正审判权与公众的被告知权之间进行平衡。

独立行事

除了公众的知情权以外，新闻工作者应该不对任何利益负有责任。新闻工作者应该：

● 避免利益冲突，无论这种冲突是真实的或是感知的。

● 摆脱各种可能危及诚实或可能损害公信力的社团或活动。

● 如果它们危及新闻工作者的诚实的话，拒绝礼品、优惠、酬金、免费旅行和特殊待遇，回避在社区组织中的第二职业、政治涉入、公职和服务。

● 披露不可避免的冲突。

● 警觉而勇敢地向权势者问责。

● 拒绝偏袒广告商和特殊利益集团，抵制它们影响新闻报道的压力。

● 警惕那些为获得好处或金钱而提供信息的消息来源；避免出价购买新闻。

可被问责

新闻工作者要对他们的读者、听众、观众以及每一个他人负责。新闻工作者应该：

● 澄清与解释新闻报道，与公众就工作者的行为展开对话。

● 鼓励公众诉说对新闻媒介的不满。

● 承认错误，并及时改正。

● 揭露新闻工作者和新闻媒介不合伦理的行为。

● 既以高标准要求别人，也以同样的高标准要求自己。

（展江译）

《伦理规约》 分析

我们以其中包含的职业道德“诫命”和职业伦理原则为例来分析。

（一） 职业道德部分

1. 积极义务：（4 条）

从篇幅来说，这是《伦理规约》中最小的，只是第一部分“前言”的 129 个字，它概述了新闻职业的工作观：

A. 职业新闻工作者协会的成员相信，公众启蒙是正义的前奏和民主的基础。

B. 新闻工作者的责任是探究事实真相以及就事件和议题提供公正而全面的报道，进而实现上述目标。

C. 来自所有媒介和专业的有良知的记者努力全面而诚实地为公众利益服务。

D. 职业廉正是新闻工作者公信力的基石。

2. 消极义务：“应该如何做”和“不能做”

职业道德规范的主体部分是详尽的消极义务，包括后面的 4 各部分，共 1411 字。这种消极义务又可分为体现技术性要求的肯定性表述（“应该如何做”）、体现职业道德底线的否定性表述（“不能做”），以及既有肯定性表述又有否定性表述的三部分，其中否定性表述部分通常是自律的重点。

（1） 消极义务（一）：否定性表述（10 条，A—J）

A. 防止标题、新闻贴士和宣传性材料、图片、录像、录音、图表、同期声、引语失实。它们不能背离语境而过于简化或夸大事件。

B. 杜绝扭曲新闻图片或录像的内容。为了提高技术清晰度而强化形象是允许的。使用蒙太奇或图片说明需注明。

C. 不得再现或导演新闻事件，以避免误导。如果为了讲述故事而有必要重现，必须加以说明。

D. 杜绝抄袭剽窃。

E. 避免就种族、性别、年龄、宗教、族裔、地理、性取向、残障、体貌或社会地位形成刻板成见。

F. 避免利益冲突，无论这种冲突是真实的或是感知的。

G. 摆脱各种可能危及诚实或可能损害公信力的社团或活动。

H. 如果它们危及新闻工作者的诚实的话，拒绝礼品、优惠、酬金、免费旅行和特殊待遇，回避在社区组织中的第二职业、政治涉入、公职和服务。

I. 拒绝偏袒广告商和特殊利益集团，抵制它们影响新闻报道的压力。

J. 警惕那些为获得好处或金钱而提供信息的消息来源；避免出价购买新闻。

（2） 消极义务 （二）：肯定性表述（11 条， A—K）

A. 努力找到新闻报道对象，向他们提供回应对其不当行为的指陈的机会。

B. 只要有可能，就要交代消息来源的身份。公众有权就消息来源的可靠性获得尽可能多的信息。

C. 大胆地讲述关于人类经验的多样性和重要性的故事，即便这种做法不受欢迎。

D. 认识到以下特殊责任：确保公众事务公开处理，政府记录公开审查。

E. 对那些可能受到新闻报道负面影响的人表示同情。在对待儿童和无经验的消息来源或报道对象时，具有特殊的敏感性。

F. 认识到采集和报道信息可能会造成伤害和不适。追寻新闻不是傲慢无礼的许可证。

G. 在正式发出指控之前，明智地使用犯罪嫌疑人这一称谓。

H. 澄清与解释新闻报道，与公众就新闻工作者的行为展开对话。

I. 鼓励公众诉说对新闻媒介的不满。

J. 承认错误，并及时改正。

K. 揭露新闻工作者和新闻媒介不合伦理的行为。

（3） 消极义务 （三）：肯定性表述＋否定性表述（5 条， A—E）

A. 审视自身的文化价值观，避免将这些价值观强加于人。

B. 区分观点鼓吹与新闻报道。分析与评论应标明，以避免歪曲事实或语境。

C. 区分新闻与广告，警惕模糊二者界限的混合物。

D. 根据所有的消息来源来检验信息的准确性，以谨慎行事来避免因疏忽而导致的差错。绝对不允许蓄意的歪曲。

E. 表现良好的品位。避免迎合耸人听闻的猎奇癖。

（二） 职业伦理原则部分

职业伦理原则是记者在遇到职业道德因素互相冲突时如何做出新闻抉择的指导原则。

《伦理规约》主要涉及的是暗访偷拍能否进行、如何保护隐私权、如何保护特殊群体、如何保护消息来源、如何防止媒体不当干预司法的问题。职业伦理原则的有关规约如下（9 条，A—I）：

A. 避免暗中进行的或其他鬼鬼祟祟的信息采集方式，除非传统的公开方法不能产生对公众来说至关重要的信息。对这些方式的运用应当作为报道的一部分加以解释。（**暗访偷拍**）

B. 在允诺匿名之前，一律要质疑消息来源的动机。说明为获取信息而做出任何承诺的附带条件。信守诺言。（**消息来源保护**）

C. 在寻求和使用那些遭到悲剧或哀痛打击的人的访问和照片时谨慎行事。（**特殊人群保护**）

D. 在交代青少年犯罪嫌疑人或性犯罪受害者的身份时谨慎从事。（**特殊人群保护**）

E. 支持观点的公开交流，即便他们发现的观点是相互抵触的。（**观点自由市场**）

F. 给无发言权者以发言权；官方的和非官方的消息来源具有同等效用。（**消息来源平等**）

G. 认识到与公共官员和其他努力寻求权力、影响力或注意力的人相比，私人有更大的权利控制关于自身的信息。只有压倒一切的公共需要才能证明侵犯个人隐私的正当性。（**普通人的隐私权与知情权**）

H. 在犯罪嫌疑人的公正审判权与公众的被告知权之间进行平衡。（**媒体审判**）

I. 既以高标准要求别人，也以同样的高标准要求自己。（**黄金律**）

违反新闻职业道德和伦理的表现

在 20 世纪以来的一百多年里，由于大众传播的迅猛发展，出现了更多的伦理难题。在全球化的今天，新老大众传媒十分强大。对于任何个人而言，亲历亲见各种事件已经不大可能。所以，许多大小事件的知闻被认为是“媒体驱动”的，受众对事件的体认常常被媒体的有关报道所框定、扭曲。这种扭曲有的是无心之过，有的是有意为之。事实上，许多国家的媒体面临公信力持续下降的信任危机。我们以《伦理规约》为参照，考察一下各国的，尤其是中国的情况，加以对照和分析。

根据陈力丹教授的归纳，目前国内新闻界普遍存在的违反职业规范的现象有 16 种。[①]我们来看看它们分别对应于《伦理规约》中的哪一种或哪几种义务：

- 编辑部与经营部混岗，造成“有偿新闻”泛滥，收取“红包”司空见惯。——消极义务（一）H、消极义务（三）C。
- 广告版与新闻版混淆（直接）——消极义务（三）C
- 新闻栏目拉企业赞助——消极义务（三）C
- 受贿无闻——消极义务（一）F、G、I
- 假新闻——消极义务（一）A、消极义务（三）D 的极端形式
- 制造“假事件”——消极义务（一）C
- 免费接受被采访方的各种好处——消极义务（一）H
- 侵犯自然人的隐私——职业伦理原则 A、G
- 侵犯当事者的著作权——消极义务（一）D
- “媒介审判”——消极义务（二）G、职业伦理原则 H
- 介入式隐性采访和偷拍偷录——职业伦理原则 A
- 拒绝更正与答辩——消极义务（二）J
- 恶炒明星绯闻和犯罪新闻——消极义务（三）E
- 无人性的冷漠新闻——消极义务（一）E、消极义务（二）E、F
- 直接展现暴力、血腥、灾难、痛苦的照片或画面——消极义务（二）C、E、F

---

① 参见陈力丹：《新闻理论十讲》，上海：复旦大学出版社，2008，257～280 页。

- 虚假广告和庸俗广告（不在《伦理规约》规范之列）

不难看出，陈力丹教授相当细致的归纳，也仅对应了《伦理规约》中的一小部分义务。以后我们会讲到，目前在中国和国际上愈发严重的新闻职业道德和伦理问题，实际上还要复杂多样，表现得更加令人瞠目。当然，将伦理和道德问题林林总总地揭示出来而不予区分，存在两个问题，一是有些问题不在一个层面上，甚至有的是法律问题（如侵犯著作权）；二是没有为可探讨问题留下足够的争鸣空间。

《伦理规约》是一个很好的参照标准：如果是新闻道德问题，也就是诫命问题，那是比较容易识别和批评的。但如果是新闻伦理问题，则往往需要运用伦理学理论和方法加以讨论和分析，而且经常是众说纷纭。但是这种探讨本身，对于大众传播界非常有益。

《中国新闻工作者职业道德准则》

有论者说，1949 年以后中国的道德发展经历了四个阶段：（1）共产主义道德：基本源于和仿照苏俄。（2）中国革命道德：萌芽于“五四运动”，发展于中共领导的历次内外战争和武装冲突中。（3）社会主义道德：1986 年 9 月中共十二届六中全会《中共中央关于社会主义精神文明建设指导方针的决议》提出了“社会主义道德建设”的要求。（4）公民道德：2001 年 9 月中共中央印发《公民道德建设实施纲要》，第一次提出公民道德的概念，提出 20 字公民基本道德规范，即“爱国守法、明礼诚信、团结友善、勤俭自强、敬业奉献”，还提出了社会公德规范、职业道德规范和家庭美德规范。①

与中国的政治制度相适应，中国的新闻媒体过去叫“新闻单位”，是执政党的喉舌，即宣传工具，在改革开放前是党政机关的组成部分，所以职业化无从谈起。改革开放以来，经济发展带动了社会转型，随之出现了初期的职业分化和半职业化发展，产生了若干执政党和政府主导的准行业组织，一些旧有的机构转变成了半职业化组织。1957 年 3 月成立的中华全国新闻工作者协会（简称中国记协）就是其中之一。

根据 2011 年 10 月《中华全国新闻工作者协会章程》第一条，“中华全国新闻工作者协会（简称中国记协）是中国共产党领导的中国新闻界的全国性人民团体，是党和政府同新闻界密切联系的桥梁和纽带”。从 1957 年至今，中国记协的历任会长、主席和名誉主席都由行政级别为正部级的现任或前任人民日报社或新华社社长担任。除了主席之外，中国记协设有党组，正部级的党组书记是实际负责人。十多名副主席大多是行政级别在正局级到副部级之间的各大党报社、电台、电视台一把手。

根据上述章程，中国记协的任务之一是“推进新闻行业自律，规范新闻从业行为。推动新闻工作者践行社会主义核心价值体系，弘扬新闻职业精神，恪守新闻职业道德。督促新闻工作者遵纪守法，遵守《中国新闻工作者职业道德准则》”（下简称《职业道德

① 参见吴双墩：《我国 60 年公民道德建设的流变与思考》，载《学习与实践》，2009（10）。

准则》)。

现行《职业道德准则》分析

1991年，中国记协制定了《中国新闻工作者职业道德准则》，其后经历过1994年、1997年和2009年的三次修订。2009年11月27日，中国记协公布了最新修订的《职业道德准则》。与以前的版本相比，现行《职业道德准则》在形式和内容上有较大改进，部分舍弃了非专业性的要求，增加了“不揭个人隐私”等专业内容，强调了继续反对“有偿新闻”并首次提出“有偿不闻”行为，详细阐述了新闻真实性原则和维系新闻事业与法制健康关系的方法，首次围绕隐性采访问题做出了否定性表述。

中国新闻工作者职业道德准则

（中华全国新闻工作者协会第七届理事会第二次全体会议2009年11月9日修订）

中国新闻事业是中国特色社会主义事业的重要组成部分。新闻工作者要坚持以马克思列宁主义、毛泽东思想、邓小平理论和“三个代表”重要思想为指导，深入贯彻落实科学发展观，高举旗帜、围绕大局、服务人民、改革创新，贴近实际、贴近生活、贴近群众，用马克思主义新闻观指导新闻实践，学习宣传贯彻党的理论、路线、方针、政策，继承和发扬党的新闻工作优良传统，积极传播社会主义核心价值体系，努力践行社会主义荣辱观，恪守新闻职业道德，自觉承担社会责任，敬业奉献、诚实公正、清正廉洁、团结协作、严守法纪，做到政治强、业务精、纪律严、作风正。

第一条　全心全意为人民服务。要忠于党、忠于祖国、忠于人民，把体现党的主张与反映人民心声统一起来，把坚持正确导向与通达社情民意统一起来，把坚持正面宣传为主与加强和改进舆论监督统一起来，发挥党和政府联系人民群众的桥梁纽带作用。

1. 积极宣传党和政府的重大决策部署，及时传播国内外各领域的信息，满足人民群众日益增长的新闻信息需求，保证人民群众的知情权、参与权、表达权、监督权；

2. 牢固树立群众观点，把人民群众作为报道主体和服务对象，多宣传基层群众的先进典型，多挖掘群众身边的具体事例，多反映平凡人物的工作生活，多运用群众的生动语言，使新闻报道为人民群众喜闻乐见；

3. 积极反映人民群众的正确意见和呼声，批评侵害人民利益的现象和行为，依法保护人民群众的正当权益。

第二条　坚持正确舆论导向。要坚持团结稳定鼓劲、正面宣传为主，唱响主旋律，不断巩固和壮大积极健康向上的舆论。

1. 始终坚持以经济建设为中心，服从服务于改革发展稳定大局不动摇，着力推动科学发展、促进社会和谐；

2. 宣传科学理论、传播先进文化、塑造美好心灵、弘扬社会正气，增强社会责任感，坚决抵制格调低俗、有害人们身心健康的内容；

3. 加强和改进舆论监督，着眼于解决问题、推动工作，坚持准确监督、科学监督、依法监督、建设性监督；

4. 采访报道突发事件要坚持导向正确、及时准确、公开透明，全面客观报道事件动态及处置进程，推动事件的妥善处理，维护社会稳定和人心安定。

第三条 坚持新闻真实性原则。要把真实作为新闻的生命，坚持深入调查研究，报道做到真实、准确、全面、客观。

1. 要通过合法途径和方式获取新闻素材，新闻采访要出示有效的新闻记者证。认真核实新闻信息来源，确保新闻要素及情节准确；

2. 报道新闻不夸大不缩小不歪曲事实，不摆布采访报道对象，禁止虚构或制造新闻。刊播新闻报道要署作者的真名；

3. 摘转其他媒体的报道要把好事实关，不刊播违反科学和生活常识的内容；

4. 刊播了失实报道要勇于承担责任，及时更正致歉，消除不良影响。

第四条 发扬优良作风。要树立正确的世界观、人生观、价值观，加强品德修养，提高综合素质，抵制不良风气，接受社会监督。

1. 强化学习意识，养成学习习惯，不断提高政治和业务素质，增强政治意识、大局意识、责任意识，努力成为专家型新闻工作者；

2. 深入基层、贴近群众、体验生活，在深入中了解社情民意，增进与群众的感情；

3. 坚决反对和抵制各种有偿新闻和有偿不闻行为，不利用职业之便谋取不正当利益，不利用新闻报道发泄私愤，不以任何名义索取、接受采访报道对象或利害关系人的财物或其他利益，不向采访报道对象提出工作以外的要求；

4. 尊重新闻同行，反对不正当竞争。尊重他人的著作权益，引用他人的作品要注明出处，反对抄袭和剽窃行为；

5. 严格执行新闻报道与经营活动分开的规定，不以新闻报道形式做任何广告性质的宣传，编辑记者不得从事创收等经营性活动。

第五条 坚持改革创新。要遵循新闻传播规律，提高舆论引导能力，创新观念、创新内容、创新形式、创新方法、创新手段，做到体现时代性、把握规律性、富于创造性。

1. 深入研究不同传播对象的接受习惯和信息需求，主动设置议题，善于因势利导，不断提高舆论引导能力和传播能力；

2. 认真研究传播艺术，利用现代传播手段，采用受众听得懂、易接受的方式，增强新闻报道的亲和力、吸引力、感染力；

3. 善于利用新载体、新技术收集信息、发布新闻，提高时效性，扩大覆盖面。

第六条 遵纪守法。要增强法治观念，遵守宪法和法律法规，遵守党的新闻工作纪律，维护国家利益和安全，保守国家秘密。

1. 严格遵守和正确宣传国家的民族区域自治制度、各民族平等团结和宗教信仰自由政策，维护国家主权和社会稳定；

2. 维护采访报道对象的合法权益，尊重采访报道对象的正当要求，不揭个人隐私，不诽谤他人；

3. 维护未成年人、妇女、老年人和残疾人等特殊人群的合法权益，注意保护其身心健康；

4. 维护司法尊严，依法做好案件报道，不干预依法进行的司法审判活动，在法庭判决前不做定性、定罪的报道和评论；

5. 涉外报道要遵守我国涉外法律、对外政策和我国加入的国际条约。

第七条 促进国际新闻同行的交流与合作。要努力培养世界眼光和国际视野，积极搭建中国与世界交流沟通的桥梁。

1. 在国际交往中维护祖国尊严和国家利益，维护中国新闻工作者的形象；

2. 积极传播中华民族的优秀文化，增进世界各国人民对中华文化的了解；

3. 尊重各国主权、民族传统、宗教信仰和文化多样性，报道各国经济社会发展变化和优秀民族文化；

4. 积极参加有组织开展的与各国媒体和国际（区域）新闻组织的交流合作，增进了解、加深友谊，为推动建设持久和平、共同繁荣的和谐世界多做工作。

谁来做出道德决定和伦理抉择？

媒体伦理学作为应用伦理学的一支，每一步都要严肃考虑该由谁来承担相关责任。只有在媒体和媒体人作为把关者，而不是被外部强制力量主宰的情况下，才谈得上媒体专业伦理和道德。如果媒体严格听命于政治性组织的运作指令，完成“规定动作”，而没有“自选动作”，那么这种媒体出现的问题不应该列入我们分析研讨的对象范围。

在拥有编辑独立权，即拥有内部新闻自由的媒体中，一般情况下，这是一个组织问题。媒体内容的最终呈现由作为业务主管的主编、总编、台长而不是普通记者做出决定。但是，新闻生产是一个多环节的过程，每一个新闻从业者都可能要承担主要的伦理道德责任。此外，媒体还刊播广告和娱乐等内容，除了内部的个人或组织要负责任，外来的广告和外包的娱乐节目可能还牵涉外部的责任者。

有欧洲学者认为，媒体职业伦理和道德“只能存在于民主制度下”，它们“只在享有言论自由的媒体和有良好素质记者的国家里受到应有的尊重。在这些国家里，媒体和记者们为自己的工作而自豪”。此外，在贫穷国家里，消费者少，广告也少，所以那里的媒体贫穷、腐败或者受国家资助和控制。在许多这样的穷国里，即便媒体有官方声称的民主，实际上媒体职业伦理和道德也没有意义。[①]

① 参见〔法〕克劳德-让·贝特朗：《媒体职业道德规范与责任体系》，宋建新译，北京：商务印书馆，2006，6页。

根据上述看法，"非民主的"第三世界国家没有媒体职业伦理和道德可言。这是我们不能同意的，因为在中国、俄罗斯等转型国家，尽管问题重重，媒体分化和职业化已初见端倪，关于媒体职业伦理和道德的讨论经常是非常热烈的。至于说贫穷容不下媒体职业伦理和道德，那是很有道理的。今天的各国媒体，大多实行市场化经营。虽然市场化有利有弊，产生了越来越多的伦理和道德问题（有西方学者概括为"富媒体，穷民主"），但是健全的经营业绩和财务状况是媒体自主自立的基础，这对于维系伦理和道德水准至关重要。

伦理道德与法律的界限

显然，媒体职业道德和伦理属于软性约束的范畴，有别于法律。美国职业新闻工作者协会《伦理规约》在正文之后还有两条附则，第一条称："《伦理规约》是在自愿基础上被数以千计的新闻工作者接受的，无论他们在何地、什么平台，并且作为合乎伦理的行为的指南，被广泛运用于各新闻编辑室和教室。该规约无意作为一套'规定'，而是作为面向合乎伦理的抉择的一种资源。它在法律上没有强制力，也不领受于宪法《第一修正案》。"

这里是指，美国宪法《第一修正案》在美国宪政体制中居于高位，统辖所有相关法律，被认为是美国言论自由和新闻出版自由的守护神；但是，它不同于以自律的方式统辖人的内心的伦理道德，因为在伦理共同体中，"统治人民的规则不是通过外在的强制，而是通过内在的对道德法则的尊重来实现的"①。

伦理道德与法律都是调整一定社会关系的行为规范。但是它们的形态和功能是不同的。康德认为，存在两种社会形态，一种是"法律的公民社会"，在此之下组成社会；另一种是"伦理的公民社会"，在此之中人们只能在非强制性的法律之上，因为这一概念本身就包含着"免于强制的自由"。② 一般而言，伦理道德与法律有以下区别：

（1）伦理道德是说服教育和榜样感化的自律性行为规范，它的作用通过社会舆论的赞扬和谴责、表彰和批评的方式来实现；法律则是禁令或强制性的他律规范，如果触犯了法律就要由执法和司法机关来解决。本书的姐妹篇《媒体法 · 案例教学》将重点聚焦于后者。

（2）伦理道德的原则和规范通常只是一些原则性规定，是评价行为善恶的标准和做出抉择的依据；法律则含有各种具体的明文细则，是衡量有罪、无罪或罪行性质与轻重的依据。但是要注意，针对现代媒体造成的日益突出的种种问题，各国媒体职业伦理道德规则倾向于制定各种具体的明文细则，而这显然不同于社会公共伦理道德。

（3）法律与伦理道德的评价标准各不相同。道德评价具有"扬善惩恶"的特点，其评价对象包括了"善行"与"恶行"，而法律评价所针对的主要是违法犯罪行为。在通常情况下，违反法律的行为必定违反道德，而违反道德的行为未必都违反法律，道德评价的标准比法律的评价标准更高。我们会在本书中看到，有些违反媒体职业道德的案例同时也是司法案例。

---

①② 靳凤林：《道德法则的守护神——伊曼努尔 · 康德传》，保定：河北大学出版社，2005，114 页。

知名媒体法和媒体规范研究者徐迅女士给出了这样一个表格（表 1-1）：

表 1-1　法律与道德的主要区别

	法律（他律、硬性、消极）	道德（自律、软性、积极）
规范性质	人的行为之底限，不做坏人	人的行为之上限，做好人
约束对象	法律面前人人平等	不同的人有不同的标准
核心内容	各类禁止性规范	诚实为首，诚信为本
约束力量	以国家强制力保证实施	自我约束，舆论压力
违规后果	法律干预或制裁	名誉受损或信誉下降
宪法地位	依法治国是基本国策	精神文明是宪法原则

当然，伦理道德和法律又是相互促进和相互补充的。一方面，它们在某些内容上相互重合、相互渗透，法律被称为最低限度的道德；另一方面，伦理道德的作用范围较广泛，有些范围法律涉及不到，而道德可以补充法律的不足。同时，伦理道德教育和伦理道德舆论的作用，有助于提高法律的尊严和功效。而法律则能够加强伦理道德的威力。所以国人在呼唤媒体必须提升其伦理道德水平的同时，还应该关注媒体领域的法制进程。

学习本课程的几点建议

1. 伦理学的学科归属是哲学，以思辨为主。问题意识二重含义（价值性和负面性）、批判性思维和自反精神。我们欣赏和提倡苏格拉底的方法。

2. 本教材内容焦点是媒体内容生产过程：新闻和大众媒体的信息采集、获取、加工、传送、呈现等，尤其是内容呈现。本教材聚焦媒体职业伦理和道德，所以所选案例和评析侧重于传统媒体。这是因为，我们当然不能忽略日益强大的新媒体，但是新媒体被称为自媒体，其使用者除了一部分专业人士外，大多数往往只是非专业人士，是以普遍社会伦理道德还是以媒体专业伦理道德来看待相关传播现象，尚无定论。

3. 注重材料的可靠性和案例的客观性。力争全面搜集，多源求证，避免望网生义、仓促定论和以讹传讹。毋庸讳言，今天越来越多的人从互联网上获取新闻。互联网的好处不必多说，但是它的一个弊端是知识和信息的碎片化、变异性和割裂易逝。

4. 注意国际传播和跨文化传播的复杂性。意大利谚语云：“翻译就是叛逆。”阅读原始文本与翻译和表述之间存在着理解的偏差和语义的损失，各自的语境也存在明显不同。因此语境化的理解乃至背景的交代十分必要。当然这也带来了部分案例较长的问题。

5. 恰当处理激情、幽默与理性之关系，同时避免误会、误读和道德说教。

思考题

1. 你认为本书中区分伦理和道德有必要吗？
2. 你怎样看待以下两种对立观点？

   法国作家杜拉斯说：“我首先是一位作家，其次才是一个人，一个生活中的人。在我度过的那些年头，我作为一个作家存在要甚于做一个饮食男女。我就是这样看待我自己的。”①

   美国全国新闻摄影师协会前会长威廉·桑德斯说：“你首先是人类的一分子，其次才是新闻工作者”。②
3. 你怎么看待记者拿红包现象？它属于哪种问题？
4. 你是如何理解伦理道德与法律的关系的？
5. 你是如何理解媒体职业道德和伦理与新闻专业主义的关系的？

① 〔法〕玛格丽特·杜拉斯：《外面的世界Ⅱ》，黄荭译，北京：作家出版社，2007，29 页。

② Ron F. Smith, *Groping for Ethics in Journalism*, Iowa State University Press, Ames, C., 1999, p. 311.

Chapter 2

第二讲　可应用的五种伦理学理论：从中庸之道到无知之幕

- 亚里士多德：中庸之道
- 康德：绝对命令
- 密尔：功利主义
- 韦伯：意图伦理与责任伦理
- 罗尔斯："无知之幕"
- 两种伦理抉择框架
- 基本道义原则

主案例　北京两记者背出四川映秀地震灾区四龄童

2008 年 5 月 12 日，四川发生 8 级大地震。第二天，北京《法制晚报》24 岁的记者陈昆和同事、摄影记者吴海浪赶到四川灾区，徒步进入位于震中的汶川映秀镇灾民营。一位名叫雷君的盆骨骨折的母亲，恳求二人把她 4 岁的儿子刘毅带出灾区。“我们无法忽视一个幼小生命的存在。”15 日下午，他们带着刘毅出发了。山路塌方、泥石流、余震……一个人走都危险重重，更不用说背一个幼儿出映秀。一路上，两名记者轮流背孩子。身旁是峭壁、脚下是怒江，他们放慢脚步，紧张行走。而大部分山路都需要手脚并用。在一个地段，前方的路被新落下的大石挡住，如果要过去，记者必须双手扒着石头，侧身挪过。但那样的话，孩子便会被置于半空，万一孩子手一松，瞬间就会跌入大江。两名记者不敢冒险，待在原地左右为难。好半天，过来一些灾民，“用书包吧，把孩子装进去。”这不是最安全的建议，但是别无他法，在灾区内，连绑孩子的绳子都找不到。幸运的是，站在书包里的刘毅并不慌乱，老老实实地搂着记者的脖子。过来后的陈昆浑身被汗浸透，陈昆坦承是“紧张”所致。30 里山路，他们艰难地走了 4 个小时。18 日，雷君被直升机救至成都第三人民医院。母子重逢时，雷君抹着眼泪说：“我相信记者，相信对了!”

陈昆事后这样描述了两位记者在事情前后的复杂心情：

“震后的映秀，道路不通，供给不足，刘毅的妈妈有病也无药可治，而刘毅已经两天没有吃上饭，周围，大批的遇难者遗体被挖掘出，恶臭日渐加重，谁都不能想象未来会发生什么，谁也不敢保证他不会染上传染病。”

“面对一位无助的母亲苦苦求助，一个活蹦乱跳的可爱的孩子站在面前时，我们无法忽视一个幼小生命的尊严。”

“我们有过犹豫，在映秀，所有人都没有干粮，我们也已经一天没有进食，仅是靠水充饥，我们曾担心因体力不支，而在路上发生危险。”

“在当时的情况下，这又不是一个记者可以忽视的事。”

“作为记者，一个客观的记录者，我们的职责是去报道灾区现场，但我们更是个体的人，人须有起码的怜悯之心，情感之心。”

“‘救孩子’，这是救援队的责任，并不是记者应该做的事，在那样恶劣的情况下，稍有闪失，任谁都无法负责，现在每每想起来，都有些后怕。”

《法制晚报》记者陈昆获“北京五四奖章”

亚里士多德：中庸之道

美德和美德伦理学

美德

强调的是一种好习惯，这种好习惯是一种稳定的倾向，在这种倾向的指导下我们做出某种特定的行为。

何为美德？对于这个耳熟能详的词汇，伦理哲学上的意义可能与我们平时的理解虽然不是大相径庭，但也有诸多不同。经济学者汪丁丁把美德（virtue）与道德（morality）做出了区分。他认为，美德是静止的，伦理学上可以分为两种：一种是智力的美德；一种是道德的美德，即德性。前者是可以通过教育培养出来的，后者是一种平时养成的习惯，很难通过教育习得。在美德伦理学的奠基者亚里士多德看来，美德强调的是一种好习惯，这种好习惯是一种稳定的倾向，在这种倾向的指导下我们做出某种特定的行为。"好习惯是一种美德，而坏习惯是一种邪恶。这些习惯指人的行为举止和个性，它们可以通过重复而强化，通常会产生各种后果。"①

亚里士多德认为，德性要通过实践行动获取，而并不是一个人的自然禀赋。"也就是'性相近，习相远'，你必须在实践中才能有这种道德的美德。"② 在亚里士多德看来，判断美德的道德基础在于人和人的行为，而不是某种特殊的规律和法则。亚里士多德之所以关心行为，"不在于行为本身的正义和善，而在于它有助于人性的善。他预先假定人有与生俱来的道德倾向，以一贯和谐均衡的普遍态度遵循这种倾向性便构成了有道德的生活"③。那么，选择什么样的行为才算是符合伦理的行事呢？亚里士多德认为要从两个方面来判断："（1）你必须（通过运用实践理性）知道你在做什么；（2）你必须选择行为——以便良善地生活；行为本身必须是坚定不变的品质的产物。"④

亚里士多德美德伦理目标

幸福、成功和安康，一种值得拥有的幸福。

人们不禁要问，这种合乎伦理的行事的目的是什么呢？根据亚里士多德的观点，人类的特殊天性就在于有着特殊的目的和目标，而如果具有美德就可以使我们能够达成这种目标，亚里士多德将这种目标称为"幸福、成功和安康，一种值得拥有的幸福"⑤。幸福不是高尔基所理解的"就是知足……别的没有什么……"，也不是雨果所说的"生活中最大的幸福，是坚信有人爱我们"，亚里士多德所认为的幸福，就是"良善的生活"，也即

---

① 转引自〔英〕转引自卡伦·桑德斯：《道德与新闻》，洪伟等译，上海：复旦大学出版社，2007，46页。

② 转引自汪丁丁：《经济思想史讲义》，上海：上海人民出版社，2008，73页。

③ 〔美〕雅克·P·蒂洛、基思·W·克拉斯曼：《伦理学与生活》，程立显、刘建等译，北京：世界图书出版公司，2008，68页。

④ 转引自〔美〕菲利普·帕特森、李·威尔金斯：《媒介伦理学：问题与案例》，李青藜译，北京：中国人民大学出版社，2006，8页。

⑤ 转引自〔英〕卡伦·桑德斯：《道德与新闻》，洪伟等译，上海：复旦大学出版社，2007，46页。

“人类最高的善”。

美德伦理学起源于亚里士多德的《尼可马克伦理学》。亚里士多德的伦理体系催生了今天被称为美德伦理学的思想。这种伦理学的特性是具有目的论色彩的，人类之所以要践行美德，就在于人类想达到某种目的和目标。需要提醒的是，理解亚里士多德的美德伦理学，要抛却马基雅维利的“为了目的可以不择手段”的那种想法。马基雅维利曾说过：“如果你的目标是好的，通过什么方式来实现这一目标并不重要。”[1] 亚里士多德为了让人们能够判断实践行为的好与坏，给出了一个重要的判据，就是中庸。

美德伦理学

起源于亚里士多德的《尼可马克伦理学》。这种伦理学特性是具有目的论的色彩的，人类之所以要践行美德，就在于人类想达到某种目的和目标。

中庸之道

两个人看到有人落水。如果一个目击者不会游泳，但是跑得很快，那么他想跳下水救人就是蛮干；同样，他如果什么也不做就是怯懦。对于他来说，做勇敢的事可能就是跑去求救。另一方面，如果第二个目击者是一个游泳健将，他尝试救人就不是蛮干；实际上，对他来说，不下水救人是怯懦。在这个例子里，两个目击者的行为都是勇敢的，只是方式完全不同罢了。[2]

中庸的字面意思是“求中”，最早出现于公元前 4 世纪的希腊。亚里士多德认为，美德是选择介于两个极端之间的中间部分，两个极端都是恶德——或者过量或者不足。亚里士多德把美德解释为“按照规则进行选择的意向，而规则是真正的聪明人所判定”的过量与不足之间的中道。[3] 他认为，“美德就是一种与选择有关的品质状态。选择的过程依赖于理性原则，具有实践智慧的人，运用理性原则，选择中庸之道……它夹在两种邪恶之间，在过分与不足之间”[4]。

中庸

美德是选择介于两个极端之间的中间部分，两个极端都是恶德——或者过量或者不足。

亚里士多德从前辈柏拉图那里继承了四大美德：节制、公正、勇敢和智慧，在贯彻他的伦理观时，亚里士多德强调适度和节制。他强调说：“正如智慧是善于推理，适度就是善于生活。”[5] 按照亚里士多德的理解，在上述跳水救人的案例中，适度的表现就是勇敢，它是一种可接受的行为；过量的表现就是蛮勇，它是一种不可接受的行为；不足的表现就是怯懦，同样不可接受。如图 2-1 所示：

亚里士多德四大美德

节制、公正、勇敢和智慧。

---

① 〔美〕公民教育中心：《正义》，刘小小译，北京：金城出版社，2011，195 页。

② 参见〔美〕菲利普·帕特森、李·威尔金斯：《媒介伦理学：问题与案例》，李青藜译，北京：中国人民大学出版社，2006，8 页。

③ 参见〔美〕雅克·P·蒂洛、基思·W·克拉斯曼：《伦理学与生活》，程立显、刘建等译，北京：世界图书出版公司，2008，69 页。

④ 转引自汪丁丁：《经济学思想史讲义》，上海：上海人民出版社，2008，74 页。

⑤ 转引自〔美〕克利福德·G·克里斯蒂安等：《媒体伦理学：案例与道德论据》，张晓辉等译，北京：华夏出版社，2000，12 页。

中庸之道

不可接受的行为　　　　可接受的行为　　　　不可接受的行为

怯懦…………………………勇敢…………………………蛮勇

图 2-1　亚里士多德的中庸之道

在亚里士多德的哲学中，勇敢在蛮勇和怯懦之间；节制在放荡和不敏感之间；谦虚在害羞和无耻之间；诙谐在滑稽和笨拙之间；诚实在自负和自贬之间；友谊在谄媚和愠怒之间。（如表 2-1）从这些列举中，我们会发现，中道只是“相对于我们”而言的中道。若 10 磅食品太多（过量）而两磅又太少（不足）的话，那么，这两个极端之间的中道——6 磅，对有些人仍然可能太多，而对另一些人则可能太少；因此，一个人必须在这两个极端中间选择相对于自己的恰如其分的中道。[①]

表 2-1[①]　　**中庸之道**

情感或行为	过量	中道	不足
自信心	蛮勇	勇敢	怯懦
感官快乐	放荡	节制	不敏感
羞耻感	害羞	谦虚	无耻
激发乐趣	滑稽	诙谐	笨拙
自我表现的实在性	自负	诚实	自贬
友谊的表现	谄媚	友谊	愠怒

在新闻界，可以运用中庸之道的例子不胜枚举。一位记者越过敌人的封锁线去采写新闻，在某种情况下是勇敢，在另一种情况下就是蛮勇，这要视情况而定。[②] 比如他采取了哪些防护措施？它采写的新闻有多重要？在如何报道某一新闻事件的问题上，要么什么也不做，要么把一切都说出来，遇有两种相互矛盾的问题时，他们常常可以通过中庸之道来解决。[③] 在报道一个新闻事件时，记者有可能为了追求事件真相，而不顾报道对象的隐私，这种做法常常被人们诟病为：为了报道，一切不考虑人的尊严。如果为了保护报道对象的隐私权，而把事实真相全部掩盖，这样又被人们诟病为：记者不顾专业伦理，破坏了大众的利益。为了实现追求真相和保护隐私之间的平衡，可能就需要运用到亚里士多德的中庸之道。在对烈性酒的广告的问题上，我们经常会采取两个极端的办法，要么干脆不做广告，要么对广告不加任何的限制。“一般来说，在覆盖着层层晦暗不明和不确定因素的极端复杂情况下，应用亚里士多德的原则最为明智。”[④]

① 〔美〕雅克·P·蒂洛、基思·W·克拉斯曼：《伦理学与生活》，程立显、刘建等译，北京，世界图书出版公司，2008，69 页。

② 参见〔英〕卡伦·桑德斯：《道德与新闻》，洪伟等译，上海：复旦大学出版社，2007，22 页。

③ 参见〔美〕克利福德·G·克里斯蒂安等：《媒体伦理学：案例与道德论据》，张晓辉等译，北京：华夏出版社，2000，12 页。

④ 转引自上书，13 页。

对于我们来说，中庸之道的两个极端可能比较容易确定，而中间部分究竟在何处？它并不是意味着数学上的距离两端的精确等距，也不是政治学上的中间道路的妥协。亚里士多德论述："在恰当的时候就恰当的事物而言，对恰当的人，基于恰当的动机，以恰当的方式感受到情感，才可以称为适度和最佳，这正是美德的特征。"① 从此论述看，要找到中庸之道，实现如此多的"恰当"，需要我们行动者丰富的想象力。"中庸之道不但指数量上正确，还包括发生在合适的时间，对于恰当的人，为了正确的理由，并且采取适当的方式。"②

亚里士多德美德特征

在恰当的时候就恰当的事物而言，对恰当的人，基于恰当的动机，以恰当的方式感受到情感，才可以称为适度和最佳。

美德伦理学的特征

卡伦·桑德斯（Karen Sanders）把美德伦理学的特征归纳为以下五个方面③：

● 品格。美德伦理学在考虑是与非时，品格是基本的内容。我们只要通过判断什么行为是善的或有价值的就可以解释什么是正确的，正确行为的标准不是功利主义那样的利益最大化，非正义的利益最大化永远不会被美德的价值基础所接受。

● 实践判断力。实践判断力是统领性的美德，它处理不确定的、不可预测的和不可知的事务。它是让我们在特定情形下而不是一般情况下正确思考的品格，它可以被看作为现在和未来准备的美德。换言之，它不可能优先考虑哪一种美德，实践判断力必须检验每一种因素，加以评估，然后才做出决定。

● 经验。践行实际智慧，这是因为道德智慧伴随着经验。没人期望孩子具有成人的美德，也不能期望一个年轻的新闻新手具有资深记者的智慧，一个记者错误报道了新闻，常常是因为缺乏基于经验的判断力。

● 情操教育。德行源自你的性格倾向，也出于正确的理由。

● 目的论伦理学。美德伦理学不像其他伦理方法那样为行为制定规则，没有功利原则或者绝对服从。但是，美德伦理学有目的方面的规定，美德是针对某些事物的。

美德伦理学的特征

1. 品格；
2. 实践判断力；
3. 经验；
4. 情操教育；
5. 目的论伦理学。

① 转引自汪丁丁：《经济学思想史讲义》，上海：上海人民出版社，2008，74页。

② 〔美〕克利福德·G·克里斯蒂安等：《媒体伦理学：案例与道德论据》，张晓辉等译，北京：华夏出版社，2000，13～14页。

③ 参见〔英〕卡伦·桑德斯：《道德与新闻》，洪伟等译，上海：复旦大学出版社，2007，53～54页。

美德伦理学的优点

美德伦理学的优点
1. 造就善良的人；
2. 使理性与情感相统一；
3. 强调适度。

雅克·蒂洛从三个方面论述了美德伦理学的优点①：

● 造就善良的人。美德伦理学力图造就的是善良的，即有道德的人，而不光是善良的行为或规则，不是光知道遵守预先制定之规则的机器人，或根据幻想而行动、努力求得好结果的人。

● 使理性与情感相统一。行为非结果论和康德理论都力图把理性同情感或感觉分割开来。另一方面，美德伦理学却力图使两者统一起来，认为美德不但是以一定的方式行动的意向，而且是以一定的方式感觉的意向——这两种情况都是合乎道德的。

● 强调适度。亚里士多德对美德的论述，为我们在超过和不足之间寻求适度提供了方法，认为“一切事物的适度”是人们应该努力追求的。

美德伦理学的缺憾

美德伦理学作为一种伦理判断准则也不是尽善尽美的，它虽然有上述几种优点，同时也备受其他伦理学说的攻击，主要体现在以下两个方面②：

● 美德伦理学内容无所不包、中庸之道判定模棱两可，无法诉诸实践。

正如拉罗什福科所言：“完全的勇敢和完全的怯懦，都是极少见的两个极端。这两个极端间的空间也很大，可以容纳几乎所有类型的勇气，其差别之大，恰如人各有其貌与其性格之间的差异。有些人开始行动时全无顾忌，却在应该坚持一下时，轻易地松懈下来，并轻易地气馁放弃。有些人是因为满足于他们已完成了世间荣誉所需求的。有些人是没有客观地掌控住他们在困难面前的怯懦。还有一些人是放任自己败阵于恐慌的心理。另一些人向前冲锋是因为他们不敢再驻留于原地。有的人，在小困难、小挫折前表现出极大的勇气，准备着去面对更大更危险的困境。还有的人，在刀光剑影和枪林弹雨前惊慌失措。有的人在火枪弹药前无所畏惧，却害怕真刀实剑的肉搏战。所有这些不同种类的勇气在某种意义上说是彼此一致的，黑暗通过增加恐惧和遮掩那些好的和坏的行为，给了人们自我宽恕的理由。我们还能观察到世间有一种更常见的情况——我们从未见过真有

① 参见〔美〕雅克·P·蒂洛、基思·W·克拉斯曼：《伦理学与生活》，程立显、刘建等译，北京：世界图书出版公司，2008，74～75页。

② 参见〔英〕卡伦·桑德斯：《道德与新闻》，洪伟等译，上海：复旦大学出版社，2007，47～48页。

其人——他总是在确信自己保证不受惩罚的情况下做他最该做的所有的事，因此，对死亡的恐惧略微使他的英勇打了折扣。”①

- 有人说美德伦理学不关注结果，这种观点并不正确。

美德不仅仅讨论人的确定性情和动机，它也导致产生美德所指的行为，当然美德伦理学并不将结果作为衡量正确行为的唯一标准。

康德：绝对命令

伊曼纽尔·康德是对18世纪哲学影响最大的西方思想家，他的伦理学著作主要有两本：《道德形而上学原理》（1785）以及《实践理性批判》（1788）。康德关于“绝对命令”的论述主要是来自于他的这两本著作，康德运用这个术语以表达人类的普遍道德规律和最高行为原则，又被译为定言命令。在理解“绝对命令”之前，我们必须要熟悉康德伦理学的一些核心词汇。

善良意志

康德写道：“善良意志像珠宝一样闪光。”康德把善良意志看作最高的善，它是一切其余事物的条件。“他把意志解释为按照道德规则、律法或原则行事而不关心利益或结果的人的独特能力。”②“在世界之中，一般地，甚至在世界之外，除了善良意志，不可能设想一个无条件善的东西。如若没有一个善良意志去正确指导它们对心灵的影响，使行动原则和普遍目的相符合的话，大家都知道，一个有理性而无偏见的观察者，看到一个丝毫没有纯粹善良意志的人却总是气运亨通，并不会感到快慰。这样看来，善良意志甚至是值不值得幸福的不可缺少的条件。”③

善良意志

最高的善，它是一切其余事物的条件。

意志

按照道德规则、律法或原则行事而不关心利益或结果的人的独特能力。

善良意志，并不因它所促成的事物而善，并不因它期望的事物而善，也不因它善于达到预定的目标而善，而仅是由于意愿而善，它是自在的善。并且就它自身来看，它自身就无比高贵。任何为了满足一种爱好而产生的东西，甚至所有爱好的总和，都不能望其项背。如果由于生不逢时，或者由于无情自然的苛待，这样的意志完全丧失了实现其意图的能力。如果他竭尽自己最大的力量，仍然还是一无所得，所剩下的只是善良意志，

① 〔法〕拉罗什福科：《道德箴言录》，王水译，上海：上海三联书店，2008，44～45页。

② 转引自〔美〕雅克·P·蒂洛、基思·W·克拉斯曼：《伦理学与生活》，程立显、刘建等译，北京：世界图书出版公司，2008，54页。

③ 〔德〕康德：《道德形而上学原理》，苗力田译，上海：上海人民出版社，1986，42页。

它仍然如一颗宝石一样，自身就发射出耀目的光芒，自身之内就具有价值。①

在这种善良意志的指导下，人们就会依靠理性确立起正确的绝对的道德规则。正因为如此，康德才得出结论："一个彻底善良的意志，它的原则必定表现为绝对命令，包含着意志的一般形式，任何客体都不能规定它，它也就是作为自律性。由于它，一切善良意志才能使自己的准则自身成为普遍规律，也就是每个有理性的东西加于自身的、唯一的规律，不以任何动机和爱好为基础。"②

责任

责任是一切道德价值的源泉，合乎责任原则的行为虽不必然善良，但违反责任原则的行为则肯定都是恶邪。

康德把善良意志的至善地位看成是神圣的，它在对行为的评价体系中居于首要地位并且是其他一切东西的条件。正是因为善良意志这种至善的地位，康德不是动辄就把它搬出来检验一切，滥用它。出于对善良意志的敬畏，康德使用了另外一个词——责任，来代替善良意志作为判断行为善恶与否的具体标准。在康德看来，"责任概念就是善良意志概念的体现，虽然其中夹杂着一些主观限制和障碍，但这些限制和障碍远不能把它掩盖起来，使它不能为多人共识，而通过对比反而使它更加显赫，发射出更加耀眼的光芒"③。下面我们就来看看康德对责任概念的具体理解。

责 任

严格责任

不谋杀，不失信，不撒谎。

善意责任

帮助他人，发展某人的才能，表示感激。

康德的伦理体系又被人们称为"责任伦理学"。责任在康德的伦理体系中占有中心地位。在一定意义上，康德是把伦理学还原为对责任的敬重，在他的伦理学著作中，随处可见对责任的赞美。康德认为，"责任是一切道德价值的源泉，合乎责任原则的行为虽不必然善良，但违反责任原则的行为则肯定都是恶邪。责任具有一种必要性，也可叫做自我强制性或约束性"④。

康德认为，一个行为只有出于责任，在道德上才是正当的。在康德的道德世界中有两类责任：严格的责任和善意的责任。"严格的责任一般是消极的：不谋杀，不失信，不撒谎。善意的责任更积极一些：帮助他人，发展某人的才能，表示感激。严格的责任（例如不伤害人）比善意的责任

① 参见〔德〕康德：《道德形而上学原理》，苗力田译，上海：上海人民出版社，1986，43页。
② 同上书，29页。
③ 同上书，46页。
④ 同上书，6页。

（如提供帮助）更具有道德上的强制性。”①

鉴于责任在道德生活中的功能，康德把它归纳为三个命题：1. 行为的道德价值不取决于行为是否合乎责任，而在于它是否出于责任，2. 一个出于责任的行为，其道德价值不取决于它所要实现的意图，而取决于它所被规定的准则。3. 责任就是由于尊重规律而产生的行为必要性。② 第一个命题康德意在说明要从动机上观察责任。第二个命题康德意在说明责任是建立在准则的基础上的。第三个命题是康德得出的结论，责任具有必要性、强制性，因此才成为一切道德价值的源泉。

既然责任是道德价值的来源，我们要做合乎道德的行动，必须考虑责任准则。按照责任准则行事可能不是必然道德的，但康德发明了一个“普遍法则”的概念，认为人们要实现善良意志，达到至善，“必须要这样行动，永远使你的意志准则能够同时成为普遍规律的原则。换句话说，要检查一下你是基于什么原则做出决定的，你是否要使它得到普遍应用。而对于真正道德责任的考验就在于它是否能普遍应用”③。

普遍法则

永远使你的意志准则能够同时成为普遍规律的原则。

康德认为，“道德法则对所有有理性的生物都有着无条件的约束力。就像有人会因为符合自身的利益而违背诺言，但如果所有的人为合自己的心意都不遵守诺言，诺言就不再有任何意义，社会就会陷入恐怖状态。因此像欺骗、偷盗、不诚实，这些行为无论什么时候都是错的；而仁慈、讲真话，则是永远的普遍的正确。即使为了救人一命而说谎，说这个谎仍然是错误的。新闻记者以欺骗手段搞到了一个好故事，广告商靠欺骗手段卖出产品，这些在康德看来都是不能无视，不能原谅的”④。根据康德的思想，是否能使自己的道德法则具有普遍性，成为“普遍法则”，就看它是否适用于每一个人。

为了体现责任的强制性，并使之成为普遍法则，从而达到至善的目的，康德使用了“绝对命令”的表述来体现这一内容。

定言命令（绝对命令）

把善行本身看作目的，看作是应该做的。它出自先验的纯粹理性，只体现为善良意志，与任何爱好、利益无关，因而它是无条件的、绝对的。

假言命令

是有条件的，把善行看成是达到偏好和利益的手段。

绝对命令

命令是支配行为的理性观念，按照康德的划分，可以分为定言命令（绝对命令）和假言命令。定言命令（绝对命令）则把善行本身看作目的，

① 〔美〕菲利普·帕特森、李·威尔金斯：《媒介伦理学：问题与案例》，李青藜译，北京：中国人民大学出版社，2006，9页。

② 参见〔德〕康德：《道德形而上学原理》，苗力田译，上海：上海人民出版社，1986，8页。

③④ 〔美〕克利福德·G·克里斯蒂安等：《媒体伦理学：案例与道德论据》，张晓辉等译，北京：华夏出版社，2000，14页。

看作是应该做的。它出自先验的纯粹理性，只体现为善良意志，与任何爱好、利益无关，因而它是无条件的、绝对的。而相较于定言命令，假言命令是有条件的，把善行看成是达到偏好和利益的手段。

康德认为，一个人在行事的时候，要考虑到自己的意志准则是否适用于其他每一个人。“凡是对于一个人来说是正确的，对所有人也都是正确的。‘绝对’在这里意味着‘无条件’，没有任何情有可原的情况，没有任何例外。正确的就是正确的，即使在最极端的条件下也必须做到。即使天塌下来，我们也要做道德上正确的事，不论结果如何。”[1]

绝对命令要求

1. 逻辑前后一贯性；
2. 普遍性。

康德对绝对命令提出了如下要求：首先，必须具有逻辑的前后一贯性；其次，必须具有普遍性。就是说，必须能毫无例外地应用于一切情况，而不是仅能应用于一些情况甚至大多数情况。正如康德所设想的那样，如果真能用同样的方式来制定道德规则，那么，它们也会是无可争辩的，因而在逻辑上和道德上对所有人都有约束力。当然，有人会不遵从这些规则，但我们可以明确地斥之为不道德。[2]

康德认为，一个人不可能杀死别人而不违反道德，因为倘若如此，他就必须确立起自相矛盾的规则：“每个人都应该杀死别人。”因为生命的意义就是要活着，所以每个人都要杀死别人同这一意义相矛盾，因而会违反绝对命令，不能够加以普遍化。因此，杀人是不道德的，一个人不应该杀人。绝对命令基本上断言：“如果认可某一行为的规则不能为一切人所奉行，那么该行为就是不道德的。这表明每当人们要做出道德决定时，按照康德的说法，他们就必须首先自问：‘准许我将要实施之行为的规则是什么？’其次要问：‘这条规则能够成为一切人所遵行的普遍规则吗？’”[3]

康德会坚持，有道德的人驾车的速度和风格适合于在同一条高速公路上驾车的任何一个人。如果运用到新闻界，按照康德的理解，“新闻工作者不能要求什么特权，例如为了获取新闻而撒谎或侵犯隐私的权利。如果认真对待康德的观点，它就会在你做出某些伦理抉择的时候提醒你放弃什么——真实、隐私等等”[4]。为什么记者不能主张特权呢？“因为绝对命令

---

① 转引自〔美〕克利福德·G·克里斯蒂安等：《媒体伦理学：案例与道德论据》，张晓辉等译，北京：华夏出版社，2000，14页

② 参见〔美〕雅克·P·蒂洛、基思·W·克拉斯曼：《伦理学与生活》，程立显、刘建等译，北京：世界图书出版公司，2008，55页。

③ 转引自上书，54～55页。

④ 转引自〔美〕菲利普·帕特森、李·威尔金斯：《媒介伦理学：问题与案例》，李青藜译，北京：中国人民大学出版社，2006，9页。

不随情况的不同而改变。‘人总是被当作目的而不仅仅是手段’这一绝对真理使那些只想着得到好新闻的记者面临巨大困难。对谎言的绝对禁止也给那些沉迷于狡辩的记者造成严重的困难，即使你搜集证据可以最有力地证明你的谎言是出于公众的兴趣。”①

密尔：功利主义

两个小案例

一位电视制片人可能会想，一则调查性报道虽然会伤害调查对象，但却能增加普遍的福利。诈骗和欺瞒可以得到曝光，普遍的社会问题得以昭示天下。如果获取信息的手段是合乎道德的，那么抱着为社会提供更广泛的善的希望而进行的调查性报道就是正当的，从伦理上来说是正当的，即便是其结果可能伤害到正被报纸或广播电视报道的那些个人，因为相对于它给某些个人带来的痛苦而言，它为人类的幸福做出的贡献更大。②

在当代，广告提供了大量人们需要的产品和服务信息。广告往往有娱乐性，而且它为我们喜爱的大众传媒提供了经济支持。当然，有时广告的品位可能很差，可能令人不快，有时还会提供虚假或误导信息。在平衡对社会的善和对社会的害时，功利主义很可能会总结说，虽然广告实践是合乎道德的，但是有些行为形式——儿童产品广告、某些特别商品如酒类广告——应当受到规范。③

边沁和密尔的观点

功利主义

主要是由英国哲学家杰里米·边沁和约翰·斯图尔特·密尔创立的。其理论核心是以最大多数人的最大幸福作为判断道德是非的标准。

功利主义道德理论主要是由英国哲学家杰里米·边沁和约翰·斯图尔特·密尔创立的。边沁 1789 年出版了《道德与立法原则导言》，在这本书中，他系统地阐述了功利主义原则。他提出了以最大多数人的最大幸福作为判断道德是非的标准。他认为，“善”就是最大限度地增加了幸福的总量，并且引起了最少的痛楚；“恶”则反之。在边沁看来，快乐就是好的，痛苦就是坏的，因为人的行为总是趋利避害。任何正确的行动和政治方针

① 转引自〔英〕卡伦·桑德斯：《道德与新闻》，洪伟等译，上海：复旦大学出版社，2007，26 页。

② 参见〔美〕菲利普·帕特森、李·威尔金斯：《媒介伦理学：问题与案例》，李青藜译，北京：中国人民大学出版社，2006，10～11 页。

③ 参见上书，11 页。

最大的幸福原则

快乐就是好的，痛苦就是坏的，因为人的行为总是趋利避害。任何正确的行动和政治方针都必须做到产生最多数人的最大幸福，并且将痛苦缩减到最少，甚至在必要情况下可以牺牲少部分人的利益。

都必须做到产生最多数人的最大幸福，并且将痛苦缩减到最少，甚至在必要情况下可以牺牲少部分人的利益。这就是著名的“最大的幸福原则”。对边沁而言，“道德问题本身是客观的、科学的和可计算的，幸福和快乐被认为是等同的。而密尔提出不仅要考虑快乐的数量，而且要考虑快乐的质量”①。

密尔1861年出版了《功利主义》，继承和发扬了边沁的“最大的幸福原则”。密尔主张，快乐和不痛苦是道德的唯一内在目的。“接受功利原则（或最大幸福原则）为道德之根本，就需要坚持旨在促进幸福的行为即为‘是’、与幸福背道而驰的行为即为‘非’这一信条”，“幸福，意味着预期中的快乐，意味着痛苦的远离。不幸福，则代表了痛苦，代表了快乐的缺失”。②

他进而认为，“一个行为的正确在于它对普遍快乐做出贡献的比例，一个行为的错误在于它对普遍的不快乐或痛苦发挥的作用的比例。密尔承认，同一个行为可以让一些人快乐，但造成另一些人的痛苦。他坚持应对两类后果进行同时评估，这个行动后果难测，但却迫使相互竞争的涉利各方对各自提出的要求进行讨论”③。从以上论述可以看出，对于边沁和密尔来说，避免痛苦、促进快乐是唯一理想的目标。只不过，密尔比边沁更进一步，不仅考虑了快乐的数量，更考虑了快乐的质量。

功利主义的核心

功利主义

人应该做出能达到最大善的行为，而这种最大善的计算则要依靠这个人行为所涉及的每个个体之快乐和痛苦感的总和。

功利主义认为，人应该做出能达到最大善的行为，而这种最大善的计算则要依靠这个人行为所涉及的每个个体之快乐和痛苦感的总和。和其他的伦理学说不同，功利主义很少考虑一个人行为的动机与手段，而只考虑行为的结果对最大快乐值的影响，能增加最大快乐值的即是善，反之则为恶。

功利主义者为我们的伦理选择提供了一条明确的准则。“在面对不同的选择时，首先要尽可能谨慎地计算每一种结果，问一问这种选择将对每一个人，包括我们自己的生活带来多少好的和不好的影响。一旦我们完成了对所有相关行为的估算，我们在道义上就必然选择给我们带来利益最大或损失最小的办法。而有意选择别的行为，就违反了道德原则。”④

按照功利主义，行为的结果是决定行为是否道德的重要因素。为了更

① 〔英〕卡伦·桑德斯：《道德与新闻》，洪伟等译，上海：复旦大学出版社，2007，26～27页。

② 〔英〕约翰·斯图亚特·穆勒：《功利主义》，叶建新译，北京：九州出版社，2007，17页。

③ 转引自〔美〕菲利普·帕特森、李·威尔金斯：《媒介伦理学：问题与案例》，李青藜译，北京：中国人民大学出版社，2006，10页。

④ 〔美〕克利福德·G·克里斯蒂安等：《媒体伦理学：案例与道德论据》，张晓辉等译，北京：华夏出版社，2000，15～16页。

多人的利益而伤害一个人可以被视为是道德的。[①] 判断一个行为是否是正义（道德）的，就在于它是否有助于带来合乎需要的或有益的结果。例如，抱着为社会提供更广泛的善的希望而进行的调查性报道，从伦理上来说，这种方法是正当的，因为它给社会中多数人带来了好处，即便其结果可能伤害到正被报纸或广播电视报道的那些个人，甚至使其痛苦不堪。

功利主义实际上是一个双重的原则，它指导我们：（1）尽可能地趋利避害；（2）把这一结果尽可能地广泛传播。因此，人们常把功利主义定义为追求最大多数人的利益。从这个意义上讲，功利主义原则促使我们一有选择，就一定是为多数人而不是为少数人谋利益。[②] 功利主义常被简化为“为最大多数人谋求最大幸福（利、善）”的道德哲学或“两利相权取其重、两害相权取其轻”的处世经验。

两类功利主义

功利主义原则可分为两类：（1）行为功利主义；（2）规则功利主义。这两种功利主义虽然都遵循的是“最大幸福原则”，但是有着明显的区别。

对行为功利主义来说，它否定行为具有普遍的规则，原因在于每个人和其所处的每一种境遇都是不同的。“每个人都必须估量自己所处的境遇，努力认清什么行为将不仅为自己，而且为与此境遇相关的每一个人带来最大量的好结果，而把坏结果减少到最低程度。例如说实话，一般人认为，说实话是好事，而行为功利主义者要判断的是，在自己此刻所处的特殊境遇下，说实话是否正当。”[③] 总而言之，行为功利主义者撇开人们认可的普遍规则，而着重看每个人所处的每一种境遇，在此种境遇下为这个人带来最大的好处就是道德的。

行为功利主义

撇开人们认可的普遍规则，而着重看每个人所处的每一种境遇，在此种境遇下为这个人带来最大的好处就是道德的。

规则功利主义者同样是由密尔的学说发展而来，它也是把道德的标准建立在“最大的幸福原则”上。这种功利主义的基本原则不是所谓“每个人的行为都始终应当给一切相关者带来最大好处”，而是“每个人都始终应当确立和遵循会给一切相关者带来最大好处的规则”[④]。如果行为功利主义关注的是何种境遇下的行为，那么规则功利主义关注的就是行为是否适用于我们通常认为的普遍规则。“行为功利主义者可能会说在某个特定的场合‘温和抵抗’取得了趋利避害的平衡，而规则功利主义者就会找到一

规则功利主义

把道德的标准建立在“最大的幸福原则”上。

① 参见〔美〕菲利普·帕特森、李·威尔金斯：《媒介伦理学：问题与案例》，李青藜译，北京：中国人民大学出版社，2006，9～10页。

② 参见〔美〕克利福德·G·克里斯蒂安等：《媒体伦理学：案例与道德论据》，张晓辉等译，北京：华夏出版社，2000，16页。

③ 〔美〕雅克·P·蒂洛、基思·W·克拉斯曼：《伦理学与生活》，程立显、刘建等译，北京：世界图书出版公司，2008，40页。

④ 同上书，41页。

个普遍适用的道德法则，比如：‘允许温和抵抗，除非出现暴力行为’。”[1]

对功利主义的批评

功利主义强调的是行为的结果，为最大多数人创造最大好处的行为就是善的。这种从结果论的角度判断行为善或恶，从而可能会陷入马基雅维利的怪圈，只要目的合理可以不择手段，“目的证明手段之正当性”的这种思维方法把社会中的少部分人当作了手段和工具。而此种思维方法违反了康德的绝对命令，康德在论述绝对命令的时候是把每一个人本身视为目的，而绝不仅仅是手段。这样造成了一个结果就是，“在努力为最大多数人创造最大好处的过程中，我们有时可能发现自己对极少数人说来是极不道德的”[2]。

功利主义难以精确地预测一个特定行为的所有发展方向。一个人对善的计算致使任何功利主义的算式从根本上就有错误倾向。对善的计算走向极端就会导致伦理全面停滞，因为相关的利益方都有看上去同样强烈的要求，在这些要求中进行取舍绝非易事。如果草率马虎地行事，功利主义可能会使你偏向于短期利益。从伦理学的角度来看，短期观点往往是无远见的。[3] 功利主义依靠的是对行动结果的精确计算，在我们的日常生活中，我们选择的结果如果从长远的观点来看经常是模糊不清的。比如说，谁又能算出在未来几十年里媒介技术融合所带来的社会变化？[4]

至此，我们可以对上述三种伦理学原则做一个总结。我们主要是对伦理学焦点的变化和伦理学方法进行归纳：亚里士多德创立的中庸之道关注行为者，康德的绝对命令关注行为，而密尔的功利主义哲学关注结果。但是，三种理论各有其局限性：中庸之道是不容易找到的；康德的绝对命令难以避免形式主义；功利主义是务实的，相对运用较广，但是对善的计算走向极端就会导致伦理全面停滞，因为相关的利益方都有看上去同样强烈的要求，在这些要求中进行取舍绝非易事。因此三种理论，尤其是绝对命令和功利主义的综合运用有助于我们在深陷道德困境时做出伦理抉择（见表 2-2、表 2-3）。

表 2-2　　从亚里士多德到密尔：伦理学焦点的变化

哲学家	观点	普遍的理解	强调
亚里士多德	中庸之道	美德存在于两个极端之间	行为者
康德	绝对命令	你的选择可以成为普遍规律，将博爱、仁慈视为结果，而不仅仅是手段	行为
密尔	实用原则	行为正确与否是由它对理想的结果所做的贡献决定的	结果

① 〔美〕克利福德·G·克里斯蒂安等：《媒体伦理学：案例与道德论据》，张晓辉等译，北京：华夏出版社，2000，16 页。

② 〔美〕雅克·P·蒂洛、基思·W·克拉斯曼：《伦理学与生活》，程立显、刘建等译，北京：世界图书出版公司，2008，43 页。

③ 参见〔美〕菲利普·帕特森、李·威尔金斯：《媒介伦理学：问题与案例》，李青藜译，北京：中国人民大学出版社，2006，11 页。

④ 参见〔美〕克利福德·G·克里斯蒂安等：《媒体伦理学：案例与道德论据》，张晓辉等译，北京：华夏出版社，2000，16 页。

表 2-3　伦理学的方法[①]

传统	主要思想家	关注重点
美德伦理学	亚里士多德、阿奎那	动机
绝对命令	康德	行为
功利主义	边沁、密尔	结果

韦伯：意图伦理与责任伦理

意图伦理（德语 gesinnungsethik，也译“心志伦理”、“信念伦理”、“信仰伦理”、“心情伦理”[②]）是德国社会学家马克斯·韦伯 1919 年提出的一个重要学术概念。他在讨论政治与道德的关系时引申出“意图伦理和责任伦理”的著名界分。他认为一切有伦理取向的行为，都可以受两种准则支配；这两种准则有着本质的不同，并且势不两立。指导行为的准则，可以是意图伦理，也可以是责任伦理。

所谓意图伦理，简单说就是只考虑行为意图的高尚、公道和周正，而不问此种行为本身是否正当以及在事实上将会导致何种后果。只要行为意图是善的，行为本身也肯定就是善的，尽管此行为在复杂社会环境下导致了并不善甚至可能是相当恶的后果，但这并不是行为者及其行为本身的过错，而是他人没有很好领会此种意图或没有很好按照此种意图去做的责任，或者干脆就是冥冥之中神秘力量暗中阻梗所致。

意图伦理

只考虑行为意图的高尚、公道和周正，而不问此种行为本身是否正当以及在事实上将会导致何种后果。只要行为意图是善的，行为本身也肯定就是善的。

意图伦理的确立是基于善因与善果之间存在一种简单对应关系的主观认定。韦伯认为事情如果真如此，那么问题的全部复杂性就不复存在。在社会现实中，善果并不一定出于善因，恶果也并不一定出于恶因，而且事实往往恰好相反。任何不能理解这一点的人，都是政治上的稚童。在无数情况下，获得善的结果是同一个人付出代价的决心联系在一起的。因此，有时为了获得善的结果，似乎不得不采取道德上令人怀疑的或至少是有风险的手段，还要面对可能出现，甚至是极可能出现的罪恶的副效应。但问题是，什么时候、在多大程度上，道德上为善的目的可以使道德上有害的手段和副产品圣洁化？而对于这个问题，世界上的任何伦理都无法得出结论，由此也决定了意图伦理的不可靠性和危险性。

① 〔英〕卡伦·桑德斯：《道德与新闻》，洪伟等译，上海：复旦大学出版社，2007，21 页。

② 参见〔德〕韦伯：《韦伯作品集Ⅰ：学术与政治》，钱永祥等译，桂林：广西师范大学出版社，2004，260～261 页。

责任伦理
一种对行为及其后果的评价与担当意识，它追问行为本身的善恶以及行为后果的良窳，它对人们主观意图之善恶抱有理性的怀疑，并否定一切以善的意图虚饰的恶的作为。

而责任伦理则是一种对行为及其后果的评价与担当意识，它追问行为本身的善恶以及行为后果的良窳，它对人们主观意图之善恶抱有理性的怀疑，并否定一切以善的意图虚饰的恶的作为。它要求人们必须为自己涉及他人和社会的行为做出交代和说明，必须承受与此行为相关的所有人对此种行为之正当性的审判和评价。韦伯认为，从人性角度看，能够深深打动人心的，是一个成熟的人，他意识到了对自己行为后果的责任，真正发自内心地感受着这一责任，然后他遵照责任伦理采取行动。在做到这一点的时候，他说："这就是我的立场，我只能如此。"这才是真正符合人性的、令人感动的表现，这才是一个人对责任的信念，具有此种信念的人才是一个能够担当政治使命的人。

自韦伯以后，意图伦理和责任伦理就成为一个内涵丰富的规范学术概念。尽管学术界对这两个概念还存在着诸多争议，但都承认它们是现实政治生活不同伦理精神的有效概括，并在相互比较当中，明确地取向责任伦理。甚至有人说，意图伦理与责任伦理的两分，是伦理学领域的"哥白尼式革命"，使伦理学从牛顿时代进入了爱因斯坦时代，尽管韦伯本人实际上也未穷尽意图伦理与责任伦理的全部奥秘，由此导致韦伯之后的学者展开了无穷尽的争论。在人与人之间的社会性相处过程中，要更多地彼此相容，彼此尊重各自的行为选择。不要以自己的好恶标准去衡判他人的行为选择。一种行为选择只要没有损害他人利益或者社会的公序良俗，哪怕被当时的社会伦理视为不道德的行为，也不应该动用法律的强制力予以制裁和惩罚。对于掌握公共权力的人，我们关注并在意的也不是他们的主观意图，而是他们的行为表现、行为过程及其行为结果。①

"善意的谎言"为什么恶

六岁女童遭后妈毒打的事件在网络上引起巨大反响后，网上出现了一个自称为最新内幕的帖子，称：这是一个"善意的谎言"。因为六岁女孩家庭困难治不起病，如果通过网络吁请社会注意，单说女孩生病达不到效果，于是便炮制出这个"史上最毒后妈"的虐女事件。面对这样一则假新闻（网络新闻），我不仅谴责它假，更谴责它以"善意的谎言"为造假开脱。

无论纸媒还是网络，新闻的生命在于真实，这是新闻人最基本的职业伦理。新闻是对业已发生的事实的真实呈现。真实需要报道者的客观。

① 参见徐邦友：《从意图伦理到责任伦理：中国政治伦理精神的嬗变》，载《浙江学刊》，2009（4）；《意图伦理——原始愚昧文明的最爱》，http：//bbs. kechuang. org/read-kc-tid-41601. html。

他可以善意，也可以不善意，这都不重要。重要的是他最好秉持一种价值中立，只有这种姿态才最有利于客观。于新闻最不利的是不真实，它等于阉割新闻的生命。至于像“虐女门”这样策划一个事件以求注意，应该说是新闻当中最坏的。坏就坏在它既伤害了后母这样的无辜者，又伤害了接触这个消息的众多受众，同时也伤害了新闻本身。因此，这个“善意的谎言”非但不善，而且恶。

任何人做任何一件事都可能涉及这样两个方面：动机和效果。前者和意图有关，后者和责任有关。据此，19 世纪德国学者马克斯·韦伯说：我们必须明白一个事实，一切有伦理取向的行为，都可以是受两种准则中的一个支配。这两种准则一个是“意图伦理”，一个是“责任伦理”。意图伦理做事只凭动机，只要动机是好的，什么都能做，并且不论手段。责任伦理不然，做事不是从动机出发，而是注重做事所采用的手段及其所导致的后果，由此衡量自己在其中的责任。

“善意的谎言”乃是典型的意图伦理，其中“善意”即动机。然而，对做事者来说，仅凭动机而不顾责任是很危险的，这不在于动机是内在的，谁也看不见，难辨真伪；同时更在于意图伦理者往往自恃动机而不择手段，比如这个“虐女门”就是以说谎的方式来显示其善意。只是说谎的善意除了类似欧·亨利《最后一片绿叶》中的那种场合，如果是在公共领域，它所导致的结果只能是恶。善与恶是一种客观衡量，与善意与否无关。此即善意可以是善，也可以是恶，只是用以衡量善恶的标准不是动机是结果。从结果形态看，善意的谎言对那位后母来说，没有善只有恶。我们不能把对一个人的善建立在对另一个人的恶的基础上，这样对那位后母来说不公平，而不公平的善还能称之为善吗？对这条消息的受众来说，没有什么比欺骗更令他们难以接受的了。对于不幸，作为第三者的大众天然具有善意，但善意不需要骗取，也不能骗取。“善意的谎言”正是用谎言骗取大众的善意。如果谎言本身就是恶，故意欺骗善意的谎言则尤恶。这样的恶最终也将落到那位六岁的小女孩身上，当人们受骗之后，意识到有人在利用自己的善意，这种善意就会无形中消减，而消减本身便连累了那位小女孩。

因此，就指导我们做事的行为准则而言，“责任伦理”比“意图伦理”更重要。即使出于意图伦理，也必须顾及责任伦理所顾及的方式和效果。就责任伦理而言，胡适有两句话值得注意：一是“做好事是不够的，必须用好的方式去做”，一是“明白承认行为的结果才构成我们道德意识的责任”。从做事的方式和结果来看，“善意的谎言”因其谎言的方式非但不善，而且该结果和其所要达成的动机，正好南辕北辙。

这真是一个值得接受的教训。在公共领域中发言或发布消息，必须真实，不能说谎。“虐女门”即使不是新闻也产生了巨大的新闻效应，但因为它性质为假，对新闻本身造成的伤害可能更大。《红楼梦》中有句诗：“假作真时真亦假，无为有处有还无”。是的，我们这个时代对假并不陌生，比如我们经常遭遇防不胜防的假食品。如果这时再添上所谓的假新闻，那么我有理由担心：即使真有一个打假的新闻，都会被视为假新闻——这才是新闻界最大的悲哀。

（作者：邵建，原载《现代快报》2007 年 7 月 26 日）

罗尔斯："无知之幕"

何为"无知之幕"？

功利主义原则为了多数人的利益最大化，而可能牺牲了少数人的利益，而这常常造成事实上的不平等。功利主义正是因为这种缺憾而遭到世人的诟病。从某种意义上说，正是在这种缺憾的基础上，成就了罗尔斯的《正义论》。有人对罗尔斯的《正义论》的主题用一句通俗的话做了概括："只有当你不知道自己可能是谁时，才能想清楚什么是正义。"①

无知之幕

为了要求各方从生活中的真实情况退回到一个消除了所有角色和社会差异的隔离物后面的"原始位置"。

怎样才能让你不知道自己可能是谁？罗尔斯为了达成这一目标，设想了"无知之幕"这个概念。何为"无知之幕"？就是为了要求各方从生活中的真实情况退回到一个消除了所有角色和社会差异的隔离物后面的"原始位置"。参与者被从具体的个人特点如种族、阶级、性别、团体利益以及其他现实条件中抽象出来，被当成整个社会的平等成员，他们是有着普遍的爱好和热望的男男女女，但每个人都把个人特点放在一边，只有当契约订立之后才能恢复自我，在"无知之幕"后面，没有人知道他或她走出"无知之幕"后将怎么生活。②

正义原则

1. 每个人都有权拥有与他人的自由并存的同样的自由。
2. 对社会和经济的不平等应作如下安排，即人们能合理地指望这种不平等对每个人有利，而且地位与官职对每个人开放。

"无知之幕"后的人们知道哪些？不知道哪些？1. 他们不知道自己在社会中的地位。2. 他们不知道自己的自然天赋。3. 他们不知道自己"善"的观念，即他们的生活中值得追求的。4. 他们不知道自己生活的社会所处的特殊环境，如经济发展水平等。而他们知道人类社会的一般事实、政治事务和社会经济原则、基本社会组织和人类心理原则。他们试图尽最大的可能发展善的观念。③

正义的两个原则

罗尔斯要求人们在"无知之幕"下选择两个正义原则：1. 每个人都有权拥有与他人的自由并存的同样的自由。2. 对社会和经济的不平等应作如下安排，即人们能合理地指望这种不平等对每个人有利，而且地位与官职对每个人开放。④

① 刘瑜：《"无知之幕"后的正义》，载《南风窗》，2003（16）。

② 参见〔美〕克利福德·G·克里斯蒂安等：《媒体伦理学：案例与道德论据》，张晓辉等译，北京：华夏出版社，2000，17页。

③ 参见何包钢：《罗尔斯的规范方法论：契约、无知之幕和反思的平衡》，http：//www.chinareform.net/2010/0116/8126.html，2010-03-19。

④ 参见〔美〕罗尔斯：《正义论》，何怀宏等译，北京：中国社会科学出版社，1988，56页。

罗尔斯认为，这两个原则，将是有理性的人们为自身利益所做出的必然的谨慎的选择。第一个原则，要求有一个最高程度的平等的基本自由制度，在每个人都拥有最广泛的政治自由的同时，社会整体也拥有同样的自由。自由优先，因为它永远不会因为经济和社会利益而被出卖掉，因此，第一个原则永远是第二个原则的条件。第二个原则包括了自由以外所有的社会利益，而只有当这些社会利益有益于最弱小的群体时，才允许它们的不均匀分配。也就是说，我们承认权力、财富、收入的不平等，但这些不平等必须有利于那些生活得不如我们的人。①

在正义的两个原则的基础上，罗尔斯说道，当我们在“无知之幕”后面想象中的平等情况下协商社会契约时，我们必然选择保护弱小一方和最大限度地减少风险，假如我作为一个新入行的记者而不是出版商从幕布中显现，我会选择公正地对待前者，在这些例子中，最弱小的一方得到优先考虑，因此，罗尔斯会认为，这种结果就是公正的解决方法。②

在媒介伦理中的应用

当新闻媒体面对不同的伦理冲突时，就需要权衡相关各方的道德权利和义务，从而找出那个能平衡各方的伦理原则。而罗尔斯的“无知之幕”假设可以提供这样的程序。“无知之幕”可以促成有效的伦理对话，在尽可能考虑各方立场的情况下达成伦理共识。

有研究者认为，如果从正义性角度来说，“无知之幕”假设在媒介伦理中的作用表现以下三个方面：第一，“无知之幕”的假设可以使每一个讨论参与者的权利与义务得到充分的考虑。第二，境况最差的人的权利往往得到保护，他们的处境往往得到最多的考虑和改善。第三，公众的利益常常会得到保护。③ 这位研究者以著名的摄影作品《饥饿的小女孩》为例阐述了“无知之幕”假设在媒介伦理中的运用。这位研究者认为，摄影记者凯文·卡特陷入新闻专业伦理和社会伦理的冲突之中，而他最终选择了专业伦理。在这种情况下，我们就可以通过罗尔斯的“无知之幕”假设来判断卡特的选择是否正义。在这种情境中，那个苏丹女童的处境是最差的。她的权利和处境理应得到优先的重视和改善，但是卡特却没有选择这样做。这位研究者最终得出结论，在这个意义上我们可以对卡特进行道德上的责备，因为他没有在伦理冲突中做出正义的选择。④

另外一位研究者以灾难报道为例来考察“无知之幕”假设在媒介伦理中的运用。⑤ 这位研究者假设的问题是在空难现场拍照或采访幸存者，那么此时，就可以将许多观点不同

①② 参见〔美〕克利福德·G·克里斯蒂安等：《媒体伦理学：案例与道德论据》，张晓辉等译，北京：华夏出版社，2000，17～18 页。

③ 参见任志峰：《新闻伦理困境中的价值选择——以罗尔斯的“原初状态”假设为依据》，载《当代传播》，2010（6）。

④ 这一结论有待商榷，因为其论据是摄影记者为了拍片而不顾女童生死，实际情况不明。

⑤ 参见黄永、赵晓娜：《新闻摄影的伦理道德观》，载《新闻前哨》，2010（2）。

的人召集到幕后。他们中间可能有一名记者、一名摄影师、一个传媒经理、一个幸存者、一位死者家属、一个普通读者和其他人。在这个幕后的原初位置，没有一个参与者知道自己出去时是什么身份。于是，他们的论点就不会带有来自观察位置的偏见。这些参与者也将会从正反两方面，对公众知情需要和受害者隐私需要进行争论。在这个幕后，不要求共同意见、甚至不期待共同意见，实验的设计只是为了促成伦理的讨论。通过隐入幕后，做出伦理决定的人就能达到罗尔斯所说的“反思均衡”。在“反思均衡”状态下，有些不平等是得到许可的。但是，这些不平等必须对社会环境中大部分的人做出巨大贡献。例如，如果发表一张悲剧受害者的照片能阻止类似悲剧再次发生，幕后群体就可能达成这样的共识。这位研究者最后认为，“无知之幕”能够平衡各方面人的自由，同时又可以保护弱势群体，这样做就顾及了对所有相关问题的彻底考察。

两种伦理抉择框架

博克模式

博克模式三步分析法

1. 问问自己的良心，什么是“正确”的行为。
2. 寻求专家的意见，了解是否有其他方式可以替代将会带来伦理问题的行为。
3. 如果可能，与面临同一问题的伙伴进行公开讨论。

博克模式是以美国学者西塞拉·博克（Sissela Bok）命名。她的《说谎：公众与私人生活中的道德选择》推出了一个伦理抉择框架，这个框架被称为博克模式。博克模式基于两个前提：其一，我们必须对不得不做出伦理抉择的人心怀同情；其二，维持社会的信任是基本目标。[①] 在此基础上，博克提出，任何伦理问题都可以分三步进行分析[②]：

● 第一步，问问自己的良心，什么是“正确”的行为？你对这一行为有什么感觉？

● 第二步，寻求专家的意见，了解是否有其他方式可以替代将会带来伦理问题的行为。顺便说一句，专家可以是健在的，也可以是已故的——可以是你信任的一位制片人或广告文案撰写人，也可以是你仰慕的一位哲学家。是否有其他的方法既能达到同样的目标，又不会造成伦理问题？

● 第三步，如果可能，与面临同一问题的伙伴进行公开讨论。这些人既包括直接卷入争议的人，如报道一条新闻的记者或为该新闻提供消息的消息来源，也包括非直接卷入的人，如某位读者或某位消息来源。如果无法将他们集中起来，那么就假想一场谈话，这场谈话的目的是发现我的行为将怎样影响他人。

①② 参见〔美〕菲利普·帕特森、李·威尔金斯：《媒介伦理学：问题与案例》，李青藜译，北京：中国人民大学出版社，2006，4页。

在运用博克的伦理抉择模式时要注意两个问题①：

● 在做出最后决定之前要将三个步骤一一完成，这一点很重要。我们大部分人都会在询问过自己的良心之后便过早地做出伦理选择，博克指出这样做是错误的，因为它会导致许多不成熟的道德思考。

● 如果你不具备任何预测伦理问题的洞察力，那么最佳方案是在写作之前，而不是在写作达到高潮时先进行第三步列出的伦理对话。

波特方格

波特方格（the potter box）由哈佛大学神学院教授拉尔夫·波特（Ralph Potter）在20世纪50年代提出。它描述了人们在相互冲突的伦理原则中做出决策的过程，这个过程分为四个步骤，并且这四步骤是按照逆时针方向运行的，它们分别是：“（1）理解事实，（2）概述起决定作用的内在价值观，（3）运用相关的哲学原则，（4）清楚地表明一种忠诚。”（如图 2-2）②

波特方格四步骤

事实	忠诚
价值观	原则

图 2-2 波特方格

通过下面四个步骤的道德分析，就可以达到伦理判断③：

第一步：理解事实。面对一个伦理困境时，首先是要了解这一伦理困境的整个事实情况。只有全面掌握事实，才能走好下面的每一步。全面理解事实是进行价值取舍和诉诸伦理原则的基础。没有这一步，进行伦理推理就如“空中楼阁”，毫无基础可言。

第二步：概述起决定作用的内在价值观。当你认为某种事物——一种观点或一个原则——有价值，就意味着你愿意为它放弃其他东西。作为一名新闻工作者，如果你看重真相胜于一切，那么你有时就必须为它而放弃隐私。价值观往往是相互竞争的，使用波特方格的一个重要因素就是诚实对待你真正看重的价值观。真相和隐私都是高尚的理想。除了高尚，我们大部分人看重的都是保住工作。新闻工作者看重的往往是首先得到新闻。对任何特定的伦理情境涉及的所有价值观进行坦率地描述将帮助你把所面临的选择以及可能或不可能做出的潜在妥协看得更清楚。

第三步：运用相关的哲学原则。一旦你确定了自己看重的是什么，就要运用我们上述所讨论的几种伦理原则。例如，在上述情境中，功利主义者可能会争辩说，发表一篇报

① 参见〔美〕菲利普·帕特森、李·威尔金斯：《媒介伦理学：问题与案例》，李青藜译，北京：中国人民大学出版社，2006，6页。

② 同上书，83页。

③ 同上书，83～84页。

波特方格四步骤
1. 理解事实；
2. 概述起决定作用的内在价值观；
3. 运用相关的哲学原则；
4. 清楚地表明一种忠诚。

道，提醒社区有个可怕的家伙仍在外游荡，这个家伙强奸那些从智力上和体力上都不能保护自己的妇女，这是最大的善。亚里士多德的黄金定律会推荐一个中间立场，在发表所有细节和干脆不发表报道之间进行权衡。康德会建议，保护不能保护自己的人是放之四海而皆准的原则。

但是，你应当警惕，虽然在一些案例中，不同的伦理原则的运用可能会得出同一个结论，但在遇到其他伦理困境的情况下却不一定能产生这样一个愉快的结果。这就是为什么波特方格要求运用一种以上的伦理原则的原因，因为如果最终的判断发生变化，你就得能够解释其原因。

第四步：清楚地表明一种忠诚。波特把忠诚看作一种社会义务，波特方格的使用将反映那种伦理规范。在第四步，你要准确地表达你的忠诚——并确定它们之间是否会产生冲突。在上述案例中，你可能忠实于讲述真相，忠实于提醒社区有潜在危险，忠实于保护个人隐私，或忠实于做好自己的工作。

波特方格的使用经常会突出忠诚之间的矛盾。在这种情况下，你选择忠诚的对象应当能够激发喜欢或不喜欢你的他人的类似忠诚。新闻工作者经常被指控“脱离”他们的观众或读者，这种特殊的忠诚就是这一职业最为人诟病之处。我们使用波特方格的经验是，大部分伦理决定都能让你支持各种各样的忠诚。那些最令人困扰的决定是这样产生的：在你的推理过程中，对一种特定的信念或原则的忠诚太强烈，以至于你被迫放弃一度对你相当重要的其他忠诚。

基本道义原则

人道主义伦理学五原则

人道主义伦理学五原则
1. 生命价值；
2. 良善或正当；
3. 正义或公正；
4. 讲真话/诚实；
5. 个人自由。

美国当代伦理学家雅克·保罗·蒂洛（1928—2006）提出人道主义伦理学的五项原则。蒂洛认为，在这些原则指导下，任何道德体系都能发挥作用。这些原则相当广泛地关注一切人及其道德待遇。一般来说，这些原则将优先于其他一切道德考量。因此，这五条原则“可以作为一切道德体系的基本架构”。

（1）生命价值（value of life）：对这一原则，蒂洛喜欢“人应尊重生命，也应接受死亡”这种表达方式。“因为从经验上说，没有活着的人便没有任何道德。”他还认为，这一原则也是其他四项原则的前提，“因为没有人的生命，便不可能有什么善或恶，公正或不公正，诚实或不诚实，自由或不自由”。

（2）良善或正当（goodness or rightness）：蒂洛认为，良善原则的正当性在于，如果有人认为人们不必努力做好事、避免或制止坏事，那他便自外于道德了。由于这个问题是超道德的，并且不可能在道德内部得到解答，因而良善原则显然就是任何道德体系的一条根本原则。他在分析这一原则的内涵时说，现实中，良善或正当原则要求人们努力做到三条：

- 扬善抑恶做好事（善行）。
- 不造成损害不做坏事（防恶）。
- 制止坏事防止损害（防恶）。

（3）正义或公正（justice or fairness）：在蒂洛看来，这条原则实质上关心的是如何在公平合理的基础上对好处和坏处进行分配。它主张，在人们中间分配好处和坏处时，每个人都应公平公正地对待他人。人应当做好人，做善事，但这还不够，还要努力分配由此得到的好处。

中国伦理学大家周辅成教授也多次强调这一原则之于中国的现实价值："新世纪的伦理学，不能只是'爱人之学'、'利他之学'，还应当成为'社会公正之学'"，因为"一个没有社会公正的社会，比一个没有仁爱、没有理性的社会更为冷酷、黑暗和可怕"。

（4）讲真话/诚实（truth-telling/honesty）：蒂洛认为，这一原则几乎是正义或公正原则的推论，但是它本身就极为重要，有权利成为一条独立原则。一切道德都有赖于人们所达成的协议，如果不能确定人们会诚实地、真诚地对待协议，这些协议又怎能达成或维持下去呢？因此看起来讲真话与诚实是道德的重要而基本的柱石。"如果任何道德体系的参与者，不能断定别人是否讲真话，那么，这个道德体系怎么能起作用呢？"

（5）个人自由（individual freedom）：最后一条是个人自由原则或平等原则，有时也叫自主原则。这个原则主张，人们作为具有独特差异性的个人，在前四条的架构内，必须拥有选择自己道德修养的方式方法的自由。蒂洛坦陈，他之所以最后才提出这一原则，就是为了使人懂得个人的道德自由受到其他四条原则的制约，只有在不严重妨碍别人的条件下才是正确的。蒂洛还提出了用以决定上述五项原则主次顺序的两个方法：

（1）一般方法。根据逻辑的和经验的优先性，将五项原则分为主、次两类，主类包括生命价值和良善原则，它们高于次类包括的其他三项原则，对于任何道德体系或理论都是必不可少的。我们一般将生命价值原则和良善原则置于优先地位，但是次类原则并非在任何情况下都低于主类原则。在历史上，人们为了捍卫自由而抛头颅洒热血。而主类的两条原则也时常可以互换位置。"正当防卫"的概念就是允许防卫者将良善原则优先于生命原则。

（2）特殊方法。主次序列由道德行为和抉择所借以产生的、所有基本原则在其中必然起作用的实际境遇或背景所决定。任何理论、规则或道德原则如果不能有意义地应用于人的现实境遇之中，则必定因其无用而受到怀疑，或许要被抛弃。例如，根据良善、公正、诚实和个人自由原则，很容易证明人不应当偷窃。偷窃侵犯了别人的财产自由；它没有给失窃者带来满足；它不会带来内心平静；它对靠正当方式得其所得的失窃者是不公正的。可是如果有人要杀人，你肯定有理由偷走他的手枪，因为这制止了他违反五项原则，使他不能做坏事、杀人、侵犯别人的自由、对惹恼他的人不公正或不诚实。①

全球媒体伦理六大议题和挑战

国际知名媒体伦理学者、美国伊利诺伊大学传播学院教授克利福德·克里斯琴斯认为，为了组织传播伦理中的原初议题，给予它们划定正确的范围和定性，需要运用一种标准的类型学。伦理学通常分为三个部分：(1) 元伦理学；(2) 规范伦理学；(3) 职业（专业）伦理学（描述性伦理学）。

描述性伦理学就特定个人或群体的道德行为提出报告，研究现实中合乎伦理的抉择功能。关于传播，描述性伦理学陈述新闻实践中的成败得失，确定问题，识别媒体工作者面临的特定两难境地。元伦理学提出关于规范理论的议题，从哲学角度审视善和正当的性质、恶的问题以及伦理理论的有效性。

规范伦理学以诸项原则将实际道德性融为一体，集中于社会或制度的正义性和非正义性。在广义上讲，规范伦理学关切的是专业人士引领其生活的最佳方式和要推行的原则。规范伦理学致力于建立规范和指导方针，而不仅仅限于描述细节或处理抽象概念。在媒体伦理学的世界中，规范伦理学最受学术界关注，因此在八个原初的伦理议题中，有五个来自这个领域。② 它们分别是：

(1) 社会正义（social justice）：正义是规范伦理学的基石，为信息社会和技术融合建立了规范标准和专业守则。社会正义最重要的问题在于媒体的近用性。媒体应该根据实际需求分配给每个人，而无论其收入和地点。社会各界应该不受歧视地享有获取充分完整信息的保障。在媒体高度融合的今天，媒体应被视为必需品。但是在私有和商业媒体中，信息分配与支付能力之间产生了矛盾，造成了信息鸿沟。关于媒体融合技术，最重要的不是电脑放在哪里或网线接到哪里，而是使用电脑进行有意义的社会实践的能力。社会正义的规范理论要求我们通过立法、政府政策以及公共所有制来干预大众传播。媒体机构伦理道德问题的考量不能由利益集团和工程师来全权决定。

(2) 真相（truth）：几乎所有的新闻伦理都是以新闻工作者在任何情况下都要揭示真相这一原则展开的。从历史上看，主流媒体都自认为秉承了客观的世界观，重视人类理性和科学方法，认为新闻中的事实要素正是现实的反映，专业主义与不偏不倚画上了等号。对于今天日益复杂的社会政治环境而言，上述观点有些力不从心了。客观性作为新闻从业者的操作标准已经备受争议，尽管它在日常新闻生产过程中仍然以不同形式体现出来。我们不应该抛弃客观性，而应该改良它。新闻工作者为了发挥告知公众的功能，可以通过充分诠释或者使用人类学家克利福德·吉尔茨的“深描”法。

(3) 非暴力（non-violence）：圣雄甘地、马丁·路德·金、瓦茨拉夫·哈维尔、纳尔

---

① 参见〔美〕雅克·P·蒂洛、基思·W·克拉斯曼：《伦理学与生活》，程立显、刘建等译，北京：世界图书出版公司，2008，147～158页。

② See Clifford G. Christians, “Primordial Issues in Communication Ethics,” in *The Handbook of Global Communication and Media Ethics* (Vol. I), ed. Robert S. Forther and P. Mark Fackler Hoboken, NJ: Wiley-Blackwell, 2011, pp. 1-19.

逊·曼德拉、昂山素季都为非暴力而长期奋斗。公众对于残害、杀戮、战争的天然反感和厌恶，正是这一原则合理性的希望之光。内容分析法是应用非暴力原则进行传播伦理研究的重要方法。

（4）人的尊严（human dignity）：联合国 1948 年的《世界人权宣言》的序言写道："对人类家庭所有成员的固有尊严及其平等的和不移的权利的承认，乃是世界自由、正义与和平的基础。"男女老幼皆有尊严，不因信仰、阶级、性别、年龄或种族而有别。人的尊严不以优点和成就为转移。媒体伦理强调人的尊严已有 20 年。媒体在处理种族问题时必须谨慎，并且避免使用种族歧视的新闻语言和性别歧视的广告语言。为了实现和维系健全的民主，一个社群发出多种声音是必不可少的。人的尊严需要在跨文化语境下讨论性别、种族、信仰、阶级问题。

（5）隐私（privacy）：隐私权是人的自由和尊严的基本保障。隐私的价值不仅在于它本身，同时在于它对我们享有财产权，以及思想、言论、宗教和良知的自由都同样重要。在现代社会中，对隐私权的侵犯主要来自大众传播。但是隐私权不是绝对的权利，有时候为了保障社会对秩序和信息的需求，必须限制个人隐私。我们需要独立思考和决定，为了保护社会中的其他重要利益，在什么时候需要合理限制隐私权。①

思考题

1. 你是如何理解亚里士多德的"中庸之道"的？能否尝试结合案例对其进行分析？
2. 康德的"绝对律令"核心观点是什么？你能尝试结合案例对其进行分析吗？
3. 你对功利主义（utilitarianism）这一译法有什么看法？梁启超译为"利乐主义"，台湾学界译为"效益主义"，哪个译法更好？
4. 有人说，韦伯的意图伦理和责任伦理之分是伦理学领域的"哥白尼式革命"，你同意吗？韦伯的概念与功利主义有联系吗？
5. 你怎样初步理解罗尔斯的"无知之幕"？
6. 博克模式和波特方格两种伦理抉择框架有哪些相同和不同之处？你能运用它们试着分析本讲中的主案例吗？

① 参见〔美〕克利福德·G·克里斯蒂安：《媒介伦理研究——热点议题与研究方法》，仇筠茜翻译整理，载《全球传媒评论》（院庆纪念特刊），北京：清华大学出版社，2012，33～41 页；〔美〕公民教育中心：《隐私》，刘小小译，北京：金城出版社，2011，3 页。

中编　媒体道德篇

Chapter 3
第三讲　红包与软文

- “红包”现象面面观
- “软文”是什么东西？
- 为何红包和软文现象是道德问题？
- 红包与软文：中国之规定
- 记者与恩惠：英美之规定
- 为何拿红包：记者吐心声
- 美国有红包和软文吗？
- 媒体寻租，中国特有？
- 媒体寻租：制度和个人双重因素

案例一 孙俪大婚娱记哄抢斗殴

结婚，一个充满喜悦幸福的词。然而对某些人而言，结婚却犹如战争一样或壮观或惨烈。自孙俪大婚喜讯传出的那刻起，各大新闻媒体已经跃跃欲试。似乎注定般的，这被计划得“低调”的婚礼预示着一场轰轰烈烈的媒体大战。名人结婚，一定程度上已经成为与战争和灾难一样重要的新闻元素，被广大媒体觊觎着。①

2011 年 6 月 7 日晚，娱乐圈“金童玉女”邓超、孙俪在上海浦东丽思卡尔顿酒店举行婚礼。婚礼之前，虽然又是严防媒体，又是对外声称不许微博直播，但众多采访上海电视节的上百家媒体顺道前来蹲点守候，再加上圈中几十位明星前来“扎场”，一场看似低调的婚礼几乎把当时整个上海电视节的风头给抢了过去。

晚上 6 点多，在孙俪和邓超与媒体记者见面后，孙俪的经纪人郭女士给守候多时的媒体派发礼物和红包，此次邓超、孙俪出手相当阔气，为在场的媒体准备的是 500 元的红包。让在场捧场的人没想到的是，那么光鲜的场面，竟有两名娱记扭打在一起，当时现场一片混乱。据各大媒体报道，两人打架可能是因为哄抢 500 元红包。当然，也有记者在微博上澄清事件，称已询问在场记者，证实二人因争抢拍摄机位而发生冲突，并非传闻中的哄抢红包。

有论者评论道，给媒体派发红包在内地已是业界习惯，并非什么见不得人的事，不单娱乐圈如此，财经、科技、楼市、汽车行业也都如此，甚至娱乐媒体在业内已是低灰色收入人群，这早就不是怪事。说是行业潜规则，实际上都摆在明面，或将之称为车马费，或将之称为感谢费，名头虽然各异，但实质都是一种感谢媒体帮忙宣传的费用。

这位论者总结道，无论是邓超、孙俪等明星艺人还是各界媒体自身，都应当面壁反省。前者作为社会的既得利益者和形象标杆，既然身份异于常人，就自当以人为镜，谨言慎行。而媒体作为当今社会的言声者，虽生计平凡，但手握舆论戒尺，也算得上是掌有权势的人，不仅应时刻慎独，更应努力使自己容忍天下、明善察理。传媒前辈雷儆寰先生曾言：“我们要用负责的态度，来说有分际的话。”这应是天下媒体人所追求的共同目标。②

邓超孙俪大婚记者哄抢红包急眼斗殴

① 参见《“大 S 效应”下明星结婚启示录》，http://ent.ifeng.com/idolnews/special/mingxingjiehunqishilu/。

② 参见朱白素行：《邓超孙俪与媒体都应面壁思过》，http://ent.hunantv.com/o/y/20110610/927265.html，2011-06-10。

案例二 《第一财经周刊》记者拒绝红包

《第一财经周刊》2011年7月11日“编者的话”栏目中，该刊总编伊险峰撰文《让我们的记者更有尊严》。文章披露了该刊一位记者收500元红包后未将红包退回，也未主动向编辑部说明情况，后这位记者主动辞职了。总编说，从该刊三年前制定规定以来，这是第一个因此而辞职的员工。在制定制度的三年多里，杂志社进入调查程序共有三次，其中一个调查结果为该刊记者退还红包给中间人，但中间人并没有将相应钱款退还给相关公司；另一个是因为被报道公司对记者报道不满，因而在知悉该刊的规定之后，采用这种方式来对记者进行报复；第三个是不了解该刊规定的实习记者，很快退回了红包。

在总编看来，记者应该拒收红包。他提出了两种理由，其一是“不拿人财物”为最基本道德要求，拿人财物相当于受人之托，而“受人之托”又不履行承诺，是不道德；其二是“拿人财物”必然无法做到客观公正，而无客观无公正违反媒体报道最基本的职业道德。一方面是道德底线，另一方面是职业道德底线，最好的解决办法是“不拿人财物”，不做“受人之托”之承诺。所以该刊才有三年前的规定：不得接受采访对象的红包等财物；不得接受各种形式的车马费；不得接受采访对象提供机票、住宿的采访。

在推行规定的三年多时间里，总编听到最多的是“不过是说说而已”。总编说，该刊并非想通过一个记者的辞职来证明规定不是“说说而已”，实际上该刊更希望记者能保护好自己——既是保护自己不受侵犯，也是保护好自己的职业未来；更希望传媒环境能够更健康——杜绝权、钱干涉报道的情况发生。该刊更希望用出色的报道，带来更多的读者，可以有更好的经营环境，创造更多的财富——每一个工作人员也能享受到该刊成功带来的收益。

伊险峰针对他们经营上的合作伙伴在对外宣传招商的文件中提到《第一财经周刊》会安排“软文”报道以回报赞助商的说法做出了回应。他重申了杂志的另一条原则：经营与采编严格分开。它包含以下思想内容：（1）我们不反对文字广告，对广告效果而言，有些产品适合文字性的宣传；（2）《第一财经周刊》上的文字性广告的经营政策等同于广告方针，其执行部门为周刊广告部；（3）任何记者和编辑不会参与任何经营性活动，所有文字广告都是广告部委托非采编人员完成；（4）文字性广告每期不超过三页，均标有“市场部企划”或“第一声音”并在文尾注明。①

案例三 西班牙名报人在华被塞红包

在中国，记者往往会得到赞助商提供的“车马费”，这早已是圈内的潜规则之一。无论哪行哪业，总会在开新闻发布会记者到场时，塞上一个或大或小的红包。给钱了，

① 参见伊险峰：《让我们的记者更有尊严》，载《第一财经周刊》，2011-07-11。

记者未必会美言几句；没给钱，那记者可能不会美言。但中国的潜规则，却让西班牙名报人马塔里亚纳斯大为吃惊。马塔里亚纳斯是西班牙《阿斯报》的专栏记者。中国国足将在主场对阵伊拉克，在作为随队记者出席新闻发布会时，马塔里亚纳斯也被赞助伊拉克国家队的某中国商家塞了一个红包。这个中国公司的举动，让马塔里亚纳斯大为吃惊。在给《阿斯报》发送专栏文章的同时，马塔里亚纳斯也在酒店内拍摄了一则简短的视频。他在视频中手持300元人民币礼金，并将中国这一奇怪的潜规则介绍给了全体西班牙人。①

我们来看凤凰网友对此条新闻的跟帖评论：

● 网友大狼犬：西班牙记者不懂中国的礼节，发的300元是误餐费。

● 网友aguina：这西班牙记者真是不识好歹！怎么就不入乡随俗呢？受人钱财与人消灾。让你多报道国足进步了、水平高了、只是运气不好之类的，谁叫你抖落受贿这桩丑事呢。不识好歹的西班牙人！

● 网友猎兔犬：这应该也是行贿吧！在法治国家，包括中国香港，行贿是犯法的行为，所以是根本没有的事情。

● 网友网络奇闻：看来还是外国媒体比较有良心，中国媒体从来都是眼高手低啊，从来都是有钱就说好话，没钱就找茬，可耻中国男足!!可耻中国媒体!!

● 网友中华信用：10年前不是新闻记者坏，而是新闻发布会的主办单位把新闻记者“惯坏”。10年后的今天是新闻记者自己愿意堕落，为了300元、500元出卖灵魂。我已经离开新闻记者行列9个年头了。我有时在问，是我跟不上时代步伐了，还是这个时代变得我不认识了……

西班牙《阿斯报》副主编采访中国男足收到300元红包

案例四　迪士尼世界诞辰庆典中的款待

总部设在美国伯班克的迪士尼如今是一个大型跨国公司。1986年11月，为了庆祝迪士尼世界15岁的生日，公司邀请了10500位客人来参加为期3天的庆祝活动。他们中的一半是来自媒体的代表，另一半则是这些代表的朋友。迪士尼公司、当地政府等机构共为这项活动报销了大约800万美元。参加庆祝会的媒体的代表有很多人是一分钱都没有花的。就像一个爱开玩笑的代表所说：“我的钱包整个周末都处于冬眠状态。”迪士尼公司估计，在这次活动中，电台、电视台至少向美国的各个角落播出1000多小时的新闻报道。

① 参见《西班牙〈阿斯报〉副主编采访中国男足收到300元红包》，http://news.ifeng.com/sports/gnzq/detail_2011_10_13/9810926_0.shtml，2011-10-13。

不仅如此，媒体代表们在离开时还带走了迪士尼公共部门作为“礼物”发放的此后几个月可能用作报道的材料。媒体对3天庆典活动进行了大量报道，迪士尼的管理层并没有控制新闻报道，但这些新闻报道都是以积极乐观的笔调为迪士尼做推广，管理层借用这个机会发表他们的意见。就像一个来自科罗拉多电视台的代表所说，在整个3天并没有发生什么不愉快的事，如果有的话，也只是在报道中提到参加庆典的那些天天气潮湿。

参加庆典的媒体代表们多数是脱口秀主持人、旅行作家、电台业主、无线电唱片节目广播员、出版商和杂志的工作人员。为这些媒体代表召开新闻发布会是迪士尼计划中的一部分。但迪士尼只会公布有关2.8万英亩土地和直接性投资情况，而丝毫不会提及佛罗里达州议会赋予迪士尼的特权，就像有个别报人讽刺性地说道，在迪士尼制造核武器，都不会有人操这份闲心。

迪士尼的15周年庆典尽管收到一些来自报界和新闻教育界的微词，但是它以更高的规格再次举行了20周年庆典。这一回NBC《今日》节目的30名员工为迪士尼制作了一期精彩的节目。当有人质疑NBC大约花费了迪士尼5万美元旅行费时，NBC做出了正式答复：“迪士尼周年庆典不是硬新闻，在新闻上也不具有重大意义，迪士尼把所有设备与机票费用都已为我们准备好了。然而，我们是严格坚持NBC新闻指导方针的。不允许接受这样的服务，即使是为避免冲突出现或在当时妥协了事，NBC也要如数偿还这些款项的。”

生活中没有什么是免费的，机构或组织签了账单是希望他们的投资会有所回报。像迪士尼这样的主办单位花钱是为了获得相对来说并不昂贵但却有效的公共关系网。这种期望改变了记者与公共关系代理人的身份。迪士尼的高层公关人员约翰·麦克林托克从前是加州帕洛阿尔托《论坛时报》的记者。他完全明白用旅游的报道方式会比花钱做商业广告更有影响。他曾直言不讳地说：“那是一个交易，没人想看到客观性的报道。我们之间是推广与被推广的关系。”

美国媒体伦理学家克利福德·G·克里斯琴斯（即注释中的克里斯蒂安）等人认为，鉴于这些情况，媒介必须禁止记者参与免费旅游，这是十分清楚的，如果公司不能支付记者的旅费，那记者最好待在家里。但同时，排除旅游报道可能破坏了公众对某些信息知情的权利。为了处理好这两种矛盾，编辑可以做两件事：一是让记者将旅游报道做得更精确、更客观；二是在报道中不必提到提供经费的企业的名称，但要说明企业的性质，这些信息能让读者或公众更理智地评价报道。绝对禁止免费旅游的方针也并不总是有利于公众的。①

① 参见〔美〕克利福德·G·克里斯蒂安等：《媒体伦理学：案例与道德论据》，张晓辉等译，北京：华夏出版社，2000，49～51页。

案例五　台湾媒体的“业配新闻”[1]

台湾媒体人黄哲斌2010年因不堪忍受“业配新闻”的折磨，毅然辞职离开他工作16年多的“《中国时报》”。辞职的第二天，黄哲斌写了一篇博文谈自己辞职的原因。[2]黄哲斌在文章中写道，“台湾报纸‘业配新闻’领先国际潮流，自认观念落伍告老还乡”，“记者变成了广告业务员，公关公司与广告主变成了新闻撰稿人，而‘业配新闻’正在变成论字计价的商品。”黄哲斌打算辞职以后通过博客、写书和免费讲座的方式，揭露岛内企业和行政部门购买媒体的事实，向“业配新闻”宣战，让更多人了解企业与政治对新闻的干扰，了解记者们正在被迫丧失操守和职业道德。[3]

当台湾一家企业出现食品安全问题时，一位前去采访的记者却被告知，对方已经买了几百万的广告，所以这条新闻“不准写”。果然在第二天的版面上，一个字都没有登出来。“对于一个有专业、有尊严的记者而言，这真是最大的羞辱。”黄哲斌连连叹气，这让这个做了16年媒体的新闻人深恶痛绝：“记者的天职就是要去监督政府和企业，总不能一边挖掘人家的负面新闻，一边又跟人家要广告吧?”[4]

有论者描述台湾媒体普遍存在的“业配新闻”生动形象。坐在电视机前，手上的遥控器不停地在岛内6家24小时新闻台穿梭。从9点到10点新闻时段内，“年代”新闻台介绍南洋香茅火锅与十全大补锅，TVBS报道无筋牛肉炉，“民视”报道红蟳处女锅，“中天”报道土耳其大餐，“东森”报道百菇养生锅，“三立”则报道了温泉业。一池温水、一锅鲜美冒烟的火锅，透露着暖意来诱惑观众。这些消费资讯都是无关公共利益的商业讯息，说穿了就是广告，但是这些广告却冒充成新闻，在电视新闻时段中出现。

置入性行销的价码，可依收视率高低或是其他市场因素进行考量，而由媒体定出不同价钱。一般而言，电视台在新闻中报道举办座谈会，要价约是25万元新台币；大报的整版座谈会报道，约需60万元新台币。在电视新闻中进行“配合”的深度报道，有电视台开价8.5万元新台币；还有媒体干脆协助召开记者会，并强调可以配合活动的需要决定播出时间，要价是30万元新台币。“买广告、送新闻”成为极普遍的交易模式。综合性报纸为了配合“业编合作”，编辑部记者肩上默默增加了行销责任，电视媒体为了“业配”专案，都设有“专案组”，专门跑“业配新闻”。[5]

置入性行销的出现除了凸显商业广告力量的壮大外，政府广告力量的崛起更是不可忽视的一环。包括中央与各级地方政府，纷纷投注预算进行媒体宣传。因为政府购买力

---

① 所谓“业配新闻”即置入性行销（刻意将营销对象置入媒体）式公关软文。

② 参见黄哲斌：《乘着喷射机，我离开〈中国时报〉》，http://www.my1510.cn/article.php? id=497152010-12-16。

③ 参见王大可：《“业配新闻”引发岛内反思》，载《人民日报》（海外版），2010-12-29。

④ 转引自付雁南：《台湾新闻人黄哲斌：向业配新闻大声宣战的“斗士”》，载《中国青年报》，2010-12-23。

⑤ 参见林照真：《“置入性行销”：新闻与广告伦理的双重崩坏》，载《中华传播学刊》，2005（8）。

雄厚，贫穷的媒体只得在新闻上更加“友善”，以争取政府广告与选举广告。置入性行销事件一旦曝光，无疑是政治人物与媒体的“双输”。一名电视工作者自我解嘲说，“我们被绿买，也被蓝买，这样很公平，大家都沦陷。”在各种“业配新闻”中，岛内公务部门以纳税人的辛苦钱收买媒体，最是可恶：“左手伸进我们的口袋，拿钱贿赂媒体，然后将右手伸进我们的脑袋。”黄哲斌列举了政府在一系列事件中的做法——不努力为政策辩护或沟通，连文宣广告都懒得做，直接砸钱买新闻。为此他联合岛内传播学界部分学者发起“反收买、要新闻：反对政府置入性行销”的联署。①

“红包”现象面面观

红包，亦称封红包，是将金钱放置在红色封套内做成的一种小礼物。封红包是中国传统习俗。最常见的是在各种喜庆场合，例如在春节、婚礼、生辰等场合送金钱作为礼物时都会使用。封红包亦成为惯常使用的贪污手法。行贿的一方给予对方红包，以作为某种服务的报酬。② 送红包现象如今在各行各业中都可能存在，公务员收红包，医生收红包……在新闻界，红包现象似乎司空见惯，上述案例充分说明了这点。有的人把这种现象称之为“公开的秘密”，有的人称之为“一种潜规则（钱规则）”，更有甚者，称之为“一种明规则”。种种迹象说明，红包现象已成为新闻腐败的“重灾区”，成为中国新闻界的一大痼疾和顽症。红包数额大小不等，几百上千的、几千上万的，有的甚至高达几十万、几千万。

按照记者的态度，收红包有主动和被动之分。记者主动收红包就是利用自己掌握的媒体“权力”资源，主动要挟对方，对方给钱就免被曝光，倘若不给钱就要面临丑闻被曝光的危险，这也就是有论者所说的新闻敲诈之腐败形态。其实质就是记者主观上想要红包，以舆论监督之名行敲诈红包之实。不管是真记者还是假记者、有记者证还是没记者证，都可能成为敲诈行为的实施主体。《中国贸易报》山西记者站聘用人员兰成长，借采访之名敲诈黑矿主而引来了杀身之祸，其行为也让新闻界蒙羞。③

记者被动收红包，是对方主动联系上记者，要求为其工作做“正面报道”（实质不是新闻，不具备新闻价值），目的只是想借助记者所拥有的媒体资源，为其歌功颂德，吹嘘拍马；抑或消除其本身的不良影响，进行危机公关；或者是对方请记者闭嘴，不要刊发批评性报道，这种现象也经常被人们称为发“封口费”。对方可以给单个记者塞红包，也可以通过新闻发布会的方式集体发放红包。政府、企业或个人都可能成为发放红包的主体。深圳卫视曾报道，据深圳市民反映，在深圳沙井和福永交界的凤塘大道，有 36 万平方米

① 参见王大可：《“业配新闻”引发岛内反思》，载《人民日报》（海外版），2010-12-29。

② 参见 http://zh.wikipedia.org/wiki/%E7%B4%85%E5%8C%85。

③ 参见毕远：《现场记者讲述兰成长案详细过程》，http://news.sina.com.cn/c/l/2007-01-24/110412125713.shtml，2007-01-24。

违规建设悄然动工，记者前去采访时就被强塞红包。[①]

在《一个自由的新闻界对于腐败是一个坏消息》一文中，经济学家艾莫·布鲁内蒂和比特丽斯·韦德将腐败类型分为勒索性腐败和勾结性腐败。[②] 按照此种划分，记者主动想收红包，就是勒索性腐败。但是也有可能转化为勾结性腐败。转化的可能性就要看对方是否愿意配合记者敲诈勒索。如果对方心甘情愿，这种秘密交易谁也不知。就像案例三中说到的，很多企业任被媒体"宰割"。但是也有的被敲诈方不愿意，或者是看不惯记者利用自己手中掌握的"权力"资源实施敲诈。在这种情况下，记者很可能就会受到人身安全的威胁，甚至是身陷囹圄。2007 年 9 月 20 日，北京朝阳区法院依法公开对涉嫌敲诈勒索国内某知名电视购物公司的原某财经报记者 X 以及作为"中间人"的某广告公司的 M 进行宣判后，很多人都替记者喊冤，认为是记者掉进了被敲诈公司设置的陷阱中。[③]

记者被收红包，这里的"被"也是相对的，如果记者真的是被动的话，那么应该像西方的许多记者一样，在收到对方给的红包后主动退回或者回来后主动上交。而中国记者往往并不这么做，他们在被动收到红包以后态度暧昧，甚至觉得心安理得，认为红包是应该收的。所以红包交易就在双方的掩饰下得以秘密进行，记者难以启齿说自己收了红包，对方也乐意记者收下，这种腐败就是典型的勾结性腐败。媒体和其他掌握权力的人互相交易，投桃报李，各得好处，一团和气，难以暴露，这种腐败类型是最可怕的。除非是记者自己曝光，否则很难揭露。如果西班牙记者马塔里亚纳斯自己不主动曝光，谁又能知道他收了红包呢？新闻发布会现场难道就他一人收了吗？

软文

是相对于硬广告而言，是由企业的市场策划人员或广告、公关公司的文案人员或由替企业操刀的媒体记者负责撰写的"文字广告"。也有论者认为，"软文"是指企业通过策划，在报纸、杂志或网络等媒体上刊登的可以提升企业品牌形象和知名度、促进企业营销的一系列宣传性、阐释性文章，包括特定的新闻报道、深度文章、付费短文广告、案例分析等。

"软文"是什么东西？

一直以来，"软文"一词就很难界定。有论者认为，顾名思义，"软文"是相对于硬广告而言，是由企业的市场策划人员或广告、公关公司的文案人员或由替企业操刀的媒体记者负责撰写的"文字广告"。[④] 也有论者认为，"软文"是指企业通过策划，在报纸、杂志或网络等媒体上刊登的可以提升企业品牌形象和知名度、促进企业营销的一系列宣传性、阐释性文章，包括特定的新闻报道、深度文章、付费短文广告、案例分析

① 参见《深圳 36 万平方米违建动工，记者采访被塞红包》，深圳卫视，http://tv.sohu.com/20110501/n306709836.shtml2011-05-01。

② 参见展江、张金玺等：《新闻舆论监督与全球政治文明》，北京：社会科学文献出版社，2007，17 页。

③ 参见陈春彦：《从封口费说起——谈媒体传播法律风险规避与编采技巧》，北京：北京理工大学出版社，2009，11～12 页。

④ 参见范正利：《"软文"痼疾与救赎》，载《中国记者》，2009（1）。

等，“软文”因此又被称为“广告文学”。[①] 不管怎么定义，软文的本质就是混淆新闻和广告之间的区别，以新闻的方式来包装广告，以达到“润物细无声”的宣传效果。“聪明的企业做新闻、愚蠢的企业做广告”能够成为流行语，反映了这类违法广告已相当普遍。[②]

20 世纪 80 年代初，媒体的广告市场初现端倪。市场经济大潮中的企业也需要媒体来为自己写一些“吹喇叭、抬轿子”式的宣传文章。软文在这种“双向需求”下粉墨登场。很多企业为了联系媒体做广告，相继设立了公关部，美其名曰“媒体专员”或“公关专员”，这些人员专门同各路媒体和记者打交道。企业根据自身营销需要策划活动，记者、编辑根据公司需要在媒体上刊发公司专门制作，但是由记者署名或署其他作者名字的稿件，并享受公司附送的“稿费”（或曰“红包”、“车马费”等）。[③] 到 90 年代，媒体的广告市场由原来的“卖方市场”转变为“买方市场”，同时，一些企业也在市场竞争中发展壮大。正是在这种背景下，在媒体和企业之间作为“中介联络”的公关公司应运而生。从而，铸成了企业、公关、媒体三者利益合谋的现实。像案例三中很多财经公关就是依靠媒体和企业形成的“灰色产业链”。

从上述来看，软文现象和红包现象是紧紧捆绑在一起的。只不过，收红包可能是个人的行为，也可能是媒体机构的行为。而写软文大多是机构性的行为，因为记者个人与一家企业建立关系，而在版面上以新闻的方式替其做广告，对于有职业操守的媒体来说，版面编辑那里可能通不过，总编辑那里也可能通不过。所以，写软文更多是整个媒体机构的腐败。中文版《时尚先生》杂志的管理人员承认，他们经常登载软文，也就是将一些本质上是广告的内容包装成新闻特写类的文章进行刊登。[④]

为何红包和软文现象是道德问题?

1997 年由中国人民大学舆论研究所和中国记协国内部进行了“我国新闻工作者的职业意识与职业道德调查”，调查结果显示，34.8％的被调查者同意“接受被采访单位的现金馈赠”这一现象很普遍。79.7％的被调查者不同意可以接受被采访单位的现金馈赠，16.7％表示中立，认为可以接受采访单位的现金馈赠。2002 年由复旦大学新闻学院承担的“社会转型过程中新闻从业者职业理念研究”调查显示，认为“接受被采访单位的现金馈赠”这一现象普遍的同意度为 3.3，而 1997 年的调查是 3.09。同意度指数高于 1997 年，同意可以接受被采访单位的现金馈赠是 2.17，而 1997 年是 1.81（非常同意＝5，同意＝4，中立＝3，不同意＝2，非常不同意＝1）。说明同意接受红包的人数在上升。2003 年由中国人民大学新闻与社会发展研究中心调查的“传媒人对有偿新闻的看法”

① 参见吴晔：《对当下媒体“软文”的思考》，载《新闻战线》，2008（2）。
② 参见陈力丹：《广告新闻：广告商与传媒合谋违法》，载《东南传播》，2009（10）。
③ 参见吴晔：《对当下媒体“软文”的思考》，载《新闻战线》，2008（2）。
④ See David Barboza："In China Press, Best Coverage Cash Can Buy," in *New York Times*, 2012-04-04.

调查显示，53.2%不同意可以接受被采访单位的现金馈赠，6.3%同意，40.5%态度暧昧。2004年由浙江大学文学与新闻学院承担的“新闻专业主义理念的建构”调查显示，同意接受现金馈赠的是2.17，认为接受现金馈赠普遍的是2.95（非常同意=5，同意=4，中立=3，不同意=2，非常不同意=1）。①

以上调查结果显示，一部分调查对象还是对红包持容忍态度的，认为拿红包实属正常，是不应该被禁止的行为。网民@某小微的华尔兹把《第一财经周刊》的案例发到微博上以后，激起了网民对记者拿红包的讨论。《南方传媒研究》第31期摘录了网民对微博的评论，评论反映了网民对记者拿红包的态度，由于篇幅所限在此只能转载部分内容②：

@原创歌曲征集：行业都有自己的规则，用不着这样公布出来吧，记者哪个没拿过红包的，只是形式不一样而已！

@AUTOV-汽车杂志陈嘉锋：作为汽车媒体的工作者，收红包确实在国内存在。我跟新加坡的亲戚提起我做汽车媒体，也都收红包，他来一句：这是受贿。我无言以对。确实，我难以用言语表达国内的这一普遍现象。

@调查记者1学徒：记者、编辑的工作强度大，经常出差，经常深夜赶稿。如果用人单位能够在待遇和福利上给员工一个合理的水平，加上严格的管理制度，那么谁还会去拿那500元的红包？

@吕明合：多数媒体高层尸位素餐、寻租成为常态，与一线记者收入出现巨大鸿沟。用开除了之、再讨论“让记者更有尊严”真好。你好我好大家好。

许多研究者谏言，新闻业界避免软文的办法就是让采编部和经营部分离。倘若两个部门分离，采编人员就不能为自己的单位拉广告；也不可以为自己的版面或节目联系赞助；不可以担任企业公关；不可以参与为企业制作商业广告。上述四份关于新闻工作者职业道德的调查都设计了这些问题，但是调查的结果并不令人满意，像红包现象一样，一部分调查对象支持采编人员以上的“不可以”的行为，有些调查对象虽然不支持，但是态度暧昧。即使通过田野观察，得出的结果亦如是。“中国新闻界更常见的情况是新闻采编部门的工作者被要求从事拉广告、报刊征订等经营性活动。在这种心照不宣的潜规则压力下，记者编辑们对自身职业角色的认定出现了一定程度的混乱。”③

---

① 参见陈力丹、王辰瑶、季为民：《艰难的新闻自律——我国新闻职业规范的田野观察/深度访谈/理论分析》，北京：人民日报出版社，2010，15～24页。

② 参见南方报业传媒集团新闻研究所：《南方传媒研究31：公益报道》，广州：南方日报出版社，2011，215～220页。

③ 陈力丹、王辰瑶、季为民：《艰难的新闻自律——我国新闻职业规范的田野观察/深度访谈/理论分析》，北京：人民日报出版社，2010，31～32页。

本教材伊始就把新闻传播中的道德和伦理现象做了区分，把新闻工作者不应该做的，没有讨论余地的现象划归为道德范畴；而把有讨论余地的，在此情况下被人们认为是正当的，而在彼情况下被认为又是不正当的，划归为伦理范畴。按照这种区分，本章讨论的红包和软文现象，属于新闻工作者禁止做的范畴，没有讨论的余地，即新闻工作者在何种情况下都不应该拿红包和写软文，拿红包和写软文被新闻道德律令所禁止。

红包与软文：中国之规定

在我国，记者收红包、写软文现象经常被人们称为“有偿新闻”，后来人们又在此基础上再造新词“有偿不闻”。在官方的文书中使用的是“有偿新闻”。当然，“有偿新闻”不仅指收红包、写软文这两种现象，还包括接受礼品、免费旅游、免费用餐等等。这些现象在西方新闻界被称为“利益冲突”。

1985年，国务院办公厅发布了《关于加强广告宣传管理的通知》，指出：“有的新闻单位或记者以发布新闻为名刊登所谓‘新闻广告’，从中捞取好处。”严禁新闻记者借采访名义招揽广告，严禁利用发布新闻的形式刊播广告，收取费用。

1991年颁布的《中国新闻工作者职业道德准则》第六条规定：“不刊发各种形式的‘有偿新闻’，不得以新闻或版面做交易，索要钱物，牟取私利。不得以任何方式接受被报道地区、单位和个人的礼金或有价证券。新闻活动和经营活动要严格分开。记者编辑不得从事广告或其他经营活动，从中牟利。”

1997年《关于禁止有偿新闻的若干规定》中与红包和软文现象紧密联系的规定有：

● 新闻单位采集、编辑、发表新闻，不得以任何形式收取费用。新闻工作者不得以任何名义向采访报道对象索要钱物，不得接受采访报道对象以任何名义提供的钱物、有价证券、信用卡等。

● 新闻工作者参加新闻发布会和企业开业、产品上市以及其他庆典活动，不得索取和接受各种形式的礼金。

● 新闻报道与广告必须严格区别，新闻报道不得收取任何费用，不得以新闻报道形式为企业或产品做广告。凡收取费用的专版、专刊、专页、专栏、节目等，均属广告，必须有广告标识，与其他非广告信息相区别。

● 新闻报道与经营活动必须严格分开。新闻单位应由专职人员从事广告等经营业务，不得向采编部门下达经营创收任务。记者、编辑不得从事广告和其他经营活动。

2005 年《关于新闻采编人员从业管理的规定（试行）》：

> 新闻采编人员不得利用采编报道牟取不正当利益，不得接受可能影响新闻报道客观公正的宴请和馈赠，不得向采访报道对象或利害关系人索取财物和其他利益，不得从事与职业有关的有偿中介活动。新闻采编人员要严格执行新闻报道与经营活动分开的规定。不得以记者、编辑、审稿人、制片人、主持人、播音员等身份拉广告，不得以新闻报道换取广告，不得以变相新闻形式刊播广告内容，不得为经营牟利操纵新闻报道。新闻采编人员不得以订阅报刊为条件进行新闻报道，不得直接要求被采访报道单位或个人订阅报刊，更不得以批评曝光为由强迫被采访报道单位或个人订阅报刊、投放广告或提供赞助。

达・芬奇案中案

截至 2012 年，中国媒体如何自律逐渐成为社会关注的话题。从 2012 年年初财新《新世纪》周刊的特别报道《达・芬奇真相》，到当年 4 月 4 日《纽约时报》的文章《中国有偿报道乱象》，再到当年 6 月初财新《新世纪》周刊的报道《IPO 有偿沉默》，中国媒体行业的不良行为逐渐得到曝光。

2012 年 6 月 13 日，广电总局发出《关于开展“打击新闻敲诈、治理有偿新闻”专项行动的通知》。通知称，本次专项行动要治理的不良现象包括：新闻采编人员利用采访活动牟取利益，或接受采访对象、单位、利益相关方和公关公司“红包”；新闻机构及其工作人员以新闻报道形式发布广告，搞有偿新闻、有偿不闻；假冒新闻机构和采编人员开展“新闻采访”活动，利用“新闻采访”活动敲诈勒索。①

记者与恩惠：英美之规定

在英国，红包和软文在十七八世纪司空见惯，它在现代英国新闻界也远没有绝迹。现在，虽然许多记者的报酬还是很低，新闻机构对于接受这些东西却变得越来越苛刻。除了在财经新闻方面有些许论述以外，英国有关印刷媒体的法律并没有涉及“利益冲突”这一问题。②

路透社规定：

> 禁止接受由消息来源或关系户提供的任何礼物、服务或利益（无论是现金还是其他种类）。如果一些有价值的礼物难以拒绝，那么它应交给记者的主管，并捐给适当的慈善团体。③

---

① 参见林韵诗：《广电总局要求治理有偿新闻现象》，财新网，http：//china. caixin. com/2012-06-21/100403248. html，2012-06-21。

② 参见〔英〕卡伦・桑德斯：《道德与新闻》，洪伟等译，上海：复旦大学出版社，2007，169～172 页。

③ 参见张宸：《当代西方新闻报道规范——采编标准及案例精解》，上海：复旦大学出版社，2008，155 页。

BBC《制作人指南》规定：

> 任何人都不得从任何组织或个人接受给予自己或家人、朋友的私利，如物品、折扣、服务、现金、赠品，或者正常业务范围以外的娱乐，只要该人有可能代表 BBC 与这些组织或个人进行业务活动。①

英国新闻工作者行为准则第八条、第九条规定：

> 新闻工作者不得接受贿赂，不得让其他的诱惑影响其行使职业责任。
> 新闻工作者不得因为广告或其他的因素而歪曲或压制事实真相。

英国新闻工作者业务准则对经济报道作了如下规定：

> ● 即使法律没有明令禁止，新闻工作者也不得利用其所掌握的金融信息在该信息发表之前牟取私利，也不得将这一信息传于他人。
> ● 未将情况告知主编或经济编辑，新闻工作者不应撰写有关如下信息的报道：明知与其或其亲属的重要经济利益相关的股票或债券的情况。
> ● 不得直接或通过中介人买卖其最近报道过的或拟于近期报道的股票或债券。②

美国对记者收红包和写软文是绝对禁止的，有着严格的规定。《职业新闻工作者协会伦理规约》规定：

> ● 区分新闻与广告，警惕模糊二者界限的混合物。
> ● 拒绝礼品、优惠、酬金、免费旅行和特殊待遇。
> ● 拒绝偏袒广告商和特殊利益集团，抵制它们影响新闻报道的压力。

美国《广播电视新闻主任协会伦理规约》规定：

> ● 无私无畏地采集和报道新闻，有力抵制任何外部力量——包括广告商、消息来源、报道主体、强势个人和特殊利益集团的不正当压力。
> ● 抵制那些寻求收买新闻内容或对其施加政治影响以及那些试图恫吓新闻采集者和散播者的人。
> ● 只通过编辑判断来决定新闻内容，而不是出于外部影响。
> ● 认识到新闻赞助不应被用于以任何方式决定、限制或操纵内容。
> ● 不允许新闻机构所有权或管理层的利益不适当地影响新闻判断和内容。
> ● 不应接受可能试图影响报道之人的礼品、恩惠或补偿。

---

① 参见〔英〕卡伦·桑德斯：《道德与新闻》，洪伟等译，上海：复旦大学出版社，2007，172 页。

② 参见魏永征等著：《西方传媒的法制、管理和自律》，北京：中国人民大学出版社，2003，417～421 页。

《纽约时报》规定：

当时报的代表接受消息来源的招待（包括政府官员）或旅行去采访他们时，时报支付费用。职员不应参加由新闻人物定期为新闻界提供的早餐或午餐，除非时报为职员支付餐费。职员不可以接受免费或打折的交通和住宿，除非在我们选择的余地很小或别无选择的情况下。

《华盛顿邮报》规定：

不接受消息来源的礼物，也不接受免费旅行。既不寻求也不接受也许是因报社所拥有的地位而提供的优待。禁止接受任何不对公众免费的比赛项目的免费入场券，唯一例外的是记者专席。无论何时只要可能，采访应为那些座位付费。

美联社规定：

职员应该礼貌地拒绝和归还来自消息来源、公关代理、公司和其他企图鼓励或影响美联社新闻报道或业务者的礼物。我们可以接受价值不超过 25 美元的小饰物（帽子或被子）。

CBS 规定：

员工不得接受有可能妨碍新闻工作者角色或造成此种印象的任何公开的和隐藏的好处。①

英美关于红包和软文的规定并不像中国那么巨细无遗，因为在他们国家这两种现象不像在中国那样普遍。但是英美的伦理规则都规定红包和软文是不能被接受的。但对于其他从消息来源处得到的好处，如礼品、餐饮、旅行和入场券，是有讨论余地的，要根据不同的情形而定，但都强调在接受之前要告知主管或和主管商量。

为何拿红包：记者吐心声

日本人加藤嘉一在北京的一次关于媒体伦理的学术研讨会上，第一次集中地听到了记者们谈论红包的心声。一位资深媒体人在研讨会上指出：一个同行曾这样形容辉煌的过去，“我在××年前，一个月就有 1 万多的红包了。”这个同行说起此事时表情还很骄傲得意。散会后，加藤嘉一给一位“跑会议”的经济记者打电话问：“你平时拿红包吗?”对方实话实说：“有，没办法，主办方每次逼着我们接收，平均一次 1000 元吧。”加藤嘉一接着问：“一个月大概拿多少?”对方想了一想回答说：“最多 3 万吧，平均 1 万左右。”②

---

① 参见张宸：《当代西方新闻报道规范——采编标准及案例精解》，上海：复旦大学出版社，2008，154～155 页。

② 〔日〕加藤嘉一：《记者为什么收红包》，http://www.ftchinese.com/story/0010300482009-12-02。

会上，记者同行们都一致认为，记者不应该拿红包。但对记者为什么要拿红包这个问题争论不休、七嘴八舌，煞是热闹。认为“记者不该拿红包”的刚入行的或地方记者坦诚交代说：“我平时拿红包。”理由是：“活动主办方必须得让我收，没法拒绝。”

加藤嘉一认为，要从记者生存状况上寻找原因，中国媒体从业者的平均月薪大概3500元左右，即年薪4万元左右，收入数一数二的报社平均年收入大概是10万左右。在日本，刚入行的记者的平均年薪大概30万—40万人民币，工作10年后，大概可以达到80万—100万。因此，日本记者没有必要拿红包，记者也不敢冒这个风险。假设A家报纸的记者拿红包了，并被竞争对手B家发现了，A家的这条“丑闻”必将被B家曝光，A家的形象和公信力将下降到底，陷入破产的危机。他最后得出结论：拿体制或发展中的瓶颈去辩解记者的生存状况无法得到改善，是极为错误的。在老板与记者相互尊重，沟通的前提下，如何解决工资、社会保险、户口等待遇问题，是个起点。其次是记者如何从独立、客观、批判性的角度写好报道，做好自己的工作。①

根据陈力丹教授等人做的一项关于记者收红包的田野调查，很多观察者认为记者收红包是经济的原因造成的，低收入的他们只有靠“红包”来补贴自己的采访支出。多数记者的交通费用不能报销，有时候花去的费用比采访写作后得到的稿费还要多，特别是这类由被采访单位邀请的、新闻价值不大，但由于报社和他们关系好，记者不得不去的采访。观察者也认为记者收红包是一种观念造成的。许多记者（包括实习记者）都说，即使有稿费有工资，也可能还是要拿红包，这已经不是一种个人行为了，而是行业行为、潜规则，不遵守游戏规则势必要被淘汰。风气所及、大势所趋，不接受反而会被视为异数。② 下面这段对话，是杨澜对胡舒立的访谈，我们可以细细品味这一对话，看能从中得到什么。

杨　澜：有没有人试图给你红包？

胡舒立：其实红包的问题是一直有的，我们一般的方法就是都不去。因为有一些新闻发布会肯定也发，我们就不去，或者去得比较晚，就不拿。《财经》有一个政策就是说如果你要退红包的话，你得当着别人的面退，因为你得起码让别人知道说“谢谢，我不要什么”，你别到时偷偷给人家，结果被外边人拿了，你在里头弄不清楚。我们内部大概说过这么一个政策，其实我到《财经》杂志以后已经没有这个问题。因此我1998年开始做《财经》杂志的时候，我就问在你们这儿要记者去采访，出租汽车票能报销吗，他们说那当然可以，我说如果需要采访，比如说我需要一个采访，能不能我付钱吃饭也报销，他们说那当然可以啊。我说记者出差能坐飞机吗？他们说那当然，我说出差能住酒店吗，他说我们有个统一标准呀，好像是普通记者四百元钱以下，比较高级的像我这样就能住到四百到五百，我就觉得这足以保证自尊心，我一听，我就觉得他们没有沾染新闻界的恶习，你采访商业社会，你与商业社会的中等水平是相近的。

杨　澜：你相信要用贵的人贵的方法去做，做出一个贵的新闻，卖给能够买贵的人看？

---

① 参见〔日〕加藤嘉一：《记者为什么收红包》，http://www.ftchinese.com/story/0010300482009-12-02。

② 参见陈力丹、王辰瑶、季为民：《艰难的新闻自律——我国新闻职业规范的田野观察/深度访谈/理论分析》，北京：人民日报出版社，2010，40～52页。

胡舒立：对，我相信钱要付到使他足以保持职业自尊心，就是说，当然从某种角度讲，人的贪欲是无限的。但是从另一个角度讲，人只要维护职业自尊心，他热爱自己的职业，他就不会轻易动摇，所以我这个钱要给到能够维护他的职业自尊心，钱要充裕到使他可以自己付钱去采访。①

美国有红包和软文吗？

在美国历史上，也发生过一些新闻工作者收红包现象，甚至数额较大。《丹佛邮报》的发行人F. G.邦菲尔斯曾接受100万美元的贿赂，答应不刊登怀俄明州政府将石油储备非法卖给私人的报道。② 劳拉·福尔曼和亨利·查恩弗兰尼之间的情事是另一个案例。福尔曼是《费城问询报》的政治记者，查恩弗兰尼是费城南区的政治领袖。查恩弗兰尼为福尔曼提供消息，而福尔曼则帮助他发起政治运动。同时，他们也是情人。他们相爱期间，他送给福尔曼一件裘皮大衣、一辆跑车以及其他昂贵的礼物。他们共有一套公寓。当福尔曼调到《纽约时报》驻华盛顿分社，《纽约时报》编辑对福尔曼的职业问题一无所知。直到联邦调查局调查查恩弗兰尼逃税案时，编辑们才恍然大悟。《费城问询报》揭发了福尔曼在进行政治报道时接受昂贵礼物的事实。③

随着美国媒体管理的改进，编辑部和经营部的分离，新闻工作者专业主义意识的强化，记者收红包、把新闻当软文写的现象就很少出现了。更重要的是，在市场化的社会里，媒体之间的竞争异常激烈，就像上文加藤嘉一描述日本媒体之间的竞争那样，如果有哪家媒体被爆出记者腐败，可能这家媒体就会濒临倒闭的危险。所以美国的各个专业记者协会，或者是媒体机构颁发的伦理规则，都强调收取消息来源的好处费之前要告知主管，在遇到棘手的问题时，要和主管商量。而这和中国刚好相反，中国很多主管为了报社的利润，鼓励甚至怂恿记者到外面"拉生意"，然后报社再以奖金的名义发给记者。媒体从业者的收入普遍较低，媒体老板把红包当成收入的一部分，压低工资，这种做法是不对的。有关主管部门完全可以解决这个问题，不能把收红包的责任都推到记者身上，虽然记者个人新闻道德的问题也很重要。还有，《纽约时报》提到有媒体明码实价以有偿新闻牟利，那更是机构性的腐败了。④

美国一般的主流报纸对此要求很严，不可能收了钱把广告当成新闻发。美国媒体和中国有很大不同。美国媒体版面也卖软文，但会标明是广告，不能把广告当成新闻，不会出现"软文"这种形式。不过有时可能"广告字样"的字体会小一点。⑤ 但美国一些地方报

① 参见杨澜访胡舒立：《我断了一些人的财路》，http：//blog. sina. com. cn /s /blog _ 54875dfc0100g565. html2009-11-13。

② 参见〔美〕罗恩·史密斯：《新闻道德评价》，李青藜译，北京：新华出版社，2001，24页。

③ 参见上书，157～158页。

④⑤ 参见陈婉莹：《杜绝有偿报道关键在制度改革》，载《时代周报》，2012-04-12。

纸也会私下向广告商保证，他们每登一英寸的广告，就可以得到相同版面的记者所撰写的报道。即便如此，美国主流媒体仍然奉行新闻与广告宣传分开的独立价值，一旦收钱做报道的事情曝光，便会身败名裂。美国发行量最大的报纸《今日美国》在 2005 年 1 月 7 日披露著名政论家阿姆斯壮 · 威廉斯私下收受美国教育部 24 万美金的费用，在自己所属的广播电视媒体及专栏中，协助宣传联邦政府的教育革新计划。威廉斯在收钱后，不断以置入性行销的手法，将政府希望传达的讯息置入新闻与评论的内容中，虽然宣传内容是为了弱势族群，但也未因此得到谅解。[1]

上世纪 90 年代时，曹长青曾采访《纽约时报》专栏作家安东尼 · 刘易斯（Anthony Lewis）[2]，这位已退休的《纽约时报》专栏作家曾两次获得“普利策新闻奖”，其中一次是因为他出色地报道了“沙利文对《纽约时报》”的著名诽谤案。由于对“沙利文案”的报道和对美国《宪法第一修正案》的研究，他成为美国新闻自由与法律关系的专家。哈佛大学法学院、哥伦比亚大学法学院和新闻学院竞相聘他讲授“媒体法”课程。曹长青和妻子在哥伦比亚大学一堂不漏地上了他的课。在学期要结束时，曹长青夫妇提出希望就美国的新闻自由问题对刘易斯进行一次专访，他欣然应允。采访在哥伦比亚大学正门对面最红火的中餐馆进行，因为刘易斯喜欢中餐。但刚坐下来，刘易斯就开门见山地说，本来应该他请客，因为采访者都是穷学生。但他强调说，由于今天是被采访对象，所以他不能掏钱请客，因为他本人也是记者，按新闻界规矩，他是不能掏钱“请”别人采访自己的。[3]

虽然美国记者不收消息来源的钱，但是在过度市场化的社会中，也会出现逆效应。为了获取独家消息来源，美国记者会给消息来源付费“买新闻”，这经常被称之为“支票簿新闻”。CBS 为一次 90 分钟的采访付给尼克松 50 万美元。《洛杉矶时报》承认，1969 年在调查加利福尼亚的曼森谋杀案期间，付给法院官员相当多的一笔钱换取庭审的秘密文件。“支票簿新闻”遭到了大部分美国人的反对。反对者们给出了四个理由，一是如果有钱可赚，就会有人撒谎或夸大其词。知情者为了引起小报的注意而添枝加叶。二是如果没钱可赚，很多人会隐瞒消息。犯罪现场和悲剧事件的目击证人习惯向记者索取酬劳，有的记者甚至还受到过威胁。三是“支票簿新闻”可能降低报道本身的质量。四是新闻单位担心如果他们开始为采访付钱，这笔开支就会成为一个无底洞。[4] 当然也有少数人支持“支票簿新闻”。[5]

---

① 参见林照真：《“置入性行销”：新闻与广告伦理的双重崩坏》，载《中华传播学刊》，2005（8）。

② 他的多部著作在国内翻译出版：《言论的边界：美国宪法第一修正案简史》、《批评官员的尺度：〈纽约时报〉诉警察局长沙利文案》、《吉迪恩的号角：一个穷困潦倒的囚徒是如何改变美国法律的?》。

③ 参见曹长青：《美国记者“不付钱”》，http://www.chinesenewsgroup.com/dzgyw/main/news/show.php?contentid=5415。

④ 参见〔美〕罗恩 · 史密斯：《新闻道德评价》，李青藜译，北京：新华出版社，2001，185～190 页。

⑤ 支持“支票簿新闻”的少数人认为信息商品化，买卖信息是常事；还有人认为报纸能够给专栏作家付费购买评论，为什么不可以给目击者付费购买新闻呢?

媒体寻租，中国特有?

寻租

利用资源通过政治过程获得特权，从而构成对他人利益的损害大于租金获得者收益的行为。

所谓“寻租”(rent seeking)，戈登·塔洛克给出的经典定义是“利用资源通过政治过程获得特权，从而构成对他人利益的损害大于租金获得者收益的行为”①。传播研究者将“寻租”的概念应用到媒介领域，是由于现代媒体作为一种具有巨大社会影响力的公共舆论机构，特别是在某些转型国家中，媒介机构与政府权力有着某种联系，因此媒体也可能运用自身的影响力作为一种筹码来牟取不正当的利益，即通过“制造‘注意力’，导致媒体寻租的机会”②。

红包和软文正是媒体寻租的两种主要方式，它们并不是中国特有的现象，而是一个在转型国家普遍存在的难以治理的病症。所谓的国家转型大多是指政治领域从过去的专制主义向民主政治的过渡，抑或在经济领域从计划经济向市场经济的转轨。下面我们要介绍的两个国家——俄罗斯、墨西哥——和中国社会制度上虽有不同，但都是位于转型国家的序列中。在这些国家中，政治权力和金融寡头操纵传媒，再加之媒体工作者本身的收入状况不好，导致他们依附于政治和经济权力，形成了政、商、媒勾结的局面。在墨西哥，还有犯罪集团在挑战国家权威，操纵传媒，使根治媒体寻租难上加难。

2004年6月28日，美国《新闻周刊》刊登了弗兰克·布朗的文章《一个待价而沽的自由新闻界》。其中写道：“在莫斯科，‘新闻交易’几乎形成了一套可循的标准。一位深谙内幕的记者透露，某大型日报的每月‘封口费’高达两万美金。这意味着，在一个月内，该报纸将封锁任何有关该公司的负面消息。一位记者曾愤愤不平地说道，石油巨鳄尤科斯就曾向某发行量极大的印刷媒体支付了‘至少10万美金’，以杜绝七月至十月间有关公司及其所亲政党的负面报道。”③

在俄罗斯，既有规定新闻工作者不得接受贿赂的成文的职业道德规范，又形成了相关的自律组织，但是仍然出现了新闻记者的职业道德水平急剧滑坡的社会现象，尤其表现在刊登有偿广告和新闻上。职业道德规范和自律组织为什么不能抑制俄罗斯的新闻腐败现象?俄罗斯记者们自己认为，是他们的工资太低逼着他们这样做，若不这样，他们的家庭以及所在的媒体机构都无法生存。究其原因，是媒体的经济状况决定的。利用舆论

① 〔美〕戈登·塔洛克:《寻租——对寻租活动的经济学分析》，李政军译，成都：西南财经大学出版社，1999，27页。

② 〔德〕热若尔·霍斯普:《媒体寻租的社会》，吴敬琏主编《比较》第12期，北京：中信出版社，2004，99页。

③ Brown, F., “A Free Press, for Sale; Too Often, the Russian Media is Its Own Worst Enemy,” *Newsweek*, 2004-06-28.

监督进行敲诈成为某些媒体人的生财之道。有数据显示，俄罗斯的7500家报纸、电视台和电台中，只有大约200家不收钱。①

俄罗斯的新闻业催生了人们所称的“黑金公关”（指制造、挖掘某人或某事的负面信息），通过“黑金公关”操纵媒体，是政治选举中的常规手段。“黑金公关”充斥于市场的原因，一方面要归咎于记者们热衷于“以撰写文章来攫取高达一个月薪水的外快”，另一方面则是由于那些技术专家为达到自己的目的而贿赂记者。此外，政客们还通过“抹黑”（诋毁性的信息）手段操纵选举，媒体则会通过发布“抹黑新闻”获得丰厚的利益和相当大的政治影响力。②

记者出卖新闻报道在俄罗斯似乎习以为常。这种操作被称为“隐性广告”，因为它佯装成真实的报道。位于圣彼得堡的俄罗斯科学院社会学所曾在记者中展开调查，其中三分之二的记者称自己曾不止一次出卖过新闻报道。一位资深研究员痛惜道：“这些数据表明，在俄罗斯要操纵记者是多么容易。记者们很难抵制住经济上的诱惑，因为他们也与大多数人一样收入不高。”在俄罗斯，这被称为“贿赂”，其“价目表”在公关公司间广为流传。有报道称，前共产党喉舌《消息报》每月仅在“隐形广告”上便创收31万美元。③

这种以钱换报道的交易不仅出现在俄罗斯，在墨西哥及其他中美洲国家也屡见不鲜。在墨西哥，1910年之前，政府和教会中势力强大的个人成功地收买了新闻工作者，由于新闻工作者收入菲薄，用现金和实物换取有利报道的“有偿新闻”遍地开花。20世纪大部分的时间里，长期执政的革命制度党支配着墨西哥新闻事业。多数媒体虽然是由私人经营，政府通过贿赂、笼络资源等手段控制着传媒，这种臭名昭著的贿赂名为“embutes”（红包）或“chayotes”（礼品）。20世纪80年代以来，墨西哥的新闻自由度逐渐扩大，以改革报集团为首的新锐媒体倡导廉政的新闻事业，新闻界的腐败风气有所收敛。但是软广告以头条报道的形式出现在报纸和主要的电台报道中仍司空见惯，这种广告往往由政府付款。

近来在墨西哥一个引人注目的现象是贩毒集团猖獗，它们操纵媒体，也给媒体寻租提供了另外的机会。2010年，“海湾卡特尔”与“洛斯哲塔斯”两个贩毒组织在墨西哥北部激战3周，双方死伤惨重，但当地媒体却集体失声，未作报道。“海湾卡特尔”的枪手每月付给当地记者至少500美元，不时邀请他们品尝美酒，甚至送上美色，以恐吓、监视当地电台和报纸的报道动向，最终使当地所有媒体对毒枭间这场疯狂屠杀集体沉默。一位不敢透露姓名的编辑表示：“我们的编辑部已被贩毒集团买通的记者完全渗透了。他们监督我们写的东西，知道我们家在哪里。通过这种方式，我们已经被贩毒集团集体控制！”④

---

① 参见展江、张金玺等：《新闻舆论监督与全球政治文明》，北京：社会科学文献出版社，2007，522页。

② 参见陈卫星、徐桂权：《权力衍续与媒介寻租：中国与俄罗斯的比较制度分析》，载《国际新闻界》，2010（7）。

③ 参见〔美〕阿诺德·S·戴比尔、约翰·C·梅里尔：《全球新闻事业：重大议题与传媒体制》，郭之恩译，北京：华夏出版社，2010，57页。

④ 转引自陈小茹：《墨西哥毒枭火并3周重金收买当地媒体集体沉默》，载《中国青年报》，2010-03-19。

媒体寻租：制度和个人双重因素

吴飞教授把中国新闻界媒体寻租形态大致划分为四类：（1）软文：以新闻的形式做广告（多是机构性的腐败）；（2）红包：收钱为人做宣传或者不刊发不利于对方的报道；（3）敲诈：发现对方之问题，以监督之名，收对方的封口费；（4）利用内参、简报等直通高层的管道，先发批评文章，等领导批转之后，再收钱发表扬文字以消除影响。[①] 如果从时间上来说，软文是最早诞生的，出现于上世纪 80 年代初。而红包现象大概盛行于上世纪 90 年代。到新世纪，借批评监督之名施行敲诈勒索的现象可能才普及。因此，最初的媒体寻租形态我们可以追溯到上世纪 80 年代。

自 20 世纪 80 年代始，新闻媒体开始从政府包办的直属单位，“转型”为实行企业化运作的事业单位，这种媒介转型模式经常被新闻学界和业界简称为“事业单位、企业管理”，也被有的学者称为“双轨制”或“权力兜底、市场增收”的运作模式。媒体市场化以后，一方面给媒体自身带来了巨大的经济收益和一定的新闻运作空间；另一方面，减轻了政府的负担，让政府甩掉了“经费包干”的沉重财政负担。

双轨制的运行模式，说明媒体不同于一般企业，它具有强烈的政治色彩，既要遵循政治权力的逻辑，又要遵循市场经济的逻辑。因此，媒体寻租也主要是通过权力与市场两种方式呈现。具有行政背景的媒体在寻租的过程中无疑会有更多的便利。一些行业性报纸的腐败就是这方面的例子，它们在市场化过程中被政府甩到了市场竞争的过程中，与市场化媒体共争消费者。但是由于本身又具有浓厚的行业类色彩，在内容和专业程度上很难竞争过市场化媒体，从而遭到市场的淘汰。为了生存，它们不得不动用报纸的政治资源，用正面报道以“软文”的形式为企业和个人做广告，以负面报道要挟企业和个人付费。

我们用制度经济学原理不难解释上述媒体寻租：一旦人们做了某种选择，就好比走上了一条不归之路，惯性的力量会使这一选择不断自我强化，并让你轻易走不出去。这就是路径依赖。这是因为，经济生活与物理世界一样，存在着报酬递增和自我强化的机制。这种机制使人们一旦选择走某一路径，就会在以后的发展中得到不断的自我强化。[②] 形成这种路径依赖之后，可能只有靠第三方监管才能予以控制。当《IPO 有偿沉默》报道后，一家知名证券报纸的朋友告诉这篇报道的作者：“以前的惯例是这样的，我们收拟上市公司信息披露费或者广告之前，都要写一篇有关这家拟上市公司的‘监督稿’，就是那种负面或者质疑报道，但现在，我们领导说，就不写监督稿了吧，否则就是敲诈了。”[③]

反过来说，市场化好的媒体就真正没有媒体寻租了吗？山西矿难封口费事件曝光后，国家新闻出版总署报刊司负责人在接受记者采访时说：“这次事件中，真正市场化

① 参见吴飞：《呼唤媒体人的自我救赎》，载《时代周报》，2012-04-12。

② 参见展江：《记者站腐败的制度分析》，载《财经》，2006（11）。

③ 陆媛：《IPO 报道潜规则：曝光的力量》，opinion. caixin. com /2012-06-20 /100402760. html。

程度高的报刊没有出现在领取封口费的名单中，这证明在市场竞争环境下，这些市场化良好的媒体是能保持新闻职业操守的。”市场化良好的媒体真的能保持新闻职业操守吗？现在看来，答案是不一定。市场化良好的媒体也可能通过资本的管道来进行寻租。“新闻腐败除了通过权力的管道，还有很多是资本的逻辑在作怪。这类腐败主要依托于媒体背后的市场资源，甚少有行政资源的色彩。市场化报刊或商业性网站，其背后的市场盈利的导向，使得它们在过度追求利润的过程中丧失底线。这其中，有些是个人的，比如一些媒介管理者针对企业的负面新闻报道时，会用宣传禁令、宣传管制的名义把稿子压下来，实际是他个人收了一笔好处费或者通过其掌控的公关公司（与其所在媒体无关）来收取公关费。”①

在谈到媒体寻租的时候，有些论者告诫，拿体制的瓶颈去辩解记者的腐败，是极为错误的。有些记者腐败完全是由于自己不遵守伦理规则和法制意识阙如造成的。或者是由于“仪式主义”造成的。“仪式主义”（ritualism）可以理解为某种从众行为。特别是在从业者自身“从来都不清楚具体的新闻职业道德规范”的时候，以及因“人情社会”导致新闻道德的界限十分模糊的时候，仪式主义就可能出现。比如，在接受被访者的红包、招待用餐和免费旅游等可能影响新闻品质的问题时，不少记者就认为这是“风气所及，不接受反而会被视为异数”。② 在这种情况下，如果记者不能够自律，等待他的就是舆论的谴责和法律的严惩，自律不行肯定他律就会出手。③ 我们不妨看下面的这个案例，记者真的不能够避免从报道对象那里收取好处费吗？

2001 年 4 月，某度假村经营者陈某购买双菱牌空调机 84 台，后因对质量问题有意见同双菱公司发生争执。南京某报记者钱某先后发表《噪音超标被处罚，客户索赔 200 万》、《双菱空调惹麻烦有续闻》，对争端作了报道。双菱公司向警方报案，奉贤区人民检察院以 4 人犯损害商品声誉罪提起公诉。法院认为：钱写的两篇报道是根据采访资料所写，虽有片面失实之处，并收受好处费 4000 元，但当时尚无损害他人商品声誉的故意。但是钱后来参与策划了砸空调的行动，一是承诺通知记者到场采访，以分发记者好处费为由先后收受陈某 3000 元和 5000 元据为己有；二是起草了“双菱空调，质量低劣，投诉无门，砸毁有理”的口号，由陈抄写宣传；三是提议并帮助物色了砸空调的地点。2003 年 3 月，奉贤区人民法院一审判决 4 人罪名成立，陈处有期徒刑 1 年，罚金 3 万元。钱处罚金 3 万元。④

值得一提的是，以上列举的红包和软文案例都是被媒体或其他方式公开和暴露出来的，还有很多在私下交易、无人察觉，也就是我们前文称为勾结性腐败的事件，这就告诉

① 张志安：《新闻腐败背后是权力与资本双重逻辑》，载《时代周报》，2012-04-12。
② 参见熊壮、贺碧霄：《失范视角下的社会转型时期新闻人员的职业规范》，载《新闻记者》，2012（10）。
③ 本书的姊妹篇《媒体法 · 案例教学》中“媒体人职务犯罪”一讲主要就是谈法律手段约束媒体人的腐败行为。
④ 参见魏永征：《新闻传播法教程》，北京：中国人民大学出版社，2006，188 页。

我们不要低估国内的媒体腐败现象。2003 年 7 月 21 日由北艾奥瓦大学传播研究系迪恩·克鲁克伯格（Dean Kruckeberg）教授、普渡大学传播系博士候选人卡特琳娜·采楚拉（Katerina Tsetsura）共同撰写的全球 66 国“有偿新闻”指数排名报告①，国人看了可能会为之一惊，我国排在最后一名。这个报告可能有种种缺陷，但毕竟说明了我们国家的新闻腐败是严重的，如果把勾结性腐败也大白天下的话，腐败程度可能远远超乎我们的想象。

2012 年 8 月，为了规范医疗界的市场，强化医生的职业意识，卫生部发布了《加强公立医院廉洁风险防控指导意见》征求意见稿，意见稿指出，患者入院时要进行医生不收“红包”、患者不送“红包”双向签字。② 新闻行当的主管部门是否也应该拿出具体性的措施呢？当有一种誓言，让人从“红包世界”中重新唤起职业尊严，甚至有人为此献出生命的时候，我们仿佛也就看到了中国新闻事业的未来。③

思考题

1. 为什么本教材认为红包和软文是典型的，甚至是一些转型国家特有的道德问题？你是如何理解红包和软文对新闻界的危害的？
2. 中国新闻界和英美新闻界各自是如何规定红包和软文现象的？有什么相同和不同之处？
3. 红包和软文的背后是不良政商利益集团通过所谓的“公共关系”试图对媒体的操控，你同意这一说法吗？你怎么看待中国的公关业？
4. 为什么在中国红包和软文现象屡禁不止？你知道记者们如何看待这一问题吗？
5. 本教材从个人和制度两个层面分析媒体寻租现象，你同意这种分析吗？谈谈你自己的分析。

① See Kruckeberg, D. & Tsetsura, K. (2003): *A Composite Index by Country (66 countries) of Variables Related to the Likelihood of the Existence of "Cash for News Coverage"*, Monograph, Commissioned by the Institute for Public Relations (USA), The International Public Relations Association (UK) and sponsored by the Hürriyet Media Group (Turkey). Available at: http://www.instituteforpr.com/international.phtml?article_id=bribery_index.

② 参见蒋彦鑫：《卫生部拟规定入院时医患须签字不收送红包》，news.sina.com.cn/c/2012-08-02/031924888083.shtml。

③ 参见姜汝祥：《导读：任何人都可以成为企业家》，载〔日〕大前研一：《专业主义》，裴立杰译，北京：中信出版社，2006，vii。

Chapter 4

第四讲　虚假新闻之捏造与掺假

- 捏造
- 掺假
- 对捏造类和掺假类虚假新闻的简要分析

这里所指的虚假新闻，是指新闻生产者为了不正当目的而有意炮制出来的各类“新闻”，它们在道德失范程度上和造假方式上各有不同。从子虚乌有的向壁虚构，到某个环节的造假；从传统的抄袭，到电脑PS技术的滥用；不一而足。总之，媒体职业界有共识，认定以下各种行为均属于新闻造假，其区别只是五十步和一百步之分，而没有本质差异。随着广播电视媒体的出现，特别是新媒体的崛起，新闻造假出现了便捷化和普遍化的令人不安的趋势，更需要媒体界和社会加以警惕和防范，否则到头来受到损害的一定是职业共同体和更广大的公共利益。我们首先依据其道德失范程度和造假方式，给出以下分类和相关案例。

虚假新闻

是指新闻生产者为了不正当目的而有意炮制出来的各类“新闻”，它们在道德失范程度上和造假方式上各有不同。从子虚乌有的向壁虚构，到某个环节的造假；从传统的抄袭，到电脑PS技术的滥用不一而足。

捏　造

案例一　“古董”级假新闻何以跨世纪还魂？

从1979年起，中国记协组织“全国好新闻”评选。1980年有27篇消息和通讯获奖。13篇获奖通讯有一篇名为《钱被风刮跑以后》，全文不到700字。《钱被风刮跑以后》是一条今天所谓的“社会新闻”，不属于重大题材，但是写作自然紧凑，故事性强，加之它的弘扬好人好事的主旋律，因此好运连连。它最初发表于1980年2月9日《吉林日报》，后被2月23日的《人民日报》转载，一时举国知名。作者名叫卢长林，生平不详，有人说他是“吉林省某局一名业余作者”，前新闻出版署副署长、原《人民日报》副总编梁衡先生在2006年9月中旬的广州市委宣传部等组织的广州市“三项学习教育研修班”上确认此人是“部队的一个通讯员”。[①]

钱被风刮跑以后

一月二十日，长春，北风刮得很猛，我骑着自行车，只顾低头，往前紧蹬。临近和平大路口，把一个边走路边低头数钱的农民老大爷撞了个趔趄，他手中的一把人民币“哗啦”一声掉在地上。我慌忙跳下车，

① 参见梁衡：《广州市三项学习教育研修班演讲稿之一》，http：//www. guangzhou. gov. cn/node_503/node_505/2006-10/1160387047131124. shtml，2006-10-9。

想赶紧把钱给老大爷拾起来，可是来不及了，散落在地上的钱已被呼呼的北风刮了起来，纷纷向四处飞扬。

正在这时，只见过往行人都不约而同地向钱飘走的方向跑去，有的还高喊着："钱跑了，快抢啊！"霎时间，整个路口沸腾起来。这突如其来的情况，使老人大为吃惊，随后便焦急地拍着大腿说："风刮人又抢，这可怎么得了，钱可又要没了。"我本想安慰几句，可说什么好呢？

没过多久，风似乎小了，"抢钱"的人们也从四面八方陆续朝老人走来，把"抢"来的钱都一一交在老人的手里。老人喜出望外，不停地向众人点着头。

人们聚集在老人的周围，一再关切地要老人把钱数数。看得出来，老人有点情面难却，用颤抖的手数了起来，旁边还有人帮着数。数完，只见老人略为迟疑一下，接着又数了一遍。还是二十六张。老人抬头用疑问的目光瞅着围在四周的人们，半自言自语地说："不对……"老人的话还没说完，一个戴着红领巾的小学生抢着喊开了："谁还没有把钱送来！"老人忙接着说："不是少了而是多了。""怎么会多呢？是你记错了吧？""没错，我在家数得清清楚楚，明明是二十五张，都是五元一张的。"人们不解地互相对视着。那个小学生又喊开了："谁又多送了？"话音刚落，只见一个中年妇女不好意思地说："是我的，我拿着一张五元的钱准备到商店买东西，刚才光顾帮老大爷'抢钱'了，竟忘了自己手里还拿着的钱，一起交给了这位老大爷。"说完，人群中爆发了一阵欢快爽朗的笑声。

我沉重的心情一下子变得轻松了。

这篇通讯中新闻五要素有时间、地点、事件、原因，可就是人物语焉不详，只有"我"和被"我"撞了个趔趄的"农民老大爷"。当然，作为社会新闻，发生在平民百姓中间，本来就不是惊天动地的事情，这大概就是评委们并不怀疑其真伪的原因。当然，事后看来，除了人物，文中还是有些破绽：一是关键处打马虎眼，时间是"二十日"，上午下午？几点几分？地点是"临近和平大路口"，看似准确，实际上含糊，哪个方向？哪个地段？还有除了"我"，其他人都无名无姓，无从查证。①

不知道是谁第一个戳穿了《钱被风刮跑以后》的西洋镜。我们所能看到的最早的资料是：1984 年 6 月，中宣部新闻局局长钟沛璋在"全国新闻真实性座谈会"上说："甚至在评为'好新闻'的当中，也发现了这样的作品：说是有一个老头，钞票被大风吹走了，过路的人帮他一张张捡起来，最后数一数，一张不少，竟然还多了五块钱。情节描写得非常生动，被评为'好新闻'。结果一查，完全是虚无的。"② 时隔多年，1992 年出版的《中外假新闻大曝光》一书将其列入国内近十年重点假新闻予以揭露。③ 在梁衡 1996 年 1 月出版

① 参见蒋亚平等：《新闻失实论》（下），北京：中国新闻出版社，1986，365 页。

② 钟沛璋：《在全国新闻真实性座谈会上的讲话》（1984 年 6 月 26 日），转引自蒋亚平等：《新闻失实论》（下），中国新闻出版社，1986，365 页。

③ 参见叶德本、解守陈编著：《中外假新闻大曝光》，北京：中国国际广播出版社，1992，87 页。

的一本书中，有一篇名为《宁留其缺，不要抹平》的文章谈假新闻，其中写道："编一个完美的故事而创作的假新闻，最典型的当属《钱被风刮跑以后》，不但骗过了编辑，还骗过了各级评委获中国新闻最高奖。曾轰动一时，又被揭穿，当然又是一场轰动。"①

按说此假新闻已经盖棺论定，可是谁曾想到，进入 21 世纪，虽然互联网的查询功能已经十分强大，但是《钱被风刮跑以后》一文凭借两本教科书再次还魂。一本是 2003 年 12 月出版的高等教育自学考试教学参考书，它再次作为优秀写作范例被收录入册，书的封面和封底刊有如下醒目字眼："全国高等教育自学考试命题研究组编"，"全国高等教育考试指定教材配套用书"。② 另一本是北京师范大学出版社 2004 年出版的四年级语文课本上册（第七册），是经全国中小学教材审定委员会 2003 年初审通过的"义务教育课程标准实验教科书"之一，它将所有课文分为 12 个单元，"选自 1980 年 2 月 23 日《人民日报》"的《钱被风刮跑以后》成为第十个主题单元"金钱"的第二篇主体课文。

如果说前一本自学考试教参的采用率有限，那么后一本小学教材的传播面则覆盖了全国许多省市，并且制造了一个个令人啼笑皆非、匪夷所思的故事。时过境迁，今天的大部分小学生和小学教师鲜有知晓《钱被风刮跑以后》前世今生的。但是毕竟是信息社会，没有不透风的墙。《北京晨报》的张涵应该是最早揭露假新闻进小学语文书的记者，其 2004 年 9 月 8 日的采访报道引发了全国性的连锁反应。《沈阳今报》9 月 9 日报道："开学了，沈阳市小学四年级的学生们都收到了崭新的课本。翻到四年级语文上册第 87 页，有一篇题为《钱被风刮跑以后》的课文，这本是一篇弘扬人们高尚道德的课文，""但有媒体报道说，一位从事新闻工作多年的家长发现，这篇课文……是新闻教材上的经典假新闻。""这个假新闻会让老师和学生都受到影响，首先，孩子们是从正面理解课文的，不知道此课文有误，要是了解真实情况后，对孩子的影响就大了；而老师也会在讲课时无所适从。""那么是否可以告知学生这是一篇假新闻，当作新闻的反面教材教给学生呢？吕老师（北京师范大学出版社教材分社）非常肯定地表示，绝对不可以。因为教育是要在孩子心灵中树立更多真善美的东西。"

案例二　子虚乌有的《吉米的世界》

特稿（feature）是美国新闻界发明的一种新闻样式，它在文学性和细节描写上有几分类似于我国传统的通讯，但是两者有显著差异。特稿属于报道，作者通常不能像通讯那样直接表达观点乃至抒情；特稿属于软新闻，通常选取小人物、小角色为对象，描述其悲欢离合的人生故事，以人情味见长，常常能赚取读者的眼泪。因此特稿是一种读者甚多的文体，为报界所青睐。享有国际声誉的普利策新闻奖历来被认为是美国新闻界的最高荣誉，它通常授予那些有影响的高质量作品。获得此项殊荣的新闻工作者，可因此踏上通向名记者之路。普利策新闻奖从 1979 年起增设特稿写作奖。

---

① 梁衡：《新闻绿叶的脉络——一个评委的笔记》，北京：新华出版社，1995，55 页。
② 焦飞主编：《新闻采访写作——自学考试指导与题解》，北京：知识出版社，2002。

1980年9月28日，《华盛顿邮报》发表了一篇令人揪心的特稿：年仅的8岁男孩吉米是一名海洛因吸食者，一个在华盛顿贫民区内饱受猖獗毒品交易摧残的受害人。他成长于毒瘾、暴力和绝望之中，小小年纪就在其母亲的同居男友教唆下染上毒瘾。26岁的黑人女记者珍妮特·库克（Janet Cooke）在这个故事中绘声绘色地描述："吉米是一名8岁大的第三代海洛因吸毒者，一个早熟的男孩，有着淡棕色的头发和天鹅绒般的棕色眼睛，而在他那皮肤细嫩的孩童的手臂上，布满着斑斑点点的针孔……"在这篇名为《吉米的世界》的特稿中，库克还提到小吉米的志愿：长大以后能从事贩卖海洛因的"工作"。

这个故事瞬间引起反响和公愤，许多人要求库克说出这个男孩的所在地，让他能得到社会各界的救助。华盛顿市黑人市长马里昂·巴里和警察局局长立即组织了一个由警察和社会福利工作者组成的小组，四下寻找吉米，以便给他治疗，然而毫无进展。巴里市长开始怀疑故事的真实性。而在这篇特稿发表之前，库克曾对主编说，她必须对吉米和他的母亲负责，因为她曾经答应不透露母子俩的真实姓名。库克还说，吉米母亲的情人威胁道，假若有关方面或警察找到了吉米，他就要记者的命。

与此同时，有关传言也开始在城中悄悄浮现——"吉米"是一个子虚乌有的人物，只是库克一手"塑造"出来的。面对不利传言，《华盛顿邮报》为力保库克而予以否认。但是，到1981年4月13日库克因这个故事获得普利策特稿写作奖的时候，事情开始败露。《华盛顿邮报》的主编们发现，库克提交的各种资历证明有假，提交给普利策新闻奖评委会的自传也有失实之处。她并未"以优异成绩从瓦萨学院毕业"，而只不过在那里上过一年级。与此同时，美联社也告诉《华盛顿邮报》的一位主编，据美联社俄亥俄州分社了解，库克并未如她在自传上所写"获得托莱多大学硕士学位"，而只获得了学士学位。

《华盛顿邮报》执行主编本杰明·布拉德利开始怀疑库克的获奖作品是否属实。他同另外一些主编与库克进行了一系列谈话。起初，库克拒不承认她提交的自传有不实之处，后出于无奈，逐项承认了其中的编造。但是库克咬定吉米确有其人。主编要求她立即证明吉米的存在，不然就承认自己编造了新闻。库克解释说，吉米的家就在华盛顿东南区某处。本市新闻主编科尔曼随即与库克驱车前往该处查找，却找不到吉米的住处。与此同时，几位主编查阅了库克的采访笔记，又审听了几盘采访录音带，却找不到任何表明库克曾经采访过吉米及其家人的证据。相反，这些材料都表明，《吉米的世界》是库克根据从专家和社会工作者那里听到的几个真人真事拼凑起来编造的。库克找不到吉米的住处，更无其他办法证明这个男孩的存在。她万般无奈，不得不承认根本没有吉米这个人，《吉米的世界》是她根据几个少年吸毒者的真实故事编造的。

4月15日，普利策评奖委员会宣布取消库克的获奖资格，从而揭开了这桩轰动全美新闻界的大丑闻。这也是普利策奖历史上的第一次。同日，《华盛顿邮报》发行人唐纳德·格雷厄姆举行新闻发布会，将这个假新闻事件公布于众。随后，库克引咎辞职并退回了那枚普利策奖章，并于16日发表社论向公众道歉。执行主编本杰明·布拉德利说：

"像珍妮特·库克这样一个才华出众的、前途不可限量的青年居然编造假报道，这实在是一幕悲剧。对报纸来说，信誉是最宝贵的。而报纸的信誉完全取决于记者的道德品质。如果记者的品行不端，就会造成严重的后果。在这种情况下，唯一的办法是把事实真相向读者交代清楚……并立即设法完成恢复报纸信誉这一极为艰巨的任务。"这位指挥该报揭露水门事件丑闻的著名报人还向华盛顿市市长和警察局局长说明了事实真相，并向他们道歉。

造假丑闻曝光9个月后，库克上过美国广播公司人气节目《菲尔·多纳休》(*Phil Donahue*)，对自己当时迫于工作压力所犯的过失深表自责。她说，她曾用两个月的时间寻找她心目中的这个孩子，最后决定凭空"制造"一个人物来充当报道的主人公。她说："我想了又想，感到绝不能到编辑那里承认我写不出来。"她说，当她编造的故事在《华盛顿邮报》上发表后，她"简直不忍读它"。库克说："在评奖结果向公众宣布前10天，我就知道我得奖了。记得闻讯后我一屁股坐了下来，心想我这一辈子算是完了。我不由得发愁我该怎么办呢?"她说："我知道，纸是包不住火的，早晚我要被揭穿，等待我的是桩丑闻。"记者问她，为什么向《华盛顿邮报》求职也说谎，编造假学历。她回答说："不管我有多少实际经验，也不管我笔杆子有多硬，如果我如实报告学历，《华盛顿邮报》便不会雇用我。"之后，珍妮特·库克在人们的视线中消失了，1996年6月她再次现身，接受《GQ杂志》的采访。有报道说她在事发后曾在华盛顿做过商店的店员，摆弄过一个以其自身故事为题材的电影剧本。① 吊诡的是，《吉米的世界》远渡重洋来到中国，"享受"了与《钱被风刮跑以后》类似的以假乱真"待遇"。在网上登载的一次"2012暑期征文"中，一篇《吉米的世界》读后感赫然入选，来自浙江的作者写道："《吉米的世界》告诫我们珍爱生命，远离毒品。一旦沾上了毒品，你的一生就毁了。我们不愿见到第二个吉米的出现。"作者还用中国传统文化来分析"吉米的世界"："我们该如何想象出他的世界，一个8岁的小男孩。原本应该充满生命力、活泼好动的男孩，如今却成了一个靠注射毒品维持生命的资深吸毒者。难道他再次印证了'人之初，性本善。性相近，习相远。苟不教，性乃迁。教之道，贵以专'。但是为什么是用一个只有8岁的男孩来告诫我们这个哲理？为什么吉米的母亲安德勒娅不会孟母三迁?"②

吉米的世界

① 参见弓正：《真真假假的〈吉米的世界〉》，载《国际新闻界》1991（3）；陈海萍编译整理：《珍妮特·库克的"虚拟吉米"》，载《21世纪经济报道》2003-05-19；"Janet Cooke and Jimmy's World，" http：//www. museumofhoaxes. com/day/04_17_2001. html。

② 《［2012暑期征文］吉米的世界》，http：//www. zuowen. com/e/20120809/50234c1692687. shtml，2012-08-09。

案例三 广西日报传媒集团出书揭家丑

作为西南边陲省区的一家平面媒体集团，广西日报传媒集团在全国并不算特别显赫。该集团旗下有《广西日报》以及《南国早报》、《当代生活报》、《南国今报》等都市类报刊。可是它的一个举动却获得了全国新闻界和新闻管理机构的共同赞许，它自曝家丑，主动认错，将《广西日报》以及三家都市报几年来的新闻报道失实和造假案例加以汇编，出版了《我们错了》一书，作为集团编辑记者学习新闻业务的警示教材。应该指出，这样的大规模自揭家丑行为，在全国媒体中仅此一例，充分说明了广西日报传媒集团对读者和社会负责任的真诚坦荡态度，值得媒体圈内外的尊敬，而不意味着该集团内部的失范现象比其他媒体严重。《我们错了》一书中记述了以下杜撰新闻案例。

(1) 虚构"假钞公司" 杜撰猛料"新闻"

2002 年 10 月 24 日，《当代生活报》头版刊发了一篇记者调查的新闻，标题为《短兵相接"假币公司"》。文中写道：

10 月 20 日晚，广西大学黄老师在学校的大门口一超市购物时，从被保管的摩托车尾箱上得到了这份印刷很精美的小广告，落款是"鑫光贸易公司"。记者看到，广告的后面还印着"你来我来大家来发财，财富任我来"，极具煽动性的两行字。

以诱人条件，打出售假钞票小广告的"假钞公司"有谁近距离接触过？今日，记者寻踪觅迹，与"假钞公司"较起了劲。

10 月 22 日晚 8 时 30 分，记者和两名便衣警察装扮成老板带女秘书模样，驾上事先准备好的轿车，应约来到广西某高校花园后门光线较暗的空地等"老板"……

2002 年 10 月 23 日晚，夜班编辑和值班总编在稿库中看到由记者部记者提交的这篇题为《记者直击"假钞公司"》的"新闻调查"。因为记者在文中自称是和两名便衣警察与"假钞公司"较劲的，夜班编辑和值班总编以为是记者部布置采写，所以没有与警方联系并咨询有关情况，也没有对该稿件内容的真实性作进一步核实。编辑把标题改为《短兵相接"假钞公司"》后刊发。

文章见报后，南宁警方展开侦破工作，却没有发现"假钞公司"，要求《当代生活报》配合警方查清真相。《当代生活报》和警方多次希望该文采写记者配合警方查清此事。该记者终于承认，这是一篇严重失实的新闻，情节大多为虚构，文内所说的两名便衣警察纯属子虚乌有，暗访情节也是虚构的。《当代生活报》最终作了更正道歉，并立即辞退了该记者。①

(2) 乞丐"写真"子虚乌有

2003 年 3 月 31 日，《南国今报》发表了一篇 1500 字的通讯，题为《白天街边讨钱 晚上抽烟喝酒——龙城不少乞丐活得"滋润"又"潇洒"》，全文详细地叙述了作者对柳州市街头乞丐的"暗访"经过，有详细的时间、地点、人物，描写得惟妙惟肖。

① 参见李启瑞主编、广西日报传媒集团编著：《我们错了》，北京：商务印书馆，2011，103～104 页。

文章说，记者上街所看到的乞丐，“白日：可怜兮兮”，“夜间：吃喝嫖赌”。一个自称“沈××”、双腿都截肢的中年乞丐，“许多路人不断地往他面前的黄色塑料袋里放钱。笔者旁观的十几分钟内，‘沈’就已经收获了不下20元钱，”“而在龙城路的天桥转角处，一个断臂中年残疾人面前的黑色塑料袋则摆满了一张张一元的人民币，他则很舒服地抽着烟。”

到了晚上，记者跟踪到“柳州火车站附近一条巷子内的××旅社。刚走到巷子口，就看见下午在工贸大厦门口拿破铁罐讨钱的那个中年残疾人，正和一个朋友在露天大排档喝酒，桌上摆着四盘菜，看来他的晚餐相当‘丰盛’”。报道借一个糖烟店老板之口说：“‘这些人活得比我们一般人都要好’。老板还说，××旅社内有几个暗娼，专做另一家旅社那些残疾人的‘生意’，有时候甚至会出现几个暗娼抢一个残疾人的情况。”

文章刊登后，全国不少媒体和网站纷纷转载，并冠以《柳州乞丐生活写真：白天讨钱晚上吃喝嫖赌》等耸人听闻的标题。文章刊发次日，一群乞丐集体来到《南国今报》表示不满。他们多是外来残疾人员，以乞讨为生，有的拄着拐杖，有的撑着代步的板车，艰难地来到报社，并长时间滞留，要求报纸对柳州市街头的乞丐生活重新作深入调查，还原他们的真实生活。他们提出这样的要求，一方面是为了消除社会对自己所属群体的偏见、误会；另一方面是为了表明乞丐也有尊严，也难以容忍明显偏离事实的新闻报道，也有对真相的追求。

由于该文所描写的各项新闻要素“齐全”、“准确”、“真实”，文中所述人物特征也与该地的乞丐基本吻合，一时间几乎蒙骗了所有人，都认为这是一篇真实的社会新闻报道。后来经过调查，发现该文与网上一篇题为《乞丐并非都值得同情》的随笔基本相同。唯一的区别在于，该随笔没有注明时间、地点，唯一提到的乞丐则是“李某”。这篇随笔被直接照搬过来，将原本没有注明时间、地点的文字，全部改写为“2003年3月29日”、“柳州市龙城路”、“柳州市火车站附近”等，原随笔中提到的乞丐李某，则被改写为“沈××”。①

案例四 好莱坞明星访谈杜撰之王

2011年，瑞士导演米克洛什·吉迈什（Miklós Gimes）推出了纪录片《坏小子库默尔》，其主人公汤姆·库默尔（Tom Kummer，1963— ）是一名生于柏林的德国前驻外记者。他之所以作为“坏小子”而出名，是因为他多次斗胆编造全球娱乐、体育界名流的独家采访记。在1995—2000年间，库默尔发表了为数众多的德国和瑞士名流访谈，而他从来没有见过他的这些主人公。他的主要东家《南德意志报》在2011年5月因刊登

① 参见李启瑞主编、广西日报传媒集团编著：《我们错了》，北京：商务印书馆，2011，138～139页。

他的报道而向公众致歉。他的作品也见诸德国《明镜》周刊、《明星》画报、《法兰克福汇报》，以及瑞士《每日新闻报》、《伯尔尼新闻》等颇有声望的报刊。他先后“采访”了以下这些耀眼明星：科特尼·洛夫、迈克·泰森、莎朗·斯通、布拉德·皮特、金·贝辛格、克里斯蒂娜·里奇、汤姆·汉克斯、丽芙·泰勒、布鲁斯·威利斯、罗伯特·雷德福、凯文·科斯特纳、Snoop Doggy Dogg（美国西海岸说唱巨星，原名卡尔文·布罗达斯）、惠特尼·休斯顿、伊万娜·特朗普、肖恩·潘、帕米拉·安德森。

库默尔“独家采访记”充满奇妙无比的想象力。在对迈克·泰森的“访谈”中，库默尔引述这位前拳王的话说，服刑期间为了摄取足够的维生素，泰森夹着蟑螂吃面包。莎朗·斯通向他“坦言”她的性幻想，并表达了“激怒来自完全不同社会阶级的男人”的欲望。在对金·贝辛格的“访谈”中，她透露说她曾当着男影星亚历克·鲍德温的面穿透视装。

科特尼·洛夫则自称“抑郁、空虚和愚蠢”；她又说：“里维埃拉有海鸥，啜食冰冷的加了奎宁水的杜松子酒”，“米诺陶洛斯在吃月亮的外阴部”。库默尔让布拉德·皮特说：“有时候有个东西好几天在我鼻子前面晃来晃去。”布鲁斯·威利斯告诉库默尔：“我很早就懂得，我们不是靠道德，而是靠不道德、罪恶和怀疑论前进的。”库默尔还喜欢他让笔下的明星引经据典，他与帕米拉·安德森谈死灵法师，让肖恩·潘引用存在主义哲学家克尔凯郭尔，让泰森引用尼采的言论。法国的《玛丽·克莱尔》在库默尔大红大紫的时候对他做了一个访谈，他告诉该杂志说，他的秘诀是每次专访要求时间不短于 45 分钟。

德国《焦点》杂志记者霍尔格·赫策尔揭开了库默尔的诈术。赫策尔被他的主编要他与库默尔一争高下的要求所困扰，而他和他的驻外记者同行都怀疑库默尔何以能接触这么多世界名流。一名记者称，“我们的主编们不断打电话说，为什么你不能和布鲁斯·威利斯一起去钓鱼，和罗伯特·雷德福一起去骑马，和凯文·科斯特纳一起打高尔夫?”库默尔对科特尼·洛夫的“专访”尤其刺激了赫策尔，因为它离奇得不真实。“我们都知道科特尼·洛夫远远不这样，但是这却是另一码事。这个女人对所有媒体都一直严格控制，所有专访都是在限制极多的情况下进行的。可是这家伙似乎有这种接触的门道。”赫策尔翻译了库默尔对洛夫的访谈，发送给洛夫的公关顾问，随即引起连锁反应：公关顾问们群起否认，纷纷说他们那些明星客户从来没有见过库默尔。

《南德意志报》首席编辑之一克里斯蒂安·克默林说，该报从 1999 年开始怀疑库默尔的作品是假货。他们还发现，库默尔 1990 年因为杜

坏小子库默尔

撰一篇报道而被另一家报纸开除。克默林和他的同事乌尔夫·波沙特因为发表库默尔的伪作而双双被解聘。德国驻外记者克劳斯·卢特贝克也曾被主编要求去与库默尔的成功争奇斗艳，他这样解释了在好莱坞的外国新闻界中何以能发生如此精心和持续的欺诈："问题在于，没有谁，甚至包括我们的老板，知道好莱坞实际上怎样运作。他们根本不知道要接触任何明星是多么艰难。他们认为我们只要花时间在电影明星的鸡尾酒会上，某个像库默尔这样的人就能成功，而他们控制不了他。"

库默尔则对他的诈术持有一种大言不惭的态度。他曾经提到他的作品是取法"擦边球报道专业"的"蒙太奇报道"，而他的报道就是为了娱乐读者，他太清楚名流们绝不会提供如此有趣的材料了。他告诉《伯尔尼新闻》说："访谈是一种艺术形式。只有瑞士人还在相信访谈逐字逐句都是真的。"库默尔的采访记发表在《南德意志报》的周五特刊《南德意志报杂志》上，而该特刊也频频刊登讽刺文章和画作，在这里，真实与虚构、夸张似乎融为一体了。甚至库默尔的一些发行人也为他辩护。《法兰克福汇报》则将名流访谈贬为一种"冗长乏味的"文体，它总结说，"独家采访不会在马利布[①]的树篱后面枝繁叶茂，生活在那里的人支付很多钱来保证事情保持那个样子。"在 1997 年出版的库默尔采访记合集的前言中，乌尔夫·波沙特将库默尔的 Gonzo Journalism 概括为一种"在将录音带转换成文字稿的过程中的文体打磨"，库默尔"决定将他的原创加入古典新闻手法的框架，向它注入乐趣和智力"，百试不爽。[②]

今天，库默尔早已退出新闻界，而在洛杉矶以做网球教练为生。他曾经蒙骗了每一个人：媒体、名流，也许甚至包括他本人。不妨给他起一个绰号："跨国蒙"[③]。

案例五 25 岁副主编害惨老牌杂志

《新共和》是美国的一本知识分子意见杂志，1914 年由威拉德·斯特雷特家族投资创办，首任主编为威尔逊总统那一派自由派人士的领袖之一赫伯特·克罗利。最早的编辑部成员包括日后大名鼎鼎的沃尔特·李普曼。这两人撰写的文章建立了杂志的影响力，此后大体上一直保持着意见杂志的声誉和品质。谁曾想到，这份精英刊物在 80 多年后恰恰被一位年轻的精英炮制的假新闻害得苦不堪言。

像许多同龄人一样，15 岁的伊恩·雷斯蒂尔是一个电脑迷。可是伊恩既不玩电子游戏，晚上也不上网冲浪。他是一名一流的电脑黑客，能轻易闯入哪怕是防护得最好的计算机系统。某个夜晚，伊恩将攻击目标选定为总部设在加州帕洛阿尔托的赫赫有名的 Jukt Micronics 软件公司。一进入该计算机系统，伊恩就搜索到了员工工资表，并将它

① 洛杉矶西部一小镇，当地海滩经常吸引影星光顾。
② 参见 http://en.wikipedia.org/wiki/Fake_Celebrity_Profiles_(Kummer).
③ 参见 http://www.kummer-film.ch/en/brief-description/.

发送出去供众人浏览。它在该公司的网站上贴了一幅黄色照片，并留下了自己的“名片”：“孩儿们，神通广大的坏小子到此一游。”在一个不大像开玩笑的留言上，他威胁说他要继续“黑”该公司的计算机系统，除非公司为他支付《花花公子》的订阅费，并送他一辆跑车。公司经理人们发现伊恩的要求后决定找到他，但出人意料的是，他们想雇用他当信息安全顾问。他们认为，在竞争激烈的软件开发业中，伊恩的黑客技术可能会派上用场。

以上故事来源于《新共和》杂志。据该刊报道，伊恩的例子并非绝无仅有，众多的公司都想雇用他，如今伊恩和其他类似的少年都有代理人，帮助他们与大公司洽谈秘密合同。这种行为日益常见，因此警方设立了州际网络调查中心。该中心所属的一个部门接受了《新共和》的专访，称有21个州的立法机关正在考虑起草一部统一的法律来更容易地起诉黑客；内华达州的官员甚至用公益广告的形式警告触犯法律的黑客。

当刊有这篇题为《黑客天堂》的故事的《新共和》杂志在1998年5月18日出现在报摊上时，财经杂志《福布斯》决定派记者亚当·佩内伯格调查为何这个故事被《新共和》独家发表，但是他们出师不利。首先，在商业或软件工具书中找不到Jukt Micronics这个公司，而《新共和》的文章将该公司称为一家“赫赫有名的软件公司”。他们在查阅该公司的网页时，发现的唯一一个电话号码不是公司的电话交换台的，而是一部手机的号码。《福布斯》的主编们改用他法，打电话给《黑客天堂》中提到的警察部门，回答是无人知道这是怎么回事，对方从未听说过州际网络调查中心这个名字。《福布斯》的记者又询问了内华达州可能发布那个公益广告的机构，回答是从未有人看到过这样的广告。

最后，《福布斯》致电《新共和》主编查尔斯·莱恩，将他们的发现告诉了他。两天后，莱恩解雇了当时年仅25岁的副主编斯蒂芬·格拉斯（Stephen Glass，1972— ）。格拉斯承认上述报道中的许多信息都是他捏造的。在核查了格拉斯在杂志上发表全部41篇文章之后，莱恩发现其中27篇要么是通篇虚构，如《黑客天堂》，要么是部分掺假，编造一些情节和引语，以篇数计造假率达66%，接近三分之二。格拉斯更早的作品曾经受到主编和事实核查员的质询，但是他以提交传真、信件和电话号码蒙混过关，谎称这些证据来自他的消息来源。

虽然格拉斯是《新共和》的全职员工，但是他也给知名的《哈珀斯》、《滚石》、《纽约时报杂志》、《政策评论》、《乔治》等刊物写稿。它们很快也纷纷核查了格拉斯投稿的文章，发现他为《乔治》写的3篇、为《滚石》写的2篇和为《政策评论》写的1篇文章有问题。在《乔治》上发表的一篇文章曾提到，克林顿总统的顾问和密友弗农·乔丹帮助白宫见习生莫妮卡·莱温斯基找到一份工作。格拉斯引用两位匿名消息来源的话说，乔丹喜欢更年轻的女子，并且总是大谈性话题。这份政治性杂志的发行人向乔丹道歉说，那两个消息来源根本不存在。这样，格拉斯在新闻界就彻底身败名裂了。

格拉斯成长于芝加哥北部郊区的一个犹太人家庭。就读于宾夕法尼亚大学期间，他是学生报纸《每日宾夕法尼亚人报》的执行主编。毕业后，他在1995年加入《新共和》

任编务助理，不久升任特稿撰稿人，继而再升为副主编。但是，他的报道屡屡引发报道当事人的愤怒驳斥，这销蚀了他的文章的可信度，引起了《新共和》内部人士的怀疑。当他的丑闻东窗事发时，杂志的多数股权所有者兼总编辑马丁·佩雷茨承认，他妻子告诉他说，她没有发现格拉斯文章的可信之处，因而不再阅读了。格拉斯的造假伎俩到头来主要是被莱恩主编戳穿的，而这相对于格拉斯短暂的新闻生涯而言经历了一个较为漫长的过程。

1996年12月，一个名为"为了公众利益科学中心"的机构成为格拉斯的一篇文章《有害于你的精神健康》的靶子。该中心投书《新共和》主编，并发出了一份新闻发布稿，指出了格拉斯文章的多处失实和歪曲，甚至暗示可能存在剽窃。一个名为"毒品泛滥抵制教育"的组织指责格拉斯在1997年3月3日发表的一篇文章中造假。1997年3月，高校共和党全国委员会的乔·加利投书主编，指责格拉斯造假，杜撰了他在1997年保守派政治行动大会上酗酒和放荡的耸人听闻的故事。1997年6月，格拉斯的一篇就霍夫斯特拉大学关于老布什的一次大会的文章招来了校方的投书，指出文章多处有错。然而，《新共和》坚决为格拉斯辩护，主编迈克尔·凯利愤怒地写信给"为了公众利益科学中心"，称对方是撒谎者并要求其向格拉斯道歉。

为了增强《黑客天堂》一文的可信度，格拉斯可谓殚精竭虑，煞费苦心。他的"故事"写得活灵活现；他在文中使用现在时，以表示他置身现场。《黑客天堂》开篇写道："15岁的电脑黑客伊恩·雷斯蒂尔正在发飙，他看上去像更年轻版的比尔·盖茨。'我要更多的钱，我要一部Miata①，我要去迪士尼世界一游，我要《X战警》序号一的漫画，我要订一辈子的《花花公子》——再搭上《阁楼》②。拿钱给我看！拿钱给我看……'在桌子对面，来自加州一家名叫Jukt Micronics的软件公司的经理人们在倾听并试图施恩。'对不起，先生，'其中一人踌躇地对这位长着丘疹的少年说，'对不起。原谅我打断你，先生。我们可以为你安排更多的钱。'"

为对付《新共和》的事实核查员和莱恩主编，防止其诈术露出马脚，格拉斯特别精心地设计了文章长度。他虚构了Jukt Micronics的网址和语音信箱账户，并配了一部手机接听按照网址上的电话号码打来的电话。他杜撰了采访笔记，印制了假名片，甚至制作了电脑黑客社区新闻信的多个版本。当《福布斯》和记者佩内伯格与《新共和》对质时，格拉斯声称他被人欺骗了。莱恩带着格拉斯前往马里兰州的贝塞斯达，走访据称雷斯蒂尔与Jukt Micronics的经理人们见面的凯悦酒店和会谈的房间。尽管格拉斯信誓旦旦，但是莱恩发现，"会面"那一天那间会议室一直关着门。莱恩拨通了加州帕洛阿尔托的一个电话号码，那是格拉斯提供的Jukt Micronics的号码。接下来是一段电话交谈，电话那头是一名男子，自称为Jukt Micronics的一名经理人，自报姓名为乔治·西姆斯。然而，莱恩从另一名主编那里得知，格拉斯有一个弟弟在斯坦福大学，是他假扮成西姆斯。这一幕发生在莱恩开除格拉斯前夕。

---

① 日本马自达公司的一款跑车。

② 男性杂志，鲍勃·古斯尼内创办。《阁楼》结合了城市生活方式和轻度情色画面，1965年先在英国发售，1969年在美国发售。20世纪90年代起，它的风格由乐而不淫转为露骨色情。

好莱坞当然不会放弃这个题材。2003 年出版了"传记小说"《撒谎者》。同年 10 月，关于《新共和》杂志丑闻的故事片《碎落的玻璃》上映了①，此时恰逢《纽约时报》被曝记者杰森·布莱尔造假丑闻。格拉斯本人对电影的反应是："它对我而言是非常痛苦的。它像是一段被误导的旅途，其中有我生命中最感到羞耻的瞬间。"莱恩在为 2005 年推出的《碎落的玻璃》DVD 版接受采访时说，格拉斯在《新共和》发表的 41 篇文章篇篇有问题："其实我打赌另外 14 篇的许多材料也是假货。"他还谈到格拉斯事件的教训："我们把对人的正常信任扩展到了某个基本上缺乏良知的人……我们这些忙忙碌碌的好心人敌不过这样一个存心的骗子……我们以为格拉斯对我们的个人生活或我们的努力工作感兴趣，我们以为这是因为他在乎。实际上一切都是他算计我们和找空子钻。我们看成是关心的东西实际上是蔑视。"

与珍妮特·库克不同，而与汤姆·库默尔有点类似，格拉斯退出新闻界之后境况不差。他从乔治城大学法律中心以优异成绩获得法学学位，2000 年通过了纽约州律师考试，但是律师资格审查员委员会拒绝开具他的道德合格考试证明，并提及了与《新共和》事件相联系的道德关切。他后来放弃了在纽约州做律师的打算，转而申请加州律师资格。2009 年，律师资格审查员委员会发现由于他的新闻欺诈史，不能满足加州的道德合格考试要求，因而再次拒绝为他背书。格拉斯坚称他已改过自新，于是向加州律师法院听证处提出申诉。听证处认为格拉斯具备必要的"良好道德品质"，可以获准当律师。2011 年 7 月，复议处维持听证处的意见，认为格拉斯已经痛改前非。律师资格审查员委员会提交了一份复议书，向加州最高法院提出申诉，要求对上述决定进行复议。2011 年 11 月 16 日，加州最高法院批准了申诉。格拉斯能否做执业律师仍是一个未知数。②

掺　假

案例一　诗坛才女可怕的"创造性写作"

《波士顿环球报》是美国百年老报之一，创办于 1872 年。1993 年，纽约时报公司以当时创纪录的报业购并额 11 亿美元全资购买下这份东北部的日报。《波士顿环球报》因其高品质的报道和评论而享有盛誉，《时代》周刊将它列为 1974—1984 年间美国十佳日报，《哥伦比亚新闻学评论》1999 年评选该报为"美国最佳报纸"第六名，它在 1966—2012 年间获得了 21 枚普利策新闻奖，其中包括因揭露马萨诸塞州等地天主教会 2001—2003 年间的性侵犯行为而获得的 2003 年普利策公众利益服务奖。可是最近十多年来，《波士顿环球报》屡遭虚假不实新闻之害，其中以 1998 年被迫辞职的两位专栏作家造成的损害最大。

① 格拉斯（Glass）在英文中与玻璃同字。

② See Ron F. Smith, *Groping for Ethics in Journalism*, Malden, MA: Wiley-Blackwell Publishing, 2003, p. 92; http://en.wikipedia.org/wiki/Stephen_Glass_(reporter).

根据当下的英文资料，帕特里夏·史密斯（Patricia Smith）1955年出生于芝加哥，身份是诗人、口语表演家、剧作家、作家、写作教师和前新闻工作者。史密斯获得了多项顶级诗歌奖，包括四夺全国诗歌大赛个人冠军，作品发表在欧美的多家文学期刊上，并被《美国声音》、《牛津非洲裔美国人诗选》等书收入，2006年进入“国际文学非洲裔撰稿人名人堂”。她如今在南缅因大学和内华达山学院讲授创造性写作。那么创造性写作属于新闻写作还是虚构写作？如果是后者，史密斯一定是高手；而如果是前者，史密斯恐怕就是“低手”了。①

1998年6月，作为《波士顿环球报》专栏作家的史密斯被迫辞职了，原因是她承认自己笔下的某些人物是虚构的，某些引语是她编造的。听说史密斯在专栏中编造事实后，全国的新闻工作者都大为震惊，她曾多次在新闻写作大会上高调演讲，并赢得了1997年美国报纸主编协会的评论杰出写作奖，她还曾考虑角逐同年的普利策奖。史密斯在她的告别专栏中这样解释自己的行为：“我希望那些文章让人震惊，被人谈论，给读者留下难以忘怀的印象……所以我胡编乱造。这不经常发生，但是的确发生了。即便这只发生过一次，那也太多了。”

史密斯辞职前两年，《波士顿环球报》的一名主编就开始怀疑她的作品。他核查了她的专栏文章，发现其中涉及的27个人不存在于任何公共记录中。主编们就引用虚构人物一事警告了她和另外一名专栏作家迈克·巴尼克尔。这不是史密斯第一次受到这种警告。数年前，当她还在《芝加哥太阳报》供职时，就被怀疑在没有参加英国歌王埃尔顿·约翰音乐会的情况下写出了评论，她在评论中写错了他所唱的歌曲和所穿的衣服。她还因曾潜入《芝加哥太阳报》的计算机系统，改动已经提交给稿件编辑的一篇文章中的错误以转嫁责任而受到过严厉训斥。②

案例二 波士顿“工人阶级”代言人的马虎眼

就在女专栏作家帕特里夏·史密斯辞职两个月不到，1998年8月11日，为《波士顿环球报》写了25年专栏的迈克·巴尼克尔（Mike Barnicle，1943— ）也因被曝3年前的两篇专栏涉嫌造假而停职。其中一篇中有超过80行的“幽默观察”，有人揭发，有几行与5次获得格兰美奖的喜剧演员和讽刺作家乔治·卡林1997年出版的一本书中的笑话类似，有剽窃之嫌。巴尼克尔起初对主编们说，他从来没有看过卡林的书，但是一家当地电视台重播了巴尼克尔推荐卡林那本书的电视节目。接下来，《波士顿环球报》复查了巴尼克尔多年来的作品，另一篇专栏被发现了问题。1995年10月8日的专栏谈及了子女罹患癌症的两对父母。当一个孩子死亡时，另一个开始康复的孩子的父母给了

① See http://en.wikipedia.org/wiki/Patricia_Smith_(poet).

② See Ron F. Smith, *Groping for Ethics in Journalism*, Malden, MA: Wiley-Blackwell Publishing, 2003, pp. 93-94.

夭折孩子的父母一张1万美元的支票。《波士顿环球报》未能找到这些未公开身份的人，而巴尼克尔坚称故事是真实的。他说他的故事不是来自那两对父母，而是来自一名他拒绝透露身份的护士。一位名叫帕特里夏·谢尔斯的女士后来联系该报，表示巴尼克尔写的故事是关于她家的，尽管一些事实不正确。8月19日，他被迫辞职。

巴尼克尔一次疑似掺假和一次疑似剽窃，虽然令《波士顿环球报》的名声再次受损，但是他在新闻界的命运比史密斯好得多。几个月后，他被《纽约每日新闻》聘为专栏作家（1999—2005），还兼任《波士顿先驱报》专栏作家（2004—2005）。2006年重任《波士顿环球报》专栏作家至2010年。1999年以来，他已撰写专栏文章超过4000篇。他也是《时代》、《新闻周刊》、《赫芬顿邮报》等杂志和网站的撰稿人。此外，他还是广播影视界红人，至今经常在各大电视网亮相。1972年，因在影星罗伯特·雷德福主演的《候选人》中扮演一个小角色，他有缘参观了雷德福在犹他州的住所，《波士顿环球报》为此请他写一篇专栏，从此一发不可收，他成为颇有人气的波士顿"工人阶级"代言人。①

而早在史密斯和巴尼克尔东窗事发的1998年，有论者就在9月号的《美国新闻学评论》上撰文探究了《波士顿环球报》对记者和专栏作家在文章所涉及事实的监督核查机制，认为监督每个专栏作家的主编应对他或她的作品的真实性负责。这里面涉及种族、女权主义、阶级等复杂因素。有人指责《波士顿环球报》赶走了史密斯，却对巴尼克尔不够强硬。20世纪八九十年代以来，美国新闻界，尤其是《华盛顿邮报》、《纽约时报》、《波士顿环球报》等自由派报纸，推行"政治正确"，赞成和实行族裔配额，反对歧视少数族裔、女性以及其他弱势群体。作者引述了关于史密斯的两派观点：有人认为她在报社地位迅速上升是由于她的种族，有人不赞成此说。有人认为报社管理层在史密斯和巴尼克尔问题上有种族主义作祟，有人断然反对。②

案例三 清华学生举报《环球时报》造假

2010年1月14日，网民Yangzhe1990显然是愤愤不平地发出了这样一个帖子：

今天忽然看到《环球时报》上面出现了一条新闻：

清华大学一名计算机专业的杨姓大学生向《环球时报》记者表示，他是听说这一新闻之后专程骑自行车来到谷歌大楼附近打听消息的。他说："我很担心谷歌退出中国市场会对像我这样的用户带来很大影响，我非常担心Gmail因此会用不了。但如果谷歌公司想要逃避审查，我无法接受。"

① See Ron F. Smith, *Groping for Ethics in Journalism*, Malden, MA: Wiley-Blackwell Publishing, 2003, pp. 93, 94, 100; http://en.wikipedia.org/wiki/Mike_Barnicle.

② See Sinéad O'Brien, "Secrets And Lies," in *American Journalism Review*, September 1998; Sinéad O'Brien, "For Barnicle, One Controversy Too Many," in *American Journalism Review*, September 1998.

《环球时报》这种恶意强加观点和虚构与路人的对话的行为严重伤害了我的名誉，他根本就没有对我进行采访，我也没有接受他的采访。如果是一个普通人，这已经是一种不道德行为了，更何况是一名记者。《环球时报》有这样的记者，它的新闻也不会有什么可信度了。任何一个了解我的同学都知道我是不可能说出这样的话的。“打听消息”这几个字恐怕也只适合他自己吧。

实际上，我在当天下午2点50骑车去了谷歌，我是听说谷歌的logo上面有人献花，所以想去看看的。而且作为一个曾经想去谷歌实习，并曾经收到谷歌实习生招聘邀请（附文末）的学生，我来谷歌也有着祭奠的想法。

到了那里，我没有看见花，于是就随便找了一个人问，那个人正好就是这位《环球时报》的记者。以下是我们的对话（回忆有些细节记不清楚，但这就是我们对话的原貌）：

Y：“怎么没有看见花？”

hqsb：“他们收进去了。你消息很灵通啊。”

Y：“那现在还能献花么？”

hqsb：“哦，你是专程从赶来……的么？”（细节我记不清楚了）

Y：“我就在附近，过来看看。”

hqsb：“学生？”

Y：“恩。”

hqsb：“他们现在保安管得很严，不让进去，就是不让别人上楼。”

Y：“本来不是员工就不能进去，除非员工带。”

hqsb：“不知道他们现在里面是什么情况，外面看上去好像还很正常。”

Y：“美国总部已经切断了他们的连接，他们里面是都没法工作了，只不过谷歌娱乐设施很多，我曾经进去看过，他们应该都在里面玩呢吧，外面肯定也看不出什么不正常。”

hqsb：“哦，请问你怎么称呼？”

Y：“……”

hqsb：“就是你贵姓？”

Y：“杨。”

hqsb：“木易杨是么？”

Y：“对。”

hqsb：“是这样，我是《环球时报》的记者，我想写个稿，你能带我进去么，或者你有朋友能带我进去么？”（听到这里我愣了一下……）

Y：“不行。”

hqsb：“或者你能帮我了解了解里面的情况么？可以给你一些稿费……”

Y：“……”

然后我就再没有理他了。文中出现的计算机系也完全是他胡乱推断的。实际上我从来没这么说过，而且我也不是计算机系的。至于他的报道中出现的“我非常担心Gmail

因此会用不了”，这是我跟翡翠台的记者说的话。就在我不再理他的时候，一抬头发现翡翠台的摄像机已经出现在我面前了，也就回答了他们几个问题，他们的职业道德就好很多，问的都是客观问题，也没有有意问为难我的问题。

……①

根据这位举报者给出的链接，我们发现，《环球时报》的网站“环球网”上的一则消息“中国网民激烈争论‘谷歌退出’环球网投票结果遭干扰”，全文800多字，开头是一个只有两个问题的“民调”，消息正文分5段，其中第四段正是激怒他的那段文字。②

如果举报属实，那么举报者至少指出了这段文字的三个问题：一是《环球时报》的人只与举报人聊天而没有采访；二是对方在旁边听了举报人与另一家媒体的采访后编造了这段文字；三是举报人所学专业也被《环球时报》的人弄错了。但是关键在于捏造采访，并有利用他人之口表达该媒体主观立场之嫌。有意思的是，《中国网民激烈争论“谷歌退出”》一文的第四段提到，“记者13日下午来到位于清华大学东门附近的谷歌中国总部办公大楼”，“遇到了美国《洛杉矶时报》、香港《大公报》、香港无线电视台等媒体的记者”，就是没有提到举报人认为真正访问他的那家电视台。

清华大学学生举报《环球时报》谷歌新闻造假

对捏造类和掺假类虚假新闻的简要分析

谎言，为古今中外主流文化所不齿。新闻界和社会各界普遍认为，虚假新闻，只要是故意为之，无论出于何种动机，都是不可为新闻事业接受的。因此虚假新闻属于最基本的媒体道德问题，必须始终予以揭露、声讨。由于揭露虚假新闻需要对各种资料加以筛选比对，以力求准确、可靠，本教材在本章的案例搜集整理中发现，往往要以较长的篇幅来叙述造假的来龙去脉，因此这三部分中的每一个案例通常都长于其他各讲。

捏造

在这里指通篇虚构新闻。此类虚假新闻的造假成本高昂。

本书对虚假新闻进行了独特的分类，这种分类虽然经过反复斟酌，但是否恰当还得接受读者的检验。第一类“捏造”即通篇虚构，虽然我们搜

① 参见《清华大学生举报〈环球时报〉谷歌新闻造假》http://ssnly100.blog.163.com/blog/static/11563392010014217 18782/，2010-01-14。

② 参见《中国网民激烈争论“谷歌退出”环球网投票结果遭干扰》，http://tech.huanqiu.com/net/web/2010-01/688463.html。

集的案例是各类中最多的，但其实此类造假并不常见。① 由于造假者“技艺”高超，情节奇趣引人，此类假新闻一时间可能影响甚广，并且借助后来人的不明就里而“满血复活”，如《钱被风刮跑以后》和《吉米的世界》。在当今的信息社会，时效性强、即时影响大的虚假硬新闻容易为真实和更为准确的替代者打败，因此此类虚假新闻的造假成本高昂，在观点和信息的自由市场中很难存活。倒是在所谓的软新闻领域，如中国新闻界传统的通讯和国外的特稿作品中，此类假新闻有一定土壤。它们涉及的“当事人”往往是“命途多舛”或有“奇遇”的平头百姓一类小人物，除了作者，他人难以接触和核查消息来源。《钱被风刮跑以后》之所以能够借尸还魂，其原因除了他出现在互联网时代之前以外，还有很关键的一点，那就是作为造假人的原作者身份特殊，一直未被公开披露，所以对其“作品”的揭露就不够彻底。这一部分案例中唯一的例外是德国记者汤姆·库默尔对众多大牌国际明星的“采访”，他是一个长期利用了旧大陆（欧洲）和新大陆（美洲）地理位差的“跨国蒙”。在互联网高度发达、大洋不再成为信息阻隔者的 21 世纪，此类造假难度更大。

第二类“掺假”比第一类多得多，它采用的手法是或真真假假，鱼目混珠；或捕风捉影，虚构情节；或移花接木，时间、地点、人物等新闻要素似乎都有。所以这种造假手法会用于各种新闻的制作中。案例三揭示的是记者在其报道中编造引语的行径，这不仅出现在中国新闻界，西方国家也有。美国就曾经发生过一位精神分析学家起诉出版社、杂志社和杂志撰稿人的案例，其中《纽约客》杂志撰稿人珍妮特·马尔科姆被控在访谈中编造了 5 段引语，这场官司前后持续了 12 年多。② 国内现在一些国际题材的报纸，喜欢采用合成稿件的方式，署上该媒体驻外多国的记者和特约记者一串名字，以显示其强大的采访实力和丰富的新闻来源，但是这里暗含的造假风险也不小。案例一和案例二中的造假者都是专栏作家，而如果专栏作家是从采访一线选拔出来的，其评论中一般对事实的把握比较严格。

掺假

它采用的手法是或真真假假，鱼目混珠；或捕风捉影，虚构情节；或移花接木，时间、地点、人物等新闻要素似乎都有。所以这种造假手法会用于各种新闻的制作中。

① 据《羊城晚报》记者胡军 2011 年 4 月 3 日报道：天涯论坛贴出博客文章“一个记者的忏悔”，一位名叫朱光兵的“前新闻人”坦白自己曾在两年时间内写过 80 多篇假新闻，其中一些还被国内多家媒体转载。记者按目录搜索，发现这些“假新闻”大多还挂在网上，如果不是朱光兵自爆是假新闻，粗看还真看不出来是假的，但仔细一看，发现这些以社会新闻为主的“新闻事件”大多没有准确的地名和人名，即便有写一些，也都是掐头去尾的，比如介绍地点时，仅写到了区县乡镇，再往下就用“某村”、“某街道”，写人名时，大多是以“王某”、“小王”等带过。朱光兵告诉记者，他的一篇“新闻”最多被五家报社同日采用。造假时会特意避开一些东西：涉及敏感话题的不编，批评报道也不编，“但表扬稿可以随便写，尤其是一些企业，你夸大业绩，他不会怪你”。朱光兵说，现在像他这样的人大有人在，而且由于网络的出现，有些人的造假比他当年还要严重。“我在网上曝光自己后，他们中的很多人都有跟我联系过，有一个‘同行’还质问我，你这样搞，我们以后怎么混？”

② 参见 http：//www. law. cornell. edu /supct /html /89-1799. ZS. html。

但是现在有一些不是记者出身的知名人士进入新闻评论界，他们有可能无从知晓或完全漠视C·P·斯科特的遗训：“评论是自由的，但是事实是神圣的。”这类名人转行或兼职的专栏作家通常享有直接发稿权，因此如何确保其“引述”事实的真实，是一个难题。当然，这些知名专栏作家一旦被发现掺假，其付出的名誉扫地的代价往往是难以承受的。

思考题

1. 本讲对虚假新闻的分类你是否认可？有没有其他分类建议？
2. 捏造类虚假新闻指的是什么？除了教材中的案例，你还能举出其他的案例吗？
3. 掺假类虚假新闻指的是什么？除了教材中的案例，你还能举出其他的案例吗？
4. 捏造类虚假新闻和掺假类虚假新闻区别之处在哪里？哪一类虚假程度更高？
5. 结合案例谈谈捏造类虚假新闻和掺假类虚假新闻如何避免。

Chapter 5
第五讲　虚假新闻之剽窃与篡改

- 剽窃
- 篡改
- 对剽窃类和篡改类虚假新闻的简要分析

剽 窃

案例一 《纽约时报》何以跌入152年报史低谷?

具有世界声誉的百年老报《纽约时报》素来以高质量的新闻著称，而它在2003年5月自曝被一位炮制假新闻的年轻记者蒙骗了近一年之久。27岁的黑人杰森·布莱尔(Jayson Blair)是记者新星，但他杜撰或剽窃了至少36则全国性新闻报道的部分内容，其中包括2002年10月华盛顿系列枪击案和伊拉克战争伤亡报道。上一年为该报夺得创纪录的七项普利策奖的执行主编豪厄尔·雷恩斯和原本有望成为该报第一位黑人执行主编的编辑主任杰拉德·博伊德相继引咎辞职。《纽约时报》承认：布莱尔的造假行为使报纸陷入了“152年报史的低谷”。

布莱尔生于1976年，家境良好，就读于马里兰大学时就是学生记者，1996—1997学年任学生报纸《菱形斑纹》(*The Diamondback*)总编。根据后来有30名采编人员签名的一封信，布莱尔作为记者犯过四次严重错误，导致其诚信受到质疑。签名者指称，这些问题被拥有报纸的董事会忽略了。其中之一是，布莱尔的一篇获奖报道是写一名据称死于过量吸食可卡因的学生，实际上该学生的死因是心脏病。

1998年夏，布莱尔在《纽约时报》实习后，获得延长实习期的机会。为了完成学业，他婉拒了。1999年6月，他在仍有一年学业待完成才能毕业的情况下返回《纽约时报》。那年11月，他成为一名见习记者(intermediate reporter)。布莱尔被发现的新闻造假行为是综合型的，主要是剽窃和杜撰。他杜撰了采访笔记和消息来源，并从其他媒体剽窃信息。他编造了来自遥远的事发地的现场报道，然后在报销单上做手脚以支持他外出旅行采访的说法。

2003年4月28日，布莱尔接到全国新闻主编吉姆·罗伯茨的电话，就他两天前写的一篇报道与《圣安东尼奥新闻快报》记者马卡雷纳·埃尔南德斯4月18日的一篇文章雷同询问是怎么回事，询问的结果是发现了布莱尔写作中的一系列剽窃和杜撰造假。仅在过去10个月内见诸《纽约时报》的73篇报道中，就至少有36篇存在造假、抄袭等问题。一些不实之词包括布莱尔声称他从纽约去过他在文章中提到的某某城市，其中一些可疑报道涉及一宗系列连环枪击杀人案和曾经被视为女英雄的伊拉克战争女兵杰西卡·林奇的故事。

从2002年10月2日到22日，至少有10名美国人被人用狙击枪打死，举国为之震惊。24日，嫌犯约翰·穆罕默德和他17岁的同伙李·马尔沃被捕。布莱尔在10月30日的文章《美国狙击手案被视为招供的一个障碍》中引用一位不具名警官的说法，称穆罕默德本来打算招供，但是警方之间的争执把审讯搞砸了。布莱尔还提到几名律师目击了审讯，而实际上他们并不在场。

在2003年2月10日的文章《安宁和狙击手袭击受害者找不到的答案》中，布莱尔称他到了华盛顿，实际上是剽窃了《华盛顿邮报》的一篇报道，虚构了他没有采访过的一个人的引语。布莱尔将大量事实归于文章中的一名当事人，几乎遭到此人完全否认。布莱尔还发表了他曾经允诺不予发表的信息。

在2003年2月10日的文章《让狙击手开口将侦探置于聚光灯下》中，布莱尔说他到了弗吉尼亚州的费尔法克斯，称嫌犯李·马尔沃的一盘录像带受到警方质疑，并引用了警官们对录像带的评论。这盘录像带是子虚乌有。布莱尔还称，一名侦探看到了一名男子外套上的血迹，这导致了嫌犯招供，其实根本没有此事。

在2003年3月27日的文章《失踪士兵亲属害怕听到坏消息》中，布莱尔又假装到过西弗吉尼亚州，剽窃了美联社一篇文章中的数段引语。他声称与一名记不得曾经见过他的失踪士兵亲属交谈，说起了从林奇父母的家中根本看不到的"烟草田和奶牛场"，他胡诌林奇的哥哥在国民警卫队，又拼错了林奇母亲的名字，还虚构了他声称她做过的一场梦。

在2003年4月3日的文章《伊拉克营救与西弗吉尼亚州"轰动"》中，布莱尔声称从林奇的家乡西弗吉尼亚州帕勒斯坦发出了报道。他从来没有去过帕勒斯坦，他对该报道的全部贡献就是根据美联社的报道重新编造了故事细节。

在2003年4月7日的文章《对一名牧师来说，战争打到了家中》中，布莱尔写了俄亥俄州克利夫兰的一次教堂礼拜仪式以及对牧师的采访。他从来没有去过克利夫兰，他只给牧师打过电话，然后从《华盛顿邮报》先前的一篇文章中抄袭了大部分。他还从《克利夫兰实话报》和《纽约每日新闻》剽窃了引语。他杜撰了一个细节：牧师将他儿子的照片夹在《圣经》中，却把教堂的名字弄错了。

在2003年4月19日的文章《军队病房伤员的疑问和担心》中，布莱尔描述了对一家海军医院中4名伤兵的采访。他从来没有去过那家医院，而只是通过电话采访过一名士兵，然后杜撰了士兵的多段引语。布莱尔写道，那名士兵"极有可能终生跛足，需要使用拐杖"，而这是不真实的。他说另一名士兵失去了整条右腿，而他只是在膝盖之下被截肢。

2003年5月11日，《纽约时报》史无前例地以头版的一篇7239个单词的长文《辞职的〈时报〉记者留下一长串欺骗》，公开了布莱尔的丑陋行径。布莱尔在全国公共电台的《全国话题》节目中说，自己的剽窃行为始于一种无心之过：那不过是使用了他错过的新闻发布会上的一段引语而已。他称自己的堕落有一个渐进过程，到头来不可收拾，而他的主要动机是担心辜负了他自己和别人对他职业生涯的期许。

布莱尔东窗事发后，调查引发关于"肯定性行动"即族裔配额雇用制的热议。"肯定性行动"是美国政府在就业、教育等若干社会生活领域中考虑种族、原籍、性别、残疾因素制定的以反歧视为目标的向部分弱势群体作适度倾斜的社会政策，占人口13%左右的非洲裔美国人成为最大受益者。小阿瑟·奥克斯·苏兹贝格1992年继任报社发行人后的一个重要变化，是大量录用黑人等少数族裔记者和编辑。1993年鲍勃·赫伯特成为第一位非洲裔美籍专栏作家。1991年，40岁的博伊德被任命为华盛顿分社第一位黑人社长，1993年以后晋升为首位黑人助理编辑主任和首次设立的副编辑主任，2001年9月5日又成为该报第一位黑人编辑主任。小苏兹贝格说："种族多样性不仅形成了良好的编辑意识，也形成了良好的经营意识。”

布莱尔的主编乔纳森·兰德曼（大都会新闻主编）告诉负责调查的西格尔委员会说，他认为布莱尔之所以最初能顺利升职为全职采编人员，他是非洲裔美国人这个条件非常重要。他说：“我当时和现在都认为，种族在他的晋升中是决定性的因素。”“我当时和现在都认为，这是一个错误决定。”在2003年5月14日的一次采编人员、经理和发行人小苏兹贝格参加的报社大会上，执行主编雷恩斯也承认，由于其肤色，布莱尔在《纽约时报》一路好运连连。而鲍勃·赫伯特在5天后的专栏中断言，种族与布莱尔案无关，“听着：本案中种族议题就像布莱尔的一些报道一样是虚妄的。”

离开《纽约时报》后，布莱尔重返大学，据说他计划转学人力资源管理。他出版了回忆录《烧掉我主人的房子》，初版印刷了25万册，可是最初的9天只售出了1400册。如今，他与德国人库默尔一样，当起了救生员。①

造假记者反咬《纽约时报》

案例二 《环球时报》奥运记者遭遇环球打假

盛况空前的2012年伦敦奥运会于7月27至8月12日举行，中国媒体派出了空前数量的记者前往英国采访，新媒体也大有后来居上之势。腾讯网在英国有一支150人的报道队伍，国内更有500人做后期编辑和组织业务。在前往伦敦的中国记者队伍中，有一名原本不大为人知晓的年轻记者名叫赵冉，她是《环球时报》英文版派出的，曾在英国留学多年，先后在格罗斯特郡大学和卡迪夫大学取得学士、硕士学位，这或许是她被派往英国的主要原因之一。

伦敦奥运会闭幕一个半月后，有网上消息称：9月28日，多家国内媒体纷纷转载香港《明报》这样一则消息：人民日报社旗下报纸《环球时报》英文版记者赵冉因在报道伦敦奥运会时多次抄袭英国媒体内容和捏造报道而遭到解雇。② 据国内转载媒体报道，她的造假行为包括将伦敦市市长鲍里斯·约翰逊在《每日电讯报》的专栏文章改头换面，变成自己的“独家专访”。据称，《环球时报》编辑部早就怀疑有关文章并非出自该记者之手，但是直至后来发现另一篇内容抄自伦敦《旗帜晚报》的文章才揭发事件。此后，涉事记者已被解聘，有关文章也从网站上删除。③

① 参见 http://en.wikipedia.org/wiki/Jayson_Blair。

② 《外媒析环球时报记者造假 称抄袭在中国已然成风》，载中国青年网，http://sports.youth.cn/html/2012/zonghe_0929/5560.html，2012-09-28。

③ 参见《英媒关注〈环时〉记者造假 曝伦敦市长也曾犯错》，载 http://www.sports.163.com/12/0928/23/8CHAS22800051CA。

赵冉最先被指抄袭的报道写于7月27日奥运开幕日，当时有编辑注意到，报道中间几个段落的英文特别流畅，“英文水平突然好得像是英国人写的一样”。后来这篇报道被揭发抄袭英国《卫报》。在8月5日刊登的赵冉的几篇报道中，有一篇提到伦敦市市长约翰逊接受她的专访。但是，所谓专访内容，其实是来自约翰逊7月30日在《每日电讯报》上的专栏文章。一位消息人士指出，赵冉的确曾与约翰逊见面，但她没有专访约翰逊。她参加了一个活动，那里有20至30名中国记者，约翰逊演讲完之后与她交谈了几句，但是实际上没有讲到什么，结果她就盗用了《每日电讯报》的文章。该名消息人士透露，当时北京的编辑部有人质疑报道，也用谷歌搜索过，找到了《每日电讯报》的文章。

到8月6日，一名外籍编辑发现赵冉在一篇报道中的写作风格前后有异，才揭发该报道“几乎完全”抄袭伦敦《旗帜晚报》。消息人士称，赵冉立即被通知不要再写任何报道，她当时解释说：“我以为外籍编辑会帮我修改报道。”《环球时报》原本打算要赵冉停薪一个月，但是后来决定在她回国后解聘她。一名不愿透露身份的消息人士此后向英国《每日电讯报》证实了消息，说赵冉经验有限，她当时在国外不知道该怎么办。但是她没有问“能给我一些指示吗”，反而捏造报道、抄袭其他报纸。①

“北京奶油”在9月26日贴出长文《〈环球时报〉奥运记者“经检测剽窃成立”》和赵冉的工作照。文章开头说：“让我们谈谈新闻与奥运。不，不是谈对于中国得的那96枚残奥会金牌完全不关心，而是一个更为熟悉的问题——剽窃。《环球时报》一名前资深记者可能还在疑惑，在上个月奥运会上被抓住偷窃材料和虚构引语——包括一次对伦敦市市长鲍里斯·约翰逊的子虚乌有的采访——之后，到底是什么击倒了她。”

文章说，奥运会开幕当天，赵冉写了一篇报道，提及她访问了美国《盐湖城论坛报》一名体育记者和另一位据说供职于印度发行量最大的英文报纸《印度教徒报》的记者卡迈什（Kamesh）。作者调侃说：“她是指阿安特·克里希南（Ananth Krishnan）② 吗？谁知道呢？”在8月5日的一篇题为“百错奥运”的文章中，赵冉在报道伦敦奥运最初的组织混乱时采访了“25岁的印度大学生热姆·戈恩施泰因（Jaime Gornsztejn）”。而这个听起来绝不是亚洲人的姓名似乎只属于一名住在伦敦的中年金融家。

《环球时报》奥运记者“经检测剽窃成立”

① 参见《港媒曝环球时报记者奥运时抄袭英媒 已被报社解雇》，http://sports.sina.com.cn/o/2012-09-29/16236243520.shtml，2012-09-29。

② 《印度教徒报》驻华记者。

在另一篇题为“比赛时刻”的文章中，赵冉言不及义地提到一名31岁的“网络小说家”约瑟夫·贝利（Joseph Bailey），称他这样谈论奥运会：“我起床，吃早饭，像平常一样和朋友在网上聊天。对我来说唯一的区别是我可以为我的写作积攒更多故事……我可以打理；三周以后一切将回归正轨”。而任何人通过谷歌都搜索不到“网络小说家”约瑟夫·贝利。其他可疑的采访对象包括一名叫“戴维·比尔德”（“David Beard”）的超市员工和一名伦敦居民“苏珊·惠普尔”（“Susan Whipple”），她动情地说：“虽然我们没有门票，但是我们确实感到在伦敦看比赛、感受比赛气氛更有趣。”

虽然对于明眼人来说已经是疑窦重重，但是如果赵冉没有冒险去“对谈”善于搞怪、言辞夸张的约翰逊市长，这一切也不会受到质疑。赵冉写道，“在一次独家采访中，”约翰逊告诉《环球时报》记者说：“至今地铁运行良好，巴士大体准时，民众热情好客。”其实这些话出自7月29日在《每日电讯报》一篇名为《2012伦敦奥运：这里是20个为它开心的好理由》的专栏文章。而赵冉没有引用约翰逊文章的诱人概要题：“皇家骑兵卫队有半裸女人……”①

赵冉最终露馅是在她提交另一篇几乎全部抄自伦敦《旗帜晚报》一则报道的文章之时。文章写的是奥运徽章收藏，赵冉将叙述体改成了问答体，“受访者”包括“比利时收藏家热姆·麦吉尔（Jamie McGill）”。一名火眼金睛的外籍编辑发现了不同语体之间的胡乱串接，这样才有了对赵冉先前文章的彻查。②

我们通过一番网上的中英文双语搜索可以发现：赵冉也是一位典型而有些笨拙的“跨国蒙”。最初在国内爆料的“多家国内媒体”几乎没有一家是传统的报刊和广电媒体，而主要是中国青年网、四川在线等纸媒的官网、网易和腾讯等门户网站以及微博和一些论坛。与国外的类似案例相比，国内媒体对于自身丑闻几乎从不公开报道和评论，充其量是“内部处理”，反映了一种“家丑不可外扬”的根深蒂固的心理。如果没有英文博客和境外媒体的接力报道，这个事件难以曝光。所以这场新闻打假也是全球性的。相比于英文媒体的报道，中文报道缺乏细节的准确性，并且也可能是从未被标注出处的二手渠道获取的。

---

① Boris Johnson, “London Olympics 2012: here's 20 jolly good reasons to feel cheerful about the games,” http://www.telegraph.co.uk/comment/columnists/borisjohnson/9437495/London-Olympics-2012-heres-20-jolly-good-reasons-to-feel-cheerful-about-the-Games.html, 2012-07-29.

② “Global Times Olympics Journalist Tests Positive for Plagiarism,” beijingcream.com/2012/09/global-times-olympics-journalist-tests-positive-for-plagiarism/, 2012-09-26.

案例三 “小李普曼”涉嫌剽窃为何从轻发落?

国人对法里德·扎卡里亚(Fareed Zakaria)的名字并不完全陌生。他作为CNN主持人曾经两次采访过温家宝总理。这位出生于印度的新闻界神童双栖于印刷媒体和电子媒体,是当代美国新闻界最为人熟悉的面孔之一。他作为专栏作家和外交事务专家也是蜚声世界,有“小李普曼”之称。2012年8月11日早晨7时许,香港大学新闻及传媒研究中心总监陈婉莹教授在新浪微博发帖称:“〔剽窃和新闻专业〕知名《时代》周刊专栏作家、CNN时事节目主持Fareed Zakaria被揭发剽窃《纽约客》一段有关枪械管制的文字,公开道歉。《时代》和CNN马上宣布将其停职:《时代》停职一个月,CNN停职时限未知。”该帖引发微博上众多国内新闻工作者的关注、转发和评论。

那么,一起专栏文章引发的疑似剽窃事件何以导致两家媒体的停职反应呢?《时代》周刊和CNN是在8月10日将扎卡里亚停职的。既为《时代》写专栏又在CNN主持节目的扎卡里亚在《时代》上刊登了一篇文章,谈论7月20日科罗拉多州《蝙蝠侠》美国首映礼枪击案造成惨重伤亡之后的枪械管理问题,文章的简版作为博文发表在CNN网站上。然而,好几个博客,例如保守派的“媒体看门狗新闻破坏者”(Media Watch-dog Newsbusters)和《国民评论》在线(National Review Online)发现了扎卡里亚专栏的某些部分与《纽约客》一期同主题文章类似。

存疑的段落主要涉及对美国枪械控制的历史事件和语境的描述,而并没有像杰森·布莱尔等人的剽窃事件那么严重。但是当媒体网站拎出了《纽约客》的那篇报道,要求《时代》给个说法时,扎卡里亚发表声明,坦陈了自己的错误。他说:“媒体记者们已经指出了我在《时代》专栏中的段落与吉尔·莱波尔①在《纽约客》4月23日一期上的随笔的高度相似性。他们是对的,我犯了一个可怕的错误。这是一起严重的失误,它全是我的过错。我无保留地向她、向我在《时代》的主编们和向我的读者们道歉。”而这不是他第一次被指责突破了美国新闻界的底线。《大西洋月刊》的全国事务记者杰弗里·戈德伯格2009年称,当时供职于《新闻周刊》的扎卡里亚为一期关于伊朗的封面故事而偷走了他的一段引语。戈德伯格指称,扎卡里亚试图将他对以色列总理本杰明·内塔尼亚胡的访谈的一部分窃为已有。这则旧博文在扎卡里亚被停职后再度被转发。

《时代》宣布将扎卡里亚停职一个月。《时代》发言人阿里·泽伦科说:“《时代》接受扎卡里亚的道歉,但是他的所作所为违反了我们自己关于专栏作家的标准,那就是他们的作品必须不仅事实性的,而且是原创的;不仅他们的观点,而且他们的文字也必须是他们自己的。”CNN也将扎卡里亚停职,但是没有设时限。CNN在一项声明中说:“我们已经审议了扎卡里亚的《时代》专栏,他已经为此道歉。他在同一期上写了一个短博文贴在CNN.com上,它包括类似的未交代出处的节录。那篇博文已被删除……”2012年8月16日,在复查过他的研究笔记和多年来写过的时评之后,《时代》和CNN

① 吉尔·莱波尔,美国哈佛大学美国史教授。

重新启用了扎卡里亚。《时代》称该事件是“孤立的”和“非故意的”；CNN 则说：“我们没有找到应该继续停职的任何理由。”

扎卡里亚 1964 年 1 月 20 日生于印度孟买的一个穆斯林家庭，其父拉菲克·扎卡里亚是印度国大党要人，其母法蒂玛·扎卡里亚曾任《印度星期日时报》主编。他在耶鲁大学获得文学学士学位，其间任耶鲁政治联盟主席和《耶鲁政治月刊》总编辑，他还是耶鲁富家子弟的秘密社团卷轴和钥匙协会成员及右翼党党员。1993 年获哈佛大学政治科学博士学位，师从知名教授塞缪尔·亨廷顿和斯坦利·霍夫曼等。在指导了哈佛的一个关于美国外交政策的研究项目之后，28 岁的扎卡里亚成为《外教》杂志的编辑主任。他任内将这份名刊从月刊改为双月刊。他还曾短期担任哥伦比亚大学兼职教授。2000 年 10 月，他被提名为《新闻周刊》国际版的主编和《新闻周刊》专栏作家。2010 年 8 月，他转入《时代》任撰稿主编兼专栏作家。他还为《华盛顿邮报》两周写一篇专栏。

扎卡里亚也是美国电视新闻界和政经界青睐的红人，2002—2007 年兼任 ABC 新闻分析家，2005—2008 年主持公共广播公司周播节目《随法里德·扎卡里亚对外交流》，2008 年 6 月起主持的 CNN 周播节目《法里德·扎卡里亚 GPS》聚焦国际议题，直达全球 2 亿个家庭。他还著有《从财富到力量：美国世界角色的非同寻常渊源》（1998）、《自由的未来》（2003）、《后美国世界》（2008）等书，后两本是《纽约时报》的畅销书，已被译成 25 种文字。他在国内外获奖无数。在政治立场上，扎卡里亚自认为是中间派，而他分别被不同的人称为“政治自由派”、“保守派”或“温和派”。《纽约杂志》2003 年引用他的话说，他周围很多人预言他将会成为美国第一位穆斯林国务卿。基辛格曾说：扎卡里亚“有一流的头脑并喜欢与传统观念针锋相对地说事情”。《波士顿环球报》称，扎卡里亚“可能有比任何西方公共思想家更大的智力范围和洞察力”。但是在 2011 年，《新共和》的主编们将他列入“被高估的思想家”名单。①

总之，扎卡里亚这位“当代的李普曼”在美国新闻界和政经界都是炙手可热的人物。那么我们思考一下，他在回应涉嫌剽窃时的道歉声明是否真有诚意？他所供职的两大知名媒体对他的处罚和重新启用是否恰当？是否存在包庇袒护？是否有大事化小、处罚过轻之嫌？

《后美国世界》

① See Marion Maneker, “Man of the World,” http://nymag.com/nymetro/news/politics/national/features/n_8621/; http://en.wikipedia.org/wiki/Fareed_Zakaria, 2003-05-05.

篡　改

案例一　藏羚叠火车　为何是伪作?

原《大庆晚报》摄影部副主任刘为强1986年就读于哈尔滨师范大学中文系，1995年底任大庆采油一厂电视台摄像记者。1997年转入《大庆晚报》，曾是中国摄影家协会会员，大庆石油之光摄影协会主席，新华社签约摄影师。获国际、国内摄影大奖赛400余次。其中，《目击沙尘暴》获第20届中国摄影艺术展金牌，第六届杜邦杯全国好新闻特等奖，全球华人摄影比赛一等奖。①

2006年3月18日，年近四十的刘为强前往位于青海西南部玉树藏族自治州的可可西里自然保护区，参加"《大庆晚报》可可西里保护藏羚羊行动"。并于6月23日拍摄了一张照片，6月26号之前将该照片作为新闻照片，以《青藏铁路为野生动物开辟生命通道》为题发布在图片发布网站CFP汉华易美（ChinaFotoPress）上，文字说明是："2006年6月23日，一列试运行的火车驶过野生动物通道五北大桥，同时，一批迁徙的藏羚羊从桥下通过。"该照片成为该站的"本周最佳"（6月26日—7月1日）。CFP汉华易美是国内最主流的图片服务平台，一般是作者自己上传文件，经编辑审核后发布。其服务条款说明："CFP是一家致力于通过国际互联网为各类网站、报纸、杂志、广播电视以及其他出版物提供新闻及纪实图片资料的信息服务公司。"②

集中了环保元素和主旋律的《青藏铁路为野生动物开辟生命通道》此后声名大噪，成为可可西里自然保护区的宣传画和明信片素材，后由保护区将照片提供给《中国环境报》发表，又被中央电视台发现，入选当年"影响2006·CCTV年度十大新闻图片"，并获得铜奖。

可是在照片发布一年多以后的2008年2月12日，一个名为"刘为强获奖藏羚羊照片疑似造假"的帖子出现在最大中文摄影网"色影无忌"上。网友dajiala写道："这是一张大家都很熟悉的照片，当初看到它的时候让我眼前一亮：青藏铁路上的火车和野生动物通道上的藏羚羊在同一时刻出现在作者的镜头之中，多么精准的一个决定性瞬间啊！所以之后照片入选CCTV影响2006年度十大新闻图片，作者也获得无数殊荣……但前日，我突然发现，在图片的最下方，有一道十分明显的线……"帖子很快引来上万点击量，截至2月15日晚7时，该帖的点击率达120478次，回帖1524个。

网友dajiala说，他原本十分喜爱这张照片，但当2月10日他经过北京地铁5号线的照片展出处，再次看到这张他十分熟悉的照片时，却发现了疑点。"我突然看到了一个奇怪的细节，在图片的最下方，有一道十分明显的线。仔细观察，这明显是一道拼接

① 参见 http://zjdaily.zjol.com.cn/html/2008-02/18/content_2047670.htm。
② 参见 http://forum.xitek.com/thread-504479-1-1-1.html，2008-02-12。

的痕迹……如果火车和藏羚羊是两幅照片，那么，那个‘决定性的瞬间’不就成了很简单的PS技巧了吗?”随后，dajiala拿出相机拍下照片细节，回家后又与珍藏在电脑中的照片进行仔细比对，并得出结论：“又一个周老虎诞生在职业摄影记者当中了!”

更多网友加入到考查获奖照片真假的行动中来：查看EXIF信息（可记录数字照片的属性信息和拍摄数据的文件）、研究图片中的每一处细节问题。很快，网友又发现了更多的问题：“EXIF信息显示，获奖照片的拍摄时间有假!”“有两张在同样地方、不同时间拍摄的照片上的石头竟然是相同的!”“羚羊明显在迁徙，有火车经过不可能不被惊动!”网友们用业余的摄影技术和眼光，不断地在拷问着这张曾获得过大奖的照片。网友“子非鱼”的分析则更显专业：“从快门速度凝固藏羚羊动作看，应是20D的1/1000秒更合理。但拍摄日期又是在9月，这和藏羚羊生活习性相矛盾。”

2月15日下午，《成都晚报》记者电话采访了刘为强。刘坦承，照片确实是PS的：“图片中的羚羊是真的，桥也是真的，但是瞬间不是那么好赶。”“这张照片我从来没有以新闻图片的形式发表过，在获得这个奖后，我也没有将它用来参选荷赛、中国新闻奖等新闻类图片大赛，因为它本来就是一张经过艺术加工的艺术照片。”对于“为什么PS的照片能获新闻奖”，刘认为，“这有可能是因为参加新闻图片评选的评委们不了解藏羚羊的习性导致。”刘还说：“其实我倒希望这件事闹大，这样就可以有更多的人来关注藏羚羊了!”至于有网友认为应取消奖项，刘称，当初他获得的只有奖状和奖杯，取消这个奖他也觉得无所谓。[①] 2月16日，刘发帖解释称为拍摄这张照片在掩体里待了半个月，但要不就是“有羊没车”，要不就是“有车没羊”，要不就是“画面不是很理想”，因而“心急之下合成再现了一把情景”。

组图影响2006——CCTV年度十大新闻图片

关键的最后一击可能来自央视。2月17日下午15:31，央视国际网站刊登了16“央视相关部门负责人”的回应：“《影响2006·CCTV年度十大新闻图片》征集活动在向社会公布的七条评选细则中，第一条即强调‘所有参评作品必须符合摄影大赛公认的真实性原则。参评作品不得改动原始影像。主办方不对参评作品进行修改。’”“《青藏铁路为野生动物开辟生命通道》之所以能够入选，一是此前该新闻图片已经新华社等媒体公开发表；二是作者本人认为该图片为原创，均符合评选细则规定。”网站还特地贴出了当时颁奖晚会上央视主持人李小萌与刘为强的对话。

刘为强获奖藏羚羊照片疑似造假

① 参见薛玲：《CCTV年度十大新闻图片铜奖作品被指造假》，载《成都晚报》，2008-02-16。

李小萌曾就“在海拔四五千米的无人区，你和火车，和藏羚羊同时出现在一个时间和一个空间的这个几率有多大?”这一问题问刘为强，刘的回答是：“用摄影的语言说是一个瞬间，很短很短。”①

2月17日晚刘为强拟好的《致歉信》于18日发表：“因在《青藏铁路为野生动物开辟生命通道》的照片中使用了PS合成手段，以新闻图片的形式在新华社刊发，并获得CCTV影响2006年度新闻图片铜奖，违背了新闻职业道德，奖杯和证书将退回主办单位。”“在此为给上述多家新闻媒体带来的负面影响深表歉意，对CCTV的评委深表歉意，为《大庆晚报》、大庆市人民、龙江新闻事业带来的耻辱深表歉意。”“面对一个神圣的职业，我已没有理由再从事新闻行业，更没有资格履行记者的职责，我现已向供职单位申请辞去记者工作。”②

《大庆晚报》编委会也发表道歉声明，将已被网民称为“刘羚羊”的刘为强解聘，总编辑王忠一也引咎辞职。新华社中国图片总汇、人民图片网、中国新闻图片网、五洲传播图片库等5家国内图片网站（图片库）发布联合公告，将从18日晚起从各图片网站数据库中删除刘为强的全部摄影作品。联合公告称，反对对新闻图片滥用数字技术，对原始图像信息进行随意修改这一严重违反新闻真实性原则的行为，并呼吁共同抵制虚假图片。新华社还取消了刘的签约摄影师资格，并向“广大读者和新闻媒体”致歉。③

案例二 图上多只鸽 打假费周折

揪出“刘羚羊”之后，网友举一反三，将目光转向一幅简称“广场鸽”的照片，强烈质疑这幅以哈尔滨地标性建筑索菲亚教堂为背景的照片是合成修改作品。该照片比“刘羚羊”出名更早，2004年2月21日首刊于《哈尔滨日报》“社会时空”版，2005年3月获首届中国国际新闻摄影比赛（“华赛”）自然及环保新闻金奖，全名《广场鸽接种禽流感疫苗》，作者系《哈尔滨日报》摄影记者张亮。据百度百科解释，“中国国际新闻摄影比赛（‘华赛’）是由中国新闻摄影学会主办的大型国际新闻摄影比赛”。

2月20日，《深圳特区报》摄影记者齐洁爽的博客《〈大庆晚报〉纠错了，〈哈尔滨日报〉怎么办?》被转到“色影无忌”上，引发网友讨论。齐文称，图中两只被圈的鸽子的大小（体态、翅膀、尾巴、飞行方向等）完全一样，两只鸽子肚子下和尾巴两处因

① 《央视相关部门就“藏羚羊”获奖新闻照被指造假作出回应》，http://news.cctv.com/society/20080217/101986.shtml，2008-02-17。

② 《大庆晚报藏羚羊照片致歉及刘为强致歉信》，http://www.jiaodong.net/wenhua/system/2008/02/20/010182080.shtml，2008-02-20。

③ 《全国五大图库删除“刘羚羊”作者全部作品》，http://news.sohu.com/20080219/n255237802.shtml，2008-02-19。

飞行造成的阴影部分也完全一样。从细节具体分析，从照片上可看到，人头边上的鸽子，翅膀虚化的角与拍摄的视角配合不是很好；该鸽子的翅膀是透明的，可看见后面的背景，好像是通过“透明”合成的；这只鸽子后面有只小鸽子，按理应该在后面，可图像放大后，小鸽子与大鸽子的重合部分却在前面。齐洁爽在2007年就质疑过这张照片，并请中国新闻摄影学会学术部副主任许林对此进行鉴别。

许林找到首届华赛获奖原片，认为确有拼接合成的重大嫌疑，2007年4月他在博客上进行了一次技术分析，认为两只鸽子的形态特征、飞行姿态及方向、身体阴影等都完全一样。许林告诉《南方都市报》记者，当时作为华赛主办方的中国新闻摄影学会曾去核实此事，《哈尔滨日报》摄影记者张亮回答说：并不知有人质疑，那张照片肯定没有改动过。此后相关质疑不了了之。

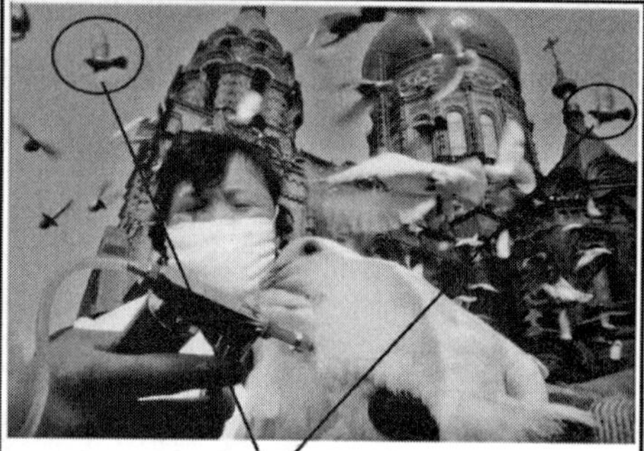

图 5-1 相同的鸽子

哈尔滨日报报业集团主要领导后来透露，集团高层2月21日就找张亮本人谈话：如果有假，承认了还是给出路，但如果不承认，日后鉴定有假，必须解聘。但张一直坚定地表示照片“没做过”，包括照片和新闻事实都是真实的，“赶巧了，拍出来就那样，”他也不知道为什么。此后领导多次与张亮谈话，张亮一直坚持并未造假。①

但形势急转直下。2月22日，“华赛”组委会官方网站做出回应说，作为负责任的、严肃的国际新闻摄影比赛，华赛从一开始就坚定地恪守新闻真实性原则，并真诚欢迎媒体和各界朋友予以监督。“华赛”评选规则规定：“比赛不接受合成照片、多次曝光照片和用电脑技术人工修改制作的照片”，“获奖作品一旦发现并证实违背参赛要求，国际新闻摄影比赛组委会将立即取消其获奖资格，并在媒体上公布，相关作品也将从华赛官方网站和展览中取掉。”

2月24日，张亮通过“华赛”组委会官网发表声明。他这样描述了图片拍摄过程：“2004年2月19日，我获悉哈尔滨市建筑艺术广场上长期饲养的鸽子正在分批进行疫苗注射，迅速在将近中午时赶到现场。当时，技术人员正在逐一为鸽子注射。我以低角度仰拍的方式蹲守在技术人员面前，等待旁边一群鸽子腾空而起。在拍摄几张普通画面后，我抓拍到一群鸽子腾空而起的瞬间，就是参赛的那张。当时，我使用的是尼康E950相机。该相机不具备快速连拍功能，拍摄每张照片间隔时间大约为1秒。因此，最精彩的瞬间只拍到一张。这张照片的数据为：曝光时间：1/193秒，F数值：7.4，曝光程序：标准，白平衡：自动。”

张亮在声明中承认，用PHOTOSHOP软件对照片进行了裁剪、整体亮度调整和局

① 参见谭人玮：《“广场鸽”确认造假 记者解聘》，载《南方都市报》，2008-04-04。

部亮度调整，并另存为代表照片内容的名字和编号。然后，删除了未经调整的原始照片，理由是“从我开始使用数码相机采访一直到现在，由于业内并没有对新闻图片必须保留原始电子文件的相关规定，我个人也没有认识到原始电子文件的重要性。使用数码相机之初，当时的电脑硬盘储存量小，如果我留下所有照片就会很快占满硬盘。因此，我始终按照只留成品照片的程序来工作”。张亮“以共产党员的名义和新闻工作者的良心”，向“华赛”组委会承诺照片无假，并愿意负法律责任。如果有假，愿接受任何处罚。

张亮的行为引发了网友更多的怀疑。许林问张：“为什么要删除了未经调整的原始照片?”他说：“根据我的拍摄和处理经验，一个优秀的摄影师或者摄影记者，是绝对不会删除自己辛辛苦苦拍摄的照片的原始图像文件和扔掉传统原始底片的！特别是自己认为好的底片和数码照片！打死也不会!”①

25 日晚，原中国新闻摄影学会副会长、首届“华赛”评委蒋铎告诉记者，他在看完许林的博文后留言：“两只鸽子百分之一百一样，是 PS 无疑，作者越遮掩越被动。”蒋铎说：“我还清楚地记得当时评广场鸽这张照片时的情景，我和在场的评委都比较喜欢这张照片。因为片子无论从选题还是从画面构图都很新颖生动，所以评委都亮了高分。”蒋铎说，“但当时时间紧，没有发现真实性问题。现在看来，两只鸽子一丝一毫都不差，就足以说明问题，PS 作假无可争议。参赛照片有假，作为评委我有责任，”“现在看来，越是完美的照片，就越应该引起怀疑。藏羚羊就是完美之作，结果是电脑合成的假照片。”②

可是此后整整一个月，人们迟迟没有等到“华赛”组委会的调查结果，整个事件似乎变成了“烂尾案”。

4 月 3 日下午，在北京召开的“维护新闻摄影真实性研讨会”上，中国新闻摄影学会会长于宁宣布，根据 4 月 2 日计算机专家给出的鉴定结论，认定《广场鸽接种禽流感疫苗》确为造假，取消其 2005 年首届华赛金奖作品获奖资格，作者被《哈尔滨日报》解聘。此前有多家媒体参加的“视觉联盟”宣布不会聘用有造假经历的摄影记者。许林发言说，感谢各界的支持，没有公众的支持，事情不可能水落石出。在打掉“刘羚羊”之后，“色影无忌”又以专业素质引爆了对一张造假金奖照片的打假。官方结论一出来，帖子也立即更新：这意味着长达一年的“广场鸽”事件有了最终结果。③

---

① 转引自杨絮：《遭质疑华赛照作者称原图已删 组委会称认真核查》，http：//news. eastday. com /c /20080224 /u1a3423559. html，2008-02-24。

② 转引自杨絮：《独家专访首届华赛评委蒋铎：广场鸽照片 PS 作假无疑》，http：//news. eastday. com /c /20080225 /u1a3426710. html，2008-02-25。

③ 参见谭人玮：《“广场鸽”确认造假 记者解聘》，载《南方都市报》，2008-04-04。

案例三 法院为何不断图片“摆拍”案

2003年5月6日，就职于湖北省武汉市江岸区色色婚纱影楼的浙江温州平阳籍摄影男模特陈英与女模特廖全薇着婚纱、戴口罩步行于汉口街头，《武汉晚报》摄影记者邱焰（他回忆应为5日）将此情景拍成照片并在次日刊发于该报A7版，标题为“‘非典’时刻 生活依旧”，文字说明为“5日，在武汉市街头，一对情侣穿着婚纱，戴着口罩，穿过马路去拍婚纱照，一位拄拐杖的老人与他们擦肩而过。‘非典’时期，爱情、婚姻和生活仍在继续”。

图5-2 “摆拍”案照片

2004年2月14日，《武汉晚报》再次刊登该照片，照片左侧的文字系武汉晚报社在原文字说明基础上编辑而成。标题是“第47届世界新闻摄影比赛揭晓 本报记者邱焰的作品《‘非典’时期的爱情》获［日常生活类（单幅）］三等奖”，内容是“……2003年5月6日，邱焰在汉口南京路一带拍摄的一对穿着婚纱礼服的新人，戴着防‘非典’的口罩穿过马路的情景，曾发表在《武汉晚报》2003年5月7日A7版上。世界新闻摄影比赛（荷赛）是世界上规模最大、最具权威的新闻摄影比赛”。自1957年举办以来，这是获奖作品首次卷入的官司，中国自1959年开始参赛，到2004年有近10名摄影家获奖，其中3人获一等奖。邱焰是中国新闻摄影学会和中国摄影家协会会员，毕业于原华中理工大学新闻系，曾两次获得中国新闻奖、1998年中国青年新闻摄影十佳记者以及“德艺双馨”摄影记者等称号。

陈英认为，《“非典”时期的爱情》“人物、场景从头到尾都是制造出来的”，侵犯了他的名誉权，将邱焰和武汉晚报社告上法庭，要求赔偿精神损失15万元。陈英在诉状中称，2003年5月，邱焰为拍摄以“非典”时期为背景的爱情题材照片，来到武汉色色影楼，并物色了他和一名女模特来帮忙。考虑自己在武汉事业的发展及提高模特知名度，在要求照片按模特身份登报、不作结婚新人报道后，陈英答应拍摄。两天后，《武汉晚报》刊登了照片。这幅新闻图片严重失实，并导致了他与女友关系破裂。

陈英在一审期间向法庭外的记者出示了一份按有手印的证词，并拿出证人身份证复印件，而署名人正是众多媒体苦苦寻觅的女主角廖全薇。她是1986年7月出生的，拍照时未满18岁，不符合法定结婚年龄。廖没有固定工作，家也不在武汉，因此最近才联系上。廖在证词中称，自己与陈英“关系非常好”，“他像个大哥哥一样经常照顾我”，但从未发展过恋爱关系。对于《“非典”时期的爱情》的拍摄经历，她的回忆与陈英的叙述一致。廖回忆，那天下午，在邱焰的“导演”下，她和陈英一共拍了三四十张照片。拍完后，邱焰还从他的数码相机中找出照片给她观看，对后来获奖的那张尤其满意，说：“如果老人再走过一点，把后面提婚纱的助理突出一点，那就更完美了。”廖的说法得到了曾在影楼工作的多位证人的支持。

陈英告诉记者，在庭审中，最让被告方吃惊的是他请来的另一位“神秘证人”。他又向记者出示了2003年4月26日的武汉某报，头版刊登了一位女模特戴着口罩对镜梳妆的照片，这则图片报道标题为《戴口罩的婚纱秀》，摄影记者正是邱焰。而当时照片上的女模特4月5日也出现在旁听席上。她在证词中讲述了邱焰给她拍《戴口罩的婚纱秀》的经过：2003年4月下旬的一天下午，邱焰通过朋友请她帮忙拍照。虽然天气闷热，浓妆易乱，但她还是在邱焰的一再要求下戴上口罩拍了照。后来邱焰给图片配的文字说明是：昨日，在我市一家婚纱店，一个模特戴着防“非典”的口罩，出场橱窗婚纱秀。这位女模特说：“虽然当时觉得报纸上附带的文字说明和当时拍照的情况不同，但因为邱焰再三要求我不要把此情况告诉别人，帮忙保守此秘密，于是我再也没有提起此事。”陈英对记者说：“我想让所有人知道，‘抓拍’根本站不住脚！来色色影楼选模特摆拍，对邱焰来说并不是第一次。”①

江汉区法院一审认为，图片新闻应当遵循新闻真实性原则。本案照片经陈英同意，由邱焰拍摄并配发文字补充说明，武汉晚报社作为图片新闻予以发表，照片的文字说明没有直接反映“街头口罩秀”营销活动，而是对照片反映事实的拔高处理。该报在第二次刊发照片获得荷赛奖项时，进一步将原文字说明中的“一对情侣”更改为“一对新人”，与客观事实严重不符，陈英因此遭受精神上的痛苦。邱焰、武汉晚报社已构成对陈英名誉权的侵害。7月23日，法院判定邱焰和武汉晚报社向陈英赔礼道歉，并分别赔偿陈英精神损失1万元和2万元。

武汉晚报社和邱焰上诉至市中级法院，并提供了色色影楼《关于2003年5月7日〈武汉晚报〉刊登“‘非典’时期 生活依旧”图片一事有关情况的说明》等证据，证明当日色色影楼组织活动，没有邀请媒体参与，邱焰照片系抓拍。市中院经审理认为，陈英及廖全薇均否认其系情侣，二人在该报两次刊登此照片时均未达到法定婚龄，照片文字说明中所用“新人”一词明显与事实不符，给陈英造成精神痛苦，武汉晚报社侵犯陈英名誉权的事实成立。根据最高人民法院《关于审理名誉权案件若干问题的解答》第六条，“作者与新闻出版单位为隶属关系，作品系作者履行职务所形成的，只列单位为被告”。邱焰拍摄及发表作品均为职务行为，由此产生的侵权后果应由武汉晚报社承担，10月18日判武汉晚报社向陈英赔礼道歉，并赔偿陈英精神损失2万元。撤销一审判决有关邱焰向陈英赔礼道歉并赔偿精神损失等内容。

陈英认为终审判决不公正。邱焰再次辩称两点：第一，照片是在现场抓拍的。第二，确实在现场采访过照片中的主人公，在此后的案件审理过程中，也有证据表明他们当时确实是恋人，只是他们双方均否认是情侣关系，法庭据此认为他们是情侣的证据不足。在实际的新闻采访过程中，如果要求记者对采访对象的每一句话都进行录音，以便在发生纠纷时向法庭提供证据，事实上是根本做不到的。而对于摄影界争论不休的《“非典”时期的爱情》是“摆拍”还是“抓拍”的话题，两次审理的法院均未涉及。其理由不外乎是，名誉侵权作为民事案件，关键是画面和文字说明本身的真实性问题，真

① 《17岁姑娘被摆拍成新娘》，载《新闻晨报》，2004-04-06。

实即不构成侵权，反之则构成侵权。至于是抓拍还是摆拍，那不属于法律管辖的范畴，当然就留给了职业伦理道德规则来处理。因此从是否摆拍的角度上看，在法律以外的此案并未了解，真相仍是个谜。

案例四 中国果汁是否畅销德国

《环球时报》2009年5月21日刊登了一篇该报“本报驻德国特约记者青木”的报道《德果汁厂做广告打击中国同行》。报道称中国果汁在德国因畅销引来不满，遭到3家著名德国饮料企业联合阻击，后者将共同发布“不喝中国果汁”的广告。报道一经发布，立即引来国内民众一片愤慨之声，有关贸易保护的讨论再度成为焦点。有网友慷慨陈词：“德国人不喝中国果汁，我们为何还买德国车?”还有网友厉言警告：“贸易保护主义对德国企业来说等于自杀，中国这么大的市场，德国企业能丢得起吗?”甚至还出现了营销专家“含泪劝告”德国果汁企业停播广告的一幕。这篇近800字的文章全文如下：

德果汁厂做广告打击中国同行

中国果汁在德国的畅销引来了德国企业的不满。面对不断下降的售价和来自中国的竞争，德国3家饮料企业联合起来组成“广告共同体”阻击中国饮料。

据德国《西南日报》20日报道，自去年10月以来，德国饮料市场销售持续下降。为了获得市场份额，德国各大饮料企业不得不降低出厂价格。目前，德国市场上每升果汁已经从去年的1.09欧元下降到0.79欧元，瓶装矿泉水、啤酒的价格也大多下降30%以上。对此，德国企业叫苦不迭，纷纷组成联合体与销售商谈判，并以停止供货相威胁。不料，销售商并不买账，反而从中国进口更多、更便宜的饮料产品。

在对抗销售商无果的情况下，德国企业把矛头指向中国等国家的廉价饮料。19日，德国著名饮料企业茵茂尔、斯廷格和玫瑰园三家企业率先成立了“广告共同体”。会上，它们公开表示，中国果汁、廉价矿泉水和国外啤酒是它们的“敌人”。据报道，为了“赶走”中国果汁，它们已经制定了一系列计划，包括从当地向全德国拓展，要求民众不要喝这些饮料；“不喝中国果汁”等主题广告也将近期在德国电视台、平面媒体播放。同时，它们还将联合其他饮料商，准备限制中国果汁及其他饮料的进口。此外，它们还将向欧盟要求更多的补贴。

2008年，中国饮料总产量突破6000万吨，成为世界第二大饮料生产国。而德国2008年的果汁市场容量超过美国，成为第一大果汁饮料市场。2009年，德国从中国进口的果汁等饮料正以平均每月15%的速度激增。

实际上，来自中国的产品已经成为一些德国企业眼中的敌人。据德国中德电视台19日报道，德国低脂鲜奶已从去年的每升0.79欧元降到了0.42欧元。这件让消费者高兴的事，对奶农来说却是个沉重打击。同时，“中国牛奶要进入德国”的消息也不胫而走，德国奶农协会已要求德国联邦农业部禁止中国牛奶进口。据瑞士《新苏黎世报》此前报道，为了应对中国企业的竞争，德国DSM营养品公司曾打出“非中国制造”的广告口号。

新华社系统也有一份与《环球时报》同类型的全球题材市场化报纸《国际先驱导报》，只是创办时间较晚，影响力也小得多。《国际先驱导报》与《环球时报》一样，背靠国家级媒体巨无霸人民日报社和新华社，借助于各自系统强大的境外采编力量和人脉，主要刊载期待满足国人扩大国际视野的文章。看来这种有限竞争初步形成了某种观点和信息的公开市场，有时候让“跨国蒙”一类虚假不实新闻难以畅行无阻。

《国际先驱导报》驻德国法兰克福记者郇公弟从与国内媒体朋友的电话中获悉此事，朋友说要听听他的看法，并了解德国媒体和民众的态度。郇公弟当时就觉得很奇怪，因为他根本没有听说此事，于是立即打电话向德国果汁协会询问，回答是毫不知情，这才开始在德国调查该事件。5 月 29 日，郇公弟的调查外加一篇评论《国人“经济爱国”须走正途》刊登在《国际先驱导报》上，次日他还接受了中央人民广播电台《中国之声》节目的连线采访。

德国封杀中国果汁？国人“经济爱国”须走正途

郇公弟的调查结果与青木的文章内容大相径庭：不存在“不喝中国果汁”的广告，也不存在“联合阻击”中国果汁，甚至不存在中国果汁畅销德国的情况。青木笔下的“德国三家著名饮料企业”茵茂尔、斯廷格、玫瑰园远非“著名”，它们偏居德国西南边陲的巴登—符腾堡州的索伦—阿尔布（Zollern-Alb）山区，三家企业员工总数不过 100 人。其中仅有斯廷格一家生产果汁，员工不过十来人。另外，茵茂尔生产矿泉水，玫瑰园为啤酒厂，市场均局限在本地，它们很难联合发布广告并制订计划“赶走”中国果汁。

青木文章称其主要援引的是德国《西南日报》的一篇文章，严格来说源头并不是《西南日报》，而是西南报业集团下属的地区报《索伦—阿尔布信使报》（*Der Zollern-Alb-Kurier*）①，仅在人口不足 20 万、面积不到 0.1 万平方公里的索伦—阿尔布地区发行，5 月 19 日，这三家小企业的确成立了“广告共同体”，针对索伦—阿尔布民众展开“本土化”公众营销活动。它们重在说明三家企业采用当地的水果和原料，雇用当地工人，为当地创造就业机会，以“乡土情结”来劝说本地区的民众购买本地区企业生产的饮料。它们并未针对中国果汁。三家企业的广告仅在索伦—阿尔布地区投放。

在报道三家企业 19 日的活动时，《索伦—阿尔布信使报》记者用了“广告反击低价矿泉水和中国果汁”的标题，然而对照报纸原文，郇公弟发现其文章的用意与标题相去甚远。原文报道中提及“中国果汁”的并非三家企业，而是出现在记者的背景介绍中，这些企业并未“公开表示”中国果汁是敌人。另外，青木文章中关于德国企业要“赶走”中国果汁、要

① 该报网址：http://www.zak.de/。

求民众不喝中国饮料、联合其他饮料商等内容，原文皆没有提及。

郁公弟写道，德国是世界第一大果汁市场，但本土水果产量很少，大型饮料公司的浓缩汁原料主要依赖进口。而中国对德国的浓缩汁出口量也在逐年递增，德国饮料企业以此为原料进行配兑后以德国品牌进行销售。在销售商和大公司的双重压力下，小型果汁厂正在失去生存空间，要想活下来必须在夹缝中寻求新的策略。在这一背景下，索伦—阿尔布地区的果汁企业斯廷格便成了其中的典型代表。斯廷格等打出“喝咱索伦—阿尔布人自己的果汁”的口号，正是要依赖本土市场继续生存。而尽管德国十分依赖进口原汁，但其品牌果汁市场却是清一色的“国货”，连法国、意大利出产的饮料都很难见到，而中国产品的美誉度低得可怜。所以，在德国市面上根本见不到中国的果汁。

经过郁公弟比对，青木的文章中大约有80%的内容是根据《索伦—阿尔布信使报》报道的内容编写的，但是其中有太多“张冠李戴”的地方。郁公弟在评论中写道，青木文章见报后，“随之而来的是越来越多媒体的转载或跟进报道，但是，没有人想到去了解真相，也许是潜意识中这样的事情太经常发生了，以至于大家更愿意相信这是事实”，“其实整个‘德国封杀中国果汁’闹剧背后，除了个不负责任的最初报道外，更耐人寻味的是国人的过度反应，以及更多媒体的以讹传讹”。

案例五 译文能如此改头换面吗？

《环球时报》2010年7月14日第6版刊登了一篇源自印度一个网站的翻译文章《分析称中印媒体相互妖魔化趋势增强》，700多字的全文如下：

分析称中印媒体相互妖魔化趋势增强

印度南亚分析集团网站7月12日文章，原题：媒体在印中关系中的作用

新加坡国立大学李光耀公共政策学院近日组织了一场印中对话，主题为“媒体在印中关系中的作用”。学院网站写道：“尽管印中双边贸易额大幅增长，但有关领土和政治问题的紧张状态也在上升。虽然一些压力的来源是真实的，但它们的影响却通常被媒体的描绘和臆测所夸大……”印中的媒体是否真的要为相互之间的错误感知和对立形象负责？两国记者是否能胜任对对方国家的报道？印媒对中国的报道与中国媒体对印度的报道之间存在什么差别？

去年，两国媒体相互妖魔化的趋势有所增强。在印度，这种趋势在电子和网络媒体中体现得比纸质媒体更加明显；在中国，则更多体现在纸媒和网络中。在印度，对中国不受约束的妖魔化主要见诸24小时新闻频道，它们会欣然接受任何人对中国的任何批评言论，而且还组织过分夸张甚至歇斯底里的讨论。

在中国，对印度的妖魔化主要见诸伴随互联网飞速发展而出现的数千个博客中。大多数博客是中文，由于印度的中文专家很少，多数有关印度的负面帖子并没被翻译。而在印度，对中国肆无忌惮的批评主要出现在英文媒体中。读者和观众人数均超过英语媒体的印地语媒体并未对中国表现出相同兴趣，也不像英语媒体那样对中国如此猜忌。

大部分中国民众认为，印媒对中国的负面报道即是印度政府的立场，但事实并非如此。大部分印度民众认为，中国媒体对印度的负面报道是受政府鼓励，这可能也并非事实。媒体报道的失真导致两国分析人士、记者打起口水仗。幸运的是，两国政府对事态有更好的了解，并终止了这种自我膨胀的言论，中印相互妖魔化的趋势开始减退。但两国媒体仍相互批评，这更多源于历史所造成的两国民众彼此信任度低，而非出于恶意原因。▲（作者：B. 拉曼，伊文译）

我们找到了原文，发现它远比译文要长（1500 多字），而且标题就不一样，因此特地重新翻译如下。同学们和读者们可以比较一下，看看“编译”者压缩删除了什么；接下来想一想，能不能这样“编译”？这其中除了少了一些关键信息之外，更有至关重要的文字改变。

喷火

B. 拉曼

2010 年 7 月 2—3 日，新加坡大学李光耀公共政策学院组织了一场关于“媒体在印中关系中的角色”的印中对话。

学院网站上可查到的一段说明文字写道：

“尽管印中双边贸易大幅增长，但是领土和政治议题方面的紧张关系也在加剧，尤其是在去年。虽然一些压力来源是真实的，但是它们的效果是被媒体充当中介，并且经常被媒体对这些紧张关系的描绘和感知所激发。此外，种种情况还可能随着媒体倾向于轻视这种关系的更为积极的方面而出现。在一种中国人和印度人彼此知之不多、互动由战略和商业关切所支配的情势下，媒体可以在促进一般公众互相了解方面扮演建设性的角色。本次首届印中对话讨论会寻求回答与媒体在印中关系中的角色有关的一些问题。它汇聚媒体和其他领域的代表来讨论相关议题，寻求对这些路径依赖方式的替代办法。发言者们将讨论对这两个大而不同的国家的形象生成和接受的不同方面、媒体呈现中的竞争和融合的不同领域以及媒体在地缘政治、文化联系、外交等等中的角色。印中的媒体真的要为制造相互之间的错误感知和对立形象负责吗？两国新闻工作者受过训练和能够胜任对另一国的呈现吗？印度媒体对中国的呈现与中国媒体对印度的报道之间有什么差别？在向一般公众提供信息时有替代性的方式方法吗？”

去年，这一主题随着两国印刷、电子和在线媒体相互妖魔化的升级而体现出了重要性。在印度，这种升级更多见诸电子和在线媒体，而不是印刷媒体；在中国，这种升级更多体现在印刷和在线媒体，而不是电子媒体。中国还没有发生像印度那样的 24 小时私营新闻频道的爆炸性成长。在印度，针对中国的无节制的妖魔化主要见诸 24 小时新闻频道，它们会欣然接受对中国的任何口头或书面批评，并组织可能是过分戏剧性的和偶尔甚至是歇斯底里的讨论。

在中国，对印度的妖魔化主要见诸中文印刷媒体和伴随互联网在这个国家飞速发展而出现的数以千计的博客中。大多数博客内容是中文的。而由于印度的中文专家寥寥无几，大多数有关印度的负面文章和帖子并没被翻译并传播。假如它们被翻译过来并向印度读者传播扩散，警报本来会在印度更多地鸣响。

而在印度，对中国肆无忌惮的批评主要出现在英文媒体中。读者和观众人数多过英语媒体的印度本土语言媒体并未对中国表现出相同兴趣，也不像英语媒体那样对中国如此负面。

分析认为，两国的这些妖魔化文章可能是扭曲了，这是因为：

● 印度对中国媒体缺乏了解以及具有如下普遍感知：中国媒体仍然主要被中国政府和中国共产党拥有和/或控制。因此，任何见诸中国媒体的对印度的批评被很大部分印度公众视为代表了中国政府和党的观点。

● 中国对印度拥有的自由新闻界缺乏足够了解。除了一些政府运营的电台和电视频道之外，印度几乎没有政府拥有或控制的媒体。很大部分中国公众舆论倾向于认为整个印度媒体为政府和执政党拥有和/或控制，就像中国一样。这些舆论认为，印度媒体刊载的东西都是得到政府批准的。这样我们就处在以下局面中：很大部分中国公众会认为，印度媒体对中国的负面呈现是由政府提议的，而这不是事实。很大部分印度公众会认为，中国媒体对印度的负面呈现是政府和党激起的，而这也许是，也许不是事实。许多人主张，中国的媒体图景已经改变了，出现在媒体上的一切未必代表政府和党的观点。除了那些属于左翼政党的之外，印度公众没有准备好接受这一点。

● 许多印度人相信，中国的互联网被政府严密控制，博客上的负面内容是被政府允许才得以出现的。要不然，它们就被抹去了。

分析认为，两国媒体报道和作品中随之而来的扭曲几乎引发了两国分析家、新闻工作者和电视主播们的口水仗。幸运的是，两国政府对事态有更好的了解，并叫停了这种自说自话的言论，相互妖魔化的势头已经消退。但有时仍然有很多相互批评，这更多是源于历史原因、而不是恶意原因而造成的两国公民社会的低度信任。①

对剽窃类和篡改类虚假新闻的简要分析

“剽窃”，通常与掺假有些类似，都属于部分造假，而通篇抄袭剽窃的新闻相对少见。面临截稿时间的压力，面对新闻同行的竞争，受到源源不断的写作压力，一些新闻从业者，从亟须专业成就的初出茅庐的新手，到穷于应付专栏写作和稿约的大名鼎鼎的撰稿人和专栏作家，在如今这个从互联网上阅读和下载他人的文章十分便捷的时代，如果放松了自律，就会产生从别人文章中寻章摘句、据为己有的念头。黑压压的一篇长文，夹带着碎

① 参见 B. Raman，“Breathing Fire，” http：//outlookindia. com/printarticle. aspx? 266206，2010-07-13。

片状的抄袭文字，似乎不大容易暴露。有“小李普曼”之称的扎卡里亚也抄袭他人，尽管为数有限，但性质同样恶劣。如果加上国界的阻隔，揭露这种造假的难度又增加了几分。因此我们看到，《环球时报》女记者被打假经历了多么复杂的一个新老媒体跨国接力的过程。

至于世界名报《纽约时报》的记者杰森·布莱尔的系列造假问题，本书作者之一早在事件曝光之初就在《南方周末》上撰文指出，它带有某种特殊性：经过长期抗争，特别是20世纪60年代的民权运动，美国少数族裔中黑人的社会地位的提升非常明显。80年代开始了一场语言使用正统化社会运动，叫做“政治正确”，目的在于去除语言中因传统而承继下来的偏见，以创造一个中性、无歧视的传播与沟通环境。在“政治正确”检验中，通常第一项就是针对黑人/非洲裔美国人的。受这场运动影响特别深刻的是美国新闻界和学界，《纽约时报》就是一个先锋，它近年来大量录用黑人等少数族裔记者和编辑。因此眼下的焦点转到了录用记者的把关失察上。报社内外目前有不少人指出，《纽约时报》过分坚持“政治正确”造成了在录用黑人记者时把关不严。布莱尔被雇用与《纽约时报》热衷的照顾黑人的“族裔配额”政策有直接关系：一名未完成大学学业的高中生从实习记者一窜而成为报道全国性新闻的主力记者。但是无论如何，布莱尔造假事件给《纽约时报》的打击是无比沉重的。正如《纽约时报》专栏作家威廉·萨菲尔所说：“美国，以至全球的记者们，都会继续从《纽约时报》学到教训。”那就是，对于社会公共生活至关重要的新闻事业充满着诱惑和陷阱，一条高质量的新闻流水线也会产出严重的假冒伪劣产品。①

“篡改”，既可能大量发生在新闻摄影作品中，也可能出现在新闻报道的翻译和“编译”版中。在历史上，一些国家的新闻摄影在政治强权的操纵下，不惜以“换头术”、“抹人术”、“漂白术”等暗房特技来为政治意识形态服务，出现在大众媒体上的照片多被篡改。但是我们这里不探讨此类案例，因为那是媒体和媒体人失去了自主权的情形下发生的问题，尽管可能十分离奇，但不属于新闻和媒体道德问题。在今天PS技术甚为流行的时代，要提防的往往是一些摄影记者（通常不是所在媒体）出于创作好照片而获取功名的欲望欺瞒同行和公众的造假行为。在这一点上要分清楚的是，新闻摄影不同于记录摄影和报刊上可见的特效摄影，不能允许有不同于原始照片的改变和添加，即便是加深或浅化了色彩，也是不被接受的行为。2006年8月，为路透社供稿的黎巴嫩自由摄影师阿德南·哈吉，因为篡改以色列空袭贝鲁特的照片效果而被博客揭发。哈吉增加了画面的浓烟，把以军飞机投下的照明弹再复制两枚（见图5-3）。路透社通知哈吉，今后不会再播发他提供的图片。②“华赛”一再出现此类造假事件，严重拖累了这一摄影大赛的名声。而从打假过程来看，行业和社会为此付出了很高的成本，如果没有互联网助力接力，打假将更加困难。

① 参见展江：《“上帝”失察或“政治不正确”?》，载《南方周末》，2003-06-12。

② 参见 http://en.wikipedia.org/wiki/Adnan_Hajj_photographs_controversy。

思考题

1. 剽窃类虚假新闻指的是什么？它与掺假类虚假新闻有何雷同之处？
2. 篡改类虚假新闻指的是什么？它通常发生在哪些新闻作品中？
3. 除了教材中的案例，你还能举出其他的剽窃类虚假新闻吗？
4. 除了教材中的案例，你还能举出其他的篡改类虚假新闻吗？
5. 剽窃类虚假新闻和篡改类虚假新闻与第四讲的两类造假新闻的区分合理吗？

图 5-3 真假空袭照片对比

至于新闻报道的翻译和“编译”版，如果出现与“跨国蒙”相关的种种篡改，编辑部通常要承担主要责任。一头是要管理好媒体的驻外记者，尤其是评议特约记者的资质，翻译引用驻在国家和地区媒体的文章时不能故意夸大、缩小、添加，乃至于无中生有；一头是对于翻译和编译国际新闻和评论外稿的人员的教育和规训。实际上，随着中国的开放进程和国际题材媒体的创办和流行，上述问题并不限于某个媒体。

Chapter 6
第六讲　虚假新闻之导演与隐瞒

- 导演
- 隐瞒
- 传统文化中的真话观
- 为什么新闻真实性是头等道德?
- 对导演类和隐瞒类虚假新闻的简要分析

导　演

案例一　四川地震期间央视导演绵阳现场采访

2008年5月12日，四川境内的汶川发生特大地震，其重大灾情引起举世关注。中外媒体纷纷派出记者奔赴灾区采访报道，其中直接影响最大、采访机会最多的当属中央电视台，它派出多路记者分赴四川各地。央视在汶川大地震数分钟后即做了报道，并在随后两天客观地报道了地震相关信息。但是，从第三天开始，报道由地震转向了对救援工作的大量正面报道，而负面消息则很少报道。有民众批评，央视此举有悖于新闻媒体的职业操守，有"悲剧喜剧化"的嫌疑。

5月21日接近中午（11点48分），央视一套播出一条记者发自位于汶川正东方向约100公里的绵阳市的直播报道：女主持人文静连线人在绵阳现场的记者徐丽莉。

我们今天仍然可以在网络上找到这段4分17秒的视频，连线一开始出现了文静和徐丽莉抢话。接着徐丽莉面对镜头、背对排队领取免费饭菜的群众介绍起新闻背景来。我们可以看到人群中有一个学童在一边扭头看记者一边随排队人群接近炊事员（或厨师）。徐丽莉讲了约有一分多钟，并让炊事员（或厨师）介绍了丰盛而新鲜的饭菜。到了记者要问饭菜是否合口的时候，那个穿白色圆领T恤的小男孩似乎应该出现在炊事员（或厨师）面前。但是2分36秒时镜头中记者身后的小男孩快排到第一个了，而背对着他的记者还在继续讲，看来小男孩无法配合采访，于是够机灵的他放弃了立即领取饭菜的机会，而折返过来重新排队，期待在合适的时间点接受采访，结果被火眼金睛般的网友揪了出来。

网友发现，白色圆领T恤小男孩过早出现了，可是因为记者在说话，他只好跑到后面重新"排队"。注意，此视频2分37秒时小男孩往后跑，2分45秒也有一男孩往后跑，但那是另外一人。2分44秒，他又排到镜头前面了，但是记者的话还没说完，于是，"导演"亲自上阵，注意看那个穿迷彩服的中年男子，还有一个穿白色衬衣戴黄色袖套的中年男子，再次调整了队伍的序列和进度。小男孩排了两次队，重回镜头前的间隔都很短，说明排队的人不是很多。但是，突然间镜头前的队伍开始壮大，那些刚加入排队行列的人，脸上的表情耐人寻思。

这时候，记者徐丽莉也不像刚才那样一直往队伍的后面走了，她停了下来，镜头一晃，我们又发现了小男孩。记者稍加停顿，好像是很偶然的样子，"随机"找到这个小男孩，但她的动作太生硬，明眼人一看就知道是怎么回事……于是，小男孩开始接受采访……然后，观众就看到CCTV一手导演的现场报道了。而炊事员面对记者的回答简直就是在背书。

基于以上揭露，我们就不难理解，为什么部分央视记者在宣传文化的熏陶下自觉或不自觉地形成的报道风格。这种导演其实是官媒的一个痼疾，往往远比一则具体的假新闻危害更烈，因为它导致的后果是宏观图景失真扭曲和受众整体误读误判。

案例二 皮卡等待爆炸还是媒体制造爆炸？

在美国，商业电视的黄金时代是20世纪60—90年代，三大电视网即全国广播公司（NBC）、哥伦比亚广播公司（CBS）和美国广播公司（ABC）交相辉映，三足鼎立。为了争夺收视率，它们不但有各自的大牌明星主播，还先后创办新闻杂志型节目，它们以调查性报道为主打。最早问世的此类深度节目是CBS于1968年9月开拓的《60分钟》，1979年1月又推出《CBS新闻周日早间》；ABC在1978年6月和1979年8月分别推出了《20/20》和《黄金时间直播》（现名《黄金时间》）；NBC则迟至1992年3月31日才创办《日界线》（*Dateline*）。

1992年11月17日，总时长60分钟的《日界线》播出了一则18分钟的调查性报道"等待爆炸"，内容是通用汽车公司（GM）出产的两侧各挂一个油箱的雪佛兰GMC型皮卡的设计缺陷。报道以一位名叫香农·莫斯利的17岁男孩的故事开头，一名执法者描述了香农死于火灾前的尖叫声。在节目另一部分，一位22岁的妈妈在哭泣，她的两个女孩死于类似的事故。她说，她仿佛能听到大火吞噬皮卡时孩子的叫声。节目以一辆空载皮卡遭侧面撞击后安装在侧部的油箱立刻爆炸起火的画面收尾，称之为"一项非科学的展示"。该报道还呈现了触目惊心的静态图片，展现从车祸现场拉出的烧焦尸体。还有针对通用汽车公司皮卡设计提起的许多诉讼的法庭文件，以及独立的汽车安全专家和一位通用汽车公司前工程师的录像证言。他们都说该公司一直知道那个设计缺陷，但是却选择了不作为。已有300多人死于这一型号皮卡的撞车事故（见图6-1）。

图6-1 "等待爆炸"视频截图

NBC并没有告知观众，在其展示中油箱装得满满的，而油箱盖的尺寸不合适。NBC没有告知观众，为了捕捉到结尾的那一组画面，受雇于该电视网的那个独立测试机构在受测皮卡上安装了"起火装置"，这样，在试验中即便油箱没有爆炸，或者没有发生漏油，汽车也会着火。"起火装置"是遥控的，撞击之前会预先受到刺激。即便有了这附加

It was advocacy，stupid

的起火装置，两辆受测试车辆中也只有一辆在恰当的时候爆炸，而大火几乎立刻就熄灭了。NBC 没有告知观众，那辆去撞击皮卡的旧轿车中有一根装错了的电线实际上已经冒火星，所以即便不撞击也会起火。NBC 也没有告知观众它估计的撞车时速。该报道播出不到两个月后的 1993 年 2 月 5 日，在一起围绕该型皮卡设计缺陷的非正常死亡诉讼中，亚特兰大的一个陪审团裁决通用汽车公司向莫斯利的父母支付 1.01 亿美元惩罚性损害赔偿金，而并没有提及 NBC 的节目。2 月 8 日，通用汽车公司针对该电视网提起了诽谤诉讼，其中指控该电视网导演了结尾的那段录像。在一次前所未有的行动中，女主播简・波利宣读了一份 3 分 30 秒的致观众道歉声明，宣布撤回《日界线》的那则报道，承认该电视网播出的那段结尾录像是经过导演的。这样，该诉讼便以和解的方式止息。NBC 和通用汽车公司的较量最终导致电视网新闻总监迈克尔・加特纳（Michael Gartner）的辞职和执行制片人杰夫・戴蒙德、高级制片人戴维・拉梅尔、肇事节目制片人罗伯特・里德被解聘。从 20 世纪 90 年代到 21 世纪初，NBC 的声誉在一系列麻烦中迭遭打击，皮卡事件是其中最沉重的一次。①

案例三 刘翔伦敦奥运会退赛与电视直播预案

北京时间 2008 年 8 月 18 日 11 时 50 分，刘翔因伤退出了北京奥运会 100 米栏比赛。4 年后的 2012 年 8 月 7 日伦敦奥运会上，被期待再创佳绩的刘翔再次中途退赛，引起电视机前观看直播的无数国人的一阵唏嘘。半个月后的 8 月 23 日，南京日报报业集团和南京地铁“联合打造”的《东方卫报》在头版踢爆一则内幕，早在刘翔出战奥运预赛之前，有关方面已经知道刘翔伤势非常严重，难以跑毕全程，但对实地转播的中央电视台记者下达“封口令”。报道称，在伦敦奥运现场的央视记者杨健在刘翔摔倒之后的含泪解说，原来都是事前策划好的一台戏，愚弄了 13 亿人民（见图 6-2）。

报道引述消息人士指出，在中央电视台 8 月 22 日在北京召开了奥运报道研讨会，会上央视首次揭露了刘翔退赛，以及杨健含泪解说的幕后故事。有香港传媒引述央视派驻伦敦奥运采访组的一名高级编辑指出，封口令是在 8 月 3 日刘翔抵达伦敦的第一天就下达了。有关报道引起网民一片责难之声，声称继 4 年前刘翔因伤退出奥运之后，13 亿国人又再一次被欺骗和愚弄了。

央视解说员杨健哽咽解说刘翔受伤退赛

① 参见 http://en.wikipedia.org/wiki/Dateline_NBC。1938 年出生的加特纳原来是报界名人，历任多家美国名报和报业公司主管。1988—1993 年任 NBC 新闻总监。1993 年，他回到家乡小镇艾奥瓦州埃姆斯任《每日论坛报》主编兼业主，1997 年获普利策社论写作奖。本教材第八讲还会提到他。

东方卫报
七月初七
今日A叠32版
njdfwb
央视奥运总结会透露，赛前得知刘翔伤情严重准备四种预案——
刘翔知道、央视知道、领导知道
只有观众在傻等见证奇迹的时刻
A3
江宁东麒路上谁管管渣土车?
A10

图 6-2 《东方卫报》截图

报道引述央视解说组组长沙桐在央视奥运报道研讨会的总结发言说，评述员杨健在刘翔出赛之前，已经知道他脚伤严重、“很难跑完全程”的消息。沙桐续称，他接到来自杨健提供的消息后，便向副总编辑李挺上报事件，并将上面的指示传达给杨健，当时身处伦敦的杨健随即为刘翔准备了 4 套评述预案。报道透露，4 套方案包括刘翔中途受伤不能完成比赛、完成比赛但无法晋级、晋级后在半决赛出局及在赛道上无法起步。沙桐称，但当刘翔一跨即倒后，杨健要在直播时哽咽评述，就是预案的其中一部分。①

也有媒体引述在伦敦采访的记者指出，刘翔比赛前曾有领导准备入场，现场观战，但中国奥运代表团的负责人却突然向这名官员建议，不要入场观看刘翔的比赛，估计是已经知道他不能完成比赛的消息。有香港传媒查阅资料发现，国家体育总局局长刘鹏当时身在伦敦，他可能事前获知刘翔退赛的有关信息，被建议不需要入场为刘翔打气。

这条消息在社交媒体上炸开了锅，到见报当天下午，新浪微博相关信息达到 3800 万条，其中很多都指责央视故意蒙骗观众。不少内地民众上网寻找当日央视的片段，均无法开启。但有民众在回忆当日杨健的评述时称：“听上去更像是他早就知道刘翔的伤势，提前准备好了讲稿!”在起跑前，杨健反复强调刘翔的脚伤，“在之前的热身中刘翔只是进行了慢跑，没有完整的冲刺加速动作，不知道他的身体状态究竟如何”，“我们已经不敢奢望刘翔还和以前一样完美，但希望他能跑出自己最好的状态”。

报道引述当日杨健的评述，似乎完全符合赛前的其中一个预案：当起跑枪声响起，刘翔冲出去，杨健的评述声音也变得高亢，刘翔一跨即倒后，他没有停止评述，即时变换说话频率、改以略带悲情、语带哽咽地说着：“29 岁的老将了，确实该歇歇了……这是我今天想到的最坏的结果……一个运动员如果脚不好，就像一个战士手里没有枪……”再次被蒙的网民纷纷对央视和刘翔策划的这场戏感到愤怒，“早就说过有预谋……国民善心都被欺骗!”而刘翔则被抨击：“两届奥运都在糊弄中国人，13 亿人都被忽悠，可恨!”

① 参见《刘翔知道、领导知道、央视知道只有观众在傻等见证奇迹的时刻》，载《东方卫报》，2012-08-23。

此前央视还在8月10日《共同关注》节目播出的刘翔伤腿画面发生了左右腿被挪位的事件：他伤在右腿，打了绷带，央视新闻“刘翔脚踝手术非常成功”的画面上却被调换成了左腿。新闻播出后，有网友立刻找出刘翔受伤时的图片进行对比，发现央视的镜头中刘翔的T恤胸前文字和发型都左右颠倒，显然是使用了PS镜像处理。《共同关注》官方微博11日致歉说：“8月10日《共同关注》节目中，演播室背景屏刘翔治疗图片出现错误。错误原因是制作人员为使图片关键信息不被主持人和手语翻译遮挡，将该图片做了水平翻转处理，此处理使刘翔受伤位置发生错误呈现，播出后使一些观众和网友产生困惑和误解，栏目组对此深表歉意。”（见图6-3）①

图6-3 《共同观注》直播画面

央视的解释更激怒了网民，因为图片的“水平翻转处理”明明就是造假，却仍然为自己开脱，认为对图片做手脚是为了对观众的视觉负责。有网民这样评论：“有你这么恶搞全国人民的吗？CCTV竟然放错照片，也就是说，你们早就准备好的假摔，照片也准备好了。只是因为这是撒谎，你准备的左脚，结果给电视台你右脚的照片。记住，如果是真伤，这是不可能乌龙的，不可能出错的。老天在罚你，人在做，天在看。”还有网民分析说：“搞得这么悲催只能证明输不起，明明仅仅是一场竞赛游戏而已。谁都明白，在巨大的政绩诉求和商业利益面前，刘翔自己无法选择，而且绝对承受不起，他仅仅只是一个被用来作秀和赚钱的棋子！人们完全可以接受运动员的比赛失败，但是绝不会接受一场事先铺垫好的闹剧！”②

《焦点访谈》曝光谷歌传播色情和低俗信息

隐 瞒

案例一 《焦点访谈》“访谈”自己实习生

央视《焦点访谈》曾经是中国新闻界开展舆论监督的一面旗帜，在上世纪90年代

① 《央视搞错刘翔伤腿 左右不分激怒网友》，载《扬子晚报》，2012-08-12。
② http://v.2012.163.com/video/2012/8/6/R/V87LF7O6R.html.

曾经被朱镕基总理期待成为“政府镜鉴……”然而，它也是中国转型社会中一个复杂的多面体，承载着其他功能和任务，其制作标准和水平也并不一致，自 2005 年起舆论监督题材大量减少，过去可能出现在《新闻联播》中的题材有不少作为节目选题而延伸。

2009 年 6 月 18 日播出的一期《焦点访谈》中，一名大学生在接受采访时痛斥了他所指称的谷歌中国链接色情信息的行为。这个名叫高也的大四男生说：“我觉得这个黄色啊什么淫秽信息在网上那个毒害特别大，特别是经过一些像 Google 这样的链接，那种毒害特别大。就是我一个同学，他以前，就比较好奇这些东西，他就去点击黄色网站，搞得那段时间心神不宁。后来国家打击淫秽黄色网站，他就没上，那段时间好了。结果后来他又发现，通过 Google 这些用户比较多的搜索引擎可以打开这些网址。然后又进入了这些黄色网站，链接特别多，导致又反复了。”（见图 6-4）

图 6-4　高也

随后有网友人肉搜索发现，2006 年进入中南财经政法大学的高也是重庆人，已经离开学校到央视实习，这是高也在他的新浪博客日志上透露的，不过博客日志已经被本人删除。在百度贴吧的高也吧，高也做了一个声明，里面有一句“记者让我怎么说我就怎么说啦”。《焦点访谈》采访自己的实习生，这一被人肉搜索出来的高也真实身份让《焦点访谈》很尴尬。一时间“《焦点访谈》造假、采访内部员工”之类的帖子和视频传遍网络，“心神不宁”成了热门网络问候语。有网民评论：“曾几何时，焦点访谈何其辉煌……我真为你悲哀！”甚至有网民为高也制作了“说谎证”：“兹证明高也同学在说谎行业表现一贯镇静，是 CCTV 不可多得的人才。特发此证，以资证明。”但央视对外界指责的隐瞒受访对象身份和存在导演设计的行为一直不予回应。

有网民还特别提到另一个涉嫌主题先行安排采访的事件：“去年张殊凡小萝莉的‘很黄很暴力’仍历历在目”。2007 年 12 月 17 日的《新闻联播》节目播出一段抨击“不良网络视听节目”的报道，其中采访北京某学校 13 岁的张殊凡时，这位女学生对着摄像头说道：“上次我上网查资料，忽然蹦出一个网页，很黄很暴力，我马上把它给关了。”此新闻一经播出，激起网民诸多反映。舆论焦点质疑张殊凡的言论是出于这个未成年人的真实经历和意愿表达，还是张殊凡被央视记者诱导才背诵“台词”。“很黄很暴力”和“心神不宁”成为网络流行语，引出人们对央视新闻制作和内容真实性的怀疑。有网民调侃说：“相比于张殊凡，高也算是成人了，那么说的话想必不是被‘引导’的吧。然而奇怪的，这位很纯洁的大学生，本人没上过黄网，又如何知道别人看了黄网的反应是——‘心神不宁’呢？做人，不能太高也！”

案例二　隐瞒苏联大饥荒的英国籍记者身后事

沃尔特·杜兰蒂 1884 年生于英国利物浦，1922—1936 年任《纽约时报》莫斯科分社社长。他于 1929 年独家采访了斯大林，并由于对苏联五年计划的报道而获得 1932 年普利策通信奖，达到了事业的顶峰。十月革命后，西方世界与苏维埃政权断绝了关系。《纽约时报》是最早主张美国应与苏联建交的少数美国报纸，并早在1933年11月两国建交之前就积极物色驻苏联记者。大学毕业后，杜兰蒂迁居巴黎，一战中成为记者。1919年因报道巴黎和会而崭露头角，然后前往新近独立的波罗的海国家拉脱维亚。杜兰蒂1921年来到苏联，并娶了俄罗斯姑娘为妻（一说是情妇）。他在1922—1941年间常驻苏联，任《纽约时报》莫斯科分社社长到1936年，其间在1924年的一次火车事故中左腿受伤并被截肢。

根据现已解密的资料和其他消息来源，苏联大饥荒死亡人数惊人，仅在1932—1933年间就有500万—700万人饿死[①]，其中当年的乌克兰、白俄罗斯和哈萨克三个加盟共和国是重灾区。乌克兰又是重中之重，有来源称有多达700万人饿死。[②] 另有说法称，1931—1933年期间，苏维埃乌克兰和俄罗斯共饿死2000万人，其中乌克兰1000万人（占当时乌克兰总人数的25%），俄罗斯1000万人。这个问题争论了将近60年，乌克兰1991年独立后认为1932—1933年大饥荒是苏联对乌克兰人的种族灭绝。2003年11月，联合国承认前苏联的大饥荒。乌克兰方面确信，如果没有大饥荒，那么乌克兰总人口将是目前的两倍，即一亿人。乌克兰政府将每年11月23日定为饥荒纪念日和种族镇压纪念日。2007年，俄罗斯总理普京与乌克兰总统尤先科终于在莫斯科与基辅分别向全世界宣布当年大饥荒的真相。根据俄罗斯2011年出版的《苏联的饥荒（1929—1934）》第一卷，斯大林在1930—1933年向西欧出口谷物1200万吨，用"白骨"换回4.421亿卢布，而1932年一年的出口量就能养活700万人。[③]

而经历了大饥荒全过程的杜兰蒂这样写道，"俄国人在挨饿，但没有饿死"（1933年3月31日《纽约时报》）；"乌克兰根本未发生饥荒，而且也不可能发生"。他又在8月23日的报纸上说，"今天任何有关俄国饥荒的报道都是夸大其词或恶意宣传。然而，食物短缺去年影响了全部人口，而特别是在产粮区——乌克兰、北高加索、下伏尔加——导致了严重的生命损失。"但是杜兰蒂却向英国驻莫斯科大使馆一位外交官坦陈："在过去的一年中，全苏联很可能有高达1000万人直接或间接死于饥荒，其中乌克兰有数百万人。"对此，1932年在苏联采访报道大饥荒的英国《曼彻斯特卫报》记者马尔科姆·马格里奇（Malcolm Muggeridge）说，杜兰蒂是"我所知道的最大骗子"。1990年出版的杜兰蒂传记《斯大林的辩护士》的作者萨利·J·泰勒认为，杜兰蒂的报道是1933年初上台的富兰克林·罗斯福总统决定与苏联建交的关键因素。[④]

这就难怪在苏联解体后，乌克兰国会和许多国家的乌克兰人社团对普利策奖委员会发出呼吁，要求其撤销杜兰蒂的奖项。他们称，杜兰蒂为了讨好斯大林政府，故意在报

① 参见李玉贞：《档案记载的苏联饥荒（1929—1934）》，载《炎黄春秋》，2013（1），93页。
② 参见王彬彬：《乌克兰大饥荒：700万人饿死惨剧怎酿成》，载《南方都市报》，2011-01-18。
③ 参见李玉贞：《档案记载的苏联饥荒（1929—1934）》，载《炎黄春秋》，2013（1），91页。
④ 参见 http：//en. wikipedia. org/wiki/Walter _ Duranty。

道中向外界隐瞒了这次饥荒。到 2003 年初，普利策奖委员会收到 1.5 万张投诉杜兰蒂的明信片以及数以千计的信件和电子邮件。而早在 1990 年，普利策奖评选委员会就曾对杜兰蒂的获奖情况进行过调查，最后决定保留杜兰蒂的奖项，理由是“该奖是在一个不同的年代、不同的情形下颁发的”。迫于压力，普利策奖委员会一个下属委员会从 2003 年 4 月起对杜兰蒂的获奖情况进行重新评估。《纽约时报》也发表声明说，杜兰蒂的文章是“本报发表的最糟糕的报道之一”。《纽约时报》在其陈列室中杜兰蒂的普利策奖证书之下特意写道：“《纽约时报》及其他媒体的记者都不认可他的报道。”

乌克兰纪念 70 年前大饥荒　数百万人饿死系人为

案例三 “IPO 有偿沉默”

首次公开发行新股（initial public offerings，缩写 IPO）是指股份公司根据《证券法》的规定公开发行新股。通常，上市公司的股份是根据向相应证券会出具的招股书或登记声明中约定的条款通过经纪商或做市商进行销售。一般来说，一旦首次公开上市完成后，这家公司就可以申请到证券交易所或报价系统挂牌交易。根据证券法第十三条，公司公开发行新股，应当符合下列条件：(1) 具备健全且运行良好的组织机构；(2) 具有持续盈利能力，财务状况良好；(3) 最近三年财务会计文件无虚假记载，无其他重大违法行为；(4) 经国务院批准的国务院证券监督管理机构规定的其他条件。企业首发新股往往创造一夜暴富的神话，创始人身家往往翻数倍至数百倍，这成为各种机构眼中的“肥肉”。①

据财新《新世纪》周刊记者陆媛 2012 年 6 月报道，部分媒体的有偿沉默，已成为 IPO 过程中的一个普遍现象，形成了一条每年数十亿元规模的灰色产业链，原因在于媒体在其间的强大传播中介功能。在申请 IPO 的企业中，为了避免因负面信息而审核不通过，各企业竭力控制负面信息。企业花费高昂公关费用，换得媒体不再追踪报道。在这一灰色的利益链条上，一些媒体和中介机构乘虚而入，分得一杯羹。一位证监会官员认为，“创业板上市企业花费的此类额外费用平均为 600 万元左右，大多不能以信息披露的名义计入发行费用。这对每年净利润只有一两千万元的中小企业是不小的负担”。这是一些中小企业上市后第一年业绩难看的原因之一。一家主业为制造业的公司董事秘书道出了心声：“我整天提心吊胆，有的是约采访，我们欢迎。但有的就是以刊发负面报道来敲诈。”②

①② 参见陆媛：《IPO 有偿沉默》，载《新世纪》周刊，2012-06-04。

企业在这样的过程中也学会了应对媒体的经验。证监会规定，企业上市前需要在一家指定的媒体上刊发 IPO 期间的各类公告。目前指定的媒体主要包括《中国证券报》、《上海证券报》、《证券时报》和《证券日报》，网络媒体包括巨潮网。虽然规定在一家媒体刊登公告即可，但现在的行规已经变成了四家证券报全都要投放广告。如果只投一家，另外的几家就可能来敲诈。其他的媒体可以分为两类：一类是正常联系广告，另一类是威胁不给广告就会刊登负面报道。如果媒体真的掌握了公司的负面材料，企业只有花钱买沉默。媒体敲诈的数额不菲，动辄 10 万、20 万的。如果在哪家报纸上投放 10 万元广告，对公司的负面报道仅发表在该报的纸媒上，不上网络版；20 万元，纸媒和网络媒体都不刊发。①

媒体和企业之间的黑箱交易有时通过财经公关进行。财经公关的主要任务就是帮助企业消灭负面报道。一位财经公关公司高管无奈地认为：一些小公关公司和媒体合作敲诈客户，被叫做“黑公关”。现在环境很乱，他们也很无奈。拟上市公司一般会向财经公关公司支付 15 万元到 40 万元不等的顾问费，主要是培训如何应对媒体提问。而财经公关和媒体之间的身份经常是混淆不清的，有些财经公关公司既当“媒体”，又当“公关”。某财经公关公司用新注册的公司拿到了若干家媒体的广告代理权和运营权，并影响采编内容，之后就与媒体配合要求客户投广告。如果企业不同意，媒体就要刊登负面报道，企业只好付出更高的价钱来“灭火”。②

更让人们吃惊的是，企业要花费巨额在要求媒体去撤稿或删帖上。③ 抹平负面新闻甚至要最终花到 1000 多万元。财经公关公司会事先跟企业强调，投放广告并不意味着没有负面报道。在负面报道出现后，要和媒体采编部门沟通。因为有财经公关公司做中介，一些市场化媒体，虽然广告经营与采编部门相对分离，也无法控制采编部门变相敲诈勒索。一位公司董事秘书给出了企业支付给媒体的相关数据，影响比较大的主流媒体 10 家，每家 20 万元，共 200 万元；影响力不那么大的媒体 10 家，每家 10 万元。300 万元就这么没了。一些在证券圈内知名的主流媒体名字跃然出现在董事秘书出示的协议上。除了第一轮、第二轮媒体公关，还有第三轮以门户网站、搜索网站为主的网络媒体公关。网络媒体多有专门的价码。④

另据《深圳商报》报道，某投行总经理称，其麾下有十几家正在排队等待上会和已经过会的首发公司，这些公司的有偿沉默费用高达 2000 万元，已经超过了证券公司的承销费用。公关公司业内人士称，对上市公司的负面报道多数还是有根据的，这也是为什么很少有被报道的上市公司敢于诉诸法律的原因。主要问题还是上市公司自己不干净，

①② 参见陆媛：《IPO 有偿沉默》，载《新世纪》周刊，2012（22）。

③ 2013 年 2 月 18 日，财新《新世纪》周刊又发表万言长文《删帖生意》，记者通过调查一家名为雅歌时代的公司，挖掘出了一条由公关公司、门户网站中高层联手操纵的庞大删帖产业链。文章称，删一条负面新闻需要几千上万元，屏蔽关键词业务收费多达百万元之巨，要求删帖的客户既有企业，也有政府官员。调查发现，2011 年一年雅歌时代的毛利就高达 5000 万元，其中一半的收入来源于二三线城市的官员。然而，仅仅两天之后这篇特稿已经从财新网上删除，显示“页面没有找到”。但财新网授权《纽约时报中文网》转载了该文。

④ 参见陆媛：《IPO 有偿沉默》，载《新世纪》周刊，2012（22）。

上市的诱惑太大了，为了争得这个利益，相当部分上市公司都有粉饰业绩、包装上市的倾向，程度不同而已。为了消除一切对公司上市不利的消息，拟 IPO 公司就要找公关公司做工作。公关公司主要盯住与上市关系最密切的几家媒体，以登广告、做特刊宣传等手段输送利益。其他媒体如果有负面报道，也会在第一时间赶去“灭火”。不仅传统媒体，互联网也是公关公司要“灭火”的地盘。公关公司的一个重要的任务就是每天通过搜索引擎发现负面报道，如果有，就及时跟搜索服务公司联系删帖，让读者搜索不到。对发了原始帖的网站，如果能买通网管删帖最好，如果不能，就主要在搜索网站封堵。①

根据记者掌握的材料，“IPO 有偿沉默”已经蔓延到北京、上海、广州、深圳的多家财经类报纸。这种媒体监督“滥用症”深为市场人士所诟病，也引发了证监会高层的关注。中国证监会前主席郭树清就此事曾做出批示：这种现象应被谴责，并应被记入诚信档案，严重者要追究其法律责任。但是不少业界人士怀疑，这个难题目前可能仍“无解”。一位知名财经公关人士说：“这是一个公开的秘密，追究起来可以入刑，但无人追究。”其原因比较复杂，但是它不属于记者的个人行为，很难像一般的“封口费”形式的敲诈勒索那样被追究法律责任，而且相关上市公司也不大愿意透露和举报详情。

《IPO 有偿沉默》引发的反响超过预期，6 月 4 日的报道刊发后一周内陆媛接到了上百个来自上市公司、证券公司、监管者、媒体、财经公关公司等机构和个人的电话。无论喜怒，无一例外都很激动，说终于等到有人说出了“皇帝没穿新衣”。然后他们就引发该现象的社会现状、文化根源、监管体制、人性善恶而争论一番，又因为无解而悲观，看不到希望，觉得这种现象不会改观。一家知名证券报的中层管理者告诉财新记者，“以前的惯例是我们收拟上市公司信息披露费或者广告费之前，都要写一篇有关这家拟上市公司的‘监督稿’，就是所谓负面报道。但现在，我们领导说，就不写监督稿了吧，否则有敲诈嫌疑。”他也承认，目前格局不会有大幅度改变，“我们也要生存”。②

2012 年 7 月 31 日，证监会发布《证券期货市场诚信监督管理暂行办法》，自 2012 年 9 月起正式施行。其中提及，如果部分市场主体发布与事实明显不符的资本市场相关评论信息，扰乱市场秩序，证监会及派出机构可以向其出具诚信关注函，记入诚信档案，并可向其所在工作单位、所属主管部门或者行业自律组织通报。财新传媒认为，他律虽至，但媒体应以自律为先。

传统文化中的真话观

大多数传统的道德体系都有某种说谎禁令。孔子说：“自古皆有死，民无信不立。”

① 参见傅盛宁：《封口费：从源头毒害资本市场》，载《深圳商报》，2012-09-25。
② 参见陆媛：《IPO 报道潜规则：曝光的力量》，载《新世纪》周刊，2012-06-20。

孟子说："车无辕不行，人无信不立。"墨子说："诚信者，天下之结也。""言不信者，行不果。"韩非子说："小信诚则大信立。"在犹太教—基督教道德中，"勿作伪证"的戒律明确表示，说谎是错误的。其他大多数道德体系也都至少有一条针对说谎的一般禁令，尽管它们允许有例外。①

"知识即美德"、追求真理与讲述真相

真善美

真善美的排序中，真是第一位的，高于善和美。

根据古希腊的传统，追求德行和真善美的核心是求知和求真。苏格拉底把哲学定义为"爱智慧"，而有智慧的前提是有知识。他的一个重要观点是：自己知道自己无知。他关于人当"自知无知"的教导，成了激发和推动人追求真知与批判不真不善、伪真伪善的强大力量。而在真善美的排序中，真是第一位的，高于善和美。这与中国传统伦理学中将"道"（道理、道统、原理）放在首位、将"信"放在儒家"五常"即"仁义礼智信"的末位截然不同。亚里士多德说："欺骗本身是卑鄙的和应当受惩罚的，真诚是高贵的和值得赞赏的。"②

据亚里士多德记载，苏格拉底放弃了对自然世界的研究，想在伦理问题上求得普遍真理，开始为事物寻求定义。他在2000多年前就提出了"知识即美德"的命题，认为一个人要有道德就必须有道德的知识，一切不道德的行为都是无知的结果。人们只有摆脱物欲的诱惑和后天经验的局限，获得概念的知识，才会有智慧、勇敢、节制和正义等美德。他反对智者们的相对主义，认为"意见"可以有各种各样，"真理"却只能有一个；"意见"可以随个人以及其他条件而变化，"真理"却是永恒的，不变的。③

苏格拉底给予现代新闻学、传播学和大众媒体的日常实践以巨大的启示：第一，在英文中"真理"和"真相"是同一个词汇，"求真"在新闻事业中就是"讲述真相"，这成为新闻工作者的天职。第二，真理和真相具有唯一性，而人们的观点则应该是多元的。这就对应了英国报人C. P. 斯科特在1921年纪念《卫报》创办100年和他本人主编该报50年时说的一句名言："评论是自由的，但事实是神圣的。"（"Comment is free, but facts are sacred."）▮ 观点不能强求一致，事实的准确严肃却不容置疑和歪曲，这正是新闻客观性原理中的核心观点，不仅指导着新闻和媒体实

① 参见〔美〕雅克·P·蒂洛、基思·W·克拉斯曼：《伦理学与生活》，程立显、刘建等译，北京：世界图书出版公司，2008，152页。

② 参见〔英〕卡伦·桑德斯：《道德与新闻》，洪伟等译，上海：复旦大学出版社，2007，56页。

③ 参见云牧心：《每天读点世界历史》，北京：海潮出版社，2010，5页。

④ "Comment is free, but fats are saued," http: //www. guardian. co. uk /commentisfree /2002 /nov /29 /1, 2002-11-29.

践，而且成为媒体职业伦理道德的一部分。

各大宗教以撒谎为戒律

说真话（讲述真相）的理念深深植根于大多数不同的文化传统中。世界上所有的宗教都规劝其信众诚实无欺，并将撒谎列为应戒除的恶行。

佛教：佛教将撒谎称为妄语。妄语又作故妄语、虚妄语、虚诳语、妄言、妄舌、虚伪、欺，特指以欺人为目的而作之虚妄语。妄语戒为五戒、六法、十戒之一。五戒即：不杀生、不偷盗、不邪淫、不妄语、不饮酒。印度其他宗教亦有类似之五戒，如古代婆罗门教的《摩奴法典》举不杀生、不妄语、不偷盗、梵行（不淫）、不贪嗔五者；耆那教则举不杀生、不妄语、不偷盗、不邪淫、离欲等五戒。

妄语

特指以欺人为目的而作之虚妄语。

十戒源于五戒，内容包括“身三”、“口四”和“意三”。“身三”即不杀生、不偷盗、不邪淫；“口四”即不两舌（两舌指搬弄是非，离间他人）、不恶口、不妄言、不绮语（绮语即花言巧语）；“意三”即不贪欲、不嗔恚（嗔恚即愤怒）、不邪见。可以看出“口四”中除了妄言，两舌和绮语中也有谎言的成分。八正道中的“正语”，即指说话要符合佛陀的教导，不说妄语、绮语、恶口、两舌等违背佛陀教导的话。

犹太教和基督教：将世界的混乱归咎于欺骗，认为上帝是真理的源头，是那位“无谎言的上帝”（《提多书》1：2）。上帝决不能说谎（《希伯来书》6：18）；上帝不是人，必不致说谎（《民数记》23：19）。换句话说，谎话不是来自上帝的。相反，谎言出自魔鬼。主耶稣指魔鬼“从起初是杀人的，不守真理……他说谎是出于自己，因他本来是说谎的，也是说谎之人的父”（《约翰福音》8：44）。意思是说魔鬼说谎是没有外在原因的，完全是出于他的本性。

它们共同尊奉的《摩西十诫》的第九诫是：不可做假见证陷害人。此诫有两个要点：（1）不可做假见证（即撒谎）；（2）不可陷害人（撒谎的动机）。《圣经》启示真理，教导人不可说谎。《马太福音》中耶稣基督对人讲的四大戒律就是“杀、盗、淫、做假见证”。《圣经》中还有大量将谎言列为戒律的记述：

> 你们不可偷盗，不可欺骗，也不可彼此说谎（《利未记》19：11）。
>
> 说谎言的，你必灭绝；好流人血弄诡诈的，都为耶和华所憎恶（《诗篇》5：6）。
>
> 耶和华所恨恶的有六样，连他心所憎恶的共有七样，就是高傲的眼，撒谎的舌，流无辜人血的手，图谋恶计的心，飞跑行恶的脚，吐谎言的假见证，并弟兄中布散纷争的人（《箴言》6：16～19）。

说谎言的嘴，为耶和华所憎恶；行事诚实的，为他所喜悦（《箴言》12：22）。

所以你们要弃绝谎言，各人与邻舍说实话，因为我们是互相为肢体（《以弗所书》4：25）。

不要彼此说谎，因你们已经脱去旧人和旧人的行为（《歌罗西书》3：9）。

惟有胆怯的，不信的，可憎的，杀人的，淫乱的，行邪术的，拜偶像的，和一切说谎话的，他们的分就在烧着硫磺的火湖里，这是第二次的死（《启示录》21：8）。

你们的话，是，就说是，不是，就说不是。若再多说，就是出于那恶者（《马太福音》5：37）。

伊斯兰教：伊斯兰教也特别鄙视谎言。“最不义的人，是假借安拉名义编造谎言，并妄言。”① 伊斯兰命人诚实，禁止说谎。“安拉说：‘信道的人啊，你们当敬畏安拉，当与诚实的人在一起’。”（《古兰经》9：119）“你们不要隐讳见证，谁隐讳见证，谁的心确是有罪的。安拉是全知你们的行为的。”（《古兰经》2：283）“故你们应当避开污秽及偶像，应当永离妄语……”（《古兰经》22：30）。

许多穆斯林圣训禁止人们骗人，鼓励人们诚实。《穆斯林圣训集》称：“相信安拉和末日的人们，要么说良言要么保持沉默。”《布哈里圣训实录》称：“你们应当诚实为人，的确，诚实导人于正道，而正道导人于乐园。一个坚持说实话的人，最终被记录为诚实者；你们应当谨防谎言，的确，说谎导人于邪恶，而邪恶导人于火狱。一个人不断地说谎，最终在安拉那里他被记录为一个说谎的人。”②

佛教小妄语即“善意的谎言”？

佛教对妄语进行了三分：妄语分三种：一般的妄语，大妄语，上人法妄语。一般的妄语是为了欺骗别人所说的谎话；大妄语是违背真相、违背真理的谎话，比如说没有六道轮回、没有因果、佛没有圆满的功德这些特别大的谎话。自己没有修行到的境界却说修到了，自己没有神通却说有神通，这些谎话是上人法妄语。③

另一种对妄语的三分法是：妄语分大妄语、小妄语、方便妄语。重的大妄语有三种：（1）诽谤佛法僧三宝；（2）未证言证；（3）做假见证。未证言证，是指一个佛道修行人，明明没有证得某个果位，却说自己证到了；或者明明没有某种神通，却说自己有；其目的是为了让人崇拜他，得到丰厚的供养。这是一种严重损害佛教的行为。未证言证也可以说是做假见证的一部分。在佛教界做假见证，比如说明明没有见到或经历到某种神迹，却说见到了，经历到了，虽然目的可能是为了使他人对佛教生起信心，但仍然绝对不可以，还是犯重戒。▮

① 〔阿拉伯〕伊本·凯西尔：《古兰经注》，孔德军译，北京：中国社会科学出版社，2010。

② 《诚实的重要性及回报》，http：//www. islamreligion. com/cn/articles/1669/2009-12-07。

③ 参见 http：//www. dymf. cn/Article/dayuanmanfa/shshwj/2007-08-01/679_5. html。

④ 参见 http：//baike. baidu. com/view/770127. htm。

小妄语指一般生活中因利害关系而说谎。也有人认为，不是以大妄语欺骗人，其余的一切欺诳，都属于小妄语。还包括两舌、恶口、绮语等。实际上芸芸众生，最难戒的是绮语。[①] 犯大妄语与小妄语之差别是：如果说大妄语，那就不可忏悔，就是所谓的破戒；说小妄语则犯可悔罪。[②]

方便妄语的程度最轻。[③] 有人认为，方便妄语是为了救度众生而方便说妄语，非本着图己名利的恶心，所以不算犯戒。虽然妄语为“十恶”之一，是以欺骗他人为目的所使用的不实之语；方便妄语为引导利益众生的方法与手段，方是正确的道理，便是巧妙的言辞。妄语和方便语绝不可以混为一谈。[④] 这种“白马非法”论在逻辑上是自相矛盾的，因为既然承认方便妄语和妄语是种属关系，那它们就不可能分立。为了解决这一矛盾，有人将方便妄语从妄语中排除出去。

有人进一步解释说，去别人家里，怕麻烦别人，自己没有吃饭，却说吃过了，这叫方便妄语。其目的不是为了伤害和欺骗别人，也不是为了个人的利益，这样的妄语一般来说是没什么妨碍的。戒律里有个案例，说有位老比丘住在山里，某日，一只被猎人追赶的野猪从老比丘面前跑过，当猎人追来询问时，老比丘却指了另外的方向。老比丘的做法完全是出于对野猪的慈悲，虽是说了妄语，却没有罪过。若以菩萨戒来衡量，这样的妄语还有功德。在菩萨戒里，菩萨为了利益众生，可以杀人，可以偷盗，甚至可以邪淫，但我们必须明确它的前提，必须没有丝毫的利己之心掺杂在其中。[⑤] 如果这样理解的话，只要“慈悲为怀”，就可以犯十恶中的一、二、三恶，那么恶就变成善了？

上帝为什么赐福给妓女喇合？

《圣经》启示真理，教导人不可说谎，但为什么上帝有时却赐福说谎的人，上帝是否容许人说谎？《圣经》里记载了至少两则被肯定的谎言：有希伯来的两个接生妇，一个名叫施弗拉，一个名叫普阿；埃及王对她们说，你们为希伯来妇人接生，看她们临盆的时候，若是男孩，就把他杀了；若是女孩，就让她存活。但是接生妇敬畏神，不照埃及王的吩咐行事，竟让男孩存活。埃及王召了接生妇来，说，“你们为什么做这事，让男孩存活？”接生妇对法老谎称，因为希伯来妇人与埃及妇人不同；希伯来妇人本是健壮的，接生妇还没有到，她们已经生产了。神厚待接生妇。以色列人多起来，极其强盛。接生妇因为敬畏神，神便为她们建立家室（《出埃及记》1：15～21）。

《旧约》中妓女喇合隐藏了两名由乔舒亚派来窥探耶利哥城的以色列探子，及至耶利哥王要她把探子交出来之时，喇合却撒谎说二人已经离去了。她说：“他们是哪里来的我却不知道……他们出去了，往哪里去我却不知道。你们快快地去追赶，就必追上。”（《约

---

① 参见《什么是小妄语?》，http://read.goodweb.cn/news/news_view.asp? newsid=70039。

② 参见《三的五戒》，http://www.xici.net/d65977375.htm2008-02-24。

③ 参见 http://zh.wikipedia.org/wiki/%E4%BA%94%E6%88%92。

④ 参见《妄语与方便语》，http://meining.blog.hexun.com/34105327_d.html，2009-06-22。

⑤ 参见《何为“妄语”》，http://fo.ifeng.com/changshi/200905/0525_22_56135.shtml，2009-05-25。

书亚记》2：3～5）《新约》称赞喇合的信心和她所做的事："妓女喇合因着信，曾和和平平地接待探子，就不与那些不顺从的人一同灭亡。"（《希伯来书》11：31）《新约》又称赞喇合的行为是出于信心："妓女喇合接待使者，又放他们从别的路出去，不也是一样因行为称义吗？"（《雅各书》2：25）

有人解释说，接生妇和喇合都撒了谎。但是，她们撒谎显然不是为了陷害人，而是为了顺服神的旨意，保护神的子民，所以仍蒙上帝赐福。[①] 还有人说，人命攸关，喇合不把两个探子交出来，实在是值得嘉许的勇敢行为。但是，《圣经》从来没有指出说谎是对的事或合理的行为，喇合的例子也不例外。她的谎话，可能是出于情急智生，是她在当时形势之下所采用的方法。她说谎是出于良好的动机、善意的目的，但不足以把谎话美化或合理化。虽然上帝没有责备或惩罚喇合，但并不表示她说谎是对的，更不能以此作为今天说谎的借口。在任何情况下都要说真话、说实话、不撒谎。说谎通常与坏事连在一起，就如诈骗、害人、不法、利己、阴谋等。甚至一些人以为是无伤大雅的谎言，亦可能产生误导或引致不良的后果。因此，信徒不可说谎。不过，在现实生活里，当面对着难以取舍的情况或权衡轻重时，例如为了保障别人的利益和生命安全，又或不想将严重的病情告知患病的家人，信徒也许会选择不说真相、隐瞒事实。这样用心良苦可以理解、应获体谅。但信徒行事为人的准则，是要谨守《圣经》的教导，用爱心说诚实话，弃绝谎言和诡诈。[②]

这一段论证的逻辑颇令人费解。为喇合辩护的理据与佛教中的方便妄语类似，即谎言（妄语）虽然不好，但"善意的谎言"（方便妄语）可以接受，只要有良好的动机、善意的目的就可行；同时又不能合理化谎言。信徒不可说谎，但可以"不说真相、隐瞒事实"，这难道不是一种谎言吗？

以上对佛经和《圣经》有关内容的讨论，让我们既看到了传统宗教文化的久远影响，也认识到了谎言问题的复杂性，以及一些宗教学说中的不尽周延，这对于我们在今天认识经常与谎言相联系的虚假新闻问题的复杂性不无裨益。

为什么新闻真实性是头等道德？

从古至今真相观念的演变

从古代到今天，关于什么是真理和真相，人们的看法已经发生了不小的变化。西方出版自由思想的奠基人约翰·弥尔顿在17世纪中叶提出，在真相逐渐浮现的时候，应当允许不同的真相观念同时存在。弥尔顿的主张是启蒙运动思想的先驱，现代新闻事业则从启蒙运动思想中借鉴了真相观念（见图6-5）。

---

① 参见《不能说谎圣经里怎么说的》，http：//wenwen. soso. com /z /q351722261. htm，2012-02-02。

② 参见《圣经，论说谎》http：//blog. sina. com. cn /s /blog _ 558082230100uyq6. html，2011-12-06。

真相观念的演进	
出处	**真相等于**
古希腊	被记住并流传下去的东西
柏拉图	存在于完美世界的东西
中世纪	国王、教会或上帝所说的话
弥尔顿	来自于“观点的自由市场”的东西
启蒙运动	可以检验、复制并普遍适用的东西
实用主义哲学	通过个人的理解过滤过的东西

图 6-5 真相观念的演进

这种启蒙运动的真相观从根本上巩固了新闻事业的客观性理想。客观性的最简单的定义是：它是一种能让新闻工作者将事实与意见区分开来的机制。客观性是拒绝个人偏见影响他们报道的事实或报道的方法。在这种新闻事业中，所有的事实、所有的人都得到平等看待，并同样值得报道。尽管美国的实用主义思潮、建构主义理论和后现代主义的真相观都否定新闻的客观性，但是从专业的角度来说，似乎无法发展起一个有效的理论来代替启蒙运动的真相观。①

客观性
是一种能让新闻工作者将事实与意见区分开来的机制。

新闻事业以真实性为基本原则

每一种传统职业都坚持拥有一条中心原则。在理想的状态下，人们将法律工作等同于践行正义，将医务工作等同于救死扶伤的责任。新闻事业也有一个崇高理想，那就是讲述真相。

“新闻事业至关重要。新闻工作者为我们画了一幅社会道德的素描，有助于我们认识自己，帮助我们解释这个世界，使世界的途径变得清晰。”② 而从反面来看，“除了结束人的生命之外，说谎、欺骗、背约与偷窃的道德问题，通常均被视为最严重、最不可接受的违背道德的人类行为”③。

2009 年版《中国新闻工作者职业道德准则》写有：“坚持新闻真实性原则。要把真实作为新闻的生命，坚持深入调查研究，报道做到真实、准确、全面、客观”，“报道新闻不夸大不缩小不歪曲事实，不摆布采访报道对象，禁止虚构或制造新闻。刊播新闻报道要署作者的真名”，“摘转其他媒体的报道要把好事实关”，“刊播了失实报道要勇于承担责任，及时更正

① 参见〔美〕菲利普·帕特森、李·威尔金斯：《媒介伦理学：问题与案例》，李青藜译，北京：中国人民大学出版社，2006，21、32 页。

② 〔英〕卡伦·桑德斯：《道德与新闻》，洪伟等译，上海：复旦大学出版社，2007，13 页。

③ 〔美〕雅克·P·蒂洛、基思·W·克拉斯曼：《伦理学与生活》，程立显、刘建等译，北京：世界图书出版公司，2008，250 页。

致歉，消除不良影响”。美国 1996 年版《职业新闻工作者协会伦理规约》声称：“新闻工作者的责任是探究事实真相以及就事件和议题提供公正而全面的报道”，新闻工作者应“根据所有的消息来源来检验信息的准确性”，“杜绝扭曲新闻图片或录像的内容”，“不得重现或导演新闻事件，以避免误导”，“杜绝抄袭剽窃”，“警觉而勇敢地向权势者问责”，“拒绝偏袒广告商和特殊利益集团，抵制它们影响新闻报道的压力”，“承认错误，并及时改正”。

在世界上，一些新闻媒体具有很高的威望，其中新闻报道的诚实可靠和准确可信奠定了这种威望的基础。每一个媒体发达国家都有这样的代表性的媒体，如英国的《泰晤士报》、英国广播公司（BBC），美国的《纽约时报》、《华盛顿邮报》，法国的《世界报》和《费加罗报》，日本的《朝日新闻》和《读卖新闻》等。但是，即便是上述公信力较高的媒体，也难免发生记者、专栏作家等编造假新闻的丑闻。

现代社会的一个滑稽有趣的地方在于，一方面许多国家新闻工作者的公信力在持续下降，一方面媒体职业被认为比以往任何时候都更具魅力。1993 年，英国就公众尊敬的职业进行了一次民意调查，房地产经纪人敬陪末座，倒数第二的新闻工作者则成了他们的“难兄难弟”。[①] 所以，媒体刊播事实是其传播内容获得公众认可的一个标准。事实上，无论什么道德准则，对于新闻工作者，在任何条件下都要陈述事实。语言准确对于大众媒体是前提条件。当然，现代社会无比复杂，充斥迷雾和谎言，从事实出发去挖掘真相往往并不容易。

对导演类和隐瞒类虚假新闻的简要分析

摆拍

导演最早的形式是新闻摄影中的摆拍。电视的出现使这种造假形式更为普遍。

“导演”，最早的形式是新闻摄影中的摆拍，随着电视的崛起，一些媒体和记者对于现场感和决定性瞬间的“捕捉”、对控制成本的考虑以及出于宣传需要，可能不顾新闻工作的底线，而采取摆拍和导演的不道德手法。实际上，摆拍是导演的一种，或者说是它的早期形式。而自从新闻影像出现以来，造假摆拍的质疑声从来没有停止过，而且越是有名的照片，质疑声往往越发洪亮。例如 19 世纪中期的克里米亚战争，英国摄影师罗杰·芬顿的战地照片，让人看不到战争的残酷，而只是士兵们的战地小憩等涉嫌摆拍的安详和谐场景。罗伯特·卡帕的名作《西班牙共和军士兵之死》、乔·罗森塔尔的《国旗插上硫磺岛》、阿尔弗雷德·艾森斯塔特的《胜利之吻》都被指责为摆拍之作。但是，或是由于证据不足，或是由于

① 参见〔英〕卡伦·桑德斯：《道德与新闻》，洪伟等译，上海：复旦大学出版社，2007，1 页。

人们对战争时期新闻真实性的要求不同于和平时期，这些作品仍然被归入大师杰作之列。可是在正常的和平时期，摆拍和导演被视为严重欺骗公众的行为，注重自身形象的媒体通常会对此类行为做出严肃处理。

“隐瞒”，这一类新闻最有可能引发异议。这种不涉及主动欺瞒的行为，是否应该单独归于本章探究的一种造假类别？《穆斯林圣训集》称：“相信安拉和末日的人们，要么说良言要么保持沉默。”《中国新闻工作者职业道德准则》没有述及这一问题，《职业新闻工作者协会伦理规约》也只正面提到“探究与报道事实真相”以及“拒绝偏袒广告商和特殊利益集团，抵制它们影响新闻报道的压力”，而没有指出隐瞒新闻的问题。现实中，我们不时听到身边的人这样的自律准则：“假话一句不说，但是真话不全说。”这种保持沉默对于个人而言不算是低标准的道德要求，但是它适用于受众广泛的媒体吗？我们给出了否定的答案，依据是《伦理学与生活》中对谎言的进一步区分：表达性谎言与隐瞒性谎言。如果说前五类虚假新闻属于表达性谎言，那么隐瞒性谎言“涉及对某些信息的隐而不报，而这些信息对于一项决定、一种关系或人的其他重大活动至关重要”①。而我们这里探讨的隐瞒，主要是指拥有自主权的新闻媒体和记者的政治性包庇和经济性缄口，即能够从事新闻报道，但出于政治利害关系和经济利益考虑，明知发生了严重危害了社会公共利益甚至一个民族的整体利益的事件和现象而三缄其口，装聋作哑。本讲所选的案例，至少有两个属于这样的事关重大的类型。

隐瞒

主要是指拥有自主权的新闻媒体和记者的政治性包庇和经济性缄口，即能够从事新闻报道，但出于政治利害关系和经济利益考虑，明知发生了严重危害了社会公共利益的事件而三缄其口，装聋作哑。

思考题

1. 各大宗教如何看待撒谎？对新闻界避免导演和隐瞒行为的启示是什么？
2. 导演类和隐瞒类虚假新闻各指什么？除了教材中的案例，你还能举出其他相关的案例吗？
3. 很少有著述讨论新闻和媒体道德失范中的隐瞒问题，这个问题是否如本讲中说的那么重要？
4. 结合教材中的案例，谈谈如何理解新闻真实性是新闻事业的头等道德？
5. 英国报人C. P. 斯科特有句名言：“评论是自由的，事实是神圣的。”你是否能认识到在新闻操作中把评论（观点）和新闻（事实）分开的重要性？

---

① 参见〔美〕雅克·P·蒂洛、基思·W·克拉斯曼：《伦理学与生活》，程立显、刘建等译，北京：世界图书出版公司，2008，251页。

Chapter 7

第七讲　悲剧、隐痛与残酷呈现

- 隐私与隐私权保护
- 隐私权法源于商业化报纸的侵扰
- 新媒体时代隐私权的复杂性
- 悲剧、隐痛与侵扰
- 避免二次伤害的可能性
- 对案例的简要分析

在国内外媒介批评和媒体伦理探讨中，无论是针对传统媒体，还是日益强大的新媒体，一个重大和新兴的领域就是如何防止媒体对个人隐私的侵犯。然而这个领域的问题尤为复杂，这首先是因为它经常被认为是道德问题，但有时也是伦理议题，换言之，媒体圈内外和社会各界可能还难以达成共识。其次是因为今天人们的隐私观念虽然日益增强，但对于什么是隐私，什么是伦理道德和法律上的隐私往往认识不清。而又由于法律要求有明确的标准，虽然隐私法历史短暂，但毕竟大体上有章可循，因此国内外学界有共识：讨论媒体与隐私的关系问题常常是从法律上的概念、法律原则和司法实践出发的。

本教材第七讲、第八讲和第九讲探讨的案例和问题经常与隐私有关，但是各自都有一个特定的主题，并且不限于隐私问题。急剧转型的中国社会又出现了一种特殊的复杂性，那就是一方面是隐私观念的空前增强，一方面是人们越来越多地主动公开隐私，人们从过往的羞于和不善于公开个人情况，转变为一部分个体愿意借助商业化的大众传媒公开个人隐私。像《非诚勿扰》这类非常火爆的节目，以及一些电台的热线和法制节目，常常依靠的就是这种个人的隐私出让。对于主动公开隐私的现象，我们一般不做探讨。

根据其性质和社会反响，我们对上述涉及隐私的问题分别作为道德、伦理以及道德与伦理交织问题加以区别对待。在本讲中，我们选取的是具有如下特点的一批案例：当事人或其家人不愿意公开，或在特定时刻不愿意公开，媒体基本上不考虑他们的感受，而将其悲剧和隐痛以残酷或观赏的方式加以公开（实际上可能是一种消费），并且引发广泛的批评。

通过阅读案例我们不难发现，在传统媒体时代，媒体掌握着隐私是否公开的权力，其中报纸和电视又是关键性的媒体终端。但是在互联网时代，传统媒体是否公开可能变成一个重要性、关键性越来越小的问题。换言之，过去是数量有限、呈中心化的传统媒体的媒体伦理和道德问题，现在情况更为复杂，往往变成了使用公民的新媒体素养问题。

案例一 家乡报纸第 12 版上的“堕落天使”

米苏拉是位于美国西北部人口稀少的全国第四大州蒙大拿州的一个城市，也是米苏拉县府所在地。辛迪·赫比格是当地的一个模范女孩，这位独生女出自一个杰出家庭，父亲是米苏拉青年交响乐队的指挥，她 7 岁开始学大提琴，曾是全州管弦乐队成员，以全班 400 人中的第三名的成绩毕业于赫尔斯盖特中学，后来获得哈佛大学拉德克利夫女子学院的奖学金而入学。1979 年 1 月 17 日，她在首都华盛顿的商业区遇害了。

当地日报《米苏拉人报》(*Missoulian*) 是一份创刊于 1870 年的百年老报，此时拥有与米苏拉市区人口不相上下的 32000 份发行量。该报在第二天的头版上刊登报道，讲述这个社区的悲剧和她的家人的悲痛。在报纸发表的讣闻中，没有写进辛迪这位当地人心目中的好女孩在华盛顿皮肉生涯的细节。在与《华盛顿邮报》联系之前，该报编辑主任罗恩·德克特对此也是一无所知。而在《华盛顿邮报》上，曾经的天才乐手变成了后来的堕落天使辛迪，她被人在大街上捅死，惨剧很可能是在她招揽生意时发生的。

辛迪的堕落，最初缘于不能适应常春藤名校的竞争和无人情味的东北部城市生活的压力，曾经频频改换专业：从英国文学、斯拉夫语言到生物学和植物学。在1976年11月25日这个感恩节，她在仅仅就读一个学期后离开学校所在地马萨诸塞州剑桥市返回家乡，还在蒙大拿大学上过几门课，但是无法找到有意思的工作。半年后，她在米苏拉的一家酒吧遇见一名皮条客，并随此人前往华盛顿，委身于第15大街和西北K大街交汇处的龌龊世界中。虽然警察熟悉这个皮条客，但是从未逮捕过他。1977年11月9日，化名“米卡 · 詹森”的辛迪因涉嫌招揽卖淫被捕，同年12月被定罪。

一切真相大白于举行辛迪葬礼的1979年1月22日。在那个星期一，《华盛顿邮报》女记者劳拉 · A · 基尔南打电话给《米苏拉人报》，想从后者已发表的讣闻中获取信息。作为回报，基尔南同意在23日晚用电话向《米苏拉人报》口述她所知道的辛迪的故事。

辛迪的父母是在22日稍晚听说《华盛顿邮报》打算报道的，当时他们接到了一名华盛顿记者的电话。他们害怕这种对他们隐私权的侵犯以及对公布女儿问题的满不在乎。他们得到了友人和律师杰克 · 马德的帮助，来制止报道发表。23日早晨，马德打电话给《华盛顿邮报》要求毙稿。他说，这个家庭够不幸的了，进一步的公开将危及其父母的健康，至少报道要写得温婉。但是《华盛顿邮报》拒绝了。

其间，马德得知《米苏拉人报》计划在24日晨报版采用《华盛顿邮报》的报道。马德呼吁德克特，甚至含混地提到，报道在当地刊登可能导致自杀。德克特对马德说，不到当晚《华盛顿邮报》电话口述报道的时候，就不会做出发表的决定。德克特希望《华盛顿邮报》笔下留情，但是晚9点到来的报道令他失望。

在德克特的11年新闻生涯中，他从来没有遇到如此程度的困窘。当地市民肯定要抗议，在一个3万人的城镇里知音难觅。他决定连同其他地方新闻一起，在12版上刊登经过编辑的《华盛顿邮报》报道。原标题“原本大有希望、却发生奇怪而致命转折的人生”换成了“友人说辛迪 · 赫比格‘不该死’”。德克特还删除了原报道的第5段，用对华盛顿一名侦探的电话采访增加了4段，砍掉了辛迪咯咯笑的内容以及包括她自诩“我是鸡”的最后一段。在报道结尾处，他还改了一个小细节。原报道写道，辛迪有“一个常客簿子，写有她认为可信的男性”。他改写为：华盛顿警方显示，辛迪有这个本子是“一种对她而言有可能避开站街危险的方法”。

德克特在23日晚11点给杰克 · 马德打电话，告知将发稿。马德发出最后的请求，吁请先压下报道，好让那一家人有所准备。

辛迪的父母和许多米苏拉人对于这种侵扰感到震惊。商家撤回了广告，为《米苏拉人报》代理法律事务的律师事务所终止了客户关系。广告商威胁要联合抵制，报社两周内发表了150封投书，大多数怒气冲冲。一位读者写道：“《米苏拉人报》向公众再次显示它是一个毫无品位的破烂玩意儿。故事不管是真实的还是虚构的，都不应该在她的家乡报纸上登出来，让她的亲戚朋友看。”至少有200个订户取消了订阅。

可是，德克特最后的难堪来自他自己领导的编辑部。报道见报两天后，社论版主编萨姆 · 雷诺兹写下了题为“个人留言”的投书，开头写道：“我带着羞耻读到了关于辛迪·赫比格的报道——为报纸职业感到羞耻，为曾经是它的一部分感到羞耻，为在难以忍受的伤害已经到来之后再度造成伤害而首先感到羞耻。”雷诺兹为读者审视了《米苏拉人报》的发表决定导致的痛苦，接着斥责《华盛顿邮报》的报道是“露骨的煽情主义——新闻事业中最坏的东西——而我的感觉是厌恶”。雷诺兹还对德克特编辑他的署名专栏和柔化了落在后者头上的炮弹火力感到不快。

时过境迁，原来撤回广告的商家回到了报纸上，辛迪的父母“有幸”就这一主题写来最后一封信。《米苏拉人报》的发行人也承认，如果报纸尊重马德的请求、推迟一天发表的话，它对事情的处理本来会更加妥当。但是德克特在稍后的采访中坚持认为，如果再来一次，他还可能做出同样的决定。[①]

《华盛顿邮报》对辛迪的报道讲述天才少女的皮肉生涯

案例二 波士顿爆炸案遇害中国学生该不该隐名？

美国当地时间2013年4月15日下午2时50分（北京时间16日凌晨2时50分），有一百多年历史的波士顿马拉松比赛接近尾声时，在终点附近发生恐怖爆炸案，造成3人死亡，逾百人受伤。北京时间17日7时（美国当地时间19时）11分42秒，新华网贴出如下消息：

一名中国公民在波士顿马拉松爆炸案中遇难

新华网美国波士顿4月16日电（记者 王丰丰）中国驻纽约总领事馆官员16日在美国波士顿证实，一名中国公民在15日的波士顿马拉松爆炸案中不幸遇难，遇难者家属不愿公开死者姓名。另有一名中国公民受伤，伤者目前伤情稳定。

中国驻纽约总领事馆官员表示，总领事馆方面将为家属赴美处理相关事宜提供一切必要协助。

波士顿大学官网16日公布了该校学生伤亡细节：3名遇难者中一人为在读研究生，应家属要求不公布其姓名。美国大使馆也发布声明：“按照死去学生家属的意愿，我们不公布受害者的姓名。我们随时准备为家属提供任何帮助，以确保他们能够尽快自己应对这场悲剧，并节哀顺变。我们的心与这场无端暴力行为的所有受害者家属同在。”

就在新华网发稿25分钟后的7时37分，东北新闻网贴出了《沈阳晚报》当天发表的报道“美国波士顿爆炸案 沈阳女留学生吕令子失踪”，并刊登了来自微博的吕吃水果面包沙拉的生活照。17日8时37分，东北新闻网更新了报道，标题改为“在波士顿爆炸案中失踪 沈阳女孩吕令子你在哪？”内容几无差别。

---

① Clifford G. Christians, etc., *Media Ethics: Cases and Moral Reasoning* (Ninth Edition), Boston: Allyn & Bacon, 2012, pp. 106-108; Laura A. Kiernan and Alfred E. Lewis, “The Changeling,” *The Spokesman-Review*, Feb 13, 1979.

报道写道，16日13时21分，网友“梨儿Bauhinia”通过微博发布紧急寻室友消息：“请大家帮我找找我室友，她叫吕令子，在BU读统计专业，她今天应该是和BU一个学精算的女生一起去看马拉松了，到现在也没回家……”文中提到，与吕同是中国留学生的周丹龄一起在街边观看波士顿马拉松比赛。周在爆炸案中受伤，后被送入医院救治（已经中国大使馆证实），但吕失去音讯。

作为吕的家乡报纸，《沈阳晚报》介绍说，吕2008年毕业于沈阳东北育才学校，后考入北京理工大学国际贸易专业，如今在美国波士顿大学攻读统计学硕士研究生。文章接着叙述了父母、姥姥、姥爷的万分焦急，并提及吕父已经同美国驻沈阳总领事馆的相关工作人员取得联系。

这样，尽管在国内新华社的开篇报道特别提到“遇难者家属不愿公开死者姓名”，但是家乡报纸的披露和其他新老媒体的接力，让23岁遇难女生的姓名迅速公开了。有点奇怪的是，17日9点39分，中国日报网转发了新华网消息，提到“遇难者家属不愿公开死者姓名”，但是贴出了她的大幅照片，写道“图为在波士顿爆炸案中遇难的沈阳女孩生前照片”。

这就引发了一个问题：第一个披露的《沈阳晚报》在截稿时是否知道家属不愿公开死者姓名的意愿？这是难以确定的，因为除了北京和上海以外，全国大多数地方的晚报早已改为“晚报早出”，即名为晚报，实际上与日报一样，前一天夜间截稿和付印，早晨六七点终即面市。这样就早于新华网发稿了。但是，《沈阳晚报》采访了家人，也可能了解到家人的保密请求。

17日12点24分，新浪微博“传媒汇”发帖：“〔新闻事件中个人无隐私可言?〕波士顿爆炸中国女留学生遇难，‘死者家属要求不要透露名字’，《华尔街日报》、《环球邮报》、《华尔街日报》、《波士顿环球报》……所有英语媒体都做到了。再看我们的中文媒体，有多少家已经把名字写出来了？中央电视台、新华社、中央人民广播电台……至少26家!”

接下来，各传统媒体知道了家属的保密意愿，18日的报道普遍匿名，如《辽沈晚报》和《新京报》。但是，中国新闻网18日4时23分贴出了中新社的新消息：当地时间4月17日，在波士顿爆炸中遇难的中国留学生身份被该学生所在学校校方公开。而在网络世界，有人一开始就质疑保密的做法。

同日上午，网民“wanglei902000”在天涯论坛发帖说：“一位中国公民在美国遭遇恐怖袭击遇害，中国人民正在全力支持自己的政府向美国政府施加压力，要求美国政府尽快破案找出真凶给遇难者家属及中国人民一个交代，而我们自己的政府却对自己的人民设施新闻封锁，是何目的？要知道这位中国公民是在美国遭遇恐怖袭击遇难的，其性质已经转化为国际刑事案件，涉及中美两国的司法互助协议及两国外交关系，已经不是遇难者本人及家属的私人事务，是涉及全中国人民民族尊严及国家利益的国际问题……”

网民“南河北舟”说：“案件真相？LZ智商堪忧，这案件有什么真相？家属希望不公开，无非是怕打扰，人家已经够悲痛的了，你在漫天媒体的铺天盖地地报道，不是给人家伤口上撒盐吗？什么心态。”网民“@KampfE”说：“楼猪别脑残了，遇难者资料又不是涉及很重要的公众信息，公不公布有多大关系？遇难者家属也有权利不公开此信息啊。你非要知道干什么，有窥私癖啊???”

案例三 网球巨星阿什患艾滋病何以被披露

阿瑟·阿什（1943—1993，见图 7-1）是美国网球巨星。1963 年他 20 岁时以大学生身份成为第一位戴维斯杯美国代表队员中的非洲裔人，1965 年赢得全美大学生个人和团体的冠军，1969 年夺得美国公开赛冠军，并以主力身份为美国赢得当年的戴维斯杯。1975 年 31 岁时，他夺得温布尔登冠军，成为第一个世界排名第一的黑人网球选手。

图 7-1 网球巨星阿什

阿什于 1980 年退役。在 1979 和 1983 年做过两次心脏手术后，他将精力投入媒体、慈善等新领域。他出版了 3 卷本自传《通往荣耀的艰难之路》。他是家庭影院（HBO）和美国广播公司长期的体育评论员、《华盛顿邮报》等报刊的专栏作家、美国戴维斯杯领队。他还发起了几个慈善组织和基金会。1985 年他入选网球国际名人堂。他在 1988 年获知，他的 HIV 病毒检测呈阳性，可以肯定是在 1983 年第二次心脏手术的输血中感染的。出于对家庭隐私、公众的恐惧和憎恶，更出于对女儿卡米拉在正常环境中成长的考虑，在好友和医务机构的帮助下，他们保留了这个令人震惊的消息。有不少新闻记者知道阿什的病情，却选择了保守"阿什的秘密"。

有人打电话给《今日美国》报说阿什患了艾滋病。1992 年 4 月 7 日，记者道格·史密斯就这个传言联系上了阿什。与史密斯谈过之后，阿什又和该报的体育主编吉恩·波利辛斯基讨论此事。波利辛斯基问阿什，他的艾滋病病毒（HIV）检测是否呈阳性，阿什回答说"可能是"。他请求波利辛斯基将这一报道推迟 36 个小时发布。但他并没有得到推迟的承诺。阿什认为该报一定会公布他的病情，所以他自己选择在 4 月 8 日，通过新闻发布会的方式告知了世人。

《今日美国》报在当天以"网球巨星阿瑟·阿什患了艾滋病"为题，将信息发给其海外版和甘尼特通讯社。阿什在新闻发布会上说，《今日美国》报打来的电话把他置于一个痛苦的境地，如果他想保护自己家庭的隐私，就不得不撒谎。"我为自己被迫在此刻披露此事而感到难过。毕竟我既没有竞选过公职，也没有需要听取解释的股东。”[①] 阿什还说，自己原本想在5岁的女儿长大些，能够更好地理解此事后再作这项声明。但是他又担心自己女儿班里的同学知道她的父亲患有艾滋病后，会嘲弄她、孤立她。[②] 阿什得到了广泛同情和支持，他将最后的生命投入到防治和帮助艾滋病人的事业中。阿什于1993年2月6日去世，美国以国葬的礼仪为他送别。

隐私权与媒体道德

案例四　挥之不去的遗照之痛

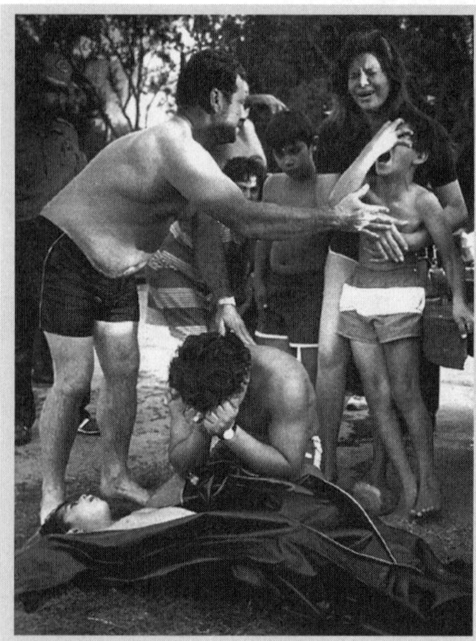

图7-2　遗体照片

美国媒体伦理学家克利福德・克里斯琴斯教授的经典教材《媒体伦理学：案例与道德推理》自1983年首推第一版，到2012年已经出到第九版。从1987年的第二版到2012年第九版之间的20多年中，每一版都保留着一个名为“遗体照片”的案例（见图7-2）。

贝克菲尔德是加州的一个60万人口的城市，当地的《加利福尼亚人报》是一份创办于1866年的百年老报。1985年7月28日是一个星期天，报社当日唯一的当班摄影记者约翰・哈特(John Harte)在完成一些常规任务后，从警务扫描仪上得知，在该市东北40公里外的一个湖泊中发生了一起落水事故。他赶到现场时，潜水员仍然在搜寻5岁男孩爱德华・罗梅罗的尸体，他是与他的哥哥弟弟一起游泳时溺亡的。

潜水员终于打捞起了尸体，家人和官员们围拢在打开的裹尸袋旁，而县治安官在维持秩序，不让围观者聚拢上来。电视记者没有拍下这个瞬间，但是哈特弯下腰身，用自动相机从县治安官的手臂下方连续快拍了8张照片。

《加利福尼亚人报》有一个不登尸体照片的方针，于是编辑主任罗伯特・本特利在这个星期天的晚上被电话叫回报社来做决定。考虑到图片能提醒读者在儿童游泳时多加小心，本特利同意刊登。星期一，哈特通过美联社电讯传稿系统将图片发出，此前“与一位主编争论了20分钟……他听说我们用了照片便发怒了——指责（哈特）追逐名利和想拿美联社奖”。

① 转引自〔美〕菲利普・帕特森、李・威尔金斯：《媒介伦理学：问题与案例》，李青藜译，北京：中国人民大学出版社，2006，144页。

② 参见〔美〕罗恩・史密斯：《新闻道德评价》，李青藜译，北京：新华出版社，2001，255页。

读者以如下方式炮轰这份当时发行量为 8 万份的报纸：他们打来 400 通电话，投书 500 多封，并有 80 人取消了订阅。报社甚至受到炸弹威胁，迫使大楼人员疏散了 90 分钟。没想到读者反应如此强烈，心烦意乱的本特利在给新闻编辑室的备忘录中承认“犯下了一个严重的编辑判断错误……我们犯了错——而这显然是一个大错”。本特利总结说，他们最大的教训是“读者——以及前读者——所说的话不仅在地方上，而且在全国范围内确认：新闻媒体严重脱离了它们的受众”。

就摄影师哈特而言，本特利的懊悔令他和他的同事失望。华盛顿州《瓦拉瓦拉联合公报》报社论版主编埃德·克伦丹尼尔也无意就他的报纸刊登该照片而道歉。他辩称：“任何一份报纸的首要职责都是报道新闻。生活中坚硬的事实之一便是，世界上随时都有悲剧的刹那和欢快的瞬间……其次，我们相信，如果希望促进水面安全，那张照片胜过万言。”

后来，本特利让哈特的作品去角逐普利策奖。他解释说：“我没有看出来有任何该抵触的。我认为照片本来不该发表出来……但是普利策奖青睐的是新闻和技术卓越性。它不是让读者来批准的。”

《加利福尼亚人报》刊登遗照引风波

案例五 BBC 调侃两遭核爆幸存老人引抗议

2011 年 2 月 3 日，英国广播公司（BBC）电视台承认，因其 2010 年 12 月 17 日播出的搞笑猜谜节目《QI》将 1945 年在广岛和长崎两度遭遇原子弹爆炸、2010 年 1 月 4 日去世的日本老人山口疆调侃为“世界上最倒霉的男人”而引发抗议，节目主持人斯蒂芬·弗莱和节目嘉宾纷纷做了调侃。在遭到日本驻英国大使馆等抗议后，BBC 做出道歉，主持人弗莱取消了赴日本拍摄另一部纪录片的计划。

日本舆论为什么抗议 BBC 的节目？原来活到 93 岁的山口疆是一个传奇。他 1916 年 3 月出生于日本长崎县，8 岁时母亲自杀，14 岁时父亲破产。中学毕业后，山口疆进入三菱造船厂工作，担任船舶设计部制图师。1945 年 8 月 6 日早晨，美军在广岛投下一枚原子弹，导致广岛市 14 万人死亡。当时 29 岁的山口疆和两名同事在广岛出差，他们正前往车站准备返回长崎，山口疆突然想起自己遗忘了印章，于是返回工作地点去取。就在他往船厂码头方向走时，在距离爆炸中心 3 公里处遭遇原子弹爆炸。等他反应过来，上半身左侧已遭到严重灼伤，皮肤溃烂，头发也被烧光。从那一天起山口疆的左耳开始失聪。他找到一处掩体短暂休息，然后找到了两名同事。

当晚，山口疆等人在广岛市中心留宿一夜，第二天搭乘火车回长崎。8 日中午到达长崎，进入公司附属医院接受治疗。9 日，他回到公司报告广岛之行的结果。上司无论如何都不相信他的话，怀疑地说：“不过区区一枚炸弹，就能让广岛这样的大城市全部摧毁？我不相信。你是不是被炸坏了头？”上司的话刚说完，美国向长崎投下了第二枚原子弹，造成长崎 7 万人死亡。他并没有受伤，但由于此前的伤口，发了一星期高烧。

日本投降后，三菱重工造船厂被新政府查封，山口疆为了养活家人，开始为驻日美军海军陆战队第五大队做翻译。之后，山口疆又做了7年中学英语老师。20世纪60年代，山口疆又回到重新开工的三菱重工做坦克设计师，直到退休。在其出生6个月便遭遇核弹爆炸的次子2005年因癌症去世后，山口疆开始向人们讲述他的核爆受害经历。

2006年7月，90岁高龄的山口疆主演了纪实电影《双重被爆》，向人们诉说核弹爆炸的残酷，并呼吁废除核武器。8月3日，《双重被爆》在纽约联合国总部上映。上映当日，他亲自到联合国发表演讲。他说："我是为了说话才活着的，想在死前把话说完。虽然说有一就有二，但是我不想再经历第三次原子弹爆炸。"他随后在世界各国屡次巡演。2009年3月，他成为首个被日本政府认定的躲过两次原子弹爆炸袭击的幸存者，可以获得政府赔偿，包括每月津贴、免费医疗检查和丧葬费用。

BBC调侃日本遭核爆幸存老人

案例六 国内部分都市报上的悲剧呈现

《信息时报》报道，2003年11月2日，一名外省男子站在广州市的一座天桥上，对着桥下京广铁路边的高压线撒尿，由于尿液导电而身亡。"记者在现场看到，死者全身被高压线烧得黑乎乎的，像烧焦的烤鸭"，"'潇洒'撒尿当场毙命"，"那男子对着高压线撒尿时，突然听见'砰'的一声，那名男子整个身体被高压线吸引过去粘在上面，这时又发出'砰'的一声巨响，那男子的衣服突然着火，燃烧1分钟左右后，男子的衣服烧光后变成了'烤鸭'，从10多米的高压线上掉下来当场毙命"，"附近居民认为，该男子是自吃苦果"。这样的描述似乎还不够刺激，报道配上的两张照片中有一张是该男子的赤裸尸体，文字说明为："男子被高压电线吸住后，又从10米的高空摔下，当场毙命。"

2006年4月8日，《新快报》发表新闻《嘴角流血左臂烧伤女博士生离奇裸死教学楼》，配以《女孩全身赤裸嘴角流血》等图片，导语称："刚刚考博、即将结婚、人缘极好的女博士生小赵，拥有众人羡慕不已的优异条件。可就是她，竟在前晚被人发现赤身裸体死在广州某中医药大学教学楼的书桌上……"9日以耸动标题《女博士生裸死教学楼 现场遗留铁锤避孕套》跟进，称《昨日又有知情者透露，现场发现一把铁锤和一只避孕套，这使得案情更加扑朔迷离》。10日再发后续报道《裸死女博士或遭劫财劫色 案情更加扑朔迷离》。该报11日在《广州女博士裸死续：多数被访师生猜是情杀》标题下写道："生前的她，身边有数名追求者。'她至少有3个男友。'诗哲的一位女友向记者透露……很多师生怀疑是情杀。"3天后公安部门公布的侦查结果却表明，这是一起入室劫杀案。

2004 年 5 月 27 日，《华西都市报》在《10 米高空脚打滑，哦嗬!》的标题下报道：26 日，43 岁的四川简阳籍工人曾先法，因脚下打滑，从成都凤凰山农场幸福分场一个 10 米高的建筑物上坠落殒命。该报同天第二版还刊登了另一则社会新闻，标题为《哦嗬！第 9 根断指忘在自贡了》，报道自贡市荣县一家机器设备加工企业的 18 岁胡姓工人手指被机器切掉 9 根，送往成都现代医院进行续接手术，才发现还有一根忘在了 300 多公里外的自贡。文章还配有一张右手五指分离的带血照片。

类似的新闻处理近些年来并不鲜见：2005 年 5 月 10 日凌晨，成都发生的一起造成一死七伤的车祸，《华西都市报》的见报标题是《面包“拥吻”一女飞出车外只剩内衣》。2006 年 11 月 29 日《羊城晚报》以《22 时 30 分摩托车槽罐车激吻 造成一死两伤》为题报道说：“昨晚 10 时 30 分许，一辆车牌号为湘 D14228、满载 20 吨豆油的槽罐车，在往广州方向行经 107 国道增城新塘路段时，疑因撞飞一辆摩托车再撞墙翻侧，造成两死两伤的悲剧。”

演员牛振华 2004 年 5 月 11 日在北京酒后驾车身亡，一家报纸的新闻标题是：《一代笑星“终身禁驾”（主）/无视法规也不必匆匆“奔驰”（副）》。2004 年 5 月 27 日，湖南笑星周卫星的中华车由朋友代驾，在长沙解放西路与一辆出租车发生追尾，次日《潇湘晨报》的标题是：《牛振华悲剧险重演 湘籍笑星私车“吻”的士》。2004 年 9 月 6 日，南京某报以《骑车人“中头彩”惨死》为题向死者“道喜”；同是这家报纸，报道另一起相似车祸，标题为《公交车轮从头越》。

广州酷暑导致 39 人中暑身亡，2004 年 7 月 8 日中新社新闻稿的标题为《广州“酷”毙三十余人 京城专家急开避暑良方》。汽车相撞事故被广西的碧海银沙网喻为“激情拥吻”。2004 年 8 月，吉林省一市民跳楼自杀，当地某报标题为《昨晚上演高空飞人》。报道一名男子患罕见肿瘤的标题是《壮汉腹中瘤，一月变“篮球”》……

案例七 《海啸之歌》嘲笑死者辱没华人引众怒

雅加达、曼谷当地时间 2004 年 12 月 26 日 7 时 58 分 55 秒，北京时间 8 时 58 分 55 秒，印度尼西亚苏门答腊以北的海底发生九级大地震并引发海啸。印度洋大地震引发高达 30 米的海啸，波及范围远至波斯湾的阿曼、非洲东岸索马里及毛里求斯、留尼汪岛等地，造成巨大的人员伤亡和财产损失，伤亡人数分别为：印尼 238945 人，斯里兰卡 30957 人，印度 16389 人、泰国 5393 人（其中外国人超过 1000 人）。

印度洋海啸发生 20 多天之后，美国纽约曼哈顿一家有人气的广播电台因丑化海啸灾民而激起公愤。从 2005 年 1 月 18 日起一连三天，纽约“热 97”调频电台（Hot 97，正式名称 WQHT-FM）在《琼斯小姐早间》（*Miss Jones in the Morning*）节目中，播放了主持人塔莎·琼斯先领唱，接着是 4 名男女合唱的所谓的《海啸之歌》（*Tsunami Song*），其中第一天就两次播放。《海啸之歌》又名《艺术家联合支持印尼》，是对赈灾名曲《艺术家联合支持非洲》的恶意模仿和亵渎。歌曲改编自 1985 年由迈克尔·杰克

逊和莱昂内尔·里奇领衔的47位美国艺术家合唱灌制的杰克逊单曲《爱心无国界》。《海啸之歌》歌词如下：①

领唱（Lyrics）：

曾几何时，阳光普照，（There was a time，when the sun was shining bright，）

我去海滩，晒成棕色。（So I went down to the beach to catch me a tan.）

然后我知道，海浪20英尺高，（Then the next thing I knew，a wave 20 feet high，）

汹涌而来，家亡国破。（came and washed your whole country away.）

突然之间，你听到中国佬在呼号。（And all at once，you can hear the screaming chinks.）

大浪之中，无人存活。（And no one was saved from the wave.）

非洲人淹死了，小中国佬卷入波涛。（There were Africans drowning，little Chinamen swept away.）

你听到上帝在大笑："你们这些贱人游啊。"（You can hear God laughing，"Swim you bitches swim."）

合唱（Chorus）：

你晕头转向。这就是海啸，（So now you're screwed. It's the tsunami，）

你快跑啊，屁滚尿流。去找你娘吧。（you better run and kiss your ass away. Go find your mommy.）

我刚见她飘过，被一木穿脑。（I just saw her float by，a tree went through her head.）

你的孩子嘛，只好卖身为奴。（And now your children will be sold. Child slavery.）

听到《海啸之歌》之后，节目中一位韩国裔员工当即表示抗议："这首歌严重冒犯了我，我要退出。"琼斯不以为然地说："你可能因为亚裔身份而有优越感，但事实上并非如此。"数千名听众打电话到"热97"电台表示抗议，要求解雇琼斯和有关员工。许多美国华人组织、亚裔团体和纽约市议员发表声明，谴责该电台煽动种族仇恨，并敦促美联邦通讯委员会处罚该电台及其母公司（见图7-3、图7-4）。

图7-3 主持人塔莎·琼斯

图7-4 电台抗议者

① *Hot 97 WQHT /Miss Jones Tsunami Song*，http：//echeng.com/journal/2005/01/26/hot-97-wqht-miss-jones-tsunami-song/，2005-01-26。

在亚裔团体和社会各界的压力下，美国第三大移动通讯运营商Sprint和麦当劳等节目赞助商中止了赞助。26日，众议院民主党领袖南希·佩洛西谴责了《海啸之歌》。[①] 该电台的母公司埃米斯通讯公司负责人里克·卡明斯同日宣布，琼斯及其6名助手将被无限期停职。该公司责成节目7名员工捐出一周薪金，赈济海啸灾民。卡明斯说，播出侮辱海啸遇难者歌曲的行为无论从道义还是从社会的角度来说，都是无法接受的。包括琼斯在内的相关人都对此深感“羞耻”和抱歉。

《海啸之歌》歌词

案例八　别斯兰事件电视竞猜死者人数令舆论大哗

2004年9月1日上午9时30分左右，一群头戴面罩的武装分子突然闯入俄罗斯南部北奥塞梯共和国别斯兰市第一中学，将刚参加完新学期开学典礼的约1128名学生、家长和教师赶进学校体育馆劫为人质，武装分子在体育馆中及周围安放了爆炸物。俄罗斯军方包围了学校3天试图解救被围困的平民和学生，事件导致了326名人质死亡，成为俄罗斯最严重的恐怖主义袭击事件。

网民“阿赛尔”写道：“极度的恐惧、无助的眼神、悲伤的泪水、愤怒的情绪，通过那天的国外、境外媒体的直播，让我们看到了处于恐怖分子控制下的俄罗斯人质生命的脆弱；虽然我们远在遥远的中国，没有福气看到自己的电视媒体人员做的直播，好在央视还给了咱老百姓一点面子，转播了别人的直播，让我们目睹了解救人质事件的大概过程。”[②]

在人质危机期间的9月6日晚9:30，央视四套（国际频道）《今日关注》节目却在播出的人质危机报道中利用遇难人数搞了一次有奖竞猜，屏幕下面滚动播出的有奖竞猜信息显示：“俄罗斯人质危机目前共造成多少人死亡？选项：A、402人；B、338人；C、322人；D、302人。答题请直接发短信至：移动用户发答案至8003111；联通用户发答案至9850111。”

这一信息令观众和网民舆论大哗。不久，俄罗斯方面提出了抗议。

网民“阿赛尔”说：“央视大概发财发晕了，竟然把正处于血与火中的人质作为了娱乐性的竞猜问题，让全国的观众来乐呵呵地按着手机，享受着这番火爆的刺激。”“谁给了他们这样做的权利？……死亡人质这样的问题，如此冷血和残忍，难道能让我们玩得下去么？既然不可能玩下去，央视凭什么制作这种公然污染人们眼睛的问题，并堂而皇之地播出呢？他们的这个公然蔑视人类良知的问题的推出，怎么推出来的？谁干的？该怎么负责任？”[③]

9月8日，有媒体询问央视内情。“据知情人透露，确有此事，台里已经进行了内部

① 参见 *Pelosi Condomns Broadcast of “Tsunami Song”*，http://pelosi.house.gov/news/press-releases/2005/01/releases-Jan05-TsunamiSong012605.shtml，2005-01-26。

②③ 《竞猜人质死亡人数游戏——谁给了央视这样的权利?》，http://bbs.szhome.com/commentdetail.aspx?id=5299145&projectid=100200&sort=1&yundunkey=105eb13bbfafd743f847fee9cf3c4ebc51372337643_1447447，2004-09-07。

通报批评，各部门都传达了这件事。通报明确表示：这件事的责任在值班编辑，属于严重错误，说明当事人缺乏政治头脑。”“据知情人士告诉记者，与移动、联通的这种合作是一种商业行为，在央视的栏目中很普遍。这条信息是在晚上9:30左右播出的，一般栏目的编辑会在晚9:00左右最后确定有奖信息，比如像新闻、滚屏的字，然后拿给总编审查，总编确定后才能播出。出这个差错完全是因为当天的别斯兰人质事件非常紧急，节目制作很赶，所以编辑没有给总编看，就播出了，造成这种错误。”

“这位知情者还透露，其实做电视节目，尤其是直播节目出差错很正常，像在奥运会转播期间，时间更赶，出个重复画面、声音画面不同步是经常的事。目前对责任人的处理还没有确定，但据央视内部工作人员表示，这种事有第一次，就有第二次，以后也避免不了，而且很可能总编看了这个消息，没当回事，结果出了娄子。其实很多时候，时间来不及，就说一声或者干脆不说已经成了惯例。”①

9月14日，央视在宣传例会上通报批评《今日关注》，并传达了以下内容：“此举引起了外交部、中宣部部长刘云山、广电总局局长徐光春的高度重视。信息通报中一篇《央视四套借人质事件发财》的文章引起了中央领导的注意，在电话中亲自过问此事，责令相关部门进行严查。”与会者表示，央视召开多次会议进行自我检讨，研究惩处意见，最终《今日关注》两名制片人被免职，其中一名在台里工作了6年的制片人可能还会被开除……另外，当班编辑不以滚动字幕为新闻，没有将节目送制片人审批就播出的行为属于严重失职，给予开除处分。②

隐私与隐私权保护

在西方世界的社会生活、文学作品、宗教和法律传统的历史长河中，隐私一直被表述为一种积极的社会价值。早在2000年前古希腊的希波克拉底时代，人们就期待医生为他们的医疗状况保密。③ 无论是在哪种社会形态之中，男人们和女人们都生活在对自己和他人尽责的社会中，缺少以休息、思考、实验和独立行动为目的的隐私，个人将很难尽到公民和监护人的责任。为了促进自决和自主的个人发展，某种程度的隐私是必要的，而为了促进有责任感的家庭成员和更为广泛的社区的发展，也有必要形成某种程度的隐私。④

美国散文家亨利·戴维·梭罗（1817—1862）在其名篇《瓦尔登湖》中写到了他对19世纪社交生活的看法，今天想必会引起更大的共鸣：“有了伴儿，即使是最好的伴儿，不久也要厌倦，弄得很糟糕。我爱孤独。我没有碰到比寂寞更好的同伴了。”“社交往往过于

① 宁严：《〈今日关注〉设人质死亡数竞猜被央视批评》，载《北京晨报》，2004-09-09。

② 参见易东方：《中央领导亲自过问央视俄人质竞猜事件 两人免职》，载《江南时报》，2004-09-15。

③ 参见〔美〕公民教育中心：《隐私》，刘小小译，北京：金城出版社，2011，153页。

④ 参见〔美〕阿丽塔·L·艾伦、理查德·C·托克音顿：《美国隐私法：学说、判例与立法》，冯建妹等编译，北京：中国民主法制出版社，2004，11页。

廉价。我们相聚的时间是如此短促，都来不及使彼此获得任何新的有价值的东西。”瓦尔登湖畔的独居生活之所以有吸引力，是因为梭罗体会到："大部分时间里，我觉得寂寞是有益于健康的。”

英国作家乔治·奥威尔（1903—1950）在反乌托邦小说《一九八四》中描述了这样一个社会：家家户户都有一个特殊的电视屏幕，透过这样的大屏幕，政府能看到或听到人们做的一切事情。小说中有一名句：老大哥在看着你！主人公温斯顿·史密斯发现一家商店楼上的小屋没有电视屏幕。即便这间屋子又小又残破，但是对于温斯顿来说犹如天堂一般。

美国法学家查尔斯·弗里德说：“没有隐私权，我们就失去了人之为人的完整性。”① 在现当代，一个社会走向或已经实现民主法治，就必然高度重视保护公民个人的隐私权。国外一个公民教育机构甚至将隐私、正义、责任、权威列为民主的四大基础，认为隐私有六大益处②：

隐私六大益处
1. 自由；
2. 安全；
3. 个体性；
4. 保护经济利益；
5. 创造性；
6. 亲密。

- 自由：隐私帮助人们自由思考和行动，不受他人不合理的影响或控制。这种自由可以让一个社会避免沦为极权主义，臣服于独裁者的全盘控制。
- 安全：对隐私的尊重培养了一种安全感。
- 个体性：如果没有隐私，与他人相仿的压力也许会阻止个人形成他或她自己的价值观、信仰和意见。
- 保护经济利益：隐私使人们能够为自己的点子、计划和发明保密。这也许有助于他们创造和销售新产品，并与他人竞争。
- 创造性：隐私对于创造性思想和工作也许是必要的。
- 亲密：隐私对于人们发展与他人的热烈和亲密的关系是必要的。

国内学人认为，在互联网逐渐侵蚀以往个人对自己私生活领域的决定权的过程中，确有必要为公共领域和私人领域找到一个新的平衡点。隐私权保护在现代社会中有下列正面功能③：

- 积极促进个人生活的自我确定。
- 培养活泼而有创造性的个人特质。
- 合理设置舒缓大众压力的安全阀。
- 提高社会对于失足者的容忍度。

所以，现代人日益重视隐私，除了凭借直觉努力寻找心灵的港湾之外，确有其理性的成分：“隐私是对人类自由和尊严的基本保障。隐私的价值不仅在于它本身，同时它对我们享有财产权，以及享有思想、言论、宗教和良知的自由都同样重要。没有隐私权，其他这些重要的权利对我们

① Charles Fried:“Privacy,” 77 *Yale* L. J.，1968，p. 475，p. 477.
② 参见〔美〕公民教育中心：《隐私》，刘小小译，北京：金城出版社，2011，86页。
③ 参见崔华强：《网络隐私权利保护之国际私法研究》，北京：法律出版社，2012，18～19页。

来说也就失去了意义。”①

隐私权法源于商业化报纸的侵扰

到了19世纪末期，西方社会发生了翻天覆地的社会转型，各国纷纷转向工业化、城市化，其间出现了大量商业性大众报刊，有几分类似于20世纪末互联网的崛起。从1850年到1890年，美国报纸发行量增长近十倍，它们竞争激烈，并广泛深入地渗透了整个社会。纯粹私人的事件可能会在一夜之间变成公共话题，而报刊似乎日益倾向于开展这种活动。“事实上，是对报界的义愤，首先创造了法律上的隐私权。”②

隐私
一种完全逍遥即独处的权利。

今日隐私权法的源头，可追溯至美国律师塞缪尔·沃伦（Samuel Warren，1852—1910）和后来成为美国最高法院副首席大法官的路易斯·布兰代斯（Louis Brandeis，1856—1941）于1890年在《哈佛法学评论》发表的重要论文《论隐私权》。更早一点，密歇根州最高法院首席法官托马斯·M·库利（1824—1898）在1880年将隐私定义为“一种完全逍遥即独处的权利”。

沃伦和布兰代斯是哈佛法学院的同班同学，毕业时成绩名列全班前两位。沃伦娶了波士顿一位阔太太，并为了继承家传的造纸业而放弃了律师业务。历史名城波士顿有这样的一个传统：沃伦夫人喜欢举办社交活动，而波士顿的报纸热衷于“以高度私人性的和令人尴尬的细节”报道沃伦夫人的聚会，尤其是一份叫《星期六晚报》的报纸。最不能让沃伦夫人接受的是报纸对她女儿婚礼的报道。于是沃伦找到前律师事务所搭档布兰代斯，结果就产生了这篇传世名文。③

针对“黄色新闻”时代的煽情报纸对个人的轻慢和贬损，沃伦和布兰代斯建议法律承认隐私权。沃伦和布兰代斯就隐私权及其在法律上的价值写道：▮

报界正在各个方面明显逾越正当、庄重的界限。闲话⑤不再是游手好闲之人和品行不端之人的资源，它成为一种交易，可以通过勤劳工作和厚颜无耻而获得。为了满足淫欲的需求，性关系的细节在日报版面上广为传播。为了吸引懒惰之人，报纸的大量版面充斥着毫无价值的闲话，这些流

① 〔美〕公民教育中心：《隐私》，刘小小译，北京：金城出版社，2011，3页。
② 〔美〕爱伦·艾德曼、卡洛琳·肯尼迪：《隐私的权利》，吴懿婷译，北京：当代世界出版社，2003，156页。
③ See William Prosser, “Privacy,” *3 California Law Review*, 1960, p. 383.
④ See Warren and Brandeis, “The Right to Privacy,” *4 Harvard Law Review*, 1890. pp. 193, 196.
⑤ 闲话（gossip），也被译为“流言蜚语”、“八卦”、“传闻”等。

言只有通过侵扰他人家庭生活方能获得。

伴随着文明的发展，紧张而复杂的生活使得人们有必要有一些时间和空间超脱于世事之外，与此同时，人类在日趋精致高雅的文化的影响之下，对于公开表现得越来越敏感；但是现代企业和现代发明却通过侵犯个人隐私，使其遭受精神痛苦和伤害，这种痛苦和伤害可能远甚于肉体伤害所能带来的影响。

新媒体时代隐私权的复杂性

最初，美国人基于对自身自由的重视，发展出隐私权的概念，它被定义为“独处的权利”，今天仍然是一个最基本、最简单的定义。如今，各国普遍承认隐私权是公民的一种私权，应予立法保护。越来越多的国家将隐私权列为宪法权利。在国际法中，部分隐私保护受到了强调。当然对于其内涵和外延存在不同的理解，并且呈现愈益扩大的趋势。

对隐私权的保护要求传播者不得公布和宣扬他人隐私，不得侵入他人私生活领域。1950年《欧洲人权公约》第八条规定：人人有权使他的私人和家庭生活、他的家庭通信受到尊重。1976年联合国《公民权利和政治权利国际公约》第十七条规定：一、任何人的私生活、家庭、住宅或通信不得加以任意或非法干涉，他的荣誉和名誉不得加以非法攻击。二、人人有权享受法律保护，以免受这种干涉或攻击。

在我国学术界，关于隐私权定义的代表性观点主要有：(1) 隐私权是指公民对以自己个人生活秘密和个人生活自由为内容，禁止他人干涉的一种人格权。(2) 隐私权就是自然人享有私人信息的权利，可称为私生活信息权或私人信息权。(3) 隐私权是指公民享有的私人生活安宁与私人信息依法受到保护，不被他人非法侵扰、知悉、搜集、利用和公开等的一种人格权。(4) 所谓隐私权，就是指个人秘密的不公开权。(5) 隐私权是自然人享有的对其个人的、与公共利益无关的个人信息、私人活动和私有领域进行支配的一种人格权。

根据国内一些学人的研究，与侵害传统隐私权行为相比，侵害网络隐私权的行为和侵权方式更为多样，而且不作为和过失也会侵害隐私权。不作为侵犯隐私权的具体情形主要包括：媒体对涉及隐私的报道应尽到审核义务而未尽到；个人资料收集机构保留错误的个人资料，未及时修正；在个人资料收集时未履行告知或通知义务；保管他人资料，未采取必要的安全措施致使信息流失或失窃，如档案管理部门储存的电子数据因未采用必

隐私权

个人独处的权利。禁止他人干涉的一种人格权。

隐私权的主要观点

1. 公民对自己个人生活秘密和个人生活自由为内容、禁止他人干涉的一种人格权。
2. 自然人享有私人信息的权利，可称为私生活信息权或私人信息权。
3. 公民享有的私人生活安宁与私人信息依法受到保护，不被他人非法侵扰、知悉、搜集、利用和公开等的一种人格权。
4. 个人秘密的不公开权。
5. 自然人享有的对其个人的、与公共利益无关的个人信息、私人活动和私有领域进行支配的一种人格权。

要的安全防范措施而被黑客窃取、散布等。①

悲剧、隐痛与侵扰

当代世界，虽然科技发展日新月异，但是大到地球，小到个人，仍然不能完全摆脱灾难、意外和伤病的袭击。所以政治学家和传播学家哈罗德·拉斯韦尔将大众传媒的首要功能定为监测环境，特别是如美国报业大王约瑟夫·普利策所言："倘若国家是一条航行在大海上的船，记者就是船头上的瞭望者。他要在一望无际的海面上观察，审视海上不测风云和暗礁险滩，并及时发出警告。"

在一个开放的和市场经济的社会中，媒体特别关注天灾人祸一类题材。这其中既有突出的新闻价值，又有市场机制的作用。改革开放以来，贴近市民的晚报大量兴起，不但一定程度上实现了当天新闻当天看，而且体现环境监测功能的灾难、悲剧新闻成为主要内容之一，对社会生活的覆盖面大为增加。20 世纪 90 年代初开始，市场经济发展提速，此后出现了作为早报的都市报。"90 年代中后期异军突起并迅速占领市场的都市报也正好赶上这一时机，这使得以'贴近百姓、贴近生活'为读者定位的各家都市报将灾难报道'做大做强'，以求读者最大化的主观愿望成为现实可能。如今读者随便翻开一份都市类报纸，无论大小、轻重，灾难新闻几乎随处可见，甚至有读者戏言，要是哪天的报纸上没有灾难新闻那就算是真正的新闻。可以说，灾难报道已经成了都市报纸的一种常态。"②

然而，灾难、死亡——这些沉重的名词，是新闻报道频繁面对的主题。新闻生产要求记者第一时间采访报道，却可能给当事者带来痛楚和伤害。怎样对待采访对象的心理创伤？

侵扰悲痛

记者在意外及不幸事故发生后，侵扰一些因该意外或事故而悲伤的人。

记者在意外及不幸事故发生后，侵扰一些因该意外或事故而悲伤的人（主要指丧亡者亲友），这种行为被称为"侵扰悲痛"。具体可分为两方面：信息采集环节的侵扰和信息呈现环节的侵扰。经常出现的侵扰行为有：（1）使用欺骗或强制手段进行采访。（2）强行打开被访者的痛苦记忆。（3）报道内容失实。（4）报道风格冷漠或轻佻。（5）图片使用和文字描述过度刺激。③

目前这个阶段的市场经济和社会现实，似乎决定了此类新闻的难以避

① 参见马特：《侵犯隐私权的构成及类型化研究》，载《北方法学》，2007（4）。

② 吴军：《试论都市报灾难报道的三种境界》，http：//www.qzwb.com/gb/content/2005-04/04/content_1597918.htm，2005-04-04。

③ 参见肖伟：《新闻报道怎样避免侵扰悲痛》，载《新闻记者》，2007（2）。

免。经济学家汪丁丁指出：今天的新闻有双重困境。首先，我们生活在一个市场疯狂的时期。当大众丧失常识的时候，表现为市场疯狂。其次，我们生活在一个转型期社会里。大众媒体，一方面必须履行它们的“引导舆论”职能，另一方面却已经浸淫在市场里，受着利润的驱使。一旦市场无限制地展开，将社会嵌入到市场之内，手段就转而成为目的了。当利润成为目的时，凡可以产生利润的，都可以是“新闻”。在一个市场社会里，由于“社会”被嵌入在“市场”之内，故而大众的行为模式是消费主义的、短期的、对生活的终极意义不加思考的。①

但是，无论新老媒体，一方面在追逐自身的复杂目标，其中包括它们可能振振有词的公共利益和公众知情权；一方面它们也清楚，社会大众是媒体的衣食父母。他们消费包括新闻在内的媒体产品，也可能有某种猎奇的需要，但是一旦成为这类新闻的受害者，他们就会严厉而愤怒地谴责媒体行为。加之今天的媒体，所谓的地理和心理上的接近性越来越弱化，媒体传播也不得不考虑远在国界以外甚至远在天边的受众/受害人的感受。

以一个关于新闻接近性的悲剧报道为例。当地时间 2013 年 7 月 6 日上午 11 时 28 分，韩国韩亚航空公司 OZ214 航班在美国旧金山机场降落时发生事故，造成 2 人死亡，182 人入院治疗。7 日，韩国《东亚日报》下属电视频道“A 频道”新闻主播尹庆民在播报该消息时说：“最新的消息是，是 2 名中国人而不是韩国人在事故中死亡，从我们的立场看，真是万幸啊。”韩国网民当时就看不下去了，他们留言：“如果让中国人看到你这样播新闻会带来什么后果啊?”“遇难者年龄这么小，你怎么能这么说话啊?”“作为电视主播怎么能这么口无遮拦，不是我们国家的人死了就是万幸?”有网民将主播的言行称作“无人性”。此事经中国媒体报道后，理所当然地引起了中国民众的愤慨。②

避免二次伤害的可能性

罗恩・史密斯观察到，公众中有许多人视记者为盘旋在空中、随时向捕猎对象俯冲的秃鹰。他引用美国一位资深报人的话说，受到悲剧事件惊吓的民众与报道悲剧事件的记者之间的冲突是在所难免的。“新闻报道是侵扰性的，而悲伤需要隐私。”“只要（媒体代表）在那里，对社区就是冒犯性的。”史密斯同时认为，严重罪行、飞机失事一类事件仍然是新闻，记者必须报道这些事件及其后果；读者和观众希望看到此类报道。他引述说，许多有经验的记者认为，关键在于对待受害者要像对待骨肉同胞一样。“我们应该以敬意和研究来框定我们的问题。我们必须敏锐，但不是胆怯。”③

---

① 参见汪丁丁：《严肃新闻的社会条件》，载《财经》，2007-08-6。

② 参见赵光霞：《韩媒就不当言论道歉 韩网民称主播言行“无人性”》，http://media.people.com.cn/n/2013/0708/c120837-22119363.html，2013-07-08。

③ Ron F. Smith, *Groping for Ethics in Journalism*, Ames, Iowa: Iowa State University, 1999, p. 239.

据研究，悲剧发生后，逝者亲友正处于一个特殊的悲痛期。根据澳大利亚殡仪业主管协会的标准，悲痛期可分为 11 个阶段：（1）震惊，拒绝相信。（2）感情释放。（3）孤独。（4）出现悲痛的生理症状。（5）憔悴（无法应付现实生活）。（6）痛苦减轻。（7）负罪感（对已发生的事情感到自责）。（8）愤怒（对死者、医生、上帝等）。（9）无法正常活动。（10）康复在即（恢复中断的生活）。（11）欢迎回来（重新加入社会生活）。

媒体的侵扰悲痛行为会给逝者亲友带来多方面的伤害。处于不同阶段的悲痛者面对媒体时会有不同的反应：不愿被媒体打扰；看到对亲人的不实、不尊重或过于渲染刺激性细节的报道，会加深痛苦；其告诉记者的，可能是他认为“最适合”的话，却不是真实的信息；其可能失去感情控制，面对媒体表现失常等等，此时媒体的公开报道可能对被访者的隐私带来侵害。以刊登死者家属痛苦情状的图片为例，“任意刊登他人处于悲惨或尴尬境地的图像，暗含侵犯人的隐私权……那些受伤害的个人有自尊或被人尊重的权利，而这些照片的刊发可能导致照片中受害者社会评价的降低和心灵蒙受打击”。

知情同意

指记者有责任向被访者详细告知有关细节，包括表明自己来自哪家媒体，告知被访者如果同意接受采访会有什么后果，会有哪些益处，可能存在哪些危险等。

在灾难和死亡报道领域，“知情同意”是美国新闻界普遍采纳的原则。这一概念源自医学领域，原指让患者理解医疗机构诊疗、护理的内容和程序，权衡利弊得失，对诊疗方案做出评价，根据自己的知识和能力做出决定。在新闻报道中征求知情同意，指记者有责任向被访者详细告知有关细节，包括表明自己来自哪家媒体，告知被访者如果同意接受采访会有什么后果，会有哪些益处，可能存在哪些危险等。

《底特律自由新闻报》前发行人尼尔·夏因甚至建议记者要像警察对疑犯讲述“米兰达警告”那样，对不幸中的受访者讲出他们的权利，告知其无须答应记者的所有要求。因为多数人并不知道报道可能给他及家人带来的一系列后果，有时即使被访者同意接受采访，记者在报道过程中也并无侵扰行为，但报道刊登或播出后仍然会使被访者感到受了伤害。[①]

美国州立密歇根大学新闻学院“受害者与媒体中心”对媒体和记者给出的建议是：（1）让受害者和家人感到有力量和能够控制。（2）采访伊始就讨论隐私和保密问题，以防止误会和建立信任。（3）防止自己因为是第一张带去坏消息的“乌鸦嘴”而制造尴尬和不受欢迎。（4）请求获准，无论是接近受害者身体的私密区域还是做出表示关爱的姿势。（5）注意表达

① 参见肖伟：《新闻报道怎样避免侵扰悲痛》，载《新闻记者》2007（2）。

的措辞，可以说“真遗憾您碰上这种事情”，或者“我很高兴您能生还”。悲剧中的人常常自责，因此可以说“这不是您的错”。(6) 不要说“我明白您的感受”，因为无人能理解此时此刻对方的心理。(7) 报道必须准确，一个貌似平常的差错对于受害者的亲友可能不是小事。(8) 发出责备时要格外谨慎，特别是涉及受害者的既往过错和不良记录时。(9) 警惕照片、图表和“图文并茂”式综合呈现的特殊冲击力，有时候，一幅无品位的照片或一个遗漏，又或记者置于报道中的有细微差别的新闻标题损害了一则敏锐而礼貌的报道。[①]

当然，还应该加上一条：媒体一旦出错，特别是引起公愤时，必须及时而诚恳地做出道歉。涉及国际问题时，还可能需要政府出面。当然，在互联网的强大监督下，媒体道歉正在成为一个趋势。2013 年 7 月 9 日，即韩国新闻主播尹庆民播报惹祸的第三天，韩国外交部发言人赵泰永出面表示，主持人已在媒体上公开道歉，相关媒体也以电视台代表的名义进行了道歉，希望中国国民能接受歉意。他说他坚信中国国民和韩国国民对彼此来说都是非常重要的朋友。每一个人的生命都是非常珍贵的，无论国籍和人种。[②]

对案例的简要分析

案例一和案例二都是悲剧故事，都涉嫌“强行打开被访者的痛苦记忆”。案例一比较久远，其时互联网尚未问世。女孩不幸死在遥远的首都，家乡报纸在得知著名的《华盛顿邮报》已经发稿，面对苦苦哀求不要公开的死者父母，还是决定发表“堕落天使”的报道。这虽然比本讲中的多数案例具有较大的合理性，但是仍然会造成一种二次伤害，因为这么做毕竟违反了当事人的意愿。在案例二中，我们相信公布波士顿爆炸案遇害中国学生姓名的国内媒体并无故意伤害之心，而且确实也有网民支持这种突发事件中及时公开信息的行为，但是这些媒体要么是忽略了、要么是不知道家长有暂时保密的要求，很可能给亲属造成了新的痛苦。

对于这种飞来横祸所造成的巨大心灵创伤，媒体是可以考虑用推迟刊播有关新闻来力争避免造成二次伤害的。当然，今天随着全球化的进程和互联网的普及，这一处理能否奏效实在难以保证。在案例一中，当地报纸推迟刊登是有可能避免刺激家人的，当然外地的媒体也会侵入本地，但是，这总比看到本地报纸的概率要低。在案例二中，这种突发事件瞬间全球皆知。家长要求保密，说是避免不大可能上网的老人知道后过度悲痛。这应该是一个合理诉求。但是问题可能仍然存在，那就是：(1) 这种诉求其他媒体能否知晓？(2) 媒体能否将心比心而克制抢先发表的冲动，暂时对遇难者的姓名不予披露？

---

① See Ron F. Smith, *Groping for Ethics in Journalism*, Ames, Iowa: Iowa State University, 1999, pp. 241-242.

② 参见蔡东海：《韩国外交部希望中国国民能接受韩方媒体道歉》，http://www.chinadaily.com.cn/hqzx/2013-07/09/content_16753175.htm，2013-07-09。

案例三的问题比较类似。网球巨星阿什是那个时代的一位角色模范，不幸因非个人缘故感染艾滋病。艾滋病会造成一种较长时期的身体和心理痛苦，又容易受到误解和非议。媒体披露以后令他被迫选择公开承认病情，这对于他本人和家人都是雪上加霜。我们相信，虽然公开难以避免，但是最早披露阿什艾滋病情的记者内心里会背上一个十字架。

不过在当时，美国新闻界对《今日美国》报追查阿什是否患有艾滋病看法不一。许多新闻工作者认为，这件事是新闻，他们有义务在其得到证实后发表。另一些人认为，披露阿什的情况是正确之举，这样做能教育公众，增加他们对艾滋病的了解。还有许多新闻工作者和普通公众认为，对阿什及其家人表示同情比披露这一新闻或教育公众更为重要。阿什本人也清楚地阐述了新闻工作者所面临的道德问题。阿什问道："你们是准备以知情权为名，披着新闻自由的外衣，行冷酷、无情和愚蠢之事？还是对某些事情表示些许的同情?"阿什承认，如果这篇报道事关某个必须取信于他人的人——"上至总统，下至高速公路收费员"——那么应当让公众了解事实。但是，他说："我希望同情能够冲淡那种所谓的新闻价值。"①

在呈现血腥现场以及再次触犯新闻当事人的创伤和隐痛方面，一些摄影记者和刊印图片的报刊经常难辞其咎，中外皆是。案例五就是一个典型，用"无知之幕"理论，用前面的"悲痛期"学说，可以轻易而有力地批驳这种残酷呈现行为。罗恩·史密斯认为，重大灾难和战争的照片会激发读者的情绪，但是受批评最多的可能莫过于身处悲剧现场的人们的照片。有的摄影记者辩称，仅仅就新闻价值而言，就有理由刊登令人惊骇的和表现悲痛的照片。但是无论是同行还是公众，多数人反对这种论点。媒体在处理这类照片时可以：(1) 与受害者家人联系；(2) 赋予报道以意义；(3) 做出自我解释，希望读者相信发表绝非轻率冲动之举。②

案例五中的BBC主持人行为，只是程度很低的调侃，要是放在曾直接受到日本侵略的亚洲其他国家，恐怕不会有道歉之举。但是，BBC的世界性声誉以及英国作为文明国家和二战战胜国的形象，迫使其做出道歉。这个案例告诉我们，即便是对历史上侵略战争发起国的民众，也不能随意取笑。何况，九死一生的山口疆先生后来致力于倡导反战和废除核武器，不但在日本，而且在世界上享有声望，生前就受到中国等多国媒体的报道，在受到取笑时他已是年过九旬的老人。了解到这些，就不难理解，BBC的道歉是必需的。

从案例六到案例八，都是不折不扣的媒体失德行为。此类媒体行为令人反感厌恶，属于容易识别、不易解决的问题范畴。用前述汪丁丁教授的新闻"双重不幸"和笔者的媒体"双重封建化"论点可以深度解析。案例七和案例八由于其恶劣的国际影响而别具意义。迈克尔·杰克逊等人那么好的一首赈灾爱心歌舞，被糟践成了嘲笑辱没东南亚大海啸受害

① 转引自〔美〕罗恩·史密斯：《新闻道德评价》，李青藜译，北京：新华出版社：2001，255～257页。

② See Ron F. Smith, *Groping for Ethics in Journalism*, Ames, Iowa: Iowa State University, 1999, pp. 164-165.

者的《海啸之歌》，令人不齿，况且节目主持人自身也是一个少数族裔。

最后说明一下，本讲八个案例顺序的确定，颇费思量。大抵是两点考虑：一是中外搭配，二是依据媒体失德的程度而排列。前面五个案例还多少有一点伦理意蕴，媒体在发稿前要么对发稿的利弊有所思量，要么是在突发事件信息公开进程中的行为，要么是对悲剧人物略带嘲讽。如果说，这五个案例存在程度不等的可争可辩之处的话，那么后面三个案例中的媒体和记者行为，只能受到批评谴责。

思考题

1. 美国法学家查尔斯·弗里德说："没有隐私权，我们就失去了人之为人的完整性。"如何理解隐私和隐私权？
2. 隐私权在何处发轫？它诞生主要的时代背景与媒体有什么关系？
3. 新媒体时代，人们的隐私权保护愈加困难，为什么？隐私的复杂性表现在哪里？
4. 如何解释"侵扰悲痛"？隐痛具体表现在哪些方面？
5. 新闻记者为何要在报道中避免"二次伤害"？在新媒体时代新闻记者和新媒体使用者如何努力避免"二次伤害"？

Chapter 8

第八讲　阴私文学与媒体妄为

- 尹冬桂案判决获高度评价
- 贪官、罪犯、坏人与人格尊严
- 遭受诽谤伤害至深的尚军
- 热炒女贪官绯闻缘于男权作祟，但是……
- 张国华们何以成一些报刊的宠儿
- 《中国时报》的“二宗罪”
- 假如联防队员强奸案中的媒体被诉……

以性为重要内容的个人隐私意识是随着中国的改革开放，特别是最近十多年来在国人中间开始发展的。隐私在西方的历史长河中主要是作为一种积极的社会价值而存在的。但是在中国这样一个自古以来就以家国意识进行思想灌输的社会中，隐私及其前身阴私，具有相当负面的含义，被认为是与家国观念冲突的私人事务，甚至是见不得人的丑事。随着 1987 年初《民法通则》的施行，法律和一般意义上的公民的人格权和人格尊严意识成长起来。虽然《民法通则》规定的人格权中列有名誉权、荣誉权、肖像权、姓名权等，而并无隐私权和性自主权。但是，我们今天普遍认识到，不包括隐私权和性自主权的公民人格权是不完整的人格权。

性自主权

性自主权是指自然人保持其性纯洁的良好品行，依照自己的意志支配性利益的具体人格权。

性自主权原来叫贞操权，“性自主权是指自然人保持其性纯洁的良好品行，依照自己的意志支配性利益的具体人格权”。它的内容包括保持权、反抗权和承诺权。[①] 也有论者认为，性自主权是指在法律不禁止的范围内，个人具有按照自己的意愿来选择和决定自己在性方面的一切事务的权利。具体包括：性对象选择自主权、性行为自主权和性表达自主权。性的自主权是由女性主义者提出和提倡的。她们主张，他人对于个人的性的自主权的干涉与破坏，首先和主要是针对女性的，女性所受到的侵害与损害也最多和最大。因此女性必须反对任何对个人的性的自主权的侵犯，才能最终实现男女平等的理想。[②] 当然，今天的性自主权应该扩大到同性恋的范围。

大众媒体时代，尤其是以互联网为代表的新媒体时代，一定是一个开放的时代。其中涉及的性题材必然增多，并引发社会性观念的变化。曾几何时，我们的古老文明以含蓄和内敛著称，历史上在性这个最大隐私议题上偏于传统和保守，此类题材和话题多属于公开传播中的禁忌。如今，短短二三十年内，情况发生巨变。在新老媒体上，性主题似乎日益契合人们的兴趣（有时兴趣就被称为“性趣”）。一方面个人主动通过媒体公开的现象与日俱增，一方面是媒体日益致力于追逐和挖掘此类题材。

但是无论如何，就像世界上的多数国家一样，中国仍然是一个男性主导的社会，在性观念走向开放的过程中，我们也不得不反思：(1) 与媒体高度相关的性话题开放的边界在哪里？(2) 开放的结果是否有利于处于弱势的女性？是否有利于性别公正？我们可以通过以下案例来进行某种检验和批判。

---

① 参见王利明、杨立新主编：《人格权与新闻侵权》，北京：中国方正出版社，1995，424～427 页。

② 参见 http://baike.baidu.com/view/6616665.htm。

案例一 “女张二江”之污名与媒体败诉

十多年前，湖北省天门市原市委书记张二江的贪腐故事流传甚广，此人曾被当时的湖北省委书记俞正声称为“吹、卖、嫖、赌、贪”五毒俱全的“五毒书记”。1978 年，24 岁的张二江进入武汉大学历史系学习，曾任校学生会主席。1982 年毕业后走入仕途。2002 年初，张以涉嫌受贿罪被逮捕；2002 年 9 月因受贿、贪污近 80 万元被判处有期徒刑 18 年。据新华网报道，他曾与 107 名女性有染，曾让一名情妇的美照上了巨幅广告牌。①

2003 年 1 月，湖北省枣阳市原市长尹冬桂因涉嫌受贿，被湖北省检察院立案侦查。6 月 25 日，宜城市法院公开审理此案，称尹在担任枣阳市委副书记、代市长、市长期间，先后收受贿赂 43000 元、美金 2000 元。9 月 9 日，法院确认尹收受贿赂 43000 元、美金 2000 元（折合人民币 59540 元），一审判决尹冬桂有期徒刑 5 年。

就在宜城市法院公开审理此案的当天，2003 年 6 月 25 日，《武汉晨报》第三版上发表了两篇报道，一篇题为《收受贿赂八万元，人称“女张二江”……》，另一篇题为《与多位男性有染，霸占司机长达六年，枣阳有个“女张二江”》。这两篇报道除了讲到尹冬桂因受贿将接受审判外，更多地谈到了尹冬桂的私生活问题。文章被多家报纸和网站转载，很多注明消息来源于《武汉晨报》。

一些媒体也予以仿效，广州《新快报》6 月 26 日以《湖北“女张二江”昨受审》为题报道说：“一个曾担任县级市委副书记、政府市长的人，收受贿赂 6 万多元，按说在当今的反贪污反贿赂案件中，算不上一桩大案子，可尹冬桂一案为什么又吸引了那么多媒体记者？原来，尹冬桂一案虽然是涉嫌受贿，而在受贿的背后，有太多桃色丑闻和传说，因此，尹冬桂在民间才有了一个‘女张二江’的外号。”

《新快报》还写道：“曾与尹冬桂有过接触的襄樊当地官员吴文彬（化名），曾与尹冬桂在一些正式场合见过面。吴说她‘长得一般，蛮黑，个子也不高，按说是没有男人缘的’。可传言中她与多位男性关系暧昧，当中有官员，有商人。‘最典型的是，她在任枣阳市委副书记时，竟然在下面单位调了个帅气的小伙子来给她当司机。’两年后，司机想成家了，另谈了个对象。尹大发其火，令司机与恋人分手。就这样，司机为她服务了 6 年之久。”

当时尹冬桂正关押于看守所，听到社会上的传闻后，精神状况发生一些变化，身体出现了一些不良反应，不思饮食，胡言乱语，一度失去生活自理能力。她被转入武汉女子监狱服刑后，一度不能行走、说话和进食，精神明显异常，被武汉市精神病医院收治。该院 2003 年 11 月 5 日作出鉴定，认为尹在被告人知道关于自己私生活的问题见报和女儿自杀等重大应激事件后出现精神异常，诊断为创伤后应激性精神病，须加强治疗。

9 月 19 日，即尹冬桂受贿案一审判决十天后，尹委托丈夫向《武汉晨报》所属的长江日报社索赔精神损害抚慰金 41 万元，另索赔经济损失 8 万元。2004 年 4 月 24 日，襄樊市襄城区经不公开开庭审理做出一审判决：(1) 长江日报社在《武汉晨报》第三版上书面向尹赔礼道歉，以消除影响，恢复名誉；(2) 长江日报社赔偿尹精神抚慰金 20 万元；(3) 长江日报社赔偿尹各类经济损失 27992.90 元。

---

① 《“五毒俱全”张二江与 107 女的风流史》，http://news.qq.com/a/20090610/001019.htm，2009-06-10。

法院一审认为，《武汉晨报》两篇报道内容失实，所用语句不当，对尹的人格尊严造成侵害。此案是一宗特殊的名誉侵权案，《武汉晨报》报道之日，正是尹涉嫌受贿接受审判之时，尹的刑事案件尚未做出判决，《武汉晨报》就用了“收受贿赂八万元”的字眼作为标题，给人以确定感，既存在用语不当，数额也与最终的认定有较大出入。“我们不能苛求新闻媒体的用语有如法律用语般规范，但应当客观真实，尤其涉及对案件的报道，应少用批判性字语。”

法院判决书指出，“张二江”是湖北乃至全国对男女关系问题的特殊代用语，含有贬义，《武汉晨报》报道的标题本身就涉及个人隐私，个人隐私属人格权利的一部分，不容侵犯，而报道的内容极少提及刑事案件的审判，更着重于尹冬桂的个人生活问题。因此，这两篇报道从标题到内容均严重侵犯了尹的人格权利，导致其社会评价降低，名誉受损。这两篇报道又被多家媒体转载，上网传播，影响范围也相当广泛。尹正是在多重压力之下精神出现异常，但失实报道的刺激对尹作为一名女性而言应是主要的。

长江日报社不服一审判决，提起上诉。上诉理由主要集中在精神抚慰金和经济损失赔偿金数额的合理性上。襄樊市法院经审理认为，虽然尹冬桂作为公众人物理应更多地接受新闻媒体的监督，但是新闻报道不能超出法律允许的界限，更不能以满足公众知情权为理由侵犯公民的隐私权。但二审判决认为，《武汉晨报》的报道确实给尹造成了一定精神伤害，但其精神疾病的产生有诸多原因，且尹基本犯罪事实已被确认，其社会评价已不是报纸报道所能决定，因而 20 万元精神抚慰金显然过高，也不应由长江日报社承担尹的全部经济损失。二审判决：(1) 维持原审判决第一、第三项；(2) 长江日报社赔偿精神抚慰金由 20 万元改判为 5 万元，赔偿经济损失 27992.90 元的 70%即 19315 元。

本案终审后，尹冬桂又接连起诉了 35 家转载侵权文章的媒体。新闻侵权研究专家徐迅女士认为，虽然在媒体上找不到关于起诉这 35 家媒体审判结果的任何报道，但基于本案已经确定的事实和生效的判决理由，这些案件如何判决仍然可以推断：只要确实刊登或发表了已被判决构成侵权的报道，也就是各家不加核实而转载虚假不实报道的被告人媒体不以《民法通则》规定的停止侵权、消除影响、赔礼道歉、赔偿损失方式各自承担应有的责任，恐怕难以了结官司。①

“女张二江”案法院告诫媒体的疑问

① 参见“中国新闻侵权案件精选与评析”课题组：《中国新闻（媒体）侵权案件精选与评析 50 例》，北京：法律出版社，2009，1～3 页；陈文定：《“女张二江”称呼违法　尹冬桂获赔 20 万元》，载《新京报》，2004-04-30。

案例二 焦玫瑰就“姘头”说起诉中国青年报社

2001年10月10日，辽宁大连市、抚顺市和江苏南京市等7个中级法院分别对原沈阳市市长慕绥新、副市长马向东等16人做出一审宣判，其受贿、贪污、挪用公款、巨额财产来源不明罪罪名成立。此案被称为“慕马案”，16人几乎全是沈阳官员，但是黑社会人物刘涌是一个例外。刘涌揭发出来的第一人是沈阳市政协副主席、市中级法院副院长焦玫瑰。8月3日，焦玫瑰被撤销沈阳市中级人民法院副院长职务。最高法院再审刘涌案刑事判决书显示，刘涌先后送给焦玫瑰价值人民币21700元的4个拼图凳子、1面镜子及价值人民币4000元的手机1部、美元2万元和人民币3万元。2003年，辽宁省高级法院终审判决焦玫瑰受贿罪、贪污罪成立，判处有期徒刑13年零6个月。

视频：慕马案主角贪官马向东在南京的最后120天

2001年8月31日，即“慕马案”一审判决40天之前，《中国青年报》第七版“法治社会”专栏发表了徐迅雷写的一篇题为《揭开刘涌保护伞：干爹干妈和姘头》的评论，文中写道：“刘涌是如何‘荣任’人大代表的？关键之处，绝不在于他有良好的群众基础，而在于他头上有‘优质’的‘保护伞’。刘涌的‘保护伞’最直接的是3个人……市中级法院副院长、以致公党沈阳主委身份担任市政协副主席的焦玫瑰则是他的‘姘头’。”

焦玫瑰于2004年将《中国青年报》告上法庭。她认为，《中国青年报》文章中四次用“姘头”，以这一侮辱性语言及完全违背事实的行文，构成了对自己名誉权的侵害，给自己造成极大的精神创伤。焦玫瑰称，此文刊登之初自己并不知道，直到2002年10月，她诉辽宁日报集团在大连发行的都市报《半岛晨报》侵害名誉权一案审理时，《半岛晨报》披露其侵权行为是摘自全国发行的大型报刊时，才知道是《中国青年报》刊登了上述侵权文章。此后，焦玫瑰曾委托其姐与《中国青年报》进行交涉，又于2003年8月22日写书面材料向被告人主张权利，但《中国青年报》置之不理，不予答复，为此焦玫瑰提起名誉权诉讼，要求被告人除了在同版位，以同篇幅、同字体公开赔礼道歉外，须赔偿精神损失费20万元。

2004年11月17日，北京市东城区法院公开审理此案。上午9时30分许，焦玫瑰的十多位亲戚朋友赶来法庭，他们都是刚下火车。上午10时，法官宣布开庭。庭审辩论异常激烈，双方代理律师整整唇枪舌剑了近两个小时。

焦玫瑰的代理律师当庭提交了《中国青年报》刊登的侵权文章、《半岛晨报》出具的转载说明以及焦玫瑰曾写给中国青年报社总编的信件等证据。

焦玫瑰因在辽宁省女子监狱中服刑未到庭，她的丈夫、姐姐等亲属从沈阳等地前来北京旁听。焦玫瑰在"我的陈述"中以文学语言这样自我描述："我半生勤劳苦学……用清高与骄傲赢得的荣誉与赞美，刹那间竟被如此狂野粗暴地践踏成污泥浊水……报纸在抽搐的手指间瑟瑟地抖动着，像风雨中凄冷的寒流，驱赶着毒蛇一样的文字在牢房中疯狂乱窜，一根根地噬断我的神经……我像受伤的蛇一样痛苦地扭动着自己的脖颈，为拯救自己而迅速地做着选择：(1) 死亡；(2) 疯狂；(3) 活着。""……活着意味着屈辱，但可以找回清白，我拒绝与儿子见面，就为了将官司打到底，我相信法律会予我清白……我是真诚的，我相信我会获得真诚的回报，愿在这场诉讼中与中青报共同前进，让 21 世纪不再有被侮辱的生命。"

焦玫瑰的亲友说，"姘头"说见报后，焦向丈夫提出离婚并拒绝和儿子会面。焦玫瑰丈夫任先生称，他绝不相信妻子是刘涌的姘头。他想对孩子隐瞒此事，但后来发现孩子的电脑里存了很多关于妻子的报道。任说："孩子允许母亲犯错误，但不能允许母亲是'姘头'。"根据媒体的了解，关于"姘头"一说，沈阳当地一直有这种说法，还有人为此编了段子流传。到底是否属实，无从查考。刘涌生于 1960 年，称焦玫瑰为"焦姨"，据推测，焦玫瑰比刘涌大 5 岁。有网民分析说："负责任地讲，焦玫瑰是否靠出卖肉体爬上去的和是否是刘涌的情人至今尚未找到直接证据。可以认定的两点是：她确实曾是挺优秀的女强人，又确实充当了黑社会老大刘涌的干妈的角色。"①

庭审辩论中，焦玫瑰的代理人刘律师说："什么叫姘头？非夫妻同居的不正当关系的一方才叫姘头。对于一个传统女性来说，这是最具侮辱性、最恶毒的语言！"被告人辩称，文章不是被告人单位记者撰写的，而是浙江省一位自由撰稿人撰写，向被告人投稿，由被告人发表的，并非新闻报道。在该文发表之前的近半年中，全国许多媒体已有同样内容的报道，并在互联网上传播，"路人皆知"，作者只是转引了"姘头"关系的内容，并非凭空杜撰。

原告人指控，不管《中国青年报》有没有主观故意，但客观上造成了严重后果。焦玫瑰曾经被关押的看守所所长及女管教的两份证言证实，焦玫瑰在看到说她是"姘头"的报道后很恼怒，气得手直哆嗦，拒绝吃饭，当晚就写了一封信要求给当地检察院。同住的人还反映焦玫瑰因此产生了轻生的念头。被告人辩称，原告人社会评价降低源于自

---

① 《贪官淫乱百丑图》，http：//club. kdnet. net /dispbbs. asp？ boardid＝1＆id＝8769253，2012-11-13。

身劣迹，并且原告人不能举证证明是由于被告人刊登“徐文”才导致社会上广为传播“姘头”一说，也不能证明由此导致原告人名誉如何严重受损。原告人对2001年4月初刊登同样内容的《丹东日报》的愤怒、不满归于被告人是十分错误的，更何况原告人看到《丹东日报》刊登的“姘头”一词后，极为恼怒，甚至“想到自杀”。她于2001年4月通过看守所对《丹东日报》提出异议、投诉后，《丹东日报》至今也未对此做出任何更正、声明，否定该内容的真实性。

尽管做了强有力的名誉侵权抗辩，但是被告人律师也承认，《中国青年报》的编辑人员审稿工作做得尚不严谨，对此投稿的内容疏于细查，有待提高业务水平。倘若此情节真的属于失实，被告人负有疏于来稿审查之责任，被告人愿意在法院依法做出认定后，经法院准予，以适当的方式予以更正。无论本案结果如何，这也是对被告人编辑工作敲响的一次警钟，报社编辑工作的严谨性、严肃性需要进一步加强。

因焦玫瑰代理律师的调解意见与其诉讼请求内容一样，遭到《中国青年报》辩护律师反对，而《中国青年报》只表示可以道歉，不接受原告人整体要求。法官认为调解失败，宣布将择日宣判。中国人民大学法学院民法学专家杨立新教授分析说，从判断侵犯名誉权的标准和双方当事人出示的证据来看，该案很可能对《中国青年报》一方不利。①

焦玫瑰“姘头”一说路人皆知

案例三 女贪官尚军狱中告赢杂志和八卦作者

自2006年到2008年中，安徽省先后有十多名厅局级以上官员因贪腐走上被告席，阜阳市委原副书记、阜阳市中级法院原院长尚军是唯一的一名女性，也是其中曝光率最高的。尚军年轻时做过工人和警察，1984年30岁时调任太和县法院副院长，1990年任院长。1992年到1997年任阜阳地区、阜阳市中级法院副院长、院长；1997年到1999

① 参见王巍：《女贪官狱中状告媒体 不满自己被称为刘涌“姘头”》，载《法制晚报》，2004-11-17；王巍：《慕马案女贪官状告媒体续：中青报愿意登报致歉》，载《法制晚报》，2004-11-18；郭志霞：《女贪焦玫瑰状告中青报 讨名誉权索赔20万》，载《北京娱乐信报》，2004-11-18；《被报道称为刘涌“姘头”焦玫瑰狱中起诉中青报》，载《重庆晨报》，2004-11-18。

年任阜阳市副市长；1999 年到 2005 年任阜阳市委常委、纪委书记、市委副书记等职，2005 年 4 月任安徽省卫生厅副厅长。2006 年 3 月，尚军因涉嫌受贿由安庆市中级检察院批准逮捕，9 月 19 日她被提起公诉。

公诉材料显示，尚军所涉嫌的职务犯罪事实均发生在其于阜阳市任职期间。检察机关指控，1992 年至 2005 年尚军在阜阳市任职期间，利用职务之便，通过发包工程、提拔调动干部、分配安置工作和干预案件等途径，先后收受 41 人所送钱款计人民币 90.6 万元、美元 200 元，并为他人牟取利益，行贿者大部分来自尚军分管的政法系统。此外尚军还对 98.7 万元的家庭财产不能说明合法来源。2007 年 2 月，安庆市中级法院以受贿罪和巨额财产来源不明罪，判处尚军有期徒刑 10 年。

尚军为什么在那一干贪腐官员中曝光率最高？记者宾语认为，湖北《前卫》月刊刊发的一则桃色故事起到了决定性的作用。2006 年 5 月，一个陌生男子拿着《俩省级高官后面的女人：以色谋权噩梦醒来一场空》的文章，先后找到尚军的两个妹妹。陌生男子说，他是受人之托来找尚军家人的，只要家人拿出 7 万元，稿子就不发了；要是不愿出钱，今后肯定会后悔的。尚军家人看了文章后很生气，但是他们觉得这样一篇胡编乱造的稿子，是不可能有媒体刊发的，就拒绝了来人的要求。对方还不甘心，说文章后面留有电子邮箱地址，希望他们尽快回话。一天后，尚军的家人按照稿子后面留下的信箱 nongminribao@126.com，给对方发了一封信，表示稿子写得太假，已构成诽谤，希望对方就此住手，但对方没有回应。

同年 8 月号的湖北《前卫》月刊发表了《傍上两个“副省”，为何保不住她的亨通仕途》一文，绘声绘色地讲述了尚军如何靠出卖色相获取升迁等“真实故事”：

一次，县公安局的主要领导李某来派出所检查工作，尚军被安排去陪酒。李某……不时地跟她开些粗俗的玩笑，但她不光不恼，还配合李某说了几个黄段子，听得大家十分开心，更让李某大开了眼界。散场时，李某喝多了，所长安排尚军到宾馆去照顾他。有尚军陪着，李某的酒醒了大半。他关上门，一把拉住她的手说：“小尚，还是你知道关心我啊……”然后就不老实起来。尚军挣脱开来，却没有走，而是坐在一边，红着脸一言不发。李某见还有机会，就再次扑上来，把她压在身下，一边忙活，一边上气不接下气地说：“想死我了，你有什么条件我都答应……”尚军非常冷静，她一边应付着李某，一边说：“听说所里还缺一个副所长……”李某马上明白了，说：“你放心，只要你跟我好，副所长就是你的了。”尚军要的就是这句话，很快顺着李某的意图动作起来……李某说到做到，很快，尚军成了派出所副所长，不久又当上了指导员。这下，求她办事的人多了，不少人为了办事还给她送礼，这让她更加体会到了当官的好处……

1984 年秋的一天，尚军跟已经调到县法院当副院长的李某鬼混时，不知从哪儿得知消息的丈夫忽然破门而入，把他们堵在了床上。

该文章从所谓尚军与李某的不正当关系，写到她成了第一个“副省”王昭耀的周末情人：“王昭耀的家属在200公里外的宿州市，他一个人在阜阳，而且跟老婆的关系不十分好。为了更加方便跟王昭耀厮混，尚军干脆在阜阳市买了套房子，每到周末，就名正言顺地回到‘家’里，而这个家的‘男主人’，自然是王昭耀了。作为官场上的实力派人物，王昭耀当然不会跟老婆离婚，为了让尚军不要有别的想法，他还给尚军在宿州介绍了一个自己以前的同事做男朋友，并促成他们结了婚。然而，那人很快就发现了尚军与王昭耀的特殊关系，两人在一起不到一年就离了婚。从那以后，尚军再也没有结过婚。”

该文章再写到尚军如何成为第二个“副省”王怀忠在阜阳国际大酒店总统套房中的常客：“一次，王怀忠到市中院视察工作，中午吃饭的时候，他见尚军主动坐在了自己的旁边，就说：‘尚院长，有你这么漂亮的女人坐在旁边，我不想糊涂心思都难，你这不是故意让我犯错误吗?’尚军当即回答道：‘男人不坏，女人不爱。我正担心王书记有贼心没贼胆，不敢犯错误呢?’就这样，两个人当着很多人的面在酒桌上眉来眼去、打情骂俏，丑态毕露。”“很快，尚军就成了王怀忠在阜阳国际大酒店总统套房住处的常客。王怀忠什么都敢说，经常在酒桌上公开称尚军为‘老婆’，而尚军竟然也脸都不红地回称王怀忠为‘老公’。”

这篇署名为“丁香、小钟”的文章刊出后，全国乃至境外众多报刊和网站先后以“女高官的桃色新闻”、“直升机厅长”等为标题广为转载和传播，引发了轰动效应。“丁香、小钟”的文章让尚军的家人抬不起头。宾语在采访时了解到，尚军父亲得知文章内容后，精神受到打击，导致心脏病发作而入院。尚军家人找到《前卫》杂志进行交涉，但没有得到答复。

2006年10月，媒体热炒尚军桃色新闻达到了顶点。当时，尚军被关押在安庆市第一看守所内，她从同监区女犯们的议论中听出了端倪。她不明白的是，“丁香、小钟”为什么能编出那些故事，还言之凿凿地说，她在审查期间交代了与“二王”等人的特殊关系，承认自己“以色谋权”，并对自己所做的一切表示了深刻的忏悔。10月25日，尚军案才在安庆市中级法院公开审理。此时“丁香、小钟”的文章已经疯传两个月。

2008年3月，尚军以侵犯名誉权为由起诉《前卫》杂志主办单位湖北日报传媒集团，要求赔偿精神损害抚慰金32万元。起诉书称，该文采取捏造事实、混淆是非的手段，以所谓“以色谋权”为主线，对其进行恶意诽谤和人身攻击，侮辱了她的人格，在社会上造成了极为恶劣的影响，对自己精神造成致命打击。直至今日，她经常出现失眠、头痛、精神恍惚等症状，无地自容，真想一死了之。尚军认为，“丁香、小钟”文严重失实，侮辱其人格，严重侵犯其名誉权，不仅给她本人造成巨大精神伤害，也伤害了其家人和亲朋好友。

3月28日，合肥市蜀山区法院不公开审理了此案。据张国华介绍，尚军以色谋权一事在当地早有传闻，他是当地人，对情况比较了解。他还多方采访，向安徽省政法界的朋友了解了有关情况，然后写作此文，内容属实。尚军是公众人物，即使报道有出入，也应容忍。

法院经审理认为，尚军作为公众人物，理应接受媒体的监督，但新闻报道不能超出法律允许的界限，更不能以满足公众的知情权为由，侵犯其名誉权。尚军因犯受贿罪、巨额财产来源不明罪被追究刑事责任，但其作为公民的名誉权仍受法律保护。法院认为，“丁香、小钟”文虚构尚军“利用身体资源”，是王昭耀与王怀忠的情人，因而当上阜阳地区中级法院副院长、院长及阜阳市副市长、市委副书记、政法委书记等职务的情节，渲染、散布尚军“以色谋权”的虚假事实，给人以尚军的任职、升迁完全是“靠色相”、“傍领导”获取的认识。文中用“狐狸精”、“鬼混”、“厮混”等带有污辱性的言语诋毁尚军名誉。

法院认为，综上，该文虚构、捏造尚军“以色谋权”等事实、以带有污辱性的言语诋毁尚军名誉，媒体在刊发该文时，应负责审查核实，但该媒体提供的证据不能证实对此文予以审查核实，传播了不利于尚军名誉的虚假事实，且被其他媒体广泛转载、转摘，严重侵害了尚军的名誉权，依法应承担相应的民事责任。湖北日报传媒集团应停止侵害尚军的名誉，赔礼道歉，恢复名誉，消除影响，范围应与侵权造成不良影响的范围相当。2008年5月下旬，蜀山区法院一审判令湖北日报传媒集团书面向尚军赔礼道歉，并赔偿精神损害抚慰金6万元。双方均未提起上诉。9月，《前卫》杂志刊登致歉声明。①

尚军和家人的维权诉讼并没有停止。6月28日，尚军家人从知情人处了解到，滁州人张国华居然是一个靠编假新闻骗钱的专业户。接到法院上述判决后，尚军又在9月入禀法院告发张，请求判令张在报刊上赔礼道歉，并支付精神损害抚慰金20万元。张向法院提出不公开审理请求，称努力与尚军达成调解。12月2日，在蜀山区法院的主持下，尚军与张达成调解。张支付了20750元精神抚慰金，并在写给尚军的致歉信中称：“……的确没有经过实地调查、了解和采访，负有不可推卸的责任。我愿意在此对这个稿子对您名誉上造成的伤害向您表示深深的歉意：对不起您！”②

女贪官尚军：狱中辩明“情色新闻”

① 参见宾语：《安徽“张编编”骗了亿万中国人》，载《法制与经济》，2008年7月上半月版；《女贪官尚军：狱中辩明的“情色新闻”》，http://news.xinhuanet.com/focus/2008-09/19/content_10054608.htm，2008-09-19。

② 宾语：《杜撰尚军“艳事”写手输了官司》，载《安徽商报》，2008-12-09；宾语：《滁州“张编编”编造女贪情色新闻成被告人》，http://qzone.qq.com/blog/622006317-1220518340，2008-09-04。

案例四 深圳联防队员强奸案中的媒体

2011年10月23日晚，深圳发生联防队员强奸案。11月8日，《南方都市报》记者成希率先发表题为《妻子遭联防队员毒打强奸 丈夫躲隔壁“忍辱”一小时》的报道。报道称，31岁的安徽阜阳人杨武与妻子王娟（均系化名）在深圳宝安区西乡街道租房开了一间修电器的小店，杨武的同乡、西乡街道社区治安联防队员杨喜利来到他们家，毒打并强奸了王娟。杨武出于恐惧，在杨喜利对妻子施暴的过程中始终躲在杂物间报警，未敢出来制止。面对后来的责骂，杨武称自己“软弱、窝囊、没用，是世界上最窝囊和最没用的丈夫”。①

作为首个报道者，《南方都市报》记者成希在接受天涯论坛的访谈时称：“事发十几天，杨武跟很多媒体求助过，但都没有得到任何回应……他找到了南都，我立即赶到现场进行采访报道，应他的请求报道此案。至于其他媒体粗暴采访，跟《南方都市报》无关。”他还声称：“在新闻伦理上，南都做了很大克制……原本我们是有机会跟他妻子对话的，但看她情绪过于悲伤，根本不忍打搅，只是看了一眼她。”但他承认，他在报道中个别表述在报纸上的呈现“确实有所不妥”，尤其是他在与杨武的对话中直接对他说：“你太懦弱了。”（见图8-1）

图8-1 电视台记者们强行闯入民居采访受害人

2011年11月8日，也就是成希的报道见报的当天，前来抢新闻的媒体记者们蜂拥而至，生硬地闯进杨武家，将20多个平方米的电器修理铺围得水泄不通，录音笔对准了杨武，话筒与镜头逼向了精神已近崩溃的王娟。既然是奔着“懦弱”的新闻点而来，王娟被强奸时的心态以及杨武当时的心理活动自然都是这些记者关心的话题，有记者甚至逼问王娟：“你是怎么被强奸的？”王娟在绝望地哭泣，失控地撞墙。摄像机记录下了这一幕幕，这些场景很有画面感，可以增强新闻的表现力。

① 参见《“最残忍的采访”有违新闻伦理》，载《中国青年报》，2011-11-12。

不久，一张照片和一段视频在网上疯传。照片背景杂乱，堆满了衣物和床单。照片的右侧，一个女子向里侧卧在床上，两手抓着床单，将脸捂得严严实实。左侧，有好几只指甲涂得鲜红的手握着话筒，将它们凑到女子的头边。电视记者们强调女受害人处于崩溃边缘。“一有陌生人靠近，她立即就会惊恐地往后缩，并发出尖叫声。”有记者直接逼问女子：“你是怎么被强奸的?”话筒上，南方电视、广东卫视《今日关注》栏目、深圳电视台“公共频道”的标识清晰可见。视频上，也是一群手持话筒的人走进了一间堆满废旧电视机的房子，他们围着一个身材瘦小的男子，这名男子跪在地上，头深深地埋了下去，带着哭腔说：“我忍受的是所有男人不能忍受的耻辱和压力，我不愿意回忆，求求你们了，出去好吗?”

这一张照片、一段视频，在互联网上激起了普遍的反感。央视女记者柴静在博客中写道：“这样一个新闻，被毫无尊严地、粗暴地曝光于他们的邻居、父母、孩子面前。他们确实不知道怎么反抗暴力，对自己最脆弱的保护，只能用袖子掩住脸来避开采访。是的，这是一场羞辱，但不是他们的。”清华大学新闻与传播学院陈昌凤教授评论说：“有一种现场，呈现的不是专业性，而是无德、无知、利益至上。”

尤其难以想象的是，有媒体报道称，受害人与犯罪嫌疑人“通奸”，这直接导致当事人试图自杀。11月9日，《江淮晨报》对该案的整版报道配上了这样的报道标题：“‘我是世界上最窝囊的丈夫’是的，你还好意思说!”报道让许多读者和观众感到愤怒，女受害人因此也多次试图自杀。11月10日，《江淮晨报》在官方微博上做出道歉：“在制作标题时，我们只是浅薄地对受害人杨某‘哀其不幸，怒其不争’，未能做到应有的公正、公平，给受害人及读者带来了伤害，在此表示道歉。”①

2012年9月7日上午，深圳宝安区法院一审宣判，被告人杨喜利因犯强奸罪，被判处有期徒刑六年，被告人叶高峰、晏金广因犯强奸罪分别被判处有期徒刑一年六个月和一年。法院经审理查明，2011年初，杨喜利在深圳偶遇小学同学杨某松，并认识了杨妻——被害人王某某。同年10月22日晚，杨喜利带叶、晏来到杨某松一家经营的家电修理店。杨喜利将店铺卷帘门踢开后强行进入店内，并要求叶、晏在店外看守，不让他人进入。接着，晏有事先行离开。在店内，杨喜利不顾王某某反抗，强行搂抱、亲吻，并对王某某进行殴打、威胁。随后，杨喜利尾随王某某进入卧室，在王反抗的情况下，强行与其发生性关系。经鉴定，被害人王某某在此过程中受伤。

视频：联防队员当着丈夫面强奸妻子

① 参见《“最残忍的采访”有违新闻伦理》，载《中国青年报》2011-11-12；麦子：《联防队员强奸案媒体被斥 部分被指失伦理道德》，载《检察日报》，2011-11-16。

案例五 《中国时报》四报人因何获罪

1985 年出生的李宗瑞，被台湾媒体称为“淫魔富少”及“迷奸狼”，有伤害前科，是元大证券董事李岳苍之子。2011 年 7 月，有一对姐妹花控诉李涉嫌下药迷奸还拍性爱光碟，当时李否认性侵，辩称受害人是自愿与他发生关系。警方追查后发现，李偷拍的性爱视频中，有近 50 位女星和女模。这些视频都是在受害人不知情的状况下拍摄，李还将性爱视频分门别类，存于不同资料夹，甚至用被害人的中文或英文名字标示。台北地检署追查一年后，于 2012 年 8 月对李发出通缉。

据报道，李宗瑞用变态迷奸手法，下手对象均是熟识的朋友，其中不乏知名模特儿、节目主持人。难以想象的是，其父去年结交的女友梁某，也就是李宗瑞的继母，也在迷奸之列。他通常是在夜店或 KTV，趁被害人还没到场或上厕所时在饮料中下药，或趁被害人酒醉扛回自家，先佯装拿矿泉水给被害人“醒酒”，殊不知矿泉水已被下药，被害人喝了后不省人事，李便性侵并拍下视频留存。他下药迷奸，有时性侵得逞后见被害人仍昏睡，还将对方衣物穿回掩饰其行为，因此许多被害人第一时间并未发现，直到检警找上门，看到李拍的性侵视频后，才知自己受害，崩溃中痛骂“败类”、“告死他”。

法庭调查的视频资料和在李家搜到的药物，以及受害女星的证言，充分说明李宗瑞的行为属于迷奸。李最终承认，他是将网上购得的一种药物事先放入受害人的酒水里，药性发作后便实施性侵。台北地检署调查发现，李共拍摄 93 部不雅性侵视频，包括 50 位女性，某些人拍摄不止 1 次；虽然检警有辨识出其中某些女性，但 50 人中，只有 10 人愿意提告。检方还发现，在拍摄的性爱性侵中，李几乎都是找长发“正妹”，这透露出李的个人偏好。而拍摄中的女主角若持续昏睡或处于无意识状态，李不仅会以摄像机拍，有时还会拿手机同时录影。①

李宗瑞于 2012 年 8 月 1 日逃亡。8 月 23 日晚，李在律师的陪同下至台北地检署投案。2012 年 11 月 6 日，其下药性侵案侦结起诉，有十多名受害人指控其偷拍。检方认定李涉及 27 起妨害性自主案件，涉犯妨害性自主罪嫌等 45 项罪名，依一罪一罚求刑 209 年，合并求刑 30 年，并要求法官从重量刑。2012 年，谷歌公布全球年度关键字搜索排行榜，其中台湾的年度搜索关键字第一名是“李宗瑞”，击败第二名 NBA 华人球星“林书豪”。2013 年 1 月 31 日，李宗瑞首次认罪承认偷拍，愿赔偿每名受害者 20 万新台币。9 月 3 日，台北地方法院判决李偷拍、性侵属实，强制性交部分合并判刑 18 年 6 个月，妨害秘密部分判刑 3 年 10 月，得易科罚金。

自 2012 年 8 月 24 日《苹果日报》报道李宗瑞事件，不雅照片与视频流出，通过 BT、电驴等 P2P 模式在互联网上疯传。不雅照片视频高达 27.5G。有人将这些不雅视频放在色情成人网站上兜售。虽然外界呼吁不要散播淫照，但色情网站“卡提诺论坛”却提供 6 段“淫魔套餐影片”，只要网友线上付款，就可以一窥李的“动作片”。许多妇

① 参见《李宗瑞判刑 14 年 受害人中包括继母》，载《京华时报》，2012-11-01。

女团体与学者皆呼吁网民拒看该淫照，更提醒网民，传播者等同于李的共犯。

9月7日，台北地检署逮捕12名涉嫌散布不雅视频的网民，其中包括大学生、电脑工程师等。办案人员表示，多名网民通过点对点和手机传送等方式，散布李不雅视频、照片。因下载软件均有上传功能，网友只要下载相关影片或照片，同时上传、分享，即已涉嫌触犯“散布猥亵物品罪”，可判处2年以下有期徒刑、拘役或处以3万元新台币以下罚金。①

台湾“中国时报”称，为了拆穿李“合意性交”的谎话，2012年8月26日以头版、三版处理李案新闻，以《变态淫魔性侵月事妹》为标题，报道“李宗瑞无视对方月经来潮，仍然强脱衣裤硬上，淫魔恶行令人发指”、“片中疑似被迷昏性侵的女子清醒后，质问李怎么可以在喝醉的时候强暴我”。报道还配以两幅从“卡提诺论坛”下载的被害女子背部半裸与李共处一床的照片。12月12日，台北地检署以涉嫌妨害秘密和散布猥亵物品起诉“中国时报”前副总编辑杨宪村、陈赓尧、社会组主任王健圣、记者陈鸿伟。被起诉的还有“自由时报”副总编辑邓蔚伟、影视艺文中心撰述委员刘卫莉和记者陈慧贞。

检方起诉指出，“中国时报”记者陈鸿伟8月25日晚间撰稿“变态淫魔硬上月事妹”报道，连同在网络下载的两张李宗瑞性侵、偷拍影片截图，通过发稿系统传回报社。王健圣、陈赓尧、杨宪村共同决定将照片刊登在26日“中国时报”头版及焦点新闻版，并搭配“网络流传一段新的迷奸影片，李宗瑞无视对方月经来潮，仍然强脱衣裤硬上”、“女子清醒后质问李怎么可以在喝醉时强暴我”等两段图说。

《自由时报》副总编辑邓蔚伟，8月13日通过友人取得数张李性侵、偷拍的照片电子档，与刘卫莉、陈慧贞认出其中一名戴手环的昏睡女子，由陈女撰写“李宗瑞涉迷奸案，继日前曝光部分淫照……另外两张分别是两名模特儿，全裸躺在床上，三点全露，其中一张女模手腕上还戴着夜店手环，明显才自夜店狂欢就被带上床”内容，配合照片在14日《自由时报》影剧版头条刊出。

“中国时报”杨宪村等四人辩称，为了戳破李宗瑞谎言、敦促司法机关重视淫照在网络上流传的严重性才刊登。《自由时报》邓蔚伟等三人均称，不知是偷拍照片，且经过马赛克、修剪等处理，无法辨识相片中人。检方认为两报明知是李宗瑞涉性侵偷拍照仍报道，造成被害人痛苦并侵害隐私权，构成妨害秘密罪。②

2013年6月17日，台北地方法院做出判决，四名被告人都犯“散布窃录之非公开活动及身体隐私部位内容罪”，因此各判刑6个月，都可以罚金代替。本案可上诉。法院审理认为，杨宪村等人欲驳斥李宗瑞所言，及披露网络上流传相关视频，但可仅以文字报道，另将相关图片等数据私下提供给相关主管机关处理，兼顾提供民众资料和保护

① 参见 http：//baike. baidu. com /view /2164404. htm.

② 《刊发偷拍李宗瑞淫照 台自由时报“中国时报”总编被诉》，http：//www. fjsen. com /b /2012-12 /11 /content_10067320_2. htm，2012-12-11。

视频：李宗瑞迷奸案大回顾

被害人之目的，没有必要一定要刊登照片在显著位置。

“中国时报”辩称，刊出的照片，除了被害女子外，并没有让第三人辨识出何人是被害人；事后，外界或读者也无法指出被害人是谁，不符妨害秘密罪的构成要件。

刊登该报道与照片，目的在驳斥李宣称其性行为都是经过女子同意的说词，具有行使新闻自由与公益上的正当性。检方曾传讯该被害女子，她指出，到李家喝了一口威士忌就倒了，不知道也未同意与李发生性行为；她指认媒体刊出的照片是自己。法官认定，“中国时报”将这些裸露照片刊于报端加以散布，让被害女子感到非常痛苦及担忧，率尔刊登被害女子照片耸动报道，侵害被害女子隐私权。

尹冬桂案判决获高度评价

在本讲中，案例一、案例三和案例五中的媒体受到了法律的制裁和规训。这给了我们一个启示，在媒体道德水准不容乐观的背景下，以民事诉讼的方式适度惩罚媒体的妄为，不失为一种矫正行为。虽然这种矫正不属于自律范畴，因而是辅助性的，但它是令人印象深刻的，因此可能是更为有效的。这类案例还反映出了一些深层次的社会问题，值得和需要以法律的眼光来审视。

时任中央人民广播电台法制处处长的徐迅女士在她主编的《中国新闻（媒体）侵权案件精选与评析 50 例》中，将本讲的案例四列为书中第一个案例。徐迅女士在案例评析中首先强调了本案对新闻法制的贡献：“令人欣喜的是，由于这个判决的出现，中国的新闻媒体以至公众将在几个方面获得教益”：其一，罪错应负责任，人格不容屈辱。其二，报道应有度，煽情不可取。其三，舆论监督媒体，自律力量增长。

徐迅剖析了一些没有受过基本法律训练的媒体从业者存在的一种无知：“长期以来，在中国这个经历过‘十年动乱’的国度里，人格尊严应当受到尊重与保护的观念缺少应有的地位与高度。不少人认为，如果是一个好人，他当然享有人格尊严；但如果是一个坏人，则其人格尊严便无从谈起。因此侮辱一个有罪、有错的人的人格，是理所当然的事情。有些媒体对有错、有罪的人使用有损人格的表现手法，如拍摄未穿裤子的嫖娼者；发表死刑犯五花大绑、被揪头发示众的照片等，而如同武汉该报将传言当作事实加以报道，对犯罪嫌疑人的两性关系大泼污水，则是一种最典型的、最突出的表现。”

徐迅女士还尖锐地批评了相当一部分媒体的无知、颟顸和特权思想：在尹冬桂案的报道中，不少媒体追腥逐臭，不加核实便对所谓“女张二江”的虚假新闻大加转载。这说明，“在舆论监督的旗帜下，我国的新闻机构在抨击社会各种不正之风的同时，似乎也形成了某种默契：对新闻界自己的错事、坏事、丑闻闭口不谈，使媒体成为舆论监督的特区，导致媒体业自律水准低下。某些媒体，特别是主流媒体的从业者特权思想严重，对法律一知半解，缺少了解与尊重，甚至即使错了，也不向公众和被损害者道歉。”

徐迅认为，审判机关向媒体传达了两则信息：

第一，犯罪嫌疑人的罪责由法院而不是由媒体来确定。新版《中华人民共和国刑事诉讼法》1997 年 1 月 1 日生效后，新闻媒体对有关犯罪案件报道中对涉嫌犯罪之人的称谓一夜之间全部改变，“罪犯”、“犯罪分子”统统改为“犯罪嫌疑人”。但遗憾的是，目前新闻媒体违反无罪推定原则的表达触目可见，“法院未判、媒体先判”的情形屡见不鲜，权威媒体也不例外。

第二，判决书中写到，媒体应当客观真实，尤其涉及对案件的报道，应少用“批判性的字语”。事实上，“批判性的字语”令报道因丧失客观性而不足取。既然法院对案件尚未宣判，被告人的命运并未最后确定，“批判性的字语”就潜伏隐患。虽然新闻报道应当引人入胜，但不能与客观公正的基本原则相抵触。徐迅强调，“充满形容词的煽情与炒作让一桩严肃的腐败新闻成为街谈巷议的风流韵事”，未经证实的传闻因“女张二江”的比喻“令受众产生了必然的联想，被告人因‘曾与一百多个男人有染’的滥情故事而成为低俗的娱乐性话题，法律问题由此与媒体道德联系在一起。而案件报道少用‘批判性的字语’的判决意见则是法官对媒体富有建设性的告诫”。

贪官、罪犯、坏人与人格尊严

徐迅女士主张，由于加入了多项国际人权公约，中国在人权保障领域迅速接纳国际标准——人格尊严是人权的基础，是每个人与生俱来的固有权利，它是平等的、人人享有的，不因人的任何背景而有所不同。这其中当然也包括有罪、有错者的人格尊严。一个人不因有错、有罪而丧失其正当权利。法院可以剥夺人的财产、自由乃至生命，但不可剥夺人的尊严。即使是死刑犯，当他被依法剥夺生命的时候，也有权利有尊严地死。[①]

在中国国内法中，人格尊严已经延伸到了包括贪官以及各种“坏蛋”和罪犯在内的所有人。当罪犯被剥夺了政治权利之后，他的民事权利还继续存在。政治权利是公民从事公共政治生活的权利。如果法院判决剥夺某罪犯的政治权利，就意味此人丧失了以下权利：1. 选举权和被选举权；2. 言论、出版、集会、结社、游行、示威自由的权利；3. 担任国家机关职务的权利；4. 担任国有公司、企业、事业单位和人民团体领导职务的权利。但即使被剥夺政治权利终身，他们作为公民的民事权利——如名誉权、隐私权、肖像权、婚配权、继承权、受教育权等——并没有因此丧失。[②]

李德民说：“当然，贪财和贪色、腐败和腐化关系密切，但法律就是法律，如果法院最后认定焦玫瑰不是‘姘头’、尹冬桂不是‘女张二江’，就得有个说法。不要说对她们这些被

① 参见“中国新闻侵权案件精选与评析”课题组：《中国新闻（媒体）侵权案件精选与评析 50 例》，北京：法律出版社，2009，3～6 页。

② 参见张有义：《贪官，情妇与他们的名誉权》，载《法制早报》，2006-10-23。

判有期徒刑的经济犯罪分子，即使对判了死刑的杀人犯、抢劫犯，也得依法办事，依法说话，杀人就是杀人，抢劫就是抢劫，该杀杀，该剐剐，但也不能随便把别的恶名、臭名再给人家。人人都有人格，要尊重人格，这是法律，也是人之常情。”①

遭受诽谤伤害至深的尚军

尚军 2006 年 3 月被捕，8 月《前卫》刊出诽谤文，10 月尚军受审，2007 年 2 月被判刑。一审开庭之前其“以色谋权”的故事已经满天飞，此时《南方人物周刊》记者通过到安庆、阜阳等地的实地调查，得出结论说，所谓“以色谋权”之说无确凿证据。② 据此，成都一位法官在报纸上撰文批评说：“对大多数读者而言，媒体写什么，他就读什么、信什么。”“一般读者是没有从容的时间耗费成本去辨识事实真伪、取舍报道信息的。因此，如果不把报道重点放在揭露当事者是如何走上犯罪道路上，放在犯罪如何给国家、社会、个人包括当事者家庭造成的危害上，放在展示国家惩治腐败的决心、步骤和打击力度上，反而将重点放在挖掘贪官的私生活特别是两性生活上，并且浓墨重彩、极力渲染，就会在客观上转移人们的视线，让人们看到一幅欲望横流的场景……如此，媒体并没有顾及应有的社会责任。”③

可是在《南方人物周刊》的调查刊出两周之后，《前卫》杂志的博客上写下了这样一行字：“《南方人物周刊》记者收了人家多少好处？给女贪尚军翻案!!!”④ 看来《前卫》对自己所发表文章的真实性毫不怀疑，受到怀疑的反而是澄清者《南方人物周刊》。到此为止，人们可能认为是像尹冬桂的绯闻故事那样来自道听途说。但是，如果不是近两年后的法院审理和判决，如果不是安徽记者宾语发表的调查，谁会想到《前卫》会刊登“安徽省知名写手、《家庭》杂志签约作者”杜撰出来的严重诽谤文章呢？

除了法庭调查，根据宾语的采访，在尚军名誉权案判决后，由于造假文章的始作俑者张国华没有受到追究，不明真相的媒体和公众还在为他和《前卫》鸣不平，有媒体公开质疑：“刑事判决绝非贪官的遮羞布，判决未认定的事实并不表示媒体就不能报道。”有论坛指责法院“判定媒体有错根本原因就在于这起案件本身就是一场权力与媒体的博弈”，“在法官们的思维里，根本就没有舆论监督的概念，媒体只有报道好人好事的义务，而没有揭露阴暗面的权力”，“更为严重的是，法院以法律手段干涉新闻监督，其实就是明目张胆地袒护腐败分子，就是借用法律的神圣对媒体的正义之举进行清算”。

从尚军律师针对《前卫》的诉状中，我们可以窥见她所受严重伤害之一斑：《前卫》诽谤文捏造了“原告人与李某鬼混”、与王昭耀和王怀忠是情人关系、原告人承认“以色

① 参见李德民：《人人都有人格》，载《人民日报·海外版》，2004-07-13。

② 参见陈磊：《安徽女厅长以色谋权调查：被夸大的桃色新闻》，载《南方人物周刊》，2006-10-16。

③ 秋水：《贪官不应是被公众娱乐的对象》，载《成都商报》，2006-10-18。

④ 《〈南方人物周刊〉记者收了人家多少好处？给女贪尚军翻案!!!》，http://blog.sina.com.cn/s/blog_55d58eb6010006aw.html，2006-10-17。

谋权”的事实；大肆渲染原告人的色欲，如“跪在丈夫面前痛哭流涕——恳请丈夫原谅”，因为“老情人关系，与丈夫离婚”，“利用自己身体的资源争取仕途上的更大成功”等；把原告人描写成一个不顾亲情，不顾家庭，整天在外混，不成样子的女人，更有甚者，把原告人的二次婚姻描写成是王昭耀与原告人为掩人耳目的骗局，把原告人的人格贬损到了极点；采用东拉西扯的手段，拼凑一些原告人根本不知情的案件和情节，贬低原告人的人格。由此可见，尚军比焦玫瑰和尹冬桂所受伤害要大得多。

热炒女贪官绯闻缘于男权作祟，但是……

当然，我们引进法律的视角，接受法律的教益和规训，目的还是在于维护媒体的道德正当性。而在努力矫正媒体失德行为的同时，还可以深入挖掘一下这些现象背后的行为逻辑。从性别平权的角度来看，一些媒体的表现很有问题。最近若干年来，不管是真还是假，女贪官总是逃不过绯闻的纠缠。被《北京青年报》评论员潘洪其称为“抹黄”的现象绝非个案。进入21世纪以来，每当一个女贪官倒下，媒体和社会关于她们的绯闻便满天飞。从湖南省建工集团总公司原副总经理、“三湘女巨贪”蒋艳萍到原浙江省建设厅原副厅长杨秀珠，从尹冬桂到焦玫瑰，从深圳罗湖区原公安局局长安惠君到安徽省卫生厅原副厅长尚军，莫不如此。这其中，有些绯闻是真的，如“三湘女巨贪”蒋艳萍；有些绯闻却漏洞百出，甚至是胡编乱造的，如尹冬桂、焦玫瑰和尚军。

2010年11月末，媒体广泛报道了江苏省财政厅副厅长张美芳落马的新闻。不少媒体大书标题，突出“拥7套房产养小白脸”。就连人民网，也在“女厅长怎样走上贪腐之路”的专题中，放入《张美芳的副厅长是“睡”出来的?》一文，铺陈“张副厅长一定经常谈对象，看好了就上床，玩腻了就再去‘谈对象’，走马灯似的换”。有的媒体还渲染她“艳帜高扬”，“应者云集”，“那么多豪宅一定没少藏‘娇’”，“直追武则天”，“精力旺盛”，“怎么着也不能到大街上相中一个就往床上拉吧”，“张美芳嫖不嫖‘娼’”。

正如评论员刘洪波所言，其实，张美芳只是被双规，而没有定罪。此外，根据媒体报道，“张美芳婚姻离异已有十年，至今单身”，恋爱应属其私人生活，她选择怎样的恋爱对象，以及与恋爱对象以何种方式相处，除非事涉腐败的部分应当查清，并公之于众，余下部分都属正当。① 如果说焦玫瑰和尚军都有法院工作的经历，懂得服刑之人仍有名誉权，那么没有法律背景的张美芳会告发媒体吗?

张国华们何以成一些报刊的宠儿

根据宾语的调查，张国华并非仅编造尚军一文，而是一个杜撰老手。他写的故事发表在国内同类杂志发行量仅次于《知音》的《家庭》杂志、湖南《女报》等情感类报刊上，

---

① 参见刘洪波：《对女贪官的私生活乱拳齐发不是反腐正途》，载《南方都市报》，2010-12-06。

其“阴私文学”才华因此大放异彩。《副省长情陷姐妹花》、《9楼扔下30万，廉政局长第N次被情人敲诈》以及《小保姆自述：我的日记将贪官拉下马》等绘声绘色描述安徽省原副省长何闽旭、淮南市城管局原局长丁敏昌、滁州市人大常委会原副主任陈兆丰等人的情色故事，何闽旭的情节是“合理想象”的，淮南市城管局原局长丁敏昌的故事是凭空杜撰的，陈兆丰家的“保姆”是为了写作需要“塑造”的……

安徽省纪委研究室对媒体上关于贪官的大量假新闻进行的调研发现，在利益驱动下，类似张国华这样的“编编”们，为了骗取高稿费，什么假都敢造，什么细节都敢编，什么罪名都敢定，纪委没有掌握的，检察院、法院没有认定的，他们键盘一敲，想要贪官怎么说就怎么说，想要贪官干什么就干什么，把贪官一个个刻画成了妻妾成群、见到女人走不动路的流氓，完全背离了新闻真实、客观的原则。张国华等人之所以能长期编造假稿子而无人过问，一方面是由于相关部门抱着事不关己的心态，不愿意给自己找麻烦；另一方面，媒体曝出来时，案子往往处于侦查阶段，被侮辱的贪官大多还被羁押在看守所，他们的家人还以为是办案人员透露出去的，只好自认倒霉。

在吃官司之前接受记者采访时，张国华不但不避讳自己的丑行，反而显得振振有词或是大言不惭。他甚至认为杜撰故事是“为了弘扬人间正气”。记者:“你不采访，怎么能署自己的名字呢?”张:“我署的也不是我的真实姓名。在特稿界，很多特稿都是这样做出来的，无论是法制题材还是其他题材，都是这样做出来的。”记者：“你原来做过新闻没有?”张：“没有。我又不认识尚军和她家里人，和她无冤无仇，何必去诽谤她呢。我写这个稿子，主要是为了赚稿费……”

张国华有编故事才能，却没有法律常识，分不清诽谤和名誉侵权。记者:“你这么做，对她本人和家庭造成多大的伤害啊?”张:“实事求是地讲，我确实是没有经过采访，确实是道听途说，当然这里面也不能说是毫无根据。”记者:“你的根据是什么?”张:“根据就是网上资料。”记者:“关键你有些稿子已经涉嫌对当事人构成诽谤了。”张：“诽谤谈不上，应该说是有一点点名誉损害。”

关于尚军的故事，张国华认为是“特稿”写法所致。记者:“杂志发稿应该把关比较严的，你的这些稿子是怎么通过的?”张:“不是不是，你对特稿不了解。外人总认为特稿是真实的，实际上你可以想想，世界上哪有那么多奇事，哪有那么多有看点的东西?特稿叫软纪实，就是在有基本事实的前提下，然后做一些文字加工。就像魏巍的《谁是最可爱的人》，特稿和它一回事，只要总体上事实是对的，然后可以自由做文字加工。如果要去抠字眼的话，所有特稿里都牵涉到人物对话，作者怎么可能把当时的人物对话搞真实呢?”

张国华认为“特稿”无须采访。记者:“每个人都有自己的人格尊严，你写尚军和王昭耀、王怀忠之间的那么多细节，根本就不存在，怎么能去写呢?”张:“你要较真起来的话，所有的特稿都是这种情况，它怎么可能有那么多情节呢?特别是人家两个人之间的对话，作者怎么可能知道呢?”

然而，这些编造的故事自己不会“行走”，而总得有媒体终端提供出口。有法律界人士指出，假如相关刊物能尽到审查、核实的义务，向文章所有涉及的有关部门核准事实，要求提供相关法律文书等，完全可以把张国华的假稿子拒之门外，但相关刊物基于谋取销售利益为目的的不良心理，错把“假作”当佳作，就充当了张国华们的“帮凶”。①

可是，我们从张国华的口中可知，在新闻真实性教育开展了30多年的今天，一些情感类报刊仍然热衷于过时的“纪实文学”，不了解或无视新闻专业主义为何物，也似乎不在乎化名发表的风险，对于奉行新闻专业主义的报刊的调查还无端指责。问题是，这些报刊往往遍地发行，如果不是被告人上法庭，谁能识破张国华的造假呢？偏低的赔偿金额，可能还不足以规训败诉者，但是载入史册的判决文书以及媒体传播，给了更多的媒体以教益。

“《中国时报》”的“二宗罪”

在案例五中，台湾“《中国时报》”四名报人因而惹上官司并败诉。

法院的一个原则是不告不理，因此有关网站没有成被告人应该是这个原因。“《中国时报》”以图片形式表现变态迷奸手法，犯下“散布窃录之非公开活动及身体隐私部位内容”二宗罪，应该是无话可说，并且符合保护性侵案中受害弱势女性的公众期待。判决还暗含这样的理由：与非专业的新媒体传播相比，报纸等传统媒体应该有更高的专业标准。

与中国内地一样，台湾的刑法中保留了刑事诽谤条款。不同的是，顺应国际潮流和民主化要求，以形事诽谤起诉的涉及言论和新闻出版的案件，败诉方的最终结果并不是“因言获罪”，而是“易科罚金”，即以罚款来代替刑事处罚。

假如联防队员强奸案中的媒体被诉……

案例四深圳联防队员强奸案中的媒体受到了媒体同行和社会各界的猛烈批评。上海《新民周刊》首席记者杨江在写出了深度调查之后，独家揭示了强奸受害人与强奸者的非正常关系。其后他又在专业刊物上发表了对媒体表现的批评反思。他写道：《南方都市报》的报道在新闻基本事实方面并未失真，但是正因看到了这个新闻的真正价值，在处理过程中为了突出它而过于刻意地从细节上强化了杨喜利的恶与杨武的懦弱，以至于在报道尺度上出现了偏差，比如绘声绘色地描绘了强奸案发生时的场景、声音、动作、当事人的心理活动。

杨江不客气地说：“我们一些同行像狼外婆一样对受害人表演同情，生硬揭开伤疤，‘循循善诱’刺激受害人痛苦回忆、掩面而泣甚至精神失常，这样做很不道德。”媒体该如何报道此类事件？杨江说：“这种新闻除非当事人自愿讲述，否则还是采访丈夫、看视频

---

① 参见宾语：《杜撰尚军“艳事”写手输了官司》，载《安徽商报》，2008-12-09；宾语：《滁州“张编编”编造女贪情色新闻成被告人》，http：//qzone. qq. com /blog /622006317-1220518340，2008-09-04。

吧，当事实已基本还原后再去采访的同行应尽量避免重复采访，尤其是避免让女受害者不断回忆。”他认为，强奸时的过多细节，如时间、动作、声音等压根就不是新闻所需要的，“这个事件中，案犯反倒不是新闻核心，很荒谬”。①

在杨江看来，这个新闻从一开始就在沿着一条不太正常的轨道发展，成希本想做跟踪报道，深入挖掘更多杨武、杨喜利的生活背景，以探寻杨武“懦弱”的根源，只是后来不得不停止报道。从这个角度来看，成希第一篇报道的欠缺或可理解。但是报道见报的当天，诸多媒体的表现却不由得让人失望、寒心，甚至愤怒。他在调查的结尾写道：“铭记王娟蒙羞的那张床单”，“那是所有人的耻辱”。

在指出媒体报道严重缺陷和和失德的同时，杨江指出，在基本事实已经清楚的情况下，媒体应该尽量避免让受害者去重复不断回忆，更不能为了画面的需求，故意刺激当事人。采访不是非要以这样残酷的方式才能完成，媒体其实可以有很多弥补的方式，比如通过外围的了解，比如通过同行们已经取得的录音录像证据，要尊重受访者尤其是受害者的沉默权。

杨江同时认为:“唯一让我们略感安慰的是，媒体的自我矫正在此次新闻报道事件中表现得还算及时，在自我反省的同时，媒体人开始平息对杨武懦弱的愤怒与不解，转为理性的反思，试图寻找其根源，并开始给予他必要的理解与同情。”“新闻界必须从这起事故中汲取教训，正视新闻采写过程中的二次伤害问题，上一次的集体反思是在2008年汶川地震的报道中，我们至今记忆犹新。”

杨江的调查，是有关该强奸案的报道中最有专业水平的少数作品之一。他的批评反思我们也几乎全部同意。唯一值得商榷的是，这种“自我反省”是否足够？我们的看法是否定的。如果说相关平面媒体普遍对自己的失德行为进行反思的话，那么却很难延伸到吸引更多普通观众的电视媒体。②

2005年12月1日起施行的《中华人民共和国妇女权益保障法》第四十二条：“妇女的名誉权、荣誉权、隐私权、肖像权等人格权受法律保护。”“禁止用侮辱、诽谤等方式损害妇女的人格尊严。禁止通过大众传播媒介或者其他方式贬低损害妇女人格。未经本人同意，不得以营利为目的，通过广告、商标、展览橱窗、报纸、期刊、图书、音像制品、电子出版物、网络等形式使用妇女肖像。”第五十四条：“妇女联合会或者相关妇女组织对侵害特定妇女群体利益的行为，可以通过大众传播媒介揭露、批评，并有权要求有关部门依法查处。”第五十九条：“违反本法规定，通过

思考题

1. 基于第一讲的媒体道德和媒体伦理的分界，本讲的案例划分为媒体道德部分，你认为合理吗？理由是什么？
2. 结合本讲的五个案例，你认为能初步提出一些媒体报道的基本道德底线吗？
3. 在新老媒体高度发达的今天，你认为媒体热衷于对女性阴私公开报道的原因何在？你认可“男权作祟说”吗？
4. 你怎么看待联防队员强奸案中一些媒体行为？是否支持受害者以民事诉讼起诉媒体？
5. 有人认为台湾法院对“《中国时报》”的一审判决判罚过严，你怎么看？“易科罚金”是否合理？
6. 结合本讲的案例，谈谈你如何看待媒体的自律和他律。以法律为主的他律是否有利于遏制一些缺乏自律的媒体的妄为？

① 参见《媒体报道联防队员强奸案方式被指失当》，载《中国青年报》，2011-11-12。

② 杨江：《底层的懦弱》，载《新民周刊》，2011（45）；杨江：《媒体的二次伤害与自我矫正——以深圳联防队员强奸案为例》，载《青年记者》，2002（1）。

大众传播媒介或者其他方式贬低损害妇女人格的，由文化、广播电影电视、新闻出版或者其他有关部门依据各自的职权责令改正，并依法给予行政处罚。”

因此，受害人不但可以运用《中华人民共和国民法通则》，还可以以《中华人民共和国妇女权益保障法》作为武器。该法不但在国内首次确认公民隐私权是一项人格权，而且如上所述，它有较多条款涉及如何抵御媒体的侵权，这在包括《中华人民共和国民法通则》在内的现有法律中是十分难得的。

下编　媒体伦理篇

Chapter 9
第九讲　涉性案件与媒体披露

- 反对披露性侵受害者的既有理法
- 披露性侵受害者有理的域外主张
- 网眼时代的知情同意与谨慎公开

经过大众媒体的反复传播，如今在大城市和受过良好教育的公民尤其是女性公民中，隐私意识空前强烈。但是随之而来产生了新的矛盾：通过大众媒体，公民的知情权日益扩大，而知情权一旦包括个人的性信息等隐私内容，就会产生冲突。在信息发达的今天，对公民隐私权的侵犯主要来自大众媒体。一方面，如果新闻带有明显的公共利益性质，此时公众的知情权是否高于公民的隐私权？另一方面，一些与公共利益关系不太大的涉及个体的新闻，如社会新闻和娱乐新闻，往往带有大量的隐私信息，这些信息的传播是否没有边界？

凡此种种，放在中国社会转型的大背景下，往往仍然处在发展变化中，许多问题引发争议而莫衷一是。与法律相比，社会上对隐私的认识相对滞后，难有共识。即便是从法律的角度看，隐私法也只有百余年的历史，是一个新兴的法律分支，许多法理还在探讨之中。但是，通过日益扩大的国际交流，既有的法律原则和司法实践为我们提供了探讨隐私议题的参考框架。虽然在我国有关纯隐私的诉讼为数不多，但是法院已经确立的原则和属于公民隐私而加以保护的内容可能已经超出了常人的想象。本讲选取的是当事人或其家人不一定愿意公开和未有明确态度，但是媒体基于严肃的内部讨论和慎重抉择，而将其部分隐私加以公开，并且引发不同凡响的一批案例。

案例一 肯尼迪家族成员“约会强奸”案

威廉·肯尼迪·史密斯是乔治城大学医学博士，出身于美国的名门望族肯尼迪家族。这个显赫的家族出过美国历史上最年轻的总统约翰·F·肯尼迪，然而也常常伴随着意外之灾和涉性案件。1963 年遇刺的英俊潇洒的肯尼迪总统是史密斯的舅舅。1991 年 3 月 29 日，在佛罗里达州迈阿密西棕榈滩的一个酒吧，30 岁的史密斯和他的伯父爱德华·肯尼迪参议员及其儿子帕特里克·肯尼迪小酌。史密斯遇见了 29 岁的帕特丽夏·鲍曼和另一名女子。其后 5 人去了附近肯尼迪家族拥有的一座大宅院。史密斯是搭鲍曼的车在 30 日凌晨 3 点回去的。然后据说二人沿着海滩散步……此后，鲍曼指控史密斯在大宅院外的草地上强奸她。

鲍曼对史密斯提出两项控告：一是殴打罪，最高可判一年监禁；二是性暴力罪，是最高可判 15 年监禁的重罪。史密斯于 5 月 11 日被捕，他聘请了刑辩律师罗伊·布莱克为辩护律师。史密斯自认清白，对两项指控均予以否认。他说，双方性行为出于自愿，没有强迫，发生在海滩上。史密斯在审前听证会上说，鲍曼杜撰了指控，因为她害怕要怀孕，她对史密斯叫错她的名字和希望终止关系感到愤怒。史密斯的表哥帕特里克·肯尼迪说，他看见史密斯和鲍曼事后在一起并互相道晚安，他没有听到叫喊。案件的开庭审理定于 12 月 2 日，主审法官是玛丽·卢波。

鲍曼说，事发之前史密斯在赤身游泳，然后他上来抱住她……鲍曼是一位单身母亲，有一个年幼的女儿。她聘请了律师戴维·罗思。鲍曼的两位女友作证说，在史密斯强奸之后鲍曼要她们去接她。急救室医生事后给鲍曼做了体检，说她看上去受到了创伤，像是一名“真正的受害者”。强奸顾问卡尔·丹尼·阿博特说，鲍曼的行为说明她是典型的“约会强奸”受害者。“约会强奸”是指男女在聚会过程中，男方以暴力、胁迫或其他手段违背女方意志，强行与女方发生性关系的行为。

另有3名女子愿意作证，说她们在1983年和1988年分别受到史密斯性侵但没有向警方报案。《波士顿环球报》1991年7月24日写道：“根据昨天公开的指称史密斯近年性侵她们的3名女子的说法，第一眼看上去，威廉·肯尼迪·史密斯是一名极有魅力的小伙子，但是单独与一位女子在一起，他就变得‘动物一般’、‘暴力’和‘变态’……”①

43岁的布莱克为史密斯进行了无罪辩护。在缺乏对史密斯有利证据的情况下，布莱克想到了原告人的精神病问题。他聘请了著名私人侦探专门调查鲍曼这方面的情况，他们获得了鲍曼精神错乱的医疗报告，并在最后论战时将注意力转移到了鲍曼的背景上。审判开始之前，卢波法官裁决说，3名女子的证言不能作为证据采信，因为没有必要显示被告人的行为类型。这是检控方的一大挫败，迫使它高度依赖鲍曼的证言。此外，鲍曼没有受到外伤，这对检控方也不利。检控方陷入严重困境：如果诉讼继续硬着头皮进行，败诉可能性很大；如果打退堂鼓，女权主义者组织就会指责检控方受到了富有和强大的肯尼迪家族的恐吓。

在最后的辩护陈词中，布莱克反击说，陪审团在本案中只需要运用常识，因为很难想象史密斯会在肯尼迪家的大宅院外强奸一名尖叫的女子，认为史密斯会让全家开着窗户听到性侵是不合逻辑的。12月11日，陪审团最终一致裁决史密斯无罪。本案的结果取决于多个因素。检控方显然从一开始就因原告人太弱而处于劣势，审判过程中检控方犯的错误扩大了这种劣势。辩方团队、尤其是布莱克的表现、史密斯和他舅舅肯尼迪参议员的证言都对一边倒的胜诉作出了贡献。最后，审判说明了主要根据可能的受害人的证言来检控“约会强奸”案件的复杂性和困难。②

由于史密斯的特殊家族背景，由于全国正在辩论每年发生数百起的“约会强奸”问题，媒体对此案的关注不亚于科比案。史密斯的辩护团队指责说，媒体的过度关注制造了一种“狂欢节气氛”，有可能妨碍公正审判。更为不同寻常的是，三大电视网之一的全国广播公司和《纽约时报》都披露了鲍曼的名字。③

一起“强奸案”的美国判例

① “Comparing the William Kennedy Smith Case and Duke Rape Hoax,” http://www.renewamerica.com/columns/gaynor/060710, 2006-07-10.

② See Scott P. Johnson, *Trials of the Century: An Encyclopedia of Popular Culture and the Law*, Santa Barbara, California: ABC-CLIO, v. 1, pp. 551, 553.

③ See “Comparing the William Kennedy Smith Case and Duke Rape Hoax,” http://www.renewamerica.com/columns/gaynor/060710, 2006-07-10; http://en.wikipedia.org/wiki/William_Kennedy_Smith.

案例二 明尼苏达州小镇的同性性侵案

1993年11月15日，美国明尼苏达州最大城市明尼阿波利斯西南部20公里的小镇伊登普雷里发生了两桩失踪案。15岁的九年级学生格兰特·赫西从他课外打工的杂货店消失了，整个社区处在恐慌中。此案发生前，另有一名少年遭到了绑架。明尼阿波利斯郊区的居民们在树上和商店前张贴了4万多份有关失踪案的传单，另有500人在市政厅前集会以引起公众关注。少年失踪和社区反应当然是新闻，但是，决定如何报道这个新闻却是对报纸和电视记者、报纸主编和广播电视台新闻总监们的伦理观“极其痛苦”的考验。[①]

在赫西失踪的同一天，30岁的邻居斯蒂芬·伊斯特本也不见了。伊斯特本住在赫西家的对面，曾与赫西及其父亲同去钓鱼，赫西家也曾允许赫西与伊斯特本一起打猎并在外过夜。记者们私下怀疑这两桩失踪案互有关联。当赫西的父亲在记者会上声泪俱下地不愿谈论两人之间可能存在的关系时，记者们的怀疑加重了。伤心的父亲说：“我们只想格兰特回家，我们想的就是这个。”[②]

记者们很快了解到了令人不安的背景。在赫西被绑架前一周，伊斯特本曾打电话给他的父母，承认对他们的儿子进行过猥亵。伊斯特本对他们说他想自杀。当赫西的父母向窗外看去时，发现伊斯特本正在他的车库里用枪指着自己脑袋，于是他们报了警。当侦探们向伊斯特本问话时，他承认在打猎途中与赫西发生了性事。据警方报告，伊斯特本说他自己“不能理解他为什么会伤害某个如此深切关心的人”。伊斯特本被控以刑事性行为。他交保5000美元获释，法官命令他不得走近赫西。

了解到这一信息，报纸主编和广播电视台新闻总监们面临一系列伦理考验中的第一个。大多数新闻媒体都有规定，不得点出性犯罪受害人的姓名。最初，一家电视台决定遵守这一规则，只是暗示了某种关系。但是，明尼阿波利斯的大多数媒体报道了伊斯特本曾承认对赫西进行过猥亵。1967年创刊的本州最大报纸《明尼阿波利斯明星论坛报》还提供了细节：“伊斯特本然后在录音陈述中告诉侦查员，他是在周六晚露营时第一次猥亵那个少年的；第二天早晨，他缚住少年的手脚，然后松开，对他实施性侵。”

在这些报道刊播之后，赫西的父母和伊斯特本的姨妈共同出现在电视转播的记者会上。赫西的母亲说：“斯蒂芬和格兰特，我们非常关切你们两个人；我们希望你们平安回来。我们对你们谁也不责备。我们在为你们的平安祈祷。格兰特，我万分想念你。”姨妈对伊斯特本隔空喊话：“我知道我能信赖你做正确的事情。我百分之百地和你站在一起；我绝不会责怪你。我等着和你说话呢。”

---

① See “Teen-Age Boy, Man Accused of Molesting Him Found Dead,” http://www.apnewsarchive.com/1993/Teen-Age-Boy-Man-Accused-of-Molesting-Him-Found-Dead/id-1472b098065a36bbbd3b2107cdbee80a, 1993-11-19.

② “Humter Kills Boy He Allegedly Molested,” http://www.animalpeoplenews.org/93/12/Hunter%20kills%20bo%C9egedly%20molested, 2008-08-11.

随着报道的持续，《明尼阿波利斯明星论坛报》的主编们面临一个更为棘手的决定。一名记者获得一个隐情：在遭到伊斯特本性侵几周前，赫西曾因其性取向问题去过一个名叫“另类”的同性恋咨询和反暴力中心。11月19日，该记者给赫西父母打电话询问其反应和看法，赫西父母恳求该报不要刊登这个报道。

19日稍晚，当主编们还在争论是否发表有关赫西去咨询的报道时，在赫西和伊斯特本的家附近的一辆汽车里发现了他们的尸体。警方的结论是：伊斯特本绑架了赫西，然后径直开车前往一个野生动物保护区的僻静处。在那里伊斯特本枪杀了赫西，然后饮弹自尽，这可能发生在绑架后一个小时之内。各电视台中断正常节目，播出发现尸体的消息。它也是20日《明尼阿波利斯明星论坛报》的主打报道，该报还刊发了赫西去同性恋咨询中心的报道。

1849年问世的《明尼阿波利斯拓荒者新闻报》是《明尼阿波利斯明星论坛报》的最大竞争对手。19日晚，它的主编们也要做出一个决定。该报一名摄影记者透过伊斯特本汽车的挡风玻璃俯拍了一幅照片，从照片中可看到两人的腿部，伊斯特本和赫西分别坐在正副驾驶座上。伊斯特本用双腿夹住一支步枪。然而，从照片中既看不到二人的脸部，也看不到血迹。主编们决定用这幅震撼性的独家照片配合报道一并刊出。

赫西案成了电台谈话节目和街谈巷议日复一日的主要话题和谈资。尽管一些人讨论了本案中刑事司法系统的失灵，但是多数人认为真正的恶棍是新闻媒体。他们不明白为什么报纸和电视台要报道赫西个人生活以及这桩谋杀—自杀案这么多的细节。他们认为这样做是冷漠的和煽情的。令许多人感到惊骇的是，《明尼阿波利斯明星论坛报》居然刊登赫西去同性恋咨询中心的报道。他们争辩说，没有必要公开这个少年的私事，此类造访应该是保密的。①

案例三 网眼时代NBA巨星涉嫌强奸案

2003年6月，美国NBA赛季偃旗息鼓。30日，洛杉矶湖人队24岁球星科比·布赖恩特住进达科罗拉多州伊格尔县爱德华兹的一家酒店，计划7月2日在当地接受手术。第二天，一位19岁的酒店前台雇员报案说，科比在他的房间对她进行了性侵犯，接着科比被带到医院接受检查。7月2日，伊格尔县治安署调查员第一次就性侵指控质询科比。执法官员从科比处采集了证据，科比同意提交强奸试剂盒，接受测谎试验。7月4日，伊格尔县治安官乔·霍伊签署了对科比的逮捕令，已在7月2日飞回加州的科比同日又飞回伊格尔县向警方自首，在缴纳了25000美元的保释金后获释。

7月18日，伊格尔县地方检察官马克·赫尔伯特正式向法庭递交对科比的性侵起诉书，如果罪名成立，24岁的科比将面临从4年到终身监禁的惩罚，还要被罚款75万美

① 参见〔美〕罗恩·史密斯：《新闻道德评价》，李青藜译，北京：新华出版社，2001，193～199页。

元。在被正式指控后，科比在洛杉矶湖人队主场斯台普斯球馆举行记者会，断然否认强奸了那名女子。在其妻瓦妮莎的陪伴下，科比含泪承认与该女子发生性关系，但是出于两厢情愿。瓦妮莎也发表声明说："我知道我丈夫犯了一个错误——私通的错误。他和我将不得不在我们的婚姻内处理它，我们将这么做。他不是罪犯。"①

7月17日，科比案听证会举行。开始时，原告人律师指责科比的辩护团队攻击原告人的可信度。据披露，她在事发次日穿着内有另一名男子体内物的内裤接受强奸检测。治安署侦探道格·温特斯称，她接受检测时穿的黄色内裤带有另一名白人男子的体内物。科比的辩护团队称检测结果显示了"过硬的无罪证据"，因为原告人一定是在事发之后随即与另一人有染。原告告诉调查员说，她从洗衣机里拿错了一件脏内衣去检测，从出事当天早晨到检测那天她都没有淋浴。检测发现了下体创伤的证据，科比辩护团队称这与两天内有多个性伙伴的说法一致。科比的辩护律师帕梅拉·麦基断言，原告人在事发时正在服用抗精神病药来治疗精神分裂症。她此前曾因自我伤害住院4个月。

7月31日，伊格尔县法院法官拒绝科比不出席首次庭审的要求。8月6日，科比出席首次庭审，摄像机和照相机被允许进入法庭全程拍摄。庭审共进行7分钟。8月21日，有神秘人威胁要吊死科比案女原告人，被警方逮捕。9月7日，法庭书记员误将科比案女主角的个人隐私公布于该法庭网站。10月9日，科比出席预审听证会，控方根据原告人的陈述披露科比当晚"强奸"诸多细节。听证会由于科比律师的尖锐问题而中断，法官决定一周后复会。10月15日，预审听证会继续，科比律师提出证据，证明原告人内裤上有不属于科比的精液，从而推断她的话不可信，并描绘出她引诱科比的过程。2004年5月12日，科比在法庭上首次做无罪申诉。6月26日，科比案庭审日期定在8月27日开庭。

2004年9月1日，由于原告人不愿继续出庭作证，地方检察官特里·拉克里格尔撤诉，14个月的法庭大战终止。按照一些媒体和法律专家的分析，法官在6月23日宣告原告人在案发三天内的性活动将作为未来庭审的证据，其实就等于宣判原告人是这场官司的输家，因为她的DNA检测显示她在与科比发生关系后不到15小时、在去医院接受法医检查之前又同至少一名男子发生关系，足以显示她私生活的不检点，证词并不足信。

在刑事案件终结前三周的8月10日，原告人以Jane Doe的化名提起了针对科比的民事诉讼，索求针对心理伤害、公众蔑视和羞辱的非特定损害赔偿。双方最终于2005年3月2日达成和解，赔偿条件未予公开。有消息说，科比支付了上百万美元。②

可以想见，美国新闻界对此名人犯罪案持续跟踪长达近两年，成为一场典型的媒体狂热。7月6日，科比被捕的消息被披露后不胫而走。11日，在媒体压力下，当局公开

---

① "Kobe Bryant Charged with Sexual Assault," http://edition.cnn.com/2003/LAW/07/18/kobe.bryant/index.html?_s=PM:LAW,2003-12-16.

② See http://nbcsports.msnbc.com/id/7019659/ns/bryant_sexual_assault_lawsuit/page/2/.

了科比被捕的照片。有报道说，“执行此案的不少法院雇员近来都成了建筑工人，法院正门口的大街上已经出现了一溜儿十来个临时转播台，美国各大电视新闻网的摄影师们在此爬上爬下地工作，几乎全天候地发送现场报道”。

7 月 24 日，《人物》杂志披露科比为了赎罪，买了一个价值 400 万美元的钻戒送给妻子瓦妮莎。不少报纸的评论员将科比与强奸犯迈克·泰森相提并论，认为这是职业体育带来的道德衰败。31 日，媒体披露女原告人下体有伤及科比证言中的时间与事实有出入的消息，对科比很不利。8 月 6 日，媒体再次爆出，科比在事发当天曾试图阻止原告人离开房间。10 月，科比成为美国《新闻周刊》封面人物，杂志中详细讲述了科比从童年到婚恋的一些鲜为人知的故事。10 月 14 日，媒体披露 NIKE 放弃与科比的巨额合同……

在传统媒体中，几乎所有的媒体都不提及女孩的姓名。但是，超市小报《环球》打破了惯例，2003 年 11 月 1 日在头版刊登了她的照片和姓名凯特琳·费伯（Katelyn Faber），伊格尔县的超市曾经对该期报纸予以抵制。费伯身穿性感晚装，据说是其出席高中毕业舞会时拍的照片上面用粗黑体标出“科比案原告人凯特琳·费伯”，并用“她真的说不了吗?”作为本期的头版头条。费伯因此起诉了《环球》和它的出版商美国传媒公司，2005 年 1 月 27 日双方达成了庭外和解（见图 9-1）。

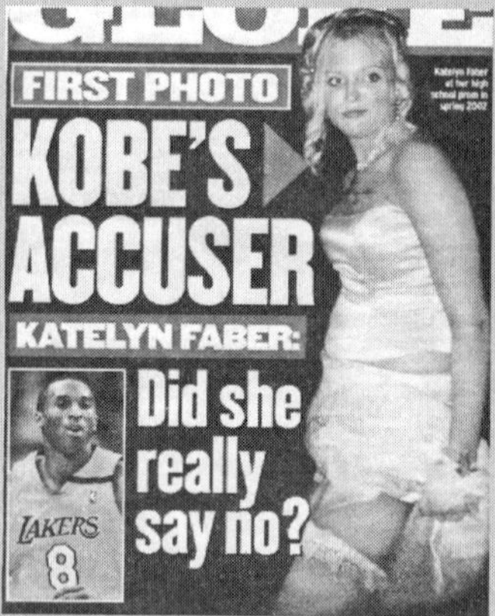

图 9-1　超市小报《环球》的头版

其实，从科比被捕当日起，案发当地的一个成人 BBS 就贴出了两张该女子在中学拉拉队时的照片。随即，全美的体育聊天室和 BBS 充斥着关于科比性骚扰一案的讨论，女孩的姓名、照片、闲话、谣言、E-mail 地址和电话号码等个人资料都被公开，充斥于互联网。到 2005 年，费伯的名字已经在互联网上出现了超过 14000 次。

两个因素相加改变了情况，要求编辑们不得不面对伦理难题：一是所谓的犯罪性质，二是互联网的兴起。

视频：科比性侵案

案例四　新媒体眼中的淫官雷政富与弱女子

2012年11月下旬，一个叫雷政富的地方官员，瞬间成了全国名人。这位54岁的重庆厅官，被一段12秒网上视频秒杀。11月20日16时41分，一篇题为《重庆北碚区委书记雷政富接受性贿赂与少女淫乱》的文章与视频截图，出现在“人民监督网”上。图中男女全身赤裸，男子面部清晰。但似乎并没什么人注意到它。当晚，从人民监督网主办人朱瑞峰手中获得该线索的前调查记者纪许光将这组照片放到了自己的个人微博上，并把雷政富称为“雷冠希”，点击量随之大增。

朱瑞峰回忆，此后人民监督网的浏览量一时剧增，机房服务器几乎瘫痪，数据统计，人民监督网同时在线人数达到了20多万人。这些内容也在微博上迅速发酵，随之迅速扩散到整个网络。曝光视频者还表示手上有更完整内容。涉事的北碚区委书记雷政富向记者表示，“没有这事，视频是移花接木的”，并表示是网民PS合成所致。据称，雷政富的情妇年仅18岁，有网友指出，雷政富的情妇正是其干女儿赵红霞。

11月21日，重庆市有关部门透露，关于在互联网出现的实名反映北碚区委书记雷政富不雅图像的网帖，市纪委表示已注意到相关内容，正在了解核实。23日，新浪微博认证账户重庆市人民政府新闻办公室发布微博：“经重庆市纪委调查核实，近日互联网流传有关不雅视频中的男性为北碚区区委书记雷政富。”同日，因“不雅视频”事件，重庆市委免去雷政富区委书记职务，并对其立案调查。有网友计算，此次官员性爱视频事件，从事发到处理前后总共71小时，也有人将其称为微博63小时反腐。

朱瑞峰曾收到一位自称“重庆公安局内部公安干警”的电话和电子邮件。“当时我有许多媒体活动，比较忙，因此建议他等到‘十八大’结束之后再爆料，但这个人坚持要在‘十八大’之前爆料出来，并称：“我就是因为马上要开‘十八大’了，才要举报。因为可能纪委书记都要换了，新的领导班子要成立了，我得扳倒一个贪官。”

按照朱瑞峰的说法，这名线人于11月4日将大量重庆高官淫乱视频交给了他，“当时给我印象最深刻的就是此人相貌特别”。第二天，朱电话采访了雷政富本人。“雷在长寿县时当过宣传部部长，懂得些采访流程，他告诉我，要采访就得先把书面材料寄给他。”随后，朱邮寄给雷一份采访公函。11月7日，雷给朱打来了电话，说自己已经收到材料。“他说特别感谢我把这个事情告诉了他，但东西全是假的。最后略带些警告意味地说，‘你的责任我就不再追究了’。”

朱瑞峰随后给雷提出了几个问题，雷并不想回答。当从朱的嘴中说出女当事人的两个真假名字时，雷突然挂断了电话。“大约一小时后，我接到了一个叫侯军的公关人电话，是在北京开大型KTV的老板，口音听上去像个老北京，但又自称是雷政富的表弟。”朱瑞峰告诉记者，这个公关人确实很有些能量。“但我们从没见过面，我只是在电话里和他打打马虎眼。”事情的发展是，在11月7日后，双方似乎都沉寂了，表面上谁也没有进一步动作的迹象。①

朱瑞峰称，向其提供雷政富不雅视频与贪腐信息的“线人”，是重庆市公安局“内部的公安干警”。该视频为一建筑商对雷政富性贿赂并偷拍而来。雷通过帮亲属揽工程已积攒了大量钱财，“相对钞票来说，更喜欢美女”。为此，一些想贿赂他的人，招聘 16 至 20 岁的美女员工送给他。不雅视频是在 2007 年的大年初一至初三期间偷拍的。重庆某建筑商偷拍视频是想用来“公关”雷的。此后，估计因雷没有满足这名建筑商的大胃口，就通过其他渠道，给雷观看了这段视频。不久后，赵某被抓，刑事拘留 30 天，而那名建筑商也被警方立案调查，法院以私刻公章罪对其判刑 1 年。

“12 秒”赋予了太多的“创作”灵感和想象力。网民开始了围观，有人创作漫画，有人写诗，有人写散文，更多的人是以娱乐的心态来看待这一互联网发起的揭丑事件。11 月 23 日，有人在天涯社区发了一个帖子《雷政富，12 秒感动了中国》，为无数的网站转载。

2013 年 1 月 24 日，重庆市检察院对雷政富涉嫌受贿罪立案侦查。2 月 1 日，雷政富被刑事拘留，6 日被逮捕。3 月 29 日重庆市检察院将本案交由重庆市检察院第一分院审查起诉。6 月 19 日上午，重庆市北碚区原区委书记雷政富受贿案在重庆市第一中级人民法院公开开庭审理。6 月 28 日，雷政富受贿案一审被判有期徒刑 13 年，剥夺政治权利 3 年，没收 30 万元财产，追缴 316 万余元受贿款。7 月 3 日，律师代雷政富通过重庆市第一中级法院向重庆市高等法院提起上诉。雷政富就其涉嫌受贿一案一审的事实认定、证据采信、法律适用和程序保障等方面提出异议，他自称愿意承担党纪政纪处分，但坚持其行为不构成犯罪。

2012 年 12 月 31 日，赵红霞被以“敲诈勒索罪”批准逮捕。2013 年 6 月 28 日，肖烨、赵红霞等人敲诈勒索案在重庆渝北区法院一审公开宣判，主犯肖烨被判处有期徒刑 10 年，赵红霞被判处有期徒刑 2 年，缓刑 2 年。经调查，2007 年赵红霞经朋友介绍认识了已婚的重庆商人肖烨，之后成为肖烨的情人，2007 年末加入肖烨的永煌公司，成为肖烨等人拍摄官员性爱视频最成功的诱饵。辩护律师张智勇说，在这个事件中，赵是弱者，同时也是受害者。由于在之前曾有记者前往赵家围堵；在离开看守所时，律师特别注意协助赵红霞保护隐私。赵离开看守所时，没有被记者围堵。

重庆官员不雅视频曝光记

① 参见《重庆视频书记雷政富性爱镜头为 36 秒 非此前传说 12 秒》，http://news.longhoo.net/sh/content/2012-11/29/content_10269148.htm，2012-11-29。

案例五 未成年人涉嫌轮奸案引发的汹涌舆情

2013 年 2 月 17 日，L 与 4 名同伙，在北京海淀区一酒吧，借庆生为名，与一名女子喝酒，后将其带至宾馆轮奸。3 日后，涉案 5 人被警方刑拘，对相关事实供认不讳。这本是一起普通的刑事案，但因为 L 的特殊身份——军队歌唱家李双江之子，案件一曝光就获得了巨大关注。

一年半前，L 还因打人事件处于风口浪尖。一年劳动教养后，反而因更恶劣的罪名“二进宫”，成为春节之后最热门的新闻之一。

但是，巨大的冲击已经造成。到 3 月中旬，在百度上搜索“L，和解”，可以找到超过 22 万个词条，谣言虽然被澄清，但网民们因此而起的愤怒与不满，却作为数据永远保留了下来。更有网友笑言，“所谓谣言，就是遥遥领先的预言”，人们担心“被辟谣”的猜测反倒成真。这并非第一个，也绝非最后一个关于 L 的传言。自 L 被捕后，关于他和案件的各种说法在网络上流传，有的作为谣言被攻破了，有的作为传言依然强烈刺激着人们的神经。

谣言一：L 在打人事件后改名，目的是清除前科，这是李家的特权，只是没想到 L 这么快就恶态复萌，才前功尽弃。事实是，劳动教养属于行政处罚，不算“前科”，而属于“劣迹”，出于对未成年人的保护，法律规定这种劣迹可以不被记入个人档案。

谣言二：L 的年龄造假，他根本不是未成年人，只是为了脱罪才缩小年龄。2 月 27 日，知名博主“长春国贸”声称，据见过幼年 L 的人透露，他应该已经 21 岁，并有网友以 2006 年《鲁豫有约》采访李双江夫妇的视频作证，表明 L 的年龄作假。但随后，这则《鲁豫有约》被证实录制于 2011 年，而博主“长春国贸”也在 3 月 1 日改口，称原来 L 是李双江的第三子，他的前两子皆不幸夭折。

谣言三：L 已取保候审。2 月 26 日，有多名认证网友发布微博，称“2 月 26 日，早上 8 点 26 分，L 已经获得取保候审，现正在家中”。真实情况是，到 3 月中旬，L 与同案犯依然被羁押。

谣言四：一则关于 L 强奸英语老师的消息，早在一年多前就甚嚣尘上，这则以“娱乐界的纪委书记”宋祖德名义发布的爆料，虽然在当时就被宋祖德否认，依然再次被媒体引用，在网络上更是广为流传，2 月 27 日，该老师所在学校不得不发言辟谣。

传言一：李家已制定周密的营救计划，包括促成酒店翻供，证明受害者并未被胁迫，以及请有影响力的社会人士发声支援。

传言二：李双江在儿子被捕后如此冷静，还能坚持上课和教学，这表明其“胸有成竹”，对儿子被解救毫不担心。

传言三：L 背后的 4 个同伙背景更大。按照“人以群分”，和 L 玩到一起去的，恐怕都是“衙内”，现在，L 被拉到前台，说不定也是在保护后面 4 个人。

谣言与传言的差别在于前者已经被证伪，后者还在积聚疑云，它们具有的传播效应是类似的。拜二者之功，相比一年半前的打人事件，粗略计算，网络上可检索到的关于 L 的词条，在短短数日内，增加了近 100 万条。

骄横、跋扈、仗势欺人、为非作歹，在媒体和网民的不遗余力下，L的劣迹被一一挖掘出来，包括小学时的打架斗殴，去国外读书时与外国学生发生冲突，在家里对装修工人凶神恶煞等等，不一而足，皆成为证据。这给了各种传言绝佳的生长土壤和传播环境，既然是这样一位“小霸王”，那自然人人恨不得踏上一只脚，让正义来得更猛烈一些。人们私下揣测、相互推理，甚至不怀好意地臆想，有的自负洞若观火，有的满是道德义愤，说到底，皆源于对正义的渴望和担忧。

在社交网络上，人们不断转发、评论，对各种传言津津乐道；在真假鉴别后，人们又主动引申推理，将信将疑，引发更多的联想、猜测；而无论真假，都不影响人们对L的“口水”复仇，各种调侃和谩骂，充斥在到3月中旬有关L的近350万条新浪微博中。

所有对L表达同情者，都无一例外受到了网民的声讨。其中，最有名的当属主持人杨澜，2月23日，她发表微博称：“劳教一年对一个因为冲动打人的未成年人来说是否惩罚过重？被贴上标签的孩子很容易破罐破摔了。”这立刻引起网民不满，杨澜不得不在之后的微博中为自己的言论道歉。①

3月19日，来自北京市陆通联合律师事务所的L辩护律师薛振源称，鉴于本案引起媒体和网民诸多猜测和议论，现声明如下：(1) 李某已被证实为未成年人，希望相关媒体和网民遵守《未成年人保护法》，尊重和保护李某的合法权益！(2) 本案尚处于刑事侦查阶段，希望媒体及网民对侦查机关办案原则予以充分尊重和信任。未经法院判决，对任何人都不得确定其有罪，相关人员不应对李某进行舆论审判！(3) 部分媒体和网民在无充分证据的情况下，诸如“李天一76人律师团”、“李天一案女主角撤销控诉，受害人终得到极大的物质补偿”等不实报道和传播、“以讹传讹、人云亦云”的行为是严重不负责任的！郑重提醒相关媒体和网民对自身不实言论进行自查并尽快消除影响……②

由于网络传播和律师声明，从L到李某，再到律师直接提及李天一，其姓名的保密已经无意义。李天一等5人涉嫌强奸一案持续引发社会关注，网友质疑声不断，另外4个涉案人到底是谁？是不是也有家庭背景？警方称5人中有4人未成年，1人成年，嫌疑人家庭无特殊背景。涉案5人的详细情况引起了网友的广泛关注。为何一个普通刑事案“案情极其复杂”，海淀检方又退回海淀警方补充侦查？7月8日，北京市海淀区检察院向海淀区法院提起公诉。此前，薛振源在案件移送审查起诉后，退出了本案的辩护。

据“长春国贸”再次爆料，除李天一之外，其中有两个人姓魏，是表兄弟关系，长春人，表哥在北京某重点中学读高二，表弟在长春某初中读书。表哥前几年在补习英

① 参见张瑞、麻丹彤：《少年L引发的舆论乱相》，载《南方人物周刊》，2013 (7)。

② 参见《李天一律师声明：斥不实报道侵未成年权益》，http://www.chinanews.com/yl/2013/03-19/4656410.shtml，2013-03-19。

语的时候与李天一同班而相识，成为朋友。今年寒假期间，表哥从北京回到长春过年，年后带表弟去北京玩，结果与李天一等人在一起玩出格，触犯了法律。表兄弟两家的父辈都是做生意的，家境殷实，从小娇生惯养，但并无其他背景。[①] 7 月 5 日，“长春国贸”爆料，第 5 人是张某，北京人，未成年，北京市某高中学生。[②]

8 月 28 日，北京海淀区法院不公开审理被告人李某某、王某、魏某某（兄）、张某某、魏某某（弟）强奸一案。9 月 25 日，法院作出公开宣判，被告人李某某犯强奸罪，被判处有期徒刑 10 年。李某某不服并上诉，11 月 19 日，李某某涉嫌轮奸案二审在北京市第一中级法院少年庭不公开审理。李某某仍坚持无罪辩护，其间对于辩护人提出的调取新证据、非法证据排除等申请等，法院当庭驳回。11 月 27 日，北京市第一中级法院作出终审宣判，裁定驳回上诉，维持原判。

李某某案迷局

反对披露性侵受害者的既有理法

在法律层面，中外各国都没有禁止披露性侵受害人姓名的特定条款。在英国，披露是合法的；在美国一些州也是如此。《中华人民共和国妇女权益保障法》虽然第一次将隐私权列为一种人格权，虽然多处提及女性权益但是没有关于与大众媒体的关系、没有涉及性侵等事件中的媒体如何处理相关报道。因此，媒体是否予以披露还是一个自主选择和公众评价的问题。基于对女性受害者予以同情和保护的理由，中外媒体多以自律的形式确认不公开性侵案受害者的姓名。

《中华人民共和国刑事诉讼法》第一百五十二条规定：人民法院审判第一审案件应当公开进行。但是有关国家秘密或者个人隐私的案件，不公开审理。14 岁以上不满 16 岁未成年人犯罪的案件，一律不公开审理。16 岁以上不满 18 岁未成年人犯罪的案件，一般也不公开审理。对于不公开审理的案件，应当当庭宣布不公开审理的理由。这一条款的内涵是：尽管审判公开意义重大，但这种公开不是绝对的，倘若为了保护与之对立的更为重要的利益（一般是个人隐私、商业秘密、国家机密等），而且采取的限制措施的范围有严格的界定，那么对公开的限制是有必要的。在审判实践中，高度涉及个人隐私的强奸案是法定不公开审理的案件。

除了《中华人民共和国刑事诉讼法》对未成年人案件明确的不公开处理规定外，《中华人民共和国未成年人保护法》第五十八条还规定：对未成年人犯罪案件，新闻报道、影视节目、公开出版物、网络等不得披露该未成年人的姓名、住所、照片、图像以及可能推断出该未成年人的资料。《中华人民共和国治安管理处罚法》第四十二

①② 参见《网爆李天一同案人背景：家境殷实 补习班相识》，http：//ent. ifeng. com/idolnews/special/lgf/content-6/detail_2013_07/02/27053640_0. shtml，2013-07-02。

条规定：有下列行为之一的，处 5 日以下拘留或者 500 元以下罚款；情节较重的，处 5 日以上 10 日以下拘留，可以并处 500 元以下罚款：

……

（六）偷窥、偷拍、窃听、散布他人隐私的。

美国法律对此的态度不大一样。《马萨诸塞州一般法》第二百七十八章第十六条第一款："在审理关于强奸、乱伦、猥亵儿童或其他涉及性的犯罪的案件时，如案件的被害人、犯罪人或者同伙是未满 18 岁的未成年人……主持审判的法官应当拒绝普通公众进入审判室。"然而，美国最高法院认为，保护未成年人不是一概封闭法庭的充分理由，是否封闭需要考虑未成年被害人的年龄、心理成熟度、犯罪的性质、被害人的意愿及其父母亲人的感受。①

在科比案中，针对伊格尔县法院主审法官加内特关于各媒体记者不得刊播可能伤害受害人的姓名和图像，否则将被剥夺采访权的命令，曾经在"五角大楼文件案"成功地为《纽约时报》辩护的著名律师弗洛伊德·艾布拉姆斯批评说，这可能违反了宪法《第一修正案》，因为为受害者姓名保密的做法在宪法《第一修正案》中是找不到根据的。曾为多家媒体争取法庭采访权的纽约律师戴维·舒尔茨说，这一命令不仅违宪，而且没有效用。明尼苏达大学的简·柯特利教授认为，一家法院试图通过威胁要限制宪法保障的禁用权而且将道德标准强加于媒体，这显然是不恰当的。②

美国主流媒介长期以来倾向于避免指出强奸案和其他性犯罪案受害者和原告人的姓名。理由是，公众对原告人的确认会使此类犯罪行为的受害人在最脆弱的时候遭受蔑视和羞辱。哥伦比亚大学新闻学教授罗宾·本尼迪克特说："只要人们意识到性行为和人体的隐私性，那么强奸就是一种污名——这未必是一种就发生在受害人身上的事情指责她的污名，而是将她的名字无可挽回地与一种涉性的羞辱行为相联系的那种污名。"美国 1992 年的一项民意调查有利于上述论点：三分之二以上的被调查女性说，如果有法律规定她们的姓名不得披露，她们就更有可能就性侵去报案。③

给出姓名还可能公开了她们的私生活和性史，使她们面对无理的、不相干的审视。因此，性犯罪是新闻报道应该提供完全信息这一惯例的例外。美国职业新闻工作者协会《伦理规约》写道："在交代青少年犯罪嫌疑人或性犯罪受害者的身份时谨慎从事。"美联社《体例手册》要求：一般不指明那些说他们已遭性攻击的人的身份，不同寻常的情况除外。也不播发能识别这些人身份的图片或视频。成年受害人自己公布身份的将是例外。对于例外情形的处理必须咨询高级主编/主管。

---

① 参见《凤凰知道：公众可以离强奸案多近?》，http://www.360doc.com/content/13/0702/14/535749_297124059.shtml，2013-07-02。

② 参见展江、姚朔：《网络时代隐私不再？科比案考验美国媒体两大阵营》，载《中国新闻周刊》，2003-08-11。

③ See Ron F. Smith, *Groping for Ethics in Journalism*, Ames, Iowa: Iowa State University, 1999, pp. 156-157.

披露性侵受害者有理的域外主张

可以看出，涉性报道更多引发的是伦理道德问题。虽然美国大多数媒体仍然坚持不予披露的既有方针，但是最近 20 多年来，一些新闻记者和强奸案受害人改变了这一做法。1989 年的一篇时评文章以及 1990 年和 1991 年的两个案例推动了这一变化。1988—1995 年间任艾奥瓦州《得梅因纪事报》主编的热内瓦 • 奥夫霍尔泽女士在 1989 年 7 月 11 日的《纽约时报》社论版对页上撰文《为什么遮蔽强奸?》。[1] 事情源于美国最高法院 1988 年就佛罗里达州的一宗案件所做的裁决，当时没有人公开谈论强奸。奥夫霍尔泽认为，对性犯罪的公开比过去的保密更能减轻受害者的负担。

1845 年创刊的中西部名报《得梅因纪事报》转载了《为什么遮蔽强奸?》，引来了一名特殊读者的反馈：艾奥瓦州乡村小镇格林内尔的一位男子看到文章后推荐给了他的妻子，该女子刚刚被强奸而陷入极度痛苦。这位女性哭泣着给主编和女权主义者奥夫霍尔泽打来电话说："我可以和你说件事吗？我被强奸了，我希望有人讲出去。"1990 年，在佛罗里达州的那宗案件结案之后，奥夫霍尔泽派女记者简 • 肖勒去格林内尔采访。[2]

传统上，《得梅因纪事报》不披露强奸案受害者的姓名，肖勒找到了那名女子，详细记述了她被强奸的细节。[3] 在警方调查和法庭审理期间，肖勒持续追踪报道该女子的感受。她总共撰写了 5 篇特稿，报社在发表时不但经同意披露了她的姓名——南希 • 齐根迈耶——而且配发了她的照片，身为女权主义者的奥夫霍尔泽撰写了编者说明。这个系列遭到了许多批评，但是在报社接到的电话中表示赞成的居多，这些读者认为报道揭开了强奸案隐秘的面纱。

在申报 1991 年普利策新闻奖时，《得梅因纪事报》申报的是以人情味见长、善于揭示普通人悲欢离合的特稿写作奖。普利策奖委员会打破惯例，将这组特稿的获奖项目调整为分量最重的为公共利益服务奖。在获奖之余，肖勒希望该系列成为"社会第一次表明准备和愿意倾听"强奸案受害者及其问题的"一个转折点"。[4] 2003 年，转任密苏里新闻学院教授的奥夫霍尔泽再次撰文，主张在性侵报道中同时公开被告人和原告人的姓名，引起特别关注。[5]

1991 年的肯尼迪家族成员涉嫌强奸案导致一批知名媒体更进一步在不征求同意的情况下公开受害人姓名。为了作出公布的决定，全国广播公司（NBC）新闻总监迈克尔 • 加特纳为编辑部准备了四点理由：（1）我们的行业是散播新闻，而不是隐瞒它。（2）编辑决策应由制片人、主编和新闻总监而不是法院、立法机构、政府新闻发布室或与新闻有涉的

---

① Geneva Overholser, "Why Hide Rapes?", *New York Times*, July 11, 1989, Op-Ed.

② "Gauging Women's Place in Media and the Social Movement," http://womenetics.com/Thought-Leaders-Change-Agents/gauging-womens-place-in-media-and-the-social-movement, 2013-01-15.

③ Ibid.

④ Ron F. Smith, *Groping for Ethics in Journalism*, Ames, Iowa: Iowa State University, 1999, pp. 150, 156.

⑤ Geneva Overholser, "The Media Should Publish the Names of Both Accuser and Accused in Rape Cases," in Julia Bauder (ed.), *Media Ethics*, Detroit: Greenhaven Press, 2009, pp. 91-93.

人作出。(3) 不公开强奸受害者就会成为沉默的共谋者，它强化了被强奸羞愧难当的刻板成见，而新闻界的告知恰恰能够帮助消除这种不正确的刻板成见。(4) 史密斯还没有被控有罪，只是一个犯罪嫌疑人，而媒体已经不假思索地将他的名字和名誉扯进了事件，而帕特丽夏・鲍曼呢？我们应公平对待原告人和被告人。① NBC 点出鲍曼姓名的第二天，《纽约时报》也公开了，说她的名字已经成为公共知识。

加特纳的第三个论点也许是最发人深省的，在女权主义者中当然不乏支持者。她（他）们认为，新闻媒体对这类犯罪的不充分报道正在增大附着于这些犯罪的污名，就像记者们早年在报道某人死于癌症时语焉不详一样。曾几何时，美国人对于导致死亡的疾病有所忌讳，“癌症”一词一度只在耳语中使用；新闻报道不会说某人死于癌症，而说此人死于“挥之不去的疾病”，往往被误认为与道德缺失有关。

哈佛大学法学教授艾伦・德肖维茨在 1992 年出版了《处女与荡妇：新闻界如何报道性犯罪》一书，他的以下新颖的意见支持了加特纳的第四个论点，并被广为引用：如果新闻媒体点出了原告人男子的姓名（他在被定罪前推定无罪），它们应该也点出原告人姓名。德肖维茨指出：“在美国不存在匿名控告这种事情。”一些倡导者认为，点出原告人姓名的做法引导人们自愿向警方提供信息，这防止了一些错误的控告。

加特纳 1992 年辞去新闻总监职务后，回到老家艾奥瓦州小镇埃姆斯办报并主持笔政。他曾经在社论中援引以下案例：当地一名篮球运动员被控强奸，媒体作了大量报道和评论，点出了被告人的姓名，却不见自称的受害者。但是后来控告撤销了。加特纳问道：“这就是公平吗？”这不是孤立的个案，在全美国范围内，约有一半的强奸案最终没有定罪，而在八名报纸主编中，只有一人在嫌犯被判无罪时披露了原告人的姓名。②

网眼时代的知情同意与谨慎公开

然而，即便那些赞成给出性犯罪原告人姓名的主编也承认情况的复杂性：这意味着作为一个原则，是指出所有原告人的姓名，还是有选择地指出其中一些人的姓名？青少年和儿童又如何呢？而且如果只指出我们选择的那部分人的姓名，那是不是在制造一种比目前情况更可疑的双重标准呢？

英国学者安德鲁・贝尔西等将可能处在公众视野下的人分为三种：(1) 政界要人即掌权者；(2) 社会名流；(3) 不期而至闯入公众视线的普通人。对于第一种人的隐私保护充其量是非常有限的，所有信息都是正常的，谈不上是侵犯隐私，顶多是品位上的偏差而已。他们的私生活是相关的；如果其私人行为暴露出虚伪，性道德尤其相关。对于第二种人，同意披露是要得到考虑的前提；而对于第三种人，必须得到同意才能公开。③

---

① See Alison Alexander and Jarice Hanson (eds.), *Taking Sides: Clashing Views on Controversial Issues in Mass Media and Society*. Guilford, Conn., *Dushkin*, 1993, pp. 86-87.

② See Ron F. Smith, *Groping for Ethics in Journalism*, Ames, Iowa: Iowa State University, 1999, pp. 150, 155.

③ See Karen Sanders: *Ethics & Journalism*, London: Sage Publications, 2003, pp. 85-86.

其实，美国媒体的做法在上个世纪末已经多样化。根据得克萨斯基督教大学的一项研究，如果受害人同时被杀，那么几乎所有的新闻媒体都会披露其姓名；如果受害人决定公开罪案并同意新闻媒体公开其姓名，那么大多数媒体会这么做；如果受害人是全国名人，那么近一半媒体会公开其姓名；如果受害人是地方名人，那么只有7%的媒体会这么做；如果其他媒体披露了受害人的姓名，或是妻子控告丈夫强奸，或是受害人被绑架，那么有的主编会选择公开其姓名。[①]

以明尼苏达州小镇同性性侵和杀人案为例，人们对案发后媒体的报道褒贬不一，甚至一度成为争论的焦点。很多人认为。他们认为，少年的个人生活是隐私问题，特别是少年去同性恋中心求助的消息更应该保密。但是，另一部分人对上述因隐私而完全否定媒体的报道持不同的看法。他们认为，不是是否报道的问题，而是报道的尺度问题。他们认为，新闻记者的主要职责就是告诉真相、传播新闻，而对同性恋的报道也可以教育公众，帮助人们进行性别认知。但是，要避免给被报道者和亲属造成不必要的伤害，使这种伤害最小化。他们认为，《明尼阿波利斯明星论坛报》完全可以通过推迟一天报道并迅速而详尽地解释发表原因的方式来减少伤害。

今天，还要考虑的一点是我们所处的互联网时代的现实：互联网有时候是创造性的，有时却是破坏性的。这迫使职业编辑不仅需要关注新闻方针是否合乎伦理道德，而且还要问问是否与现实相关。就像科比案和李某某涉嫌轮奸案那样，当信息在互联网上唾手可得时，在报刊上或广播电视中隐瞒信息还有意义吗？或者，主流媒体依然通过设定一套约束标准来维持其“崇高”地位吗？[②]

如果小镇同性性侵和杀人案发生在今天，哪怕是发生在科比案案发的2003年，互联网上铺天盖地的信息披露和猜测传言，使大多数保密失去了可能性。那么，如果亲属提出并且为媒体明知：为了避免二次伤害他们，尤其是伤害年事已高的老者，强烈建议媒体暂缓报道，媒体是否应该接受？我们认为是的。这同样适用于第七讲中的案例二：“波士顿爆炸案遇害中国学生该不该隐名？”这里可以借用美国法律中的“实际恶意”原则，所谓“实际恶意”就是在涉及普通人的性侵案中：（1）明知受害人和亲属有要求而拒绝考虑；（2）贸然不顾即完全不考虑行为给受害人和亲属可能造成的后果。

思考题

1. 本讲的案例和第八讲的案例都涉及媒体公开和隐私保护，但两讲在案例选择上有何区别？为什么第八讲涉及的是媒体道德，而本讲涉及的是媒体伦理？
2. 不主张媒体对涉性案件中受害者信息的披露理由何在？你认同这些理由吗？
3. 主张媒体对涉性案件中受害者信息的披露理由何在？你认同这些理由吗？
4. 结合本讲案例和时代发展，谈谈媒体把握涉性案件尺度的重要性和复杂性。
5. 网眼时代对涉及案件受害者信息披露与否带来何种新变化？在受害者信息唾手可得的今天，传统媒体还在坚持既有的相对保守的标准和规则是否有必要？

实际恶意

涉及普通人的性侵案中：（1）明知受害人和亲属有要求而拒绝考虑；（2）贸然不顾即完全不考虑行为给受害人和亲属可能造成的后果。

---

① See Ron F. Smith, *Groping for Ethics in Journalism*, Ames, Iowa: Iowa State University, 1999, p. 157.

② 参见〔美〕塞西利亚·弗兰德等：《美国当代媒体编辑操作教程》，展江、霍黎敏主译，广州：南方日报出版社，2008，336～338页。

Chapter 10
第十讲　暗访偷拍与欺骗侵权

- 暗访偷拍的发展演变
- 记者暗访的三种基本形式
- 暗访伦理困境与功利主义解释
- 暗访可能产生的侵犯隐私等问题
- 暗访偷拍的边界和指导方针
- 对案例的极简分析

正如新闻采访源于19世纪大众化报纸兴起时代的美国一样，暗访技术也是在美国新闻界最早使用的。隐性采访的历史至少可以追溯到130多年前，当时美国报业大王约瑟夫·普利策和威廉·伦道夫·赫斯特在纽约的报业竞争达到白热化，双方各出奇招，力图在市场上击败对手。普利策的《世界报》有一个美女记者，名叫伊丽莎白·简·科克伦（1864—1922），但是她的笔名内莉·布莱更为响亮，她的新闻生涯中有许多业绩，其一是一次为期十天的卧底暗访大手笔，其二是从1889年11月14日到1890年1月25日以72天打破儒勒·凡尔纳的科幻小说《八十天环游地球》所想象的世界纪录。

在中国，记者使用暗访手法至少也有90多年的历史了。1922年6月22日，法国联合《辛丑条约》中的比、西、意三国要挟北京政府，索要更多庚子赔款，引发著名外交悬案“金法郎案”。北洋政府内阁开会讨论此事，严禁记者到场旁听。《京报》社长邵飘萍守候在会场门侧，法国公使进入会场时，他尾随而入，门卫以为他是法国公使随员而未加拦阻。第三天，内阁关于“金法郎案”的讨论见诸《京报》。此案轰动一时，历经三年方以中国妥协了事。①

如今，报刊记者的暗访和电视记者的偷拍合称为隐性采访，是世界各国新闻媒体普遍采用的一种充满刺激性和争议性的采访手法。随着互联网的崛起和视觉时代的到来，国内外越来越多的新闻网站也派出从业者从事暗访偷拍，一桩桩见不得人的商业丑闻和政治腐败被揭露出来。另一方面，这种手法的合理性成为各国新闻界和社会公众经久不衰的辩论话题。

隐性采访

报刊记者的暗访和电视记者的偷拍的合称，是世界各国新闻媒体采用的一种充满刺激性和争议性的采访手法。

案例一　暗访鼻祖写出《在疯人院的十天》

1887年9月，23岁的内莉·布莱（见图10-1）突然变了样。她衣衫褴褛，不再刷牙洗澡，一发呆就是几小时。她在纽约街头茫然游荡。她用“内莉·布朗”的名字住进了一所女性劳工寄宿公寓，她不出24小时就以激动、敌意的咆哮吓坏了其他住宿者。她拒绝上床就寝，对别人说她害怕她们，她们看上去疯了。她后来写道：“这是我一生中最不平凡的一夜。”（见图10-2）

① 参见孟威：《媒介伦理的道德论据》，北京：经济管理出版社，2012，117页；《“金法郎案”是什么？》http://zhidao.baidu.com/question/237561636.html，2011-03-14。

寄宿者们断定是她疯了，第二天早晨报了警。她被带上法庭，假装得了失忆症。法官判定她被下了麻醉药。几天之后她进了美景医院的精神病病房。主治医生诊断她患了妄想症，确诊为精神病。其间，多份纽约报纸报道此事。布莱哄骗了所有的人，并很快在 9 月 25 日被送上渡船前往布莱克韦尔岛。

布莱克韦尔岛今名罗斯福岛，岛上有 1839 年办的美国第一所市级精神病院。虽然有多名作家写过该精神病院的不堪状况，但是布莱是第一个前来暗访的记者。她的见闻大大超出了她的预期和想象。食物酸腐，饮水肮脏，衣不避寒，冻水洗浴，遍地蠕蝍，老鼠横行。“健忘的医生”和“粗野、敦实的”看护人“死掐、殴打和骚扰”病人。危险的病人用绳索捆绑在一起，一些精神完全正常的外国女子只因语言不通而被收治。布莱后来写道：

我的牙齿在打战，我的四肢冻得发紫，就像鹅肉颜色。突然间三桶水劈头盖脸从我的头顶上淋下来——也太冰冷刺骨了——扎进我的眼睛、我的鼻子和我的嘴巴里。我想在他们把我从浴缸里拉出来的时候，我气喘吁吁、惊恐战栗，经历了一个快要淹死的人的那种感受。

图 10-1 内莉·布莱

最可怕的还不是这些，而是没完没了的强制隔离。布莱写道：

除了折磨，有什么比这种处置能更快制造疯癫？……带来一个完全正常和健康的女人，让她闭嘴，从早晨 6 点到晚上 8 点让她坐在硬靠背椅子上，好几个小时不准她说话或挪动，给她劣质食物和残酷处置，看看要花多长时间会让她发疯，两个月保准她成精神上和身体上的废物。

布莱一登上布莱克韦尔岛，就不再疯疯癫癫。但让她惊恐的是，那只能说明她的病症。她写道：“说来也怪，我的言行越正常，我被认为越疯癫。”在她卧底的最后时刻，她的伪装差一点露馅。她认识的其他报社的一名女记者被派来写这位神秘兮兮的病人。这名女同行乔装成一名寻找失散情人的男子。布莱恳求女同行不要带她出去，而女同行没有这么做。最后，在卧底十天之后，《纽约世界报》派一名律师安排了放走内莉·布朗的事宜。

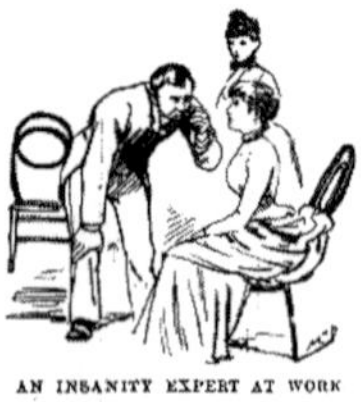

图 10-2 内莉·布莱接受精神状况检查

两天以后，10 月 9 日的《纽约世界报》刊登了布莱所写系列报道的第一篇《在疯人院栏杆后面》（见图 10-3）。被布莱捉弄的精神病医生被迫道歉和寻找借口自辩。几乎在一夜之间，她成为明星记者。她在系列文章见报一个月后，随同一个开展独立调查的大陪审团重返布莱克韦尔岛。

布莱将她的系列文章结集成书《疯人院的十天》（见图 10-4），一时洛阳纸贵。她在书中说，当大陪审团登岛时，她报道的很多虐待行为得到了纠正：食品和卫生条件改善了，外国病人被转送出去了，暴虐的护工消失了。大陪审团的报告要求实行布莱所建议的改革，它的呼吁产生了结果：联邦公共慈善和矫正部增加了85万美元专门预算。①

图10-3 布莱的见报文章

图10-4 布莱的畅销书封面

暗访者在疯人院度过的十天

案例二 暗访偷拍与《60分钟》的成就

美国哥伦比亚广播公司《60分钟》(60 *Minutes*) 节目（见图10-5）问世于1968年9月24日，创办者是美国电视新闻界传奇人物唐·休伊特（1922—2009，见图10-6）。调查性报道是《60分钟》的强项，经常使用暗访偷拍。从20世纪70年代起，它的成功在加拿大、英国、德国、葡萄牙、澳大利亚、新西兰、智利等国引起模仿。从1975年至今，《60分钟》在每周日黄金时段的晚7点播出。从节目推出到2008年的40年间，其主持人和出镜记者中的灵魂人物是迈克·华莱士（1918—2012，见图10-7）。

几十年来，《60分钟》有多次经典的暗访偷拍案例。唐·休伊特在其回忆录中描述了1976年和1978年的两件"得意之作"。他写道：《60分钟》有一个标志性的词语，即"gotcha"（意思是，我逮住你了）——常常伴随的就是偷拍。"我们有两次非常成功地运用了偷拍技术，其中一次是1976年拍摄的《莫尔斯大街上的诊所》。在这个故事中，我们讲述了伊利诺伊州一些为公费医疗机构有偿验血的实验室向一些诊所招徕化验血样并支付回扣的事。"

① See http://en.wikipedia.org/wiki/Nellie_Bly; "Ten Days in a Mad-house: The Woman Who Got Herself Committed;" http://mentalfloss.com/article/29734/ten-days-madhouse-woman-who-got-herself-committed, 2013-08-16; "Books by Wellie," http://www.nellieblyonline.com/herwriting.

图 10-5 《60 分钟》

图 10-6 唐 · 休伊特

图 10-7 1951 年的华莱士

在“芝加哥完善政府协会”的帮助下，制片人巴里 · 兰多在芝加哥南部开设了一个假诊所，并在一面镜子后面隐藏了一部摄像机，然后正式宣布开业。协会的一个成员扮演医生角色，记者偷拍到实验室负责人来到诊所的画面。此人提出，诊所如果提供血样就报之以回扣。在实验室负责人刚刚提出回扣建议之际，华莱士就从镜子后面走出来，质问实验室负责人是否知道回扣是非法的。此时，整个故事达到了高潮。

唐 · 休伊特津津乐道地回顾了另一次记者卧底采访：

我就一直以我参与制作的一期《60 分钟》节目最为自豪。这期节目 1978 年由玛丽昂 · 戈尔丁构思并制作，片名为《今年在穆里塔》，我们在这个节目的片名上玩了个小的花招，因为当时有一部名为《去年在穆里塔》的电影很走俏。巧就巧在那部电影和我们的故事都是关于疗养院的。电影故事的地点在德国。而《60 分钟》的故事发生在加州。这所疗养院声称他们能治疗癌症，其实他们干的勾当是榨取被蒙骗的美国人救治生命的血汗钱。

迈克 · 华莱士是这样介绍这个故事的：《60 分钟》的摄像师格雷格 · 库克、音响师詹姆斯 · 卡姆利、制片人玛丽昂 · 戈尔丁在加州的穆里塔温泉疗养院待了 9 天。我们已被告知，在温泉疗养院，钱是关键因素。所以我们就告诉疗养院的人，我们的音响师詹姆斯 · 卡姆利（我们称他“上校”）是一个富有的、半退休的投资顾问，他刚刚得知患了白血病。我们的摄像师格雷格 · 库克是一个旅行摄像师，是“上校”心爱的侄子。制片人戈尔丁呢？她是“上校”多年的“秘书”。

有什么比乘坐劳斯莱斯到疗养院更好的方法？在我们尚未得知，甚至尚未缴纳 1200 美元治疗费用时，他们已经为“上校”准备了一套治疗方案——全部内容就是以蒸馏水和柠檬汁为生，并且定期检查他的尿液。在检查尿液的时候，他们定期向我们报告在治疗“上校”白血病方面取得的可喜进展。我们没有告诉他们的是：有两次我们给他们的尿样是音响师卡姆利的，还有一次则是制片人戈尔丁的。

不久，就到了迈克·华莱士出现的时候，他带来了一个摄像组面对面采访这个假疗养院的经营者、浸礼会牧师R.J.拉德，他一点儿也不知道迈克与卡姆利、库克和戈尔丁有什么关系，而且还是一伙的。迈克揭露拉德的时候，他在加州乡村风头正健。不久以后，加州政府便介入了此事，关闭了这家疗养院。

休伊特与《华盛顿邮报》的吉恩·帕特森就《60分钟》1976年对验血实验室的暗访报道发生争议。帕特森认为，在电视偷拍报道对象的时候，报道对象并没有被指控犯罪，当然也没有被定罪。把他们像罪犯一样展示给民众前，最起码要等到法律判定他们有罪时。他的观点是，记者超越了本身的角色，使那些实验室负责人失去了被公正审判的机会。休伊特反问对方：作为报纸主编，“你是否曾经刊登过银行摄像机拍下来的抢劫犯抢劫银行的照片?”当帕特森承认刊登过时，休伊特就更加振振有词了：“既然报纸有权利刊登银行摄像机拍下来的抢劫犯抢劫银行的照片，那你不会真的认为电视没有权利偷拍一个骗子在诊所里抢劫吧，对吗，吉恩?”

对于隐性采访可能侵犯隐私权的指责，唐·休伊特反驳说：“什么是那种新闻的道德和操守？我自己对这点没有任何困扰。虽然我坚信每个人都有不被秘密调查的权利，但我不认为在他/她犯罪时，宪法也保障他/她的隐私权。”

对于暗访偷拍是一种失德的撒谎行为的说法，唐·休伊特也嗤之以鼻：“难道我们一开始没有撒谎吗？难道我们在整个过程中不是经常撒谎吗？我们确实这样做了，这困扰我吗？一点儿也不，以前不，现在也不。如果我明天发现有另一个温泉疗养院像R.J.拉德疗养院那样出售骗人的癌症治疗方案，我们就会采取同样的措施，直到迈克·华莱士和玛丽昂·戈尔丁使它关门大吉为止。”

唐·休伊特也认识到，暗访偷拍手法被模仿得太多太滥了。他回忆说：“这点常常被我们的竞争者误认为是《60分钟》成功的秘密。这不仅不是，而且，我们其实在竞争的早期就把这种技术作为一种令人厌倦的噱头抛弃了，主要是因为那些《60分钟》的模仿者也大量地采用这种技术，他们不是为了揭露骗子的把戏，而是为了炫耀自己的本事，表明《60分钟》能做的任何事情，他们也能做到——即使质量上不能超过《60分钟》，最起码数量上能。简而言之，他们毁了这一技术。”①

① 郭镇之、展江主编：《守望社会——电视暗访的边界线》，北京：中国广播电视出版社，2006，27～30页。

案例三 “海市蜃楼”旅馆系列报道

1977年5月，《芝加哥太阳时报》记者帕梅拉·泽克曼（Pam Zekman）和公民组织“改善政府协会”首席调查员比尔·雷克滕沃德买下了一家旅馆，取名为“海市蜃楼客栈”。泽克曼是美国有名的女调查记者，1971—1976年供职于《芝加哥论坛报》，曾两次获得普利策奖。1976年底，泽克曼申请《芝加哥论坛报》买下旅馆，但是《芝加哥论坛报》不同意，而竞争对手《芝加哥太阳时报》答应了她的要求。所以她就转投了该报。1977年9月初，旅馆开张了。到当年万圣节（10月31日），“海市蜃楼”关门歇业，总共经营了两个月时间。

泽克曼的搭档是记者扎伊·史密斯，他与“完善政府协会”调查员杰夫·艾伦在旅馆内担任男招待和管理员。该报摄影记者吉恩·佩塞克和吉姆·弗罗斯特负责在“海市蜃楼”洗手间的隐秘角落拍摄旅馆内的活动。旅馆内的腐败活动包括市政监察员对小企业的敲诈勒索和税收欺诈，而这些腐败交易正是许多记者从被敲诈的小业主那里听说的。[1] 泽克曼和史密斯同意本州官员在“海市蜃楼”内设立一个特别审计组，揭露专门在旅馆、酒店和其他现金交易场所进行税收欺诈的会计。[2]“海市蜃楼”经营的两个月中，他们迎来了有趣的顾客——包括军火走私者、毒品贩卖者和大量的市政工人。[3]

“海市蜃楼”关张以后，记者们花了两个月时间来核实细节，详细撰写报道。1978年1月8日，《芝加哥太阳时报》发表了第一篇报道。当晚，在华莱士主持的《60分钟》节目中，一个被称为Fixit先生的会计面对全国观众承认了他平时的税务敲诈。《芝加哥太阳时报》的揭露性文章连续发表了4周，共发表25篇报道。那些激动人心的、戏剧化的报道和照片使芝加哥全市为之震惊。几十个电气和建筑物监察员因索贿而遭到起诉。报纸主编拉尔夫·奥特韦尔称，这组报道是该报40余年来最成功的暗访调查，“它用翔实的资料证明了一直存在于芝加哥，但是谁也没有像我们这样加以证明的事实。”各新闻学院纷纷邀请泽克曼和史密斯登门讲演。[5]

海市蜃楼客栈

---

① See http://en.wikipedia.org/wiki/Mirage_Tavern.

② 参见〔美〕罗恩·史密斯：《新闻道德评价》，李青藜译，北京：新华出版社，2001，301～302页。

③ See “The Mirage: A fake tauern that exposed real corruplion,” http://danweissmann.com/2012/01/16/the-mirage-a-fake-tavern-that-exposed-real-corruption-ten-bucks-at-a-time/, 2012-01-16.

④ See “The Mirage: A fake tawern that exposed neal corraption,” http://danweissmann.com/2012/01/16/the-mirage-a-fake-tavern-that-exposed-real-corruption-ten-bucks-at-a-time/, 2012-01-16.

⑤ Ron F. Smith, *Groping for Ethics in Journalism*, Ames, Iowa: Iowa State University, 1999, p. 220.

起初，“海市蜃楼”系列获得了1979年普利策新闻奖之一般报道奖。但是，在《华盛顿邮报》前执行主编本·布雷德利表示反对之后，普利策奖委员会决定不向《芝加哥太阳时报》授奖，理由是该系列报道是建立在欺骗手法基础之上的。委员会的意见是：揭示事实真相的机构不应该使用这类诈术。[①] 普利策奖委员会委员、《圣彼得斯堡时报》首席执行官尤金·帕特森说，他同意不将普利策奖授予“海市蜃楼”系列报道的意见。他提出，暗访是“我不想看到受人鼓励的一种时髦趋势”。他认为：“如果一份报纸在编辑操作上要求政府处在阳光之下、公开，而自己又有意隐瞒真相或掩饰动机，新闻界作为整体就会在公信力上付出代价。”帕特森说，暗访应限于“需要由主编作出决策的特殊情况”。[②]

案例四 旷日持久的食狮公司诉ABC案

1992年11月，两名美国广播公司（ABC）的新闻制片人伪造多种个人信息，在北卡罗来纳州和南卡罗来纳州食狮公司的杂货店获取了就业职位。一个做肉类包装工人，一个做熟食店店员。这两位制片人隐瞒了他们的真实身份（但是用的是真名），提供的个人背景资料和工作履历信息也是虚假的。他们同样隐瞒了受雇于食狮公司是为了方便调查的真实目的。

在被食狮公司雇用后，两名新闻制片人用偷拍机秘拍了公司食品的储运存放过程。食狮公司的商店以不卫生的方式处理食品、欺骗顾客的做法包括：将过期牛肉和新鲜牛肉混杂在一起，用漂白剂遮盖腐败肉类的气味，用新的日期标签取代已经超过保质期的原有标签。而且，这些行为不是发生在商店中公众可以进入的自选货架，而是在食品工人准备货品的区域（因此无法明拍获得）。两名制片人的调查，一个用了一周，一个用了两周。在调查完成后，两人就离职了。之后，两位记者的调查在ABC杂志型电视新闻节目《黄金时间直播》（*Prime Time Live*）中播出，致使该公司的股价暴跌，销售锐减，全国88家连锁店面临倒闭危险。另一方面，美国民众借此才了解到食狮公司超市在食品卫生方面存在的问题。[③]

1995年7月，食狮公司在设于北卡罗来纳州的联邦地区法院对ABC提起了诉讼。食狮公司认为，一些为追踪报道新闻而以隐秘身份进行调查的媒体，必须按照北卡罗来纳州法律的要求，在应聘工作时，说明自己的真实身份、所属媒体以及调查目的。1996年12月，陪审团认为，ABC将承担欺诈、非法侵入、对雇主不忠等法律责任。1997年1月，陪审团裁决食狮公司胜诉，要求ABC支付食狮公司赔偿性损失1400美元、因欺诈判罚惩罚性赔偿金550万美元，同时因为对雇主不忠和非法侵入象征性赔偿2美元。

① 参见〔美〕杰克·富勒：《信息时代的新闻价值观》，展江译，北京：新华出版社，1999，51页。

② See Ron F. Smith, *Groping for Ethics in Journalism*, Ames, Iowa: Iowa State University, 1999, p. 220.

③ 参见郭镇之、展江主编：《守望社会——电视暗访的边界线》，北京：中国广播电视出版社，2006，31页。

联邦地区法院发现，惩罚性赔偿金要求过高，于是减少到了315000美元。

ABC上诉到联邦第四巡回法院。1999年10月，第四巡回法院拒绝了315000美元的惩罚性赔偿金，但是承认了因对雇主不忠和非法侵入的象征性赔偿2美元。上诉法院发现，食狮公司未能对两名制片人伪造信息给公司带来的损失承担举证责任。对于上诉法院的意见而言，更有意义之处在于，它认为ABC制片人非法侵入。

第四巡回法院坚持认为，地区法院拒绝把宪法《第一修正案》所保障的新闻自由运用到食狮公司对不忠诚和非法侵入的索赔中，这是正确的做法。关于雇员忠诚和侵入的法律是申请工作时的一般法律要求，新闻界当然也不能赦免，把这些法律运用到媒体对新闻的采集上也只会产生“附带效应”(incidental effect)。法院解释说，新闻记者被获准在杂货店工作，因为食狮公司雇用了他们，但是他们没有获准秘拍杂货店中非公共区域的镜头以供ABC使用，因为食狮公司没有同意他们以此为目的进入公司。[①]

食狮公司调查

案例五 南非知名电视节目揭露养老院中的虐待

《全权委托》(*Carte Blanche*，见图10-8)是南非M-Net电视台旗下知名的电视调查性节目，开办于1988年，曾获得国内外超过120个奖项。[②] 2000年1月23日，《全权委托》通过卧底揭露了一起发生在一家养老院的骇人听闻的虐待老人丑闻。主持人在节目开头说：“我们在拍摄护理队伍，由他们照料的孱弱老人不能自我维权。”身处养老院的这些老人再也不能料理自己了，不得不依赖其他人照顾他们。“太过经常的是，当他们不再能自我维权时，本来该照顾他们的人却虐待他们。”

图10-8 《全权委托》

① Kristen Rasmussen，“The landmark Food Lion case，” http：//www. rcfp. org/browse-media-law-resources/news-media-law/news-media-and-law-spring-2012/landmark-food-lion-case The News Media and The Low，Spring 2012.

② http：//en. wikipedia. org/wiki/Carte_Blanche_（TV_series）.

《全权委托》这期节目的开头出现了81岁老妪爱丽斯，她说她被殴打了，并出示了身体右侧的一大块青瘢。她不得使用电话，她的通讯录被没收，她女儿卡琳也不得看望她。爱丽斯最终失去了对自己事务的任何控制权，包括个人财务。她修改了遗嘱，这对照顾她的护工有好处，以换取护工不再殴打她。

卡琳向警方、妇女组织和人权团体求救。最终，卡琳说服了政府福利部门调查事情真相。几次造访之后，一名社会工作者替换了那个施虐者，恼怒的施虐者曾用手枪顶着两人的脑袋。

《全权委托》经过调查发现，问题远远大于最初的估计。记者们联系了一个叫“聚焦虐待老人”的组织的负责人玛丽琳·利利。利利帮助他们联系上了南非东部的夸祖鲁—纳塔尔省一家养老院的管理者加布里埃尔。加布里埃尔批准记者们安装了偷拍机。有记者说：“他是少数几个愿意承认他遇到了问题并需要有所作为的经理之一……他感觉到，监视是他的唯一选择，于是建议我们在房间和淋浴间里安装摄像机。”

加布里埃尔承认，摄像机构成对隐私的侵犯，但是他相信淋浴间是持续性虐待的发生地之一。根据《全权委托》的报道，“我们的偷拍机显示，问题很严重了——加布里埃尔对他的手下人实施的羞辱和身体虐待的程度怒不可遏”。加布里埃尔说：“我绝不相信虐待有如我现在目睹的那样严重。我也相信，如果这种事正在我的机构发生，那么它一定会发生在所有地方。”施虐者被抓住了，并受到了适当处罚。[①]

全权委托

案例六 《每周质量报告》暗访毒火腿生产

《每周质量报告》是在2003年“非典”侵袭北京期间，于5月4日在央视开播的，2003年全年总共播出了35期节目，其中大部分节目揭露的都是食品造假，记者主要利用暗访偷拍，揭露了令人触目惊心乃至瞠目结舌的假冒伪劣食品的产销过程内幕。可以说，食品安全这一议题的设立，与《每周质量报告》有莫大的关系。

2003年11月16日，央视新闻频道播出《每周质量报告》的卧底调查《鲜火腿遭遇污染》是该节目早期此类调查的代表作。根据它的揭露，拥有1200年历史的浙江金华火腿在生产过程中，金华一些企业不但毫不注意卫生把关，专门收死猪、母猪、公猪来做火腿，甚至为了驱赶苍蝇，防止火腿生虫生蛆，在炮制腿肉过程中竟大面积使用敌敌畏。

金华市冬季温度一般在0—10度之间，是生产火腿的最佳季节，其他季节由于温度较高，火腿很容易变臭，招来苍蝇，导致火腿生虫生蛆，但是他们的火腿在生产时采用

① John Retiff, *Media Ethics*, Oxford: Oxford University Press, 2002, p. 161.

了特殊的“工艺”，能从根本上解决这些问题。但当记者询问到底是什么特殊工艺时，老板却不肯告诉记者。

在永泰火腿厂的生产基地，记者看到，十几个工人正在忙着清洗、晾晒猪腿。院子里堆放着一大堆猪腿。老板说，这些猪腿都是用来生产季节腿的，刚刚从四川运来，有6000多只。此时尽管已是晚秋时节，但是这里的气温仍然很高，猪腿散发出的臭味还是招来了成群的苍蝇。当记者问都是什么猪来做火腿的，工人答道，什么猪都有，死猪、母猪、公猪，专门有人收这些猪。在离记者不远处的一个水池里，几个工人正穿着水靴刷洗猪腿，污浊的池水散发出阵阵恶臭。一个工人挽着裤腿，站在水池里，吸引了记者的目光，走近一看，他光着的双脚黑黑的，好像还附着一层泥灰。不仅如此，工人还说自己的双腿早上刚去了粪坑就过来了。

光着脚的工人告诉记者，这些腌制过的猪腿经过浸泡、刷洗后，都要用水清洗，他就是负责清洗工作的。几分钟后，这位工人光着双脚跳进水池里清洗猪腿，这让记者大吃一惊。记者经过仔细观察后发现，没有经过大缸浸泡的猪腿到处爬满了苍蝇，但是浸泡后的猪腿却没有苍蝇靠近。很显然，放进大缸浸泡就是那位老板所说的防蝇防蛆的特殊工艺。记者靠近大缸，里面散发出一股刺鼻的气味。大缸里一定是加进了什么东西。夜幕降临，工人赤裸着的双脚还在盛放着猪腿的水池里浸泡着。这位工人自称是厂里的技术员，他说，他们在缸里加进了一种特殊的药物，主要是为了驱赶苍蝇，防止火腿生虫生蛆。

到底是什么药物有如此神奇的功效，使喜欢臭味的苍蝇都避之不及呢？第二天一大早记者再次来到永泰火腿厂。早晨七点刚过，技术员和一位工人忙着搬运大缸，技术员手里还拿着一个茶色的瓶子。看来这个瓶子里装的就是用来驱赶苍蝇、防止生蛆的神奇药物。技术员往大缸里加完了水，却迟迟不肯将药物倒入大缸里，似乎是对我们有所顾忌，把瓶子放进了不远处的一间小屋。十几分钟后，另一个工人从房间里取出那个茶色瓶子，将一种无色液体倒进了缸里。

大缸里不断地散发出刺鼻的气味，那么瓶子里装的到底是什么药物呢？记者走进那间小屋，发现那个茶色的瓶子就放在墙角，瓶子上面几个字非常醒目：敌敌畏。敌敌畏是一种毒性较强的农药，人误服对消化道和胃黏膜有强烈刺激作用，可导致胃黏膜损伤，甚至引起胃出血或胃穿孔。

永泰火腿厂的老板告诉记者，他们厂每年生产的火腿有30000多个，其中大部分生产时都要用敌敌畏浸泡。记者随后又对金华市的几家火腿厂进行调查采访。在旭春火腿厂，记者也看到，洗刷过的猪腿都要放进缸里浸泡，缸里面加进了敌敌畏。然而这些用敌敌畏浸泡过的劣质有毒火腿却都能通过有关部门的检测，成为合格产品。在永泰火腿厂里记者看到工人正在火腿上加盖检疫章，而章原本应该是管理部门加盖的。当记者问管理部门的公章怎么会在他们手上，工人们也不知道里面的内幕。制作好的火腿在两三个月的短期发酵后，经过包装销往全国各地。[①]

① 参见《鲜火腿遭遇污染》，http：//www. cctv. com /news /financial /inland /20031116 /100241 _ 1. shtml，2003-11-16。

报道播出第二天，金华市工商局对“永泰”、“旭春”两家违法企业进行了查封，同时金华各政府执法部门及50余家火腿生产企业召开行业自律会议。12月25日，用敌敌畏加工生产火腿的犯罪嫌疑人曹锡平已经被金华市公安局逮捕，① 查缴的有毒火腿也已经全部被销毁。2004年6月，金华市金东区法院对“毒火腿”案作出一审判决，以生产有毒、有害食品罪分别判处被告人曹锡平有期徒刑两年，并处罚金2万元；判处被告人曹锡洪有期徒刑一年六个月，缓刑两年，并处罚金2万元。

这些内情是如何拍摄下来的？金东区法院认定，曹锡平原系金华市金东区永泰火腿食品厂法人代表，曹锡洪系其哥哥，2003年10月底，某媒体（即《每周质量报告》）的两名记者装扮成客户，要求曹锡平准备加工生产一批反季节火腿。10月31日下午，曹锡洪将从江苏省如皋市某冷冻厂收购的2200余只腌制猪腿运到原金华外贸火腿有限公司的场地进行加工。11月2日，为防火腿在加工过程中腐烂，曹锡洪授意工人用兑入“敌敌畏”农药的水浸泡火腿300只，并打电话将此事告知了曹锡平。② 据了解，两名记者中的中年男性假扮成来自东北的采购商，进入永泰火腿厂之后与曹厂长一家逐渐熟稔，记者还与曹结拜兄弟，曹的儿子拜记者为干爹。

央视曝光毒火腿生产

案例七 BBC暗访骗出伦敦申奥黑幕

BBC的《全景》（*Panorama*，见图10-9）是一档英国人所谓的“时事纪录片节目”，也就是美国人所谓的调查节目。经常播出在国际范围内引起轰动的调查性报道。这个目前在每周一晚8点30分播出的名牌节目首播于1953年11月11日，是全世界同类节目的鼻祖，也是1968年9月24日问世的美国哥伦比亚广播公司《60分钟》节目的前辈。在《全景》的调查中，“秘密拍摄”（secret filming）是一种常用的采访方法。

图10-9 《全景》

① 参见《“敌敌畏”金华火腿 损活文物千年名誉》，http：//chihe. sohu. com /20100226 /n270494707. shtml，2010-02-26。

② 参见柴骥程、李蕾俊：《浙江金华“毒火腿”案作出判决 两案犯被轻判》，http：//news. qq. com /a /20040604 /000015. htm，2004-06-04。

2004年8月4日，即雅典奥运会开幕前9天，BBC名牌节目《全景》播放专题片《购买奥运会》(*Buying the Games*)。此前，该节目在制片人布拉德·博恩的带领下，对国际奥委会内部的违纪现象展开了调查。此次为调查国际奥委会内部丑闻，节目制作组花了数月的时间进行准备。他们成立了一家子虚乌有的公关公司“新伦敦合资公司”，并清楚地表明，该公司与官方申办2012年伦敦奥运会毫无关系。他们与三位在国际奥林匹克中大名鼎鼎的“选票掮客”进行了接触。

该专题节目主要揭露一些奥运会“代理人”是怎样付费给国际奥委会委员，以此试图获得2012年奥运会举办权的投票的。“代理人”声称是申办奥运会的专家，只要给钱适当，他们就可以让申办方获得投票，获得投票的关键在于，要找准国际奥委会委员的需求。一名与国际奥委会委员有联系的中间人对隐匿身份的BBC记者表示，在国际奥委会124名委员中，有30多人的选票可以通过不同手段影响，其中一些需要用钱购买，对委员的公关费总共需要大约200万到300万英镑。4名中间人向BBC记者承诺，可以为伦敦搞定约54张选票。

《全景》团队秘密拍摄“代理人”，并问他们怎样才能帮助获得2012年伦敦奥运申办权。“代理人”说，一些国际奥委会委员需要用钱或其他恩惠来打点，只要费用适当，他们就会自有安排。“代理人”之一戈兰·塔卡奇向《全景》团队介绍了保加利亚奥委会主席、国际奥委会委员伊万·斯拉夫科夫。他还向BBC记者承诺能搞定15张到20张选票，其中7张到10张选票需要购买。另一名“代理人”科米亚蒂表示，他可以为伦敦获得20张选票，但是赢得每一张选票一般要花费大约24万美元，这还不包括旅行等其他费用。①

2002年盐湖城冬奥会申办丑闻被揭发后，好几名国际奥委会委员因为收受申办城市的金钱和礼品等好处而被取消委员资格。自此，《全景》就关注了奥运会申办中的腐败。专题节目梳理了可以为国际奥委会委员提供哪些需要来赢取他们的选票，并标明“代理人”一直是“送礼文化”和盐湖城冬奥会腐败的核心。在节目中呈现的所有“代理人”在城市申办运动会中一直收受贿赂。他们的角色影响了国际奥委会，作为申办城市和国际奥委会委员中间人的角色。根据已经获取申办城市的经验，“代理人”扮演了关键性的角色。

整个“卧底”节目的最高潮出现在保加利亚首都索菲亚——国际奥委会委员斯拉夫科夫和中间人塔卡奇以及《全景》团队记者会面时讨论如何影响委员选票的情景。斯拉夫科夫向《全景》团队讲述如何影响选票时，显然是破坏了国际奥委会的规则，《全景》的记者用隐藏的摄像

购买奥运会

① See “Buying the Games,” http://news.bbc.co.uk/2/hi/programmes/panorama/4649677.stm，2005-07-06.

机拍下了他们的对话场面。①

《全景》的《购买奥运会》节目播放后引起了巨大反响。3 天后，国际奥委会执委会决定暂时终止"全景门"丑闻的主角保加利亚籍委员斯拉夫科夫的国际奥委会委员资格，并禁止他前往希腊观看雅典奥运会。在 2005 年 7 月 7 日举行的国际奥委会第 117 次全会上，斯拉夫科夫被开除出国际奥委会。

案例八 《焦点访谈》与《新闻调查》的一个差异

《焦点访谈》记者的"得意之作"大多与暗访有关，许多事后得到政府撑腰的曝光事件，有时也是通过秘拍得来的。2005 年 3 月 29 日的一期《焦点访谈》揭露了黑龙江一个林业局毁坏国有林地开发墓地的严重违法活动，记者秘拍了违法者试图行贿记者的场面（见图 10-10）：

解说：采访完这几个工人，回宾馆后，市林业局的李局长来到记者的房间，掏出两个信封，他说这是送给记者的一万块钱。

李局长：这个事整出来以后，我就不用干了。有问题是有问题，能没问题吗？啥事都有问题啊，没问题职工能反映吗？

记者：去，去办公室谈好吧。

（在记者严词拒绝下，李局长收回了这两个信封，并同意到他办公室去谈。）

……

解说：要占用天然次生林，就以荒山荒地的名义报批；没有得到省民政部门的批准，就争取市民政部门的支持；资金不够就挪用扶贫款。显然，铁力市林业局的李局长也深知这些行为见不得光，在记者采访结束后，他再次来到记者所在宾馆的房间，这回送来的不是装着钱的信封，而是两盒林蛙油。记者打开盒子，发现这回里面共装有两万元钱。

李局长：你们俩得把事给圆下来。

图 10-10 李局长拿出数万元欲贿赂记者，遭到拒绝

黑龙江铁力林业局局长企图贿赂《焦点访谈》记者

① 参见郭镇之、展江主编：《守望社会——电视暗访的边界线》，北京：中国广播电视出版社，2006，23～26 页。

秘拍有利于揭露事实，挖掘真相。但在《焦点访谈》记者看来，秘拍最大的作用，还在于避免说情导致的节目夭折。在《焦点访谈》的舆论监督节目屡屡受挫之后，记者法展采用全程秘拍的手法，终于换来关于河北某地非法炼铅导致该地方孩子全体铅中毒的片子顺利播出。事后法展说："记得不久前，我部曲长缨曲师兄写了一篇文章《偷拍时代到来了》，当时愚弟不服，写了另一篇文章挑战，意思是偷拍乃暗器伤人，君子不齿，《焦点访谈》人要行事，应该大大方方，堂堂正正。现在，血的教训让我想对曲长老说：老曲，我错了！偷拍就是好哇！在我写这篇文章时，我的又一期明拍的节目签完了字，合成了片，还是被取掉了。眼见半个月的辛苦付之东流，心都在流血。如今，还有什么理由不把偷拍进行到底呢？"

中央电视台2004年创刊的周播节目《新闻调查》曾经是中国电视新闻深度报道节目中"专业主义"特征最明显的栏目，它很少采用秘拍的手法。在其"《新闻调查》职业标准"中规定：对"'偷拍'我们慎之又慎，除非调查危害公共利益的重大隐情而又别无他法，且经制片人同意，否则我们绝不采用任何涉嫌欺骗、侵权的拍摄方式。"如果能够通过光明磊落的方式获得事实的真相当然是再好不过。但《焦点访谈》的经验已经证明，公开追问某些事实的真相，在中国目前的环境下，可能比较艰难。

案例九 "茶水发炎"事件为何梅开二度？

为了策划2007年"3·15"选题，中国新闻社四五名记者去拜访一位医学专家，当时专家开了句笑话："就是拿一杯茶水也能验出问题来。"没想到这一句戏言果真变成了该社的选题。为了避免平面媒体在体现新闻真实性上的局限性，该社选择了与浙江电视台钱江都市频道《新闻007》栏目联手，3月1日开始进行暗访调查。调查之前，中新社浙江分社记者用当年产的龙井茶泡好茶水，钱江频道《新闻007》记者带上专业拍摄设备负责拍摄。浙江分社记者乔装成患者，将事先准备好的龙井茶水当成尿液样本送到杭州10家医院检测，结果有6家医院在茶水中检测出红细胞和白细胞，并诊断出记者有炎症，5家医院给记者配了消炎药，药费总计1300元左右。3月19日，中国新闻社发布新闻稿《茶水当作尿液样本送检，医院竟化验出了炎症》，从而引发了社会广泛关注的"茶水发炎"事件。①

事过5年，"茶水发炎"事件再次上演。2012年7月29日，央视《焦点访谈》播出节目"男科门诊的秘密"。记者在石家庄男科医院博大医院化验时，用绿茶替代了尿液，随后医生称尿液检测出了炎症、霉菌和杂菌，还有一个淋球菌，记者被诊断出重度肾虚、前列腺炎、附睾炎。相关疗程费用为每天546.40元。随后，记者又暗访了沈阳天桥中医院和长春九龙男科医院，揭露了这两家私立医院是如何把记者"没病看成有病，小病看成大病"的。记者还暗访了辽宁盘锦第六人民医院和成济医院两家公立医院的男

① 参见徐英：《记者用茶水冒充尿液被检查出"炎症"》，载《青年周末》，2007-03-29。

性科室非法外包问题。[1]

两次介入“茶水发炎”事件调查的媒体都声称，暗访的目的是为了揭露和纠正医疗行业的不正之风。参与2007年调查的浙江分社的暗访记者说，也许调查的方式值得商榷，但是采用这样的方法去反映行业的问题本身也是一种悲哀。人们应该关注的是由此折射出的行业问题。[2] 2012年那期《焦点访谈》节目结束时，主持人敬一丹点评说：一些曾经的游医进入男科医院和男科诊室，打着正规的旗号欺骗患者，这些医疗骗子更具有隐蔽性和欺骗性，危害性也就更大，这不仅扰乱了医疗市场秩序，更给患者带来了物质和精神的双重伤害。[3]

第一次“茶水发炎”事件发生两天后，全国92家三级甲等医院纷纷“以茶代尿”送检以证清白，结果136份化验单中有93.4%都检出了“阳性”报告。第二次“茶水发炎”事件发生后，石家庄市卫生局对涉事医院停业整顿，但是对外界质疑“绿茶代尿”的消息没做评论，石家庄卫生局官网却挂出了一篇题为《“绿茶代尿”令暗访留下遗憾》的文章。

2007年4月10日，《人民日报》以《“茶水发炎”与媒体责任》为题发表评论，认为媒体记者假扮患者、伪造病史的“游戏”，不仅违背了新闻职业道德，也干扰了医学诊断和治疗的严肃性。医生没有任何理由怀疑患者“恶作剧”，而应完全相信患者所陈述的痛苦是切实存在的。[5] 第一次“茶水发炎”报道刊发之后影响很大。有给报社打电话的，也有在网上跟帖留言的，对于医院都表现出了很大的不满，有人对公立医院表示失望，也有人觉得记者用茶水作实验的方法有问题。[6]

卫生部对两次“茶水发炎”事件意见一致。2007年4月10日，卫生部新闻发言人毛群安表示：记者行为有悖职业道德。他认为，医疗机构的检验是针对特有指向的检验品来测试，有一些只通过设备本身进行的检测。如果是设计为对尿液进行检验的仪器，而放进去的是茶水，这个仪器并没有首先鉴定是不是尿液的程序，它就会直接把样本作为尿液来化验。[7] 2012年“茶水发炎”事件后，卫生部新闻办表示：“这次和2007年那次事件几乎一模一样。该说的话，2007年都说过了，那次的回应也表明了我们现在的态度。”[8]

① 参见《记者用绿茶假装尿液 医院检出前列腺炎》，http://news.163.com/12/0729/23/87KARLMH00011229.html，2012-07-29。

② 参见徐英：《记者用茶水冒充尿液被检查出“炎症”》，载《青年周末》，2007-03-29。

③ 参见《记者用绿茶假装尿液 医院检出前列腺炎》，http://news.163.com/12/0729/23/87KARLMH00011229.html，2012-07-29。

④ 参见龙在宇：《卫生部：记者绿茶代尿误导公众 不利和谐医患》，载《新京报》，2012-08-02。

⑤ 参见白剑峰：《“茶水发炎”与媒体责任》，载《人民日报》，2007-04-10。

⑥ 参见徐英：《记者用茶水冒充尿液被检查出“炎症”》，载《青年周末》，2007-03-29。

⑦ 参见李学梅：《卫生部回应“茶水发炎”一事：茶水充尿验出炎症属正常》，载《北京日报》，2007-04-11。

⑧ 参见龙在宇：《卫生部：记者绿茶代尿误导公众 不利和谐医患》，载《新京报》，2012-08-02。

案例十 记者扮嫖客揭开性侵幼女真相

在《中国青年报》常驻福建的老记者陈强于2009年3月下旬进入贵州之前的一个月，该报驻贵州的记者及贵州本地的一家媒体就曾前往习水调查性侵幼女真相，无奈无功而返。“太难了，”在贵州习水待了三天的女同事后来对陈强说，“没有人愿意说出真相。”报社北京总部准备派陈强去试试。“这激起了我的强烈好奇。以我22年的从业经验来看，如此恶劣的案件，怎么会打听不到呢?!”陈强当晚就开始着手上网查找资料。网上一搜，相关网页要么已被屏蔽，无法打开；要么就是只有标题，里面的内容已被删除。当陈强听说此案即将开庭，他觉得这是揭开真相的好时机，“还是赶到习水再说”。

2009年3月26日，他到达习水的第一天，就开始有意与出租车司机、小店老板等最了解当地社会生态的人接触。“有人说是女孩被搞得下身大出血，也有人说是学生怀孕了，结果被家长发现后，才向公安举报的”，陈强说，这是他听到的最详细的情节。无奈之下，陈强装成嫖客实施暗访。他让出租车司机帮忙寻找“学生妹”。但经历了如同特务一般的秘密接头、带到卖淫地点、见到卖淫女等繁琐过程之后，陈强才发现并没有真正的收获。“她们拿着安全套和卫生纸站在我面前。”陈强明白，这是常见的卖淫女，并不是他这次想调查的“学生妹”。于是他讪讪地打道回府。

在习水暗访的第4天晚上，陈强突然接到一名包工头的电话，让他到一家歌厅门口“接头”。他应约前往，看到几个社会青年和两个扭扭捏捏的小女孩在一起。领头的告诉他“这两个还在读初一”，如果想玩可以带走。见到这一幕，陈强终于证实了社会上有关“学生妹”的传闻。他借口说“女孩太小了，不敢玩”，便转身打车走了。陈强暗访获得突破性进展是在到习水的第5天，他获悉一位叫王清的受害女生老家在某乡镇。他立马包车、乘摩的，经过两个多小时的颠簸到了村里，却发现王清家里没人。邻居说，王清家人早就搬到县城了。陈强千方百计打听到王清父亲的手机和单位地址，又怀揣希望赶回习水县城。

好不容易找到了王父，起初他否认女儿被性侵害的事。“我也有个和你家孩子一样大的女儿，她要是出了事，我肯定出来拼命。”在陈强的言语刺激下，王父终于开口道出了原委，并提供了其他受害女生家属的联系方式。接着，陈强找到了正在当地某私立中学读初二的受害女生王清，并接触了另两个受害女生的家人——李瑜的奶奶和康倩的父亲。了解了几位女孩受害的来龙去脉，陈强的心情久难平息：“每个女生被连环套在一起，就像传销一样。逼迫她们卖淫的坏人告诉她们，找到替身自己才能脱身，于是康倩找到了王清，王清又拖李瑜下水……”

经过6天深入暗访，陈强觉得有必要亮出身份，与当地政府“摊

贵州多名干部涉嫌嫖宿年幼女生

牌”了。凭着多年职业经验，陈强找到了习水县政法委书记，告诉他这几天的暗访情况后，这位官员只好把一份有关此案的汇报材料给他看。4 月 1 日当晚，县政法委书记派警车将陈强送到遵义市。次日，陈强在遵义赶稿，却对打电话来“关心”他的当地官员说，自己“正在回北京的路上”。“之所以‘骗人’，是担心说客尾随，辛辛苦苦的采访白费了”，陈强说，与他一同采访的当地一家媒体后来就没能发出稿子。4 月 3 日，《中国青年报》刊发陈强的调查《贵州习水部分官员涉嫌性侵幼女》。陈强说：“报道中用到的事实，主要是引用官方提供的材料。但是，如果没有之前多天的暗访，是不可能拿到这份材料的”。(注：文中受害者均为化名)①

破解富士康员工的自杀“魔咒”

案例十一 《南方周末》富士康卧底调查

《南方周末》记者杨继斌和实习生刘志毅在 2010 年 5 月 13 日发表了《破解富士康员工的自杀“魔咒”》、《富士康“八连跳”自杀之谜》、《潜伏富士康 28 天手记》。这组报道是实习记者刘志毅潜伏富士康 28 天和杨继斌的公开采访合作而成的，可以说是里应外合的结果。公开采访与主笔的记者是杨继斌，在编辑傅剑锋看来，杨继斌是一位出色的调查记者与特稿记者。更重要的是，他对富士康这个选题有激情、有冲动、与刘志毅有共同的想法。②

图 10-16 《南方周末》富士康专题版面

刘志毅的潜伏，起因于《南方周末》对富士康“六连跳”系列自杀原因的调查。富士康所招的普工年龄普遍在 18—23 岁之间，《南方周末》没有如此年轻的记者，来自武汉大学的实习生刘志毅毛遂自荐，在作了全面的安全设计防范后（如外部的安全呼应、不进有毒高危车间工作的前提），他以普工身份潜伏进富士康，在 4 月 11 日成了一名仓库保管员。

经过 7 个多小时的排队，一整天的体检、岗前教育，刘志毅最终顺利进入富士康工作。第一次以“卧底”记者身份与杨继斌碰头是正式工作的第一个周末。在一家酒店十

① 《记者扮嫖客揭开贵州习水性侵犯幼女案真相》，http://news.xinhuanet.com/legal/2009-05/09/content_11339272.htm，2009-05-09。

② 参见傅剑锋：《“潜伏富士康”报道出台始末》，载《南方传媒研究》第 24 期，45～51 页。

几层的咖啡厅，大致说了说工厂里的基本情况，然后望着高楼大厦乱发了一通感慨，很兴奋于自己又暂时回到了真实的身份。稍有遗憾的是，这是内线实习记者与外线记者的第一次碰面，在刘志毅的预想中，应该更早些。28 天，刘志毅用手机向杨继斌发回 35000 余字。在厂区最煎熬之处在于一个记者进入了一场旷日持久的采访后，需要长时间地忘掉自己原本的身份，试着去体会、学会他们的习惯、他们的语言、他们的喜怒哀乐，保持表面的寻常普通，不能转换回来。

富士康“八连跳”自杀之谜

为了不在打工者中过分突出，刘志毅特地挑选了平日里最不常穿的几件衣服，让自己看上去更像个刚从学校出来的打工仔。采访大学生时，刘志毅要化装成正在进行社会实践的大学生，与他们平等地交谈；与线长、组长交谈时，不光要想出让他们注意到你的“噱头”，还需要拿出更多一点的见识来，去与他们探讨这个大工厂里的基层干部的升迁与前途。成功地变换两三个身份，去与受访者平等地交谈。

刘志毅从两个方面考量报道中的新闻伦理：受访者与采访者。对于受访者的名字使用，之前的想法是，只要不涉及工人们的负面信息或者隐私，用真名是没有问题的，这样做也是出于报道的真实性的考虑。但是报道出来之后，有个别员工不愿意自己的真名出现在报纸上，怕有关自己的细节被误读。报道发表之后他们面临着极大的压力，情绪也十分激动。这是采访者事先没有想到的。

与机器相伴的青春和命运——潜伏富士康 28 天手记

进入富士康之前，刘志毅与傅剑锋、杨继斌仔细分析“卧底”可能出现的风险：其一，被发现真实身份，结果无外乎是开除，问题不大；其二，可能被分配到危险的岗位，此时要做的就是必须想办法调离，或者放弃这个岗位，再出来排一次队。最终这两种情况都没有发生。但为求稳妥，如果在出发前能够有一个成文的风险应对策划，则更为完备，其中可以包括各种危险出现时的处理，乃至结束之后的心理疏导。①

案例十二　央视 3 · 15 特辑暗访“健美猪”营销

“瘦肉精”猪肉曝光 双汇成毒瘤

2010 年 3 月 15 日，央视新闻频道播出 3 · 15 特别行动《“健美猪”真相》播出后，反映一如既往地强烈，国人对于猪肉这个最大肉食来源的安全性又增加了新的忧虑。为了完成这个耗时耗钱的专题，央视以《每周质量报告》为班底的调查队伍，主要运用它的看家本领——暗访偷拍——来操作。其中的成功之处自不待言，但是偷拍的弊端也显现出来。

① 参见刘志毅：《一个“卧底”的“自白书”》，载《南方传媒研究》第 24 期，52～59 页。

记者在南京市建邺区迎宾菜市场发现，所谓的瘦肉型猪肉瘦得有些不同寻常，猪皮下面几乎没有肥肉。当地人把这种猪叫“健美猪”。记者一连走访了几个摊位，销售人员也弄不明白原因。通过一名销售人员提供的“产品检疫合格证明”，记者找到了这种瘦肉型猪肉的来源——南京市建邺区沙洲村的兴旺屠宰场。兴旺屠宰场是国家定点的屠宰场，共有7家屠宰户，每天屠宰加工生猪1000多头，猪肉产量高达上百吨。记者来到这里，只见一些屠宰户都在忙着杀猪。一家屠宰户的老板告诉记者，他们屠宰加工的猪肉中，这种瘦肉型猪肉能占到80%到90%。记者多方了解才知道这种猪来自河南孟州。

河南省孟州市是有名的生猪产区，这里的生猪出栏后，一般都是通过经纪人进行买卖和调运。一名经纪人带领记者进入谷旦镇的一家养猪场，找到了这种所谓的“健美猪”。记者走访了谷旦镇和槐树乡的几家养猪场，发现家家都在养殖这种肌肉发达的“健美猪”，这些猪和记者之前在南京屠宰场看到的一样，都是拱背收腹，屁股浑圆，肌肉结实。

记者了解到，想喂成“健美猪”，就必须在饲料里添加一种特殊的白粉末。当地人把这种神秘的添加物叫作“药”。用加“药”的饲料喂出来的猪不但体形好，而且价格也高。饲料中添加的究竟是什么“药”？养猪户对此都讳莫如深，不肯透露。在紧邻孟州市的沁阳市和温县等地，记者又调查了十几家养猪场，发现这些养猪场也都在往猪饲料里“加药”。这里加的“药”跟孟州的一样，也是一种白色的粉末。

在专门用来加工饲料的房间，记者注意到有一个小桶，里面是一个银色的袋子。养猪户打开袋子，只见里面装的正是一种白色的粉末。当记者问：“这个是啥?”养猪户答道：“这个卖的说是‘瘦肉精’。”这种“瘦肉精”每公斤卖二三百元，像药一样也有剂量要求，过量添加就有可能把猪喂死。食用含有“瘦肉精”的肉会对人体产生危害，常见有恶心、头晕、四肢无力、手颤等中毒症状，特别是对心脏病、高血压患者危害更大。长期食用则有可能导致染色体畸变，会诱发恶性肿瘤。

然而，记者在河南省孟州市、沁阳市、温县和获嘉县调查了十几家养猪场，发现几乎家家都在使用“瘦肉精”，而且添加量大小不一。按道理说，一些加“瘦肉精”喂出来的猪，就算是在养殖环节没有被发现，那么到了贩运、屠宰和销售环节，也应该遭到查处。

记者来到沁阳市柏香镇动物检疫站，发现只要花点钱，不论是喂了“瘦肉精”的猪还是病猪，都能够获得号称“通行证”的三大证明和耳标。一车猪有了这些手续，就等于取得了外运的资格，但是到了设立在省界的动物防疫检查站，还要接受出省检查。但再花上100元钱打点省界的检查站，便可以顺利抵达南京一些屠宰场。

调查至此，终于真相大白。原来在河南孟州市、沁阳市等地，这种用“瘦肉精”喂出来的所谓瘦肉型“健美猪”，钻过当地养殖环节的监管漏洞，进入贩运环节。每头猪花两元钱左右就能买到号称“通行证”的检疫合格等三大证明，再花上100元打点河南省省界的检查站，便可以一路绿灯送到南京一些定点屠宰场，无须检测“瘦肉精”，每头猪交 10 元钱就能得到一张“动物产品检疫合格证明”。有了这张证明，用“瘦肉精”喂出来的所谓“健美猪”就能堂而皇之地进入南京市场销售。①

暗访偷拍的发展演变

暗访偷拍作为媒体的独有技术手段，主要发展于第二次世界大战以后，特别繁盛于电视进入黄金时代的 20 世纪 60 年代以后。BBC 的《全景》节目和 CBS 的《60 分钟》堪称样板，今天流行于各国电视新闻界。本讲所选案例，绝大多数来自电视新闻界就不足为奇了。而对于报刊而言，其手法的运用比起内莉·布莱起点很高的早期杰作并不见得有多大变化。

据研究，20 世纪 30 年代是暗访手法在美国传统报界运用的全盛时期。其原因或许是大多数城市，尤其是大都会城市都有两家或多家报社激烈竞争的结果。1933 年，现已停刊的《芝加哥时报》的记者塞拉斯·本特（1882—1945）模仿布莱，对当地疯人院进行了调查，他的报道以“疯人院的七天”为题。年过五旬的本特承认，他的暗访报道让《芝加哥时报》增加了可观的读者数量，但是并未使该疯人院发生什么变化。

美国新闻史名家弗兰克·卢瑟·莫特（1886—1964）除了治史以外，还汇编过一年一度最佳新闻作品集，他收录的主要作品就是暗访报道。莫特在 1934 年的最佳新闻报道集中收录了《密尔沃基新闻报》发表的揭丑报道和《奥马哈世界先驱报》刊登的新闻。前一篇的作者乔装成有意投资的商人，揭露了一宗涉及美英两国、牵连 10 万人的巨额财产诈骗案；后一篇的作者假扮成流浪汉，在一个无家可归者收容所里度过一夜并据此写出见闻。

在中国，这个时期的报纸也较为普遍地使用暗访手法。1936 年秋，记者范长江奉《大公报》之命，进行了一次大胆的长时间暗访。他化装成一名公司职员，深入内蒙古最西端的额济纳旗，刺探日本侵略者的动向。他的行动受到很多密探的监视和跟踪，但他克服重重困难，采访了王公、牧民、汉商等各色人，调查了额济纳旗的政治、经济、文化、历史、地理、民俗状况，最终写成长篇通讯，1937 年发表在胡政之创办的《国闻周报》上。

美国报纸将暗访报道带入了 20 世纪 60 和 70 年代。到 1975 年还出现了内莉·布莱卧底调查的翻版：安纳波利斯《大都会报》记者道格·斯特拉克设法混进马里兰州的一家精神病患者医疗机构——克劳斯韦尔医疗中心，在那里以病人身份卧底了 6 天。他在报道中写道：在这 6 天中，他发现该中心的状况有如监狱。1974 年，《纽约每日新闻》一名记者兼摄影师假扮成享有医疗补助并认识纽约医疗补助官员的患者，揭露违规的医生。

① 参见《调查“健美猪”真相，“瘦肉精”猪肉进入济源双汇公司》，http：//news. xinhuanet. com /fortune /2011-03 /15 /c _ 121188586 _ 6. htm，2011-03-15。

《芝加哥论坛报》是这个时期的赢家之一。1971 年，该报记者威廉·琼斯为了写一篇关于警察与私营急救公司相互勾结的报道而乔装成救护车司机，他据此发表的报道获得普利策地方调查性报道专题奖。该报还因暗访报道又两次获奖：1973 年，该报记者乔装成审理选区选举案件的法官，揭露选举中的欺骗行为，采编团队获普利策地方一般报道或现场新闻报道奖；1976 年，该报记者假装在医院工作，收集病人不正当行为的证明，采编团队获普利策地方调查性报道专题奖。

1979 年对于美国报纸的暗访调查是一个转折点。这一年普利策奖委员会未向《芝加哥太阳时报》颁奖（见案例三），还筛除了另一个暗访报道。此后，大多数报社记者开始重新考虑暗访报道的伦理问题，许多报社主编决定限制记者暗访等欺骗手法，《芝加哥太阳时报》也放弃了这种手法。到 20 世纪 90 年代初乃至新世纪，各家报社普遍对记者谎报身份等诈术不屑一顾。

但是，在美国电视新闻界，自 20 世纪 80 年代起却开始热衷于使用偷拍机和虚构身份，并成为其看家本领。三大电视网的杂志型节目——ABC 的《20/20》和《黄金时间直播》、CBS 的《60 分钟》以及 NBC 的类似节目——竞相用偷拍手法揭露保险公司欺诈、汽车修理业漫天要价、儿童在日托所受虐待等丑陋行径。此外，《时事》、《硬拷贝》、《内部版》等煽情小报型电视节目以内幕偷拍、情景再现以及有关裸胸舞蹈演员和强奸杀人的频繁报道吸引了越来越多的观众。[①]

在当代中国，暗访作为一种采访技术随着改革开放中新闻媒体开始致力于揭露社会弊端而兴起。其过程类似于美国新闻界，报界先行，电视后来居上。20 世纪 90 年代中期以来尤其兴盛于央视《焦点访谈》和《每周质量报告》的调查性报道中。业界和学界的讨论也产生了一大批分析研究成果，其中较有代表性的是《暗访与偷拍，记者就在你身边》[②]和《守望社会——电视暗访的边界线》[③] 这两本专著。

记者暗访的三种基本形式

暗访之所以争议多多而又无法放弃，首先是因为它是一种借助于欺骗的采访手法，其次是因为业界、学界和社会各界也看到，若无暗访调查，许多严重侵犯社会公共利益的行为恐怕是很难见光的。根据罗恩·史密斯的理解，记者在暗访时，总是隐瞒自己的意图，因此所有的暗访都是欺骗。作为一种欺骗手段，暗访有三副面孔，或者说三种形式：（1）主动欺骗；（2）被动欺骗；（3）假扮他人。

第一种，主动欺骗。记者导演事件，以揭露罪恶和错误行径。我们也可以称它为“设局钓鱼”。大多数记者在报道欺诈行为时，都要采访受害人、警察和举报人，并查询公共档案以证实有关指控。但是，有的记者觉得这些材料还不够，认为自己必须主动出击，导

① See Ron F. Smith, *Groping for Ethics in Journalism*, Ames, Iowa: Iowa State University, 1999, pp. 219-222.

② 参见徐迅：《暗访与偷拍，记者就在你身边》，北京：中国广播电视出版社，2003。

③ 参见郭镇之、展江主编：《守望社会——电视暗访的边界线》，北京：中国广播电视出版社，2006。

演和安排一些事件，来一举揭露作恶者并拿出最准确和最完整的报道。

与案例三几乎如出一辙，《60分钟》的制片人听说有芝加哥的诊所老板大吃医学实验室的回扣，于是在"完善政府协会"的帮助下，于1981年租下一处写字间，宣称那里很快将作为一家诊所开业。该协会会员乔装成诊所人员"设局钓鱼"，摄制组则躲在单面镜背后。不久，来自一个实验室的推销员出现了并开口要给回扣。此人大言不惭地说：回扣"在芝加哥堪称是一种生活方式"。

罗恩·史密斯认为，一个更为戏剧性的主动欺骗例证是由北卡罗来纳州的《威尔明顿晨星报》策划实施的。1983年10月23日，在黎巴嫩贝鲁特执行维和任务的美国海军陆战队的兵营被一辆装满炸药的汽车引爆，造成241人死亡。这是美国海军陆战队在和平时期的最大伤亡事件。《威尔明顿晨星报》的记者们想知道，如果有人要袭击报社附近著名的勒琼兵营能否得逞。于是，一路记者驾驶几辆卡车驶进这个海军陆战队三大基地之一的兵营，卡车上装满可能盛有炸药的盒子；另一路记者则驾船进入兵营，并四处游荡，在营房和通讯办公室外面为卡车拍照。有几名记者甚至溜进了兵营总部和司令的房间。他们还留言说，如果是恐怖分子，他们就在房子里安放炸弹了。记者"偷袭"之后，兵营加强了安保，两名高级军官调职。

第二种，被动欺骗。记者们出现时仅仅作为公众的成员，这样就可以在人们不知道有记者在场的情况下采集信息，我们也可以称它为"不暴露身份"。它不需要策划或发起伤害他人的活动。在罗恩·史密斯看来，最温和的被动欺骗或许是媒体的餐馆评论员不告诉服务员他们的服务对象是谁，或是报道消费新闻的记者假扮成检验修理店诚信度的消费者。

《华尔街日报》记者托尼·霍维茨以被动欺骗的采访手法获得1995年普利策奖。他在一家鸡肉加工厂工作了数天。在申请工作时，他并未伪造工作履历，但是在申请表上填写的"前雇主"的姓名是"道·琼斯"，即《华尔街日报》的母公司。鸡肉加工厂经理们显然搞错了，误以为是一家大型家禽批发商"唐·琼斯"。邵飘萍采访"金法郎案"也属于这一种。

第三种，假扮他人。在美国报界，人们过去经常谈论已停刊的《芝加哥美国人报》夜班新闻主编哈里·罗曼诺夫的故事。他经常为了套取新闻而假扮或谎称是警察、验尸官甚至州长。有一次他对连环杀手理查德·斯佩克的母亲谎称他是她儿子的律师，进而得以与她交谈。罗曼诺夫死于1970年，但是他的诡计诈术却不乏传人。

当代美英新闻界一般都要求记者公开身份，但是有的媒体人却认为不必一律在采访之初表露自己是谁。小尤金·罗伯茨在退休前担任过知名大报《费城问询报》主编和《纽约时报》编辑主任。在他早年做北卡罗来纳州《罗利新闻观察家报》记者时，曾报道一宗谋杀案。他从一家医院的办公桌上拿了一个听诊器，若无其事地走进急诊室，而警察正在那里盘问一名嫌犯。他听到了嫌犯在警察面前的忏悔。多年以后，这位美国新闻界的名人，仍然相信自己有理由那么做。他说："我没有向任何人撒谎。我们没有义务佩戴一块霓虹灯招牌。"

长期供职于《纽约每日新闻》的资深调查记者罗伯特·格林是1975年成立的"调

查性报道记者与主编协会”的奠基人。他在 1974 年采访一宗海洛因交易案的一名涉案者时起初没有获得消息。于是他打电话给该男子之妻，自报家门是律师，有人给她丈夫留下 8000 美元的遗产，由他负责赠予。而在她领款之前，需要提供一些她丈夫的资料，以便确认身份。格林还印制了名片，撰写了长达 7 页的遗书，另请一名记者充当他的秘书。他的花招令对方确信无疑，不仅提供了他想要的信息，而且还给了他一张她的在逃丈夫的照片。①

暗访伦理困境与功利主义解释

我们知道，在任何一个文化传统里，“不许撒谎”往往都是一条古已有之的戒律。如果康德在世，他一定拼命反对暗访偷拍，因为这不符合他的两条绝对律令。而更有可能令新闻记者尴尬的是，在国际新闻界，人们往往都会对暗访有这样的质疑：一个以揭示真相为志向的职业，却经常使用暗访偷拍这类诈术和花招，这些采访技巧总被一些人认为是卑鄙的、侵扰性的、不道德的行为。

新闻记者似乎天生有一种特权。一般人不能进入军事禁区，不能对教育官员撒谎，或者用假姓名申请护照。但是美国记者做了这些事情既不会被捕，也不会受罚。《华盛顿邮报》前执行主编本杰明・布拉德利就说过:“当警察假装成报人，我们会气急败坏。是这么个理。所以我们怎么能假装成我们明明不是的那个东西呢?”

这其中的矛盾如何解决? 当然，新闻记者可能会聊以自慰：这种欺骗不是针对新闻受众的，而是为了获取内幕而在新闻生产过程中使用的特殊手法，因此与制造假新闻不是一回事。况且许多国家都有经验，调查性报道是最能体现媒体公共服务职能的新闻样式之一，那些致力于此道的记者使用暗访偷拍，对于他们事业的成功往往非常关键。

自 1970 年起，美国新闻界内外开始就暗访偷拍的正当性开展争论。这种争论主要围绕以下问题：(1) 偷拍机纯粹被用来为报道做噱头吗? (2) 如果以揭露丑行为目的，以使用诈术和触犯法律为手段，那么这一目的能够证明这些手段有理吗? (3) 有隐私关切吗? (4) 正在调查的议题有多大的重要性和普遍性?

在商业社会中，市场驱动型媒体的逐利倾向因暗访偷拍的泛滥而遭人诟病。暗访偷拍能产生抓住受众注意力的真实的新闻报道。但是人们担心它只用来做噱头。NBC 前新闻总监鲁文・弗兰克对《芝加哥论坛报》记者说：“除了争夺受众，一切都无所谓了。光谱上的每个人都在为了受众和他人战斗。”华莱士等许多新闻记者不认同把提升收视率作为暗访的理由。

华莱士和唐・休伊特都认为，目的能够并且经常证明手段的合理性。休伊特辩称：“这是微罪与大善的权衡。如果你用你的‘汝不得撒谎’戒律逮住了某个违反‘汝不得偷盗’戒律的家伙，那就是一种相当好的让渡。”这一观点活生生地说明了伦理问题的实

① See Ron F. Smith, *Groping for Ethics in Journalism*, Ames, Iowa: Iowa State University, 1999, pp. 213-218.

质——不同的道德戒律发生了冲突。而在暗访偷拍这个新闻界特殊而重要的领域，功利主义远比康德的道义论更能派上用场。[①]

在中国，暗访还有一个不大为人所知的好处，那就是因为不容易被采访对象知晓，所以对方想通过各种渠道和人脉关系来“公关”、“灭稿”的几率大大降低。2010 年年底，《焦点访谈》通过暗访偷拍曝光河北省昌黎县葡萄酒制假售假事件就是一个成功的案例。本书作者之一后来参加《焦点访谈》的季度评奖会，央视新闻评论部副主任赵微女士谈到了上述暗访节目的生产过程，把它总结为“快采、快编、快播”。

暗访可能产生的侵犯隐私等问题

记者暗访还可能面临侵犯隐私的指责。这并不是说，暗访记者必然会触犯任何隐私法。今天许多媒体都配有法律顾问，以规避法律陷阱。令人担忧的地方在于，记者们往往是在伦理学的意义上侵犯隐私的：人们以为自己在私下里与同事员工或新近认识的人交谈，殊不知他们的言论可能要向成千上万读者和观众公开。这就侵犯了他们的隐私权，从而造成了伤害。

在卧底调查中，记者隐瞒自己的身份，并可能新造一个履历，借此与新认识的人厮混或共事。其间难免结成友情，对方往往向你敞开心扉，却不知道你是记者。一旦节目播出或文章发表，他们大有被出卖的感觉。即便是在记者中间，这种对友情的出卖也会引发内心的挣扎和煎熬。据了解，有毒金华火腿的电视曝光导致女编导痛苦离职。

设在加州的一家美国上诉法院 1971 年判决，秘密拍录可能构成非法侵扰。《生活》杂志的两位记者同意与洛杉矶警方合作，当时警方正试图逮捕一位无照行医者。这两名记者假扮夫妻，来到“医生”家，他就在家中行医。当 A. A. 迪特曼给女记者做体检的时候，男记者偷偷拍下了整个过程。与此同时，现场对话也被秘密地录音。几周之后，警方逮捕了迪特曼。接着，《生活》杂志发表了一篇文章，内容是记者偷录的对话，还有几幅在“医生”家里拍的照片。上诉法院支持原告的诉讼请求，并判决：私房屋主有权要求别人不将他们在他或她家的所见所闻通过照片或录音向大众广泛传播。[②]

新闻记者在采访中通常要进入他人的领地。有时，某人获得了邀请；有时，他认为得到了允许，从而进入他人的领地。但是在加拿大，只要主人认为合适，随时都可以重申或改变自己的决定，命令进入者离开。产业所有者可以扣留或使用一切必要而合理的强力方式赶走“侵入者”，如其反抗，则可以按刑法中的“攻击”罪予以指控。不过，合理的强力方式是用来赶走侵入者的，不包括夺走或损害侵入者持有或使用的器具（如录音机、照相机、摄像机等）。[③]

---

① See Ron F. Smith, *Groping for Ethics in Journalism*, Ames, Iowa: Iowa State University, 1999, pp. 222-223.

② 参见〔美〕唐・R・彭伯：《大众传媒法》，赵刚、张金玺译，北京：中国人民大学出版社，2005，265 页。

③ 参见郭镇之：《采访、暗访与偷拍——北美国家关于新闻采访中涉及隐私权的若干法律规定》，载《电视研究》，2000（6）。

2011年6月，香港无线电视（TVB）艺人陈自瑶与歌手王浩信被香港《FACE》周刊拍到在家中亲热，引起热议。一星期后，TVB当家小生黄宗泽在寓所内遭记者偷拍，并被曝光了一系列“裸照”，周刊拍到黄宗泽在家全裸站在窗边。而当时正在拍摄古装剧的TVB花旦胡杏儿，被指戴着古装发髻来到黄宗泽家中，两人接吻、吃饭，互相喂食，关系亲密。随后，TVB安排4位艺人向香港私隐公署投诉，认为《FACE》、《忽然一周》两周刊侵犯了艺人的隐私。2012年3月28日，香港私隐公署发布调查报告，强调两家杂志的做法违规，严重侵犯个人隐私，违反了保障隐私的相关条例，已向对方发出“执行通知”进行纠正。

香港私隐公署报告的部分内容：壹传媒旗下的两份杂志，用非常规的方法，偷拍、刊登一名艺人在家的全身裸照，以及两名艺人在家的亲密行为，是严重侵犯个人隐私的行为。杂志以不公平的手法，收集艺人个人资料，是违反个人资料隐私条例的行为。无论什么身份的人士，私生活都应受保护，不应被剥夺。公署认为，上述艺人是否同居，均属个人行为，没必要向人披露，事件不涉及公众利益，已对两家杂志社发出“纠正”的通知。①

在国内的一些电视暗访偷拍中，新闻当事人的面目往往由于不加遮掩而被观众一览无余。这可能产生多重风险：首先，是真正的法律意义上的侵权。魏永征教授引述王利明等学者的观点认为，偷拍不仅可能侵犯隐私权，而且会侵犯肖像权。② 其次，在偷拍中经常首当其冲的是一些从事生产经营活动的底层人士，他们很可能被一些地方选择性地“重点执法”，往往遭受不该那么严重的惩罚。

暗访偷拍的边界和指导方针

陈力丹教授在媒体伦理和其他多个领域有精深的研究。他对暗访偷拍总体上持否定态度，2010年他在接受《南方周末》记者采访时指出：“暗访是不应该做的行为。”多年前，陈力丹就曾针对《焦点访谈》大量采用暗访获取信息提出过异议。他说，在中国90%的暗访都是不必要的，大多数记者这么做只是为了获取戏剧性材料。③

陈教授的上述观点影响很大，在2009年版中国记协《中国新闻工作者职业道德准则》中有这样的条款：“要通过合法途径和方式获取新闻素材。”我们对于他对暗访偷拍的否定态度有很大的保留。在我们看来，暗访偷拍不是一个媒体道德问题，而是典型的媒体伦理议题。国内外多有争议，但是主张废止似乎不可取、不可行。另一方面，陈教授对于滥用暗访偷拍、甚至作为噱头（戏剧性材料）的批评是很有见地的。

根据对国内法学、传播学、文学、社会学、伦理学等多学科知名学者的一次访谈，有

① 参见《偷拍被判违规，隐私权“战胜”知情权》，载《潇湘晨报》，2012-03-30。

② 参见魏永征：《新闻传播法教程》（第三版），北京：中国人民大学出版社，2010，178页。

③ 参见黄秀丽：《记者暗访揭发官员：正义之举还是“钓鱼执法”》，载《南方周末》，2010-03-11。

鉴于调查性报道中暗访偷拍的价值，多数学者是认同有限制地运用电视暗访手段的。① 如果一个记者在没有考虑其他替代方法之前便使用暗访手段，他或她就很可能伤害公众对其工作或对整个新闻事业的信任。因此，使用暗访方式的新闻主题，必须针对严重影响公众利益的问题。

徐迅认为，运用这种方式应仅限于针对公务人员②、公共事务、公共场所，这三者缺一不可。现在已有不少人普遍认为舆论监督的重点是那些被称之为“公仆”的人物、“窗口”行业和大企业。对于普通百姓的言行，大可不必运用尖端技术和器材去偷拍偷录；即使对那些名人、明星之类的公众人物，媒体也不必过于苛求，因为他们的行为往往不一定会对社会公众的行为有多大的影响。③

1992 年，美国职业新闻工作者协会和波因特媒体学院起草了一份手册，专门指导记者如何使用偷拍机。这些指导原则有很高的参考价值和操作性，它们指出，只有在以下情况下，才能使用偷拍偷录：

- 某信息具有特别的重要性。
- 用于获取该信息的所有其他手段都已穷尽。
- 有关个人及其所属的新闻机构，能凭借其卓越的工作质量及充分的时间投入和资金投入，全面完整地完成报道。
- 通过欺骗手段所获得的信息，其公开披露所能避免的损失大于欺骗行为本身可能带来的损失。
- 有关记者作出有意义的、合作的、审慎的决定，以证明其欺骗的合理性。

指导原则还指出，得奖、击败竞争对手、为了省钱而获得报道、别人用我也用，或者因为报道对象不道德所以我才这么做等等，都不能成为证明偷拍偷录合理的充分理由。④

对案例的极简分析

本讲所选取的案例，在时间、空间和媒体类属等方面都不具有统计学的意义，因此得出的各种数据都是没有意义的。这些案例可能具有某种典型性，但更多的是本书作者已经整理出来的，一定程度上考虑了当代的最新情况以及中外兼收、适当对比的原则。但是很显然，所选案例对杂志、广播和互联网的暗访照顾不够，甚至有的完全没有涉及。表 8-1 是一个总体性的分析。

① 参见郭镇之、展江主编：《守望社会——电视暗访的边界》，北京：中国广播电视出版社，2006，137～222 页。

② 这一点值得商榷，因为揭发商业、教育、医疗等非公务机构的问题现今经常成为暗访的选题。

③ 参见徐迅：《偷拍偷录问题的法律研究》，载《中国广播电视学刊》，1997（12）。

④ 参见〔美〕唐・R・彭伯：《大众传媒法》，赵刚、张金玺译，北京：中国人民大学出版社，2005，266～267 页。

表 8-1 所选案例分析

案例号	媒体介质	类属	报道年份	后续效应
一	报纸	三	1887	社会反响正面，媒体内部似无争议
二	电视	一、三	1976	社会反响正面，媒体内部似无争议
三	报纸	一	1978	社会反响正面，新闻界有严重争议
四	电视	三	1992	社会反响正面，媒体深受诉讼之苦
五	电视	二	2000	社会反响正面，媒体内部似无争议
六	电视	三	2003	社会反响正面，媒体内部大有争议
七	电视	三	2004	社会反响正面，媒体内部似无争议
八	电视	一、二	2005	社会反响正面，媒体内部似无争议
九	报纸、网站	一	2007	社会反响不同，媒体内外大有争议
十	报纸	三	2009	社会反响正面，媒体内部似无争议
十一	报纸	三	2010	社会反响正面，媒体内部稍有争议
十二	电视	三	2011	社会反响正面，媒体内部似无争议

罗恩·史密斯没有讲到内莉·布莱式的卧底调查的归属，但是以笔者之见，卧底调查显然属于假扮他人的一种高级的或基本的形式。在本讲中，案例一、二、四、六、七、九、十、十一和十二中都运用了卧底调查法，在数量上是最多的，但是其中的案例四告诉我们：这种采访方式蕴含的法律风险可能是惊人的，记者在求职申请工作时撒谎是一种不能被接受的欺骗行为。此外，国内新闻界似乎还应该关心记者暗访的微罪小人物和偷拍机前面目清晰的一般作恶胁从者是否受到了过于严厉的惩罚。

思考题

1. 暗访偷拍作为一种采访手段是如何发展演变的？你能给出一个简略的历史脉络吗？
2. 根据罗恩·史密斯的理解，作为一种欺骗手段，暗访有三种形式，它们分别是什么？
3. 从康德的绝对律令和功利主义不同视角出发，如何对暗访偷拍作出解释？
4. 暗访偷拍往往能够使隐蔽的真相大白于天下，满足公众的知情权，但又往往会侵犯人们的隐私权，如何在知情权和隐私权之间取得平衡？
5. 结合教材中的案例，谈谈暗访偷拍的伦理边界何在，已知的学界和业界的相关建议有哪些？

Chapter 11

第十一讲　记者该不该救人性命

- 为什么对新闻记者有救人期待？
- 为什么前 40 年普利策摄影奖几无争议？
- 甲方观点：救人优先论
- 乙方观点：报道优先论
- 丙方观点：调和与情境
- 对案例的简要分析

有论者发现，历史总是常常重演。今天如此让我们认识模糊、难以置评的事情，其实在新闻职业规范较为成熟的国家也曾经发生过，经过争议和讨论后已经形成了一种职业自律，并且为多数人认同。① 尽管如此，既然是伦理话题，认同也只能是相对的，而此起彼伏的争议才是常态的。从本讲起，我们将用五讲的篇幅来探讨当下中外经常发生的多种关于媒体的争议，可见本教材对伦理议题的重视。

新闻伦理学者罗恩·F·史密斯这样分析摄影摄像记者的工作特性："新闻记者——尤其是报刊摄影师和电视摄像师——在面对新闻事件时频频陷入困境。有时候他们早于紧急救援人员到达现场——经常有需要帮助的人。新闻记者人性的一面鼓励他们挺身救人，然而，他们的专业责任是向公众提供对悲剧的了解。"②

如果新闻记者以报道为优先而不去救人，公众便往往不能接受这种角色。而如果新闻记者去救人，相当一批公众就可能会认为他们是在"作秀"。这样，新闻记者往往左右为难，他们作出的任何选择都几乎不可能左右逢源。今天新媒体和公民记者经常加入公共事件的报道和传播，专业（职业）与否与是否遵从专业共识又构成了新的挑战，使这一领域的争议更趋于纷纭复杂。

案例一 凯文·卡特与秃鹰觊觎的"女童"

人们就此首先可能想到的是南非白人自由新闻摄影师凯文·卡特（见图 11-1）的故事。1993 年 3 月，32 岁的卡特到苏丹南部采访。在阿约德村附近，柔和而高亢的呜咽将卡特带到一名骨瘦如柴的苏丹幼童身边。这名一岁上下的女孩在挣扎着走向一个食物供应点时停下来歇息，这时一只秃鹰飞将而至她的近处。卡特说，他等待了 20 分钟左右，期待秃鹰振翅飞离。但它没有飞走。卡特拍下了这个令人难以释怀的场面（见图 11-2），然后将秃鹰撵走。后来他告诉一名采访者，他在一棵树下坐了很久。他的父亲吉米·卡特在他死后说他"抽烟和哭喊"。但另一种说法是，该图片是历史上最能打动人心的十幅新闻照片之一，孩子死于体力衰竭，多只秃鹰耐心地等待她的死亡。

图 11-1 凯文·卡特

图 11-2 卡特拍摄的照片

照片被投给了《纽约时报》，并于 3 月 26 日首次刊登。随后出现在全世界许多报纸上。

① 参见陈力丹、胡森林：《记者职业行为的边界何在?》，载《新闻记者》，2005（7）。

② Ron F. Smith, *Ethics in Journalism*, Malden, MA: Wiley-Blackwell Publishing, 2008, pp. 267-268.

一夜之间有数百名读者询问《纽约时报》那孩子是否还活着，迫使该报专门刊登了一则编者说明，称女童有足够力气躲避秃鹰，但最终命运不得而知。1994 年 4 月 2 日，《纽约时报》给卡特打电话，告诉他获得了普利策特写摄影奖。7 月 27 日，33 岁的卡特留下 7 岁的女儿自杀了。警方在卡特停在约翰内斯堡郊区的皮卡中发现了他写给友人和家人的几封信。调查显示，他死于一氧化碳中毒。

一种流传广泛的说法是他因内疚而轻生，死亡是他作为摄影记者追求精彩镜头与社会公德之间尖锐冲突的结果。而他在遗书说出的原因更复杂："我郁闷……没有电话……租房子的钱……赡养孩子的钱……还债的钱!!! 我脑子里尽是这样的记忆：杀人和尸体、愤怒和痛苦……饿得要死的或受伤的孩童、乱开枪的疯子，经常是警察、杀手、行刑者……如果我走运，我就会加入肯的行列。"[①] 这里说的肯，是指他的摄影密友肯·奥斯特布鲁克，南非最大每日发行的大报、约翰内斯堡《明星报》首席摄影记者，1994 年 4 月 18 日在约翰内斯堡以东 25 公里的索科扎镇报道维和士兵与非洲人国民大会之间的一场冲突时被错误射杀，年仅 31 岁。他的死早于卡特 3 个多月。[②]

卡特拍下了一张传世之作，可是他由于被认为一味拍摄而没有施救而受到猛烈批评，有人称他为"在场的另一只秃鹰"。内疚应该是卡特自杀的一个原因，但不一定是唯一的。事实上，我们从他的准遗书中可以略见一斑。国内有论者指出，卡特自杀的直接原因不是因为这张照片受到批评，而是由于他因目睹苏丹饥饿的人群精神受到刺激、肯·奥斯特布鲁克采访中殉职、他工作时丢失一包未冲洗的胶卷等综合因素造成其精神崩溃等等。[③]但是据国外资料，卡特出身于英国移民家庭，他同情种族隔离制度下黑人的遭遇，在服兵役期间因一名黑人侍者被殴打而受到刺激，他得了抑郁症，并试图自杀，此后当上摄影记者。朋友们说，卡特情绪狂暴，这既给他带来工作激情，也驱使他走向时而欣快、时而抑郁的极端。[④]

2011 年 2 月 14 日，西班牙《世界报》刊登的一篇文章讲述了该照片背后的真实故事。如果人们观察这幅高分辨率图片，可以看到幼童右手带着一只塑料圈，上面写有 T3 字样。那是联合国食品供应站发放的，T 代表严重营养不良，3 代表到来的顺序。这意味着孩子活过了饥荒，避过了秃鹰，这与人们的不详预料迥异。《世界报》记者阿尔韦托·罗哈斯等人走访了阿约德村，探寻孩子的下落。他见到了孩子的家人。幼童不是女孩，而是男孩，名叫孔·尼翁（Kong Nyong），这得到了他父亲的证实。他告诉记者，孔·尼翁从饥荒中康复并长大成人，但在记者来访 4 年前死于热病。[⑤]

① http://en.wikipedia.org/wiki/Kevin_Carter.

② See http://en.wikipedia.org/wiki/Ken_Oosterbroek.

③ 参见 2010 年 8 月 3 日网易评论《另一面》第 184 期：《面对险情：记者应该救人还是该拍照》，http://news.163.com/special/00012Q9L/sheying20100804.html，2010-08-03。

④ See "Biography of Kevin Carter," http://www.africansuccess.org/visuFiche.php? lang=en&id=1029，2011-10-09.

⑤ "Kong Nyon, the father of the child in the Kevin Cater's picture," http://albertorojas.photoshelter.com/image/I00002vWcteavpW4，2011-02-14；"The Boy Who Survived the Vulture," http://borgenproject.org/the-boy-that-survived-the-vulture/，2011-02-22.

案例二 为拍好照片，就让一人死？

《俄勒冈新闻报》（*Oregon Journal*）是一家地方日报，1902 年 3 月到 1982 年 9 月在美国俄勒冈州首府波特兰出版，曾与当地另一份名报《俄勒冈人报》展开激烈竞争。就在这份午报停刊那年，即 1982 年 2 月的一天，摄影记者小威廉·T·墨菲驱车经过哥伦比亚河上一座连接华盛顿州和俄勒冈州的大桥时，看到深色皮肤的一男一女在大桥栏杆边上撕扯。他停下车，本能地举起相机。当时男子正站在栏杆外，而女子——他的妻子——则站在桥内，双方隔着栏杆。她绝望地试图阻止丈夫跳进在他脚下三四十米的汹涌的河流中。墨菲后来说："一开始他们没有注意到我。"妻子发出尖利的叫声，对丈夫苦苦相求。墨菲拍了一张照片，而当一个骑自行车的小伙子从该女子身旁擦过、没有驻足时，他又拍了一张。桥上的汽车见状纷纷减速慢行，但是谁也没有停下来（见图 11-3）。

图 11-3　跳桥镜头

墨菲努力回想起自杀预防专家会如何处理跳水寻短见者。他说："有一件事情是肯定的。我不会想到要冲向那人，因为我认为他肯定要跳下去。他看到我的时候，我隔着不到 10 英尺远。"墨菲开始与那个拼力想挣脱妻子拉拽的男子交谈："那样做可不对，哥们儿。"此时一辆厢式货车停了下来，他请司机去向大桥尽头找警察报警。但是说时迟那时快，男子跳下去了。墨菲拍下了男子从桥上坠落的场景。他总共只拍了 5 张。此时，他看到厢式货车司机开车走了，到了十多米开外看着男子跳下。

墨菲的照片在《俄勒冈新闻报》上刊登并经一家通讯社转发全国各报之后，愤怒的电话和投书接踵而来。一位费城女性问道："新闻界的伦理不坚持保全人命第一、新闻第二吗?"一位纽约人写道："他让一个人死，就为了一张好照片。"墨菲为此深感痛苦和委屈，他既拍了照片，也试图帮助那个男子。他问道："为什么没有哪个别人去阻止？我不知道我本来可以用什么不同的方法来做。我是一名摄影师，我做了我接受的训练要我做的事情。我尽力了。"墨菲的案例对美国新闻摄影界产生了很大冲击。许多报纸主编和摄影记者开始担心被别人看作冷酷无情、毫无关怀之辈。他们不喜欢将照片置于人的生命之上的情景。后来，墨菲本人讲述了他如何运用学过的紧急救生法，两次救助车祸中的受害人，每次他都等到救护人员到达现场、受害人无大恙之后才拍照。其他摄影师也选择帮助受害者，而不是拍摄。①

案例三 记者先助人后拍摄的不同凡响

1991年6月1日，甘尼特新闻社（Gannett News Service）的图片主编比尔·佩里（Bill Perry）奉派去位于加州中西部的约塞米蒂国家公园采访。突然，一名女子向他跑来，尖叫着说有一辆载有儿童的汽车掉进默塞德河里了。佩里迅即驱车赶到现场，发现一辆汽车卡在一根树干上，部分淹没于结冰的河中。两名女性和3名分别约为7岁、5岁和3岁的儿童正惊恐万状地挤在汽车顶部。佩里不会游泳，车里也没有应急设备，于是他开车快速驶往最近的营地办公室求助。在确认公园巡逻员已经上路后，他才返回现场，第一次取出相机拍照（图11-4）。他是用长焦镜头拍摄的，他看到车顶上不再是5个人了，而只剩下一位，即两名女性中的年长者。她很快被一名身穿潜水服的公园巡逻员救起，巡逻员用绳索将自己绑在河边的一棵树上，下到湍急的河水中将该女性救上岸。另一名女性和两名儿童溺亡。几名路人用绳索将第三名儿童救起。佩里后来说："我明白我找不到比我做的事更快的救助办法了。我明白巡逻员会尽快赶到那儿。我明白如果那三个人等待职业救助的话，她们本来是会活下来的。我想我不会忘记那五张惊恐的面孔。"

图11-4 比尔·佩里《洪水中的解救行动》

1998年2月，俄亥俄州《莱马新闻》（*Lima News*）的年轻摄影记者克里斯·德维托（Chris Devitto）在去吃晚餐的路上遇到一起车祸，一位女性因为她的汽车翻了个底朝天而被困在车里，她的安全带发挥了作用，整个人体倒置过来，头向下吊着。德维托说："我的第一本能是向受害者施以救助。"他扔下照相机冲到出事汽车前，看到那位女性伤势不重，又被告知已经给有人护理人员打了电话，他这才取出相机，拍下几张照片（见图11-5、图11-6）。出乎德维托意外的是，他的报纸《莱马新闻》接到了批评电话和投书，"说我不比据称造成戴（安娜）王妃死亡的狗仔队好到哪里去"。英国王妃戴安娜1997年8月31日因车祸死于法国巴黎，当时司机保罗酒后超速驾驶，车上的人也未系安全带，但是有人怀疑车祸是为了躲避狗仔队而发生。②

① See Ron F. Smith, *Groping for Ethics in Journalism*, Ames, Iowa: Iowa State University, 1999, pp. 245-247；陈力丹、胡森林：《记者职业行为的边界何在?》，载《新闻记者》，2005（7）。

② See Ron F. Smith, *Groping for Ethics in Journalism*, Ames, Iowa: Iowa State University, 1999, p. 249；陈力丹、胡森林：《记者职业行为的边界何在?》，载《新闻记者》，2005（7）。

图 11-5　克里斯·德维托《系着安全带晃荡》

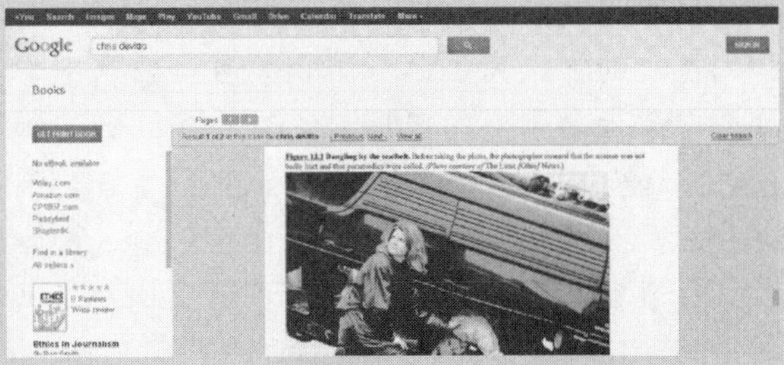

图 11-6　新闻页面

案例四　拍地铁撞死人照片被批能否自辩？

2012 年 12 月 4 日，美国现存最古老的报纸、如今的小报《纽约邮报》在头版上以一个“惊人故事”再次呈现其典型风格，以全版大幅新闻图片和压图大字号标题的方式报道了一场个人悲剧（见图 11-7）。图片中一名男子在即将驶来的地铁轨道上，双手压在站台边缘想往上爬，但只能绝望地看着列车迎头向他撞来。文字标题中的引题是：《被推下地铁轨道，此男子将死》，主标题是《在劫难逃》。受害人是住在纽约昆斯区的韩国裔男子韩基硕（Ki Suck Han，见图 11-8），时年 58 岁。纽约警方事后调出的监控录像显示，受害人 3 日下午在纽约时报广场附近地铁站与一名流浪汉争执时被推下站台，他踉跄着站起后想要避开进站列车，但没有成功，被撞后很快死亡。其间为《纽约邮报》工作的自由摄影师 R·奥马尔·阿巴西（R. Umar Abbasi）恰在同一站台等车，他在 22 秒钟内拍摄了数张照片，包括上述头版照片以及刊登于内页的另外两张照片。阿巴西拍下这组照片数秒后，受害人被列车撞死。

图 11-7　2012 年 12 月 4 日《纽约邮报》头版

图 11-8　有死者遗像的照片

这组见报照片引发了众多媒体和读者的批评。《纽约邮报》是否应当以头版大图片和大标题的方式突出这一悲剧事件，以及摄影师应该救起落难男子还是继续拍照，这些都引起读者和网友的广泛讨论。许多人抨击摄影师和《纽约邮报》主编对这起悲剧麻木不仁。还有读者在《纽约邮报》官网留言，质疑摄影师有时间拍下几张照片，为什么不去救人？一名推特用户说，为什么一些人的本能反应不是救人，而是要拍一张照片然后卖给报纸呢？中国多家媒体也报道了这则新闻界新闻，央视的标题是《纽约邮报登地铁撞人照片引争议》（见图 11-9）。12 月 5 日，美国全国广播公司在其著名晨间新闻节目《今日》中，邀请阿巴斯作为受访嘉宾。访谈前还进行了一个"摄影记者是否该放下相机救人"的观众调查，结果显示：80%的观众认为"应该"，只有 4%的人认为应该拍照，而有 17%的观众选择了"不确定"。

阿巴西辩称，他是偶然拍摄到的。他的力气不足以将受害人拉出轨道，他想用相机的闪光灯警示列车司机来停车。他受到媒体的不公正待遇，说当时"无人伸手相救……人们都跑开了"。而他已经为救人尽力，包括使用照相机闪光灯对列车发出信号 49 次。而列车司机说他们看到信号已经减速。他说，如果自己能救人，肯定会把他拉出来。但是，把韩推入地铁的那个莽汉一度朝他走过去，他因此后退到墙根，却继续打闪光灯。"我想帮忙，但不知道怎么帮。一切发生得太突然。"但是质疑声四起，为什么摄影师不去救助？为什么报纸要刊登这张照片？《福布斯》杂志的杰夫·伯科维奇说，这样的解释产生了更多的问题：他本来能做某件更有效的事情来帮助死者吗？如果有这种事情，他有义务要做吗？有人说 22 秒能够有所作为，有人则在网上表示反对。

图 11-9 央视报道截屏

但是，2009 年曾经看到一名男子掉下站台、跳下去救人的查德·林赛说，照片让他想到一件事：误导。那是静止图片。涉及地铁轨道的关系很怪：我们诅咒它、害怕它、每天都好奇地看着它……它看起来不是那么深、站台边缘不是按照你的想法去建的，列车很大又很快，如果没有试过，谁也不知道自己的腿部肌肉怎么样。[①] 4 日下午，警方在距离地铁只有一条街的地方抓获嫌犯。此人是 30 岁的塞拉利昂裔男子纳伊姆·戴维斯（Naeem Davis）。悲剧发生之初，有人说戴维斯经常咒骂地铁乘客。但一名执法

① "New York Post's Subwasy Death Photo：Was it Ethical Photojournalism?" http：//www. forbes. com /sites /jeffbercovici /2012 /12 /04 /new-york-posts-subway-death-photo-was-it-ethical /，2012-12-04.

官员说，嫌犯是小贩，正在街上叫卖时被抓获，他出来的时候理了发并刮了胡子。这名官员说："我不认为这是一个疯子把人扔到列车下。……两人有争吵。"后来有证据显示，韩基硕事发前与妻子发生口角，喝了烈性酒，在车站内跟在戴维斯身后。① 据有线新闻电视网2013年4月2日报道，韩基锡的女儿阿什莉已将地铁公司和流浪汉戴维斯告上法庭，前者被控以失职，未能"适当和充分使用"列车制动。后者被控以二级谋杀罪。②

视频：《纽约邮报》登地铁撞人照片引争议

案例五 印度记者拍摄少女遭性侵受质疑

近年来，印度这个传统上女性地位低下的国家由于强奸案和性侵案高发，再次凸显了印度女性，甚至是外国女游客常常会面临的危险和威胁，以至于在国际上声名狼藉。2012年7月9日晚9点半发生在东北部阿萨姆邦城市古瓦哈蒂的一起少女遭性侵事件，则由于事件本身和新闻媒体的角色而引发了特别关注。当地警方说，事件发生在古瓦哈蒂一个酒吧外的一条街道上。一名17岁女学生和另一位女性正在参加一个朋友的生日聚会。出于某种原因，参加生日聚会的人群被要求离开酒吧，随后他们在街上推搡起来。当地的"新闻直播"（News Live）电视台的记者高拉夫·乔蒂·尼奥格就在附近，他打电话给电视台要求派摄像师等前来拍摄打斗事件。就在此时，约30名男子开始袭击和骚扰这名女生，她想逃走和求救，但是两次被拖回来，显然还被扒光衣服。大约半小时后，当地一家日报的记者穆库尔·卡利塔挺身而出，救下了少女。警察赶来时，少女已经被带回家中。

摄像师拍下了暴徒骚扰并扒光上述17岁女生衣服的画面。这段视频7月13日在电视台反复播放，并被上传到互联网上，这迅速激起了全国民众的愤怒以及对女性安全和人权的大辩论。抗议者们走上街头，高举嫌犯的画像，要求政府采取行动。很多人在社交媒体上质疑，为什么在拍摄30分钟的时间里，电视台的记者不出手援救受害者，或者至少为她呼救。警方根据视频确认多名参与此事的嫌犯，阿马约蒂·卡利塔被认定为主嫌犯。7月17日，22人中已有11人被捕。到7月20日，有12人被捕。23日，在逃的卡利塔向北方邦警方投案自首。12月7日，15名被指控者中的卡利塔等11人分别被判处2年监禁和2000卢比的罚款，4人因证据不足获释（见图11-10、图11-11）。

① 《纽约地铁悲剧引激辩：为何无人救?》，http://www.sinovision.net/portal.php?mod=view&aid=237853，2012-12-05.

② See "'There was no way I could have sowed him': Photographer claims he was too far away to pull 'doomed' subway rider off train trcuks," http://www.dailymail.co.uk/news/article-2243344/Subway-death-New-York-Post-photographer-claims-help-doomed-Ki-Suk-Han.html，2012-12-05.

图 11-10 数十名男子在对一名女生施暴，有人在看，有人在拍，却无一人前来帮助这名受害女孩

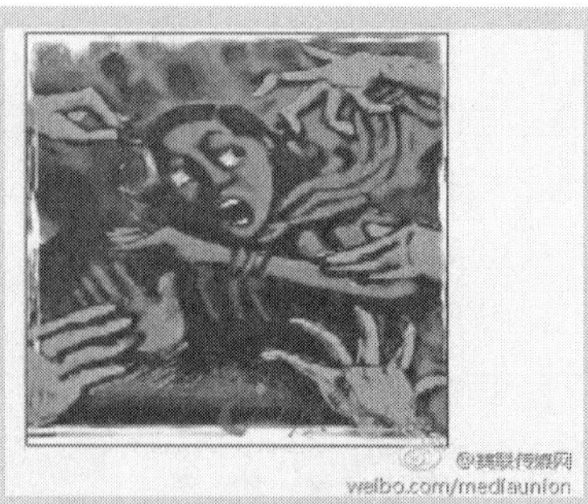

图 11-11 印度媒体用漫画来报道该事件

2008 年 1 月 21 日成立的“新闻直播”电视台是阿萨姆邦的一家卫星电视台，以阿萨姆语和英语播出。面对媒体圈内外铺天盖地的抨击，该电视台对记者的行为作出了辩护。总编辑阿塔努·布扬在推特上回应说：“但是让我告诉他们，逮捕只能根据视频来做。我的理由非常简单。在发生炸弹爆炸时，我的记者会拍视频，而不是去献血。我的记者告知了警方，他们在不算‘太晚’的时候救了女孩。但是我支持我的团队，因为暴徒本来会袭击他们，阻止他们拍摄，这样一来势必会毁掉所有的证据。”① 由于布扬决定播出视频和力挺部下，社交媒体推特和脸书上要他辞职的呼声高涨。7 月 17 日，布扬宣布辞去总编职务。他赞扬了拍下视频的那位摄像师，并否认受害人的名字是他们披露的（真正不小心披露的是全国女性委员会的一名代表）。记者高拉夫·乔蒂·尼奥格也离开该电视台，7 月 20 日他因被指控教唆暴徒调戏那个女孩而被捕，12 月 7 日获释。②

案例六 卡特丽娜飓风中女记者的纠结

2005 年 8 月 25 日，卡特丽娜飓风在佛罗里达州登陆；29 日拂晓以每小时 233 公里的风速在墨西哥湾沿岸的路易斯安那州新奥尔良这座法国人建立的城市的外海岸登陆，重灾区新奥尔良陷入糟糕得罕见的无政府状态。这场飓风最终导致 1800 多人死亡，成为造成美国历史上损失最大的自然灾害之一。在灾区采访的《华盛顿邮报》女记者安妮·赫尔（Anne Hull）写出了鲜活的文字报道，她的 9 月 3 日文章《搭便车脱苦海去别处》讲述了法国裔女性阿德里安娜·皮库和她的 6 岁孙子的故事。③ 赫尔是在洲际公

① “Guwahati molestation case: NewsLive editor resigns,” http://news.oneindia, 2012-07-18. in/2012/07/17/guwahati-molestation-case-news-live-editor-resigns-1036788.html; “Fury as TV crew film sex attack without helping victim”, http://www.independent.co.uk/news/world/asia/fury-as-tv-crew-film-sex-attack-without-helping-victim-7942269.html.

② See http://en.wikipedia.org/wiki/2012_Guwahati_molestation_case.

③ 赫尔和同事达纳·普里斯特因报道沃尔特·里德陆军医疗中心对阿富汗和伊拉克战争伤兵的可怕医护而获得 2008 年普利策为公众利益服务奖、调查性报道记者和编辑协会大奖等多个奖项。

路一个出口坡道遇见这一老一少的。他们是“二度无家可归”：第一次是逃离洪水，第二次是逃离可怕的临时安置点——新奥尔良会议中心。由于担心走失，奶奶在孙子的红色T恤衫领子上写有“埃迪·皮库，生于1998年10月9日”的字样。

赫尔开始纠结了：阿德里安娜·皮库曾问赫尔是否能带她到离新奥尔良110多公里的路易斯安那州首府和第二大城市巴吞鲁日。赫尔没有汽车，但是一名同事有。“这怎么向她解释呢，为什么你不能带他们到一个安全地方？”她告诉皮库，她自己还不知道她在什么时候和什么地方过夜呢。在赫尔看来，记者介入事件肯定会改变她原先要写这二人的计划。“我通常聚焦于身陷某种局面的个人，我的角色是记录他们怎样从中摆脱以及伴随着他们摆脱过程的感情。”

采访过这一老一少后，赫尔给主编打电话。她想把这个故事告诉主编，但是她陷入了苦恼。她告诉她的主编比尔·汉密尔顿：“我在这儿挣扎呢。给我打打气，和我聊一会儿。”汉密尔顿提醒她说：“你不是救援人员。你不是救援工作者。”但是在新奥尔良采访期间，赫尔派发过水和食品，还让无数的人使用过她的手机。但是她感到，在整个报道中，“当你的笔记本还打开着、你还在采集事实时，你不能用车去捎某个人……至于带某个人离开新奥尔良，救助他们和带他们到安全地方，那似乎超越了一名新闻记者职责的限度”。

告别皮库和她的孙子之后，赫尔坐在州际公路下用笔记本电脑写报道。这时一名医生过来问路，她说：“我不知道。可是你看见那边的那个女人和孩子吗？她会知道的，她需要你的帮助。”医生们让一老一少第一次搭上便车，到了路易斯安那州北部的一个避难所。二人后来去了得克萨斯州的一个畜牧场，再转到佐治亚州的斯米尔纳并找到一份工作。赫尔说：一旦完成了报道，“如果你能在提供帮助上做什么，无论如何要做”①。

案例七 一位新疆记者救人后的感慨

2010年“六一”儿童节前夕，新疆喀什日报社《喀什噶尔》杂志编辑部记者刘毅敏救助了一位落水的维吾尔族小男孩。第二天，他出于职业习惯写了一篇评论文章。写完后，他的内心突然生出了许多感慨，觉得应该解剖一下自己的灵魂，也解剖一下社会的灵魂。于是他在6月3日的博客上把当时以“记者来信”形式写的评论文章又发了一遍，并让网友来批评一下。

① Quoted from Rachel Smolkin, “Off the Sidelines,” *American Journalism Review*, December 2005/January 2006.

要时刻保持安全意识

编辑部：

5月29日下午7点40分左右，记者经历了这样惊险的一幕：我带女儿到喀什东湖公园玩耍，看到很多孩子在位于湖心白帆船右侧一带的水域玩水，此时，一个5岁左右的维吾尔族小女孩带着一个3岁左右的维吾尔族小男孩也下到了没入水中的水泥台阶上玩水。突然，我看到那个小男孩一下子就落入了台阶下的深水区，一块儿玩水的小女孩试图去拉住小男孩，但没能拉住，小男孩只来得及用小手在水面划拉一下就迅速沉入水中。也许事情发生得太突然，周围玩耍的孩子吓呆了，没有人发出一声呼救。

看到眼前突然发生的一切，距离事故只有5米左右的记者来不及脱掉鞋子和衣裤，迅速跳入水中抢救孩子，因为抢救及时，在孩子沉入水下大概半米多深的时候，记者抓住了孩子并把孩子救上了岸……后来，一位在湖边用竹竿打捞湖中矿泉水瓶子的阿姨说，小男孩落水的地方水深达2米多，如果不是抢救及时，后果不堪设想。

记者想，改造后的东湖公园是喀什市民休闲娱乐的好去处，也是一项得民心工程，但5月29日下午发生的孩子落水事件再次提醒我们，在做好得民心工程的同时，一定要时刻保持安全意识。事后记者发现，在东湖湖心白帆船右侧湖边大约有30米是一片没有任何防护措施的水域，并且这一区域的水泥台阶都延伸到湖水中，台阶下就是很陡峭的深水区，在此玩水的孩子很容易失足跌入水中，在此，记者呼吁政府和东湖有关管理部门，立即采取一定措施，防患于未然，把东湖公园这个得民心的大工程的安全工作做得再细些，让得民心工程做得更加得民心。同时，记者也提醒广大家长，夏季来临了，特别是暑假也将来临，家长在带孩子外出玩耍时，一定要加强对孩子的看护工作，避免安全事故发生，以免遗憾终生。

接下来，记者刘毅敏开始了自己的认真反思，并一口气发出了5个感慨：

“感慨一：写完这篇稿子后，我一直问自己，自己是不是有点作秀？说实在的，从小的时候，老师就教导我们做完好事后不要留名，要像雷锋一样做‘无名’英雄，现在社会的媒体一提到救人英雄也特别强调英雄不愿留名的情况，前一阵子重庆就有个公安局的副局长救人后不留名，还是费了很大劲才找到的，找到后‘英雄’就显得更加伟大，我这样主动宣传自己是不是太那个了？”

“感慨二：由于被救的孩子是维吾尔族，可能是由于语言不太通，被救小男孩的妈妈过了好大一会儿才到我跟前对我说，谢谢你，这是那天我救人的最大收获，还有就是小男孩由于救得太及时了，只是喝了一点水，我给他拍出来后，就活蹦乱跳了。说实在的，小男孩的妈妈连我的名字都没问，周围也没有多少围观的人，这让我多少有点伤心。令人宽心的是目睹了事情经过的女儿抱着我对我说：‘爸爸是英雄，我以后再也不欺负你了，我要听你的话，老师再让我写一段话时我就写爸爸救人！’女儿在上小学一年级，有了女儿的肯定，我太高兴了。”

“感慨三：说句实话，对于救人一事，我也非常想得到政府的一纸肯定，或者救人者给我送个锦旗之类的东东，因为我知道中国社会发展到今天，对一个个体来说，力量太弱小了，而政府的权力是强大的。我老婆是一个开小花店的个体户，我也司空见惯了诸如工商、税务、城管的霸道和刁难，也体会到了为了办点很正常的事和政府部门打交道的种种艰难，更害怕说不定哪一天‘躲猫猫’、‘喝开水死’或者赵作海之类的事发生在自己的身上，如果我有一张政府肯定的小本子，至少可以证明我的心灵是纯洁的，是不会去杀人的!”

“感慨四：中国应该大力提倡‘有名’英雄，而且应该鼓励做完好事的人做完好事后能主动立即给政府有关部门打电话，或者要求被救者送个锦旗之类的什么东东。只有这样，中国社会风气和道德风尚才会提高一个档次。我不喜欢救人‘英雄’说得最多的一句话就是‘谁遇到这样的事情都会做的’。错了，并不是所有人都是这样想的，有很多人在别人遇到危险时是不会去救的，在别人遇到困难时是不会去帮的，而且这已经成了中国现代社会的一个病根，这样的病根导致了很多悲剧的发生。根除病根的关键是要改变‘雷锋’式英雄的教育方式。”

“感慨五：我老婆听我女儿说我救人后，骂我是傻×，她说要是因为我救人淹死，谁会管你！白死。7岁的女儿也问我，假如她落水了我会不会救她，我肯定地说，就是我死了，我也要救！女儿说，爸爸你真好！女儿的话听得我心里酸酸的，我想，假如有一天，我的女儿真的遇到了危险，而我又不在身边，会有人伸出手帮她吗?”①

案例八 “最美女记者”是否作救人秀?

开封籍的曹爱文2005年22岁时毕业于天津师范大学广播电视新闻专业，后进入河南电视台都市频道做记者。2006年7月10日下午5时许，有观众给电视台热线打来电话，说在郑州花园口黄河游览区附近，有一名13岁的女孩落水。接到线索十几分钟后，曹爱文、摄像师和司机赶到了现场。当时消防人员、营救人员和村民都在进行打捞。此后，女孩被救上岸来，曹爱文回忆说：“当时我的第一反应是，有好新闻了——就有了现场和画面。”但她发现没有急救车到场，想到“生命比新闻重要”，于是“赶快给120打电话，结果黄河区域这一块信号不是太好，最开始没有联系上”。

当时除了几家媒体的记者外，大部分都是村民。由于父母是医生，曹爱文认为她多少懂一点医学常识。在现场无人懂得急救知识的情况下，她放弃报道，对小女孩实施急救。她运用胸部按压、人工呼吸等急救手段，但是没能挽回女孩生命，曹爱文为此流下眼泪。她事后承认：“有网友说我姿势不对，我也很自责，因为自己并没有做到最好。我

① 刘毅敏：《一位记者救人后的几个感慨》，http://dzh.mop.com/whbm/20100603/0/zz588zl1cd35da3O.shtml，2010-06-03。

知道自己的能力有限，急救知识也有点匮乏。或许如果我懂得多一点，可能小女孩生还希望会大一些。"①

曹爱文的故事，由当地的《东方今报》做了报道。7月12日16时，一篇题为《河南电视台都市频道女记者，爱文流泪伤心模样》的帖子出现在河南日报社大河网"网闻天下"栏中（见图11-12），该帖图文并茂地讲述了曹爱文救助落水女孩的过程。现场和曹爱文一起抢救女孩，并拍下曹爱文泪流满面镜头的《东方今报》记者闫善良在日记中写道："她不顾女孩身上和面部的呕吐物……做出了一个让一名摄影记者一生都难忘的动作，一张红润的滚烫的嘴唇和一张冰冷的青紫的嘴唇牢牢对接在一起。这是一个生命向另一个生命的呼唤，这是一个生命对另一个生命的拯救。当时，我距离曹爱文只有1米远……"

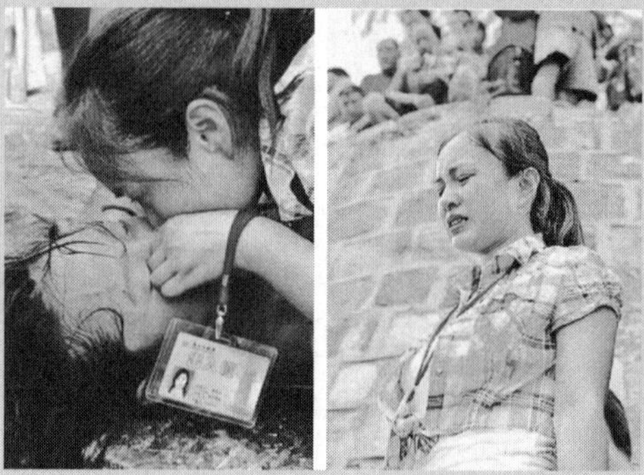

图11-12 "网闻天下"栏目截图

曹爱文救人时忘记了记者身份，但救人场景在多种媒体刊播后，令她迅速走红。多数民众赞扬她的举动，有人将她誉为"中国最美丽的女记者"。《北京青年报》7月17日发表评论说："中国最美女记者，给我们上了一堂什么才是真正的记者的课！"② 但是她放弃报道而救人的做法也引发了争议。有人认为她应坚守记者职责完成报道，因救人而放弃采访的做法并不可取。有人称其救人行为属作秀。③ "网闻天下"版主"寒江雪"则辩称，照片证明曹爱文不是在作秀，而是在积极救人。当她看到一条鲜活生命随风而去时，脸上涌起的伤心、失望、悲痛的表情是装不出来的。急救时，曹爱文的工作牌正对镜头，这幅照片让一些人质疑救人是在作秀。没能把孩子救活，曹爱文哭了起来，这幅照片感动了很多人。④

视频：中国最美丽的记者曹爱文

① 李艳：《"中国最美女记者"否认救人作秀》，载《新京报》2006-07-25。

② 《湖北医生："中国最美女记者：一堂人性化的新闻课"》，载《北京青年报》，2006-07-17。

③ 《女记者救人之后的烦恼》，http://ha.people.com.cn/news/2006/07/19/115526.htm，2006-07-19。

④ 据《河南商报》报道，这幅"中国最美女记者"照片在全国迅速知名，以至于在重庆某网站上被改头换面，图片上的人物脸部打了马赛克，图片上标注着"花季少女被骗"字样，并在图片下方有一行小字"被骗女网友发帖求助"，成为重庆生殖健康医院的"人流"广告。曹爱文对此表示愤怒，要求该医院道歉。

案例九　成都公交车火灾与手机拍摄者

2009 年 6 月 5 日 8 时 02 分，成都公交公司牌号为川 A49567 的一辆 9 路公交车在成都市三环路川陕立交桥进城方向下桥处起火并剧烈燃烧，几分钟内导致 25 人遇难（后来增加到 28 人），76 人受伤。附近某超市的文女士听到惨叫声冲了出去。眼前的桥面上，一辆公交车燃起熊熊大火，滚滚浓烟，哭声、叫声一片。文女士看到有十多个血人从车里冲了出来，他们浑身无力，随便乱躺在路上、绿化带里。一位目击者说："公交车从冒烟到起火只有几分钟，很多人无法往外逃，好惨哦！""我们眼看着公交车在燃烧，却又无能为力。"成都市动物园一名女员工曾多次提醒司机公交车已冒烟，遭到责骂。

图 11-13　成都公交车起火

案发时没有媒体记者在场，但有些不知名的网友作为公民记者拍摄了现场的惨状，有的视频持续 10 秒，最长的达 2 分 17 秒。视频中触目惊心的画面和现场的惊叫声、哭声让每一位观看者揪心。凤凰卫视 6 月 7 日播出视频片段后，女主播低声说了一句"太可怕了"，这引来了质疑和抨击。不属于四川管辖的《重庆商报》6 月 8 日报道，土豆网出现一段名为《成都公交车燃烧》的视频，片长约为十多秒，记录了事故初期群众救人的画面，拍摄者在一辆公交车上，旁边正好挂有一个安全锤。记者写道："看过视频的人都有一种想上前救人的冲动。正因如此，大家对两段视频的拍摄者均提出质疑：'你为何不去救人？'""记者在视频中清晰地看到，拍摄者距离出事公交车有 3 个车道，约 10 米的距离，中间只隔一个栏杆。昨日记者几经努力，未能联系上视频的拍摄者。"记者接着陈述了在互联网上的发现：

网友"龙城九爷"在猫扑大杂烩发帖称："视频虽然很宝贵，但是拿着钉锤去救人更有用！"此观点得到大多网友的认同，但一名自称成都人的网友称："当时这车的人都已经被吓得不知所措了。"某网友说，与刚从车上逃离的乘客和周围的群众相比，拍摄者却异常冷静。当时周围的人均表现得惊讶不已，不停跑动、救人等，但拍摄者几乎没有挪动地方，并且几乎没有出现过颤抖。"试想如果你偶然遇到这样的事情，

视频：成都公交大火

视频：成都公交大火

你会惊讶吗？你的手会颤抖吗？也许你会马上跑过去，甚至马上拨打 119!”多名网友称，很难相信这段视频是随意拍下来的。网友还说，镜头前人来人往，都没有往镜头看的，说明拍摄者把镜头隐藏得很好。

《重庆商报》记者还发现：“在视频中，一闪而现的三轮车上的字竟然是反的!”（见图 11-13 右）网友称，最完整的原始视频是翻转的，为什么？不知道视频翻转的用意，难道是为了防止现场的目击者回忆起来左前方角度有个拍视频的人？从而暴露自己？针对某网友的说法，网友“受不了”说：每个人在历经生死时的表现都是不同的。网友“飓风骷”也说，这辆公交车在行驶途中也许就冒烟了，不能说拍摄就是有预谋地等着拍下全过程。至于说手抖不抖，这与拍摄者是否专业有关。①

有网民甚至推导出一种阴谋论来：“最早在网上看到的成都公交燃烧现场视频，是一个随机 ID 上传的，长达两分多钟，也是目前看到关于火灾燃烧过程最直接、最真切的视频，被网友们直指疑点重重。天涯等各大网站均有网友称，发现视频中镜像翻转、内容经过编辑处理，还有摄影者过于冷静等等多个不太寻常的细节。怀疑是肇事者本人拍摄。”但是“不二禅”如是说：（1）估计是比较远处用长镜头拍摄，在车上或者二楼拍摄，所以现场几乎没人注意拍摄。现场呼叫声比较真实，现场喊声应撕心裂肺，响动很大，所以传得较远。拍摄是手持的，抖动合理。（2）如果是肇事者有预谋，如何能够控制起火点而拍摄呢？是遥控吗？我不相信肇事者有如此高科技水平。“朱鸟前驱”认为，拍摄者是一直在该公交车前面跟踪，发现有失火迹象，随即到附近远处拍摄，所以拍摄时已经冒烟，但没有起火。（3）按常理，开机拍摄时刚开始出烟，正常人还不会太注意，反应不过来要取相机拍摄，何况拍摄点距离事发地比较远，这又支持预谋说。②

据新华网 2009 年 7 月 3 日报道，四川警方通报，此案中 62 岁的犯罪嫌疑人张云良当场死亡。张云良是江苏苏州人，案发前暂住成都，他在原籍嗜赌，长期不务正业。6 月 5 日 7 时 40 分左右，张云良携带装有汽油的塑料桶在 9 路公交车天回镇始发站上车。有乘客证实，当车辆由北朝南向城内方向行驶至三环路川陕立交桥处时，张云良在车内倾倒所带的汽油，并点燃引起车辆燃烧。6 月 9 日，其家人收到了张云良案发前寄自成都的遗书。③

为什么对新闻记者有救人期待?

从第二讲选取的《法制日报》两名记者背负 2008 年四川地震灾区儿童艰难走出灾区的案例，其间记者内心的纠结和做出的救人抉择，我们可以了解到，那种抉择的人性光辉

① 参见王显淼、冯成昆：《网友只顾拍公交燃烧不参与救人遭炮轰》，载《重庆商报》，2009-06-08。

② 参见《成都公交火灾录像的疑问?》，http：//blog. sina. com. cn /s /blog _ 4b07049b0100dgvt. html，2009-06-11。

③ 参见《成都公交特大放火案告破 疑犯当场死亡》，http：//pic. people. com. cn /GB /1098 /9586040. html，2009-07-03。

和风险蕴含是怎样交织地影响记者内心和行动的。如果我们用第二讲介绍的理论来分析，似乎每一种理论都可以加以运用。康德道义论和人道主义伦理学强调义务的优先性和生命的至上性；罗尔斯的“无知之幕”假设告诉我们要优先考虑弱势者的处境；亚里士多德的中庸之道警示我们要量力而行，不走极端；功利主义也提醒我们经常权衡利弊得失，尤其是行为的后果；韦伯对责任伦理和意图伦理的划分让我们警惕那种娓娓动听，却可能带来不测后果的意图伦理。以上理论大体都可用于本讲案例的分析。但是，记者先报道还是先救人的抉择及其评析还要加上特别重要的情境因素，特别是时空因素。

我们知道，新闻事业是一种现代产物，虽然不断受到质疑，但是它努力成为一种受到尊重、具有自身特质的职业或专业。因此，新闻记者经常自我和被人比之于医生、律师、法官、会计师等职业。但是与所有这些职业不同的，不仅仅是由于新闻事业过于年轻，还在于新闻记者不会囿于编辑部、法庭、医院、办公室等固定场所和狭小天地，而是以整个世界为活动空间。文字和影像记者总是力图出现在新闻现场，他们随时有可能突然遇见身陷不幸、困境、灾难中的人。这是衣冠楚楚的医生、律师、法官、会计师等传统的专业人士在工作中不大可能遇见的情形。

因此，经常身在野外的新闻记者是一种“多角色扮演者”类型的群体——既是新闻专业人士，又是社会大众中的普通一员。体现在新闻记者身上的这两种角色之间，即“专业”与“常人”之间，多数情况下是不会发生冲突的。换句话说，在多数情况下，新闻记者只要扮演好专业角色就可以了，就会满足他人对其的“角色期待”。但在某些特殊状态下，两者之间却可能发生冲突，即作为新闻记者的专业职责与作为一般常人的道德规范之间发生对立。当这种冲突与对立发生时，新闻记者也许有着自己的千百个理由，但社会大众却有着他们明确的价值指向：即新闻记者的行为举止，必须符合起码的社会道德规范，一般常人能够做到的，新闻记者也应该能够做到。①

此外，结合我们之前对普利策摄影奖获奖作品的分析可以发现，有多种情形基本排除了人们对新闻记者为什么不首先去救人的质疑。我们说过，本书所研究的对象，不包括战争时期，而在普利策奖作品中，战争题材占了很大比重。其实，战争也好，不可抗拒的局面和场景也罢，只要人们感觉身在现场的新闻记者无能为力，通常就不会产生苛求。而相比于文字记者，摄影和摄像记者被质疑的几率很大。这与其工作方式有关：往往需要在众目睽睽之下专注而持续地进行摄影和摄像操作，而救人的窗口常常也就在一瞬间。这时的记者们难免要做顾此失彼的选择。而一旦选择继续从事报道，就可能被认为将世界上各种伦理学说都高度重视的生命伦理置于不顾或置于次要地位。

摄影记者在本讲中成为争议的主角，还与摄影自身的影响力有关。将历史上的决定性场景定格于一个瞬间，从而成为传世之作，这是新闻摄影佳作的独特之处，正所谓“一图胜千言”。罗恩·F·史密斯说：“报刊记者和电视新闻人员拍摄的照片和画面——尤其是震撼性的照片和画面——对于社会有巨大的冲击力……美国人的生活一直受到新闻照片和

① 2010年8月3日网易评论《另一面》第184期：《面对险情：记者应该救人还是该拍照》，http://news.163.com/special/00012Q9L/sheying20100804.html，2010-08-03。

电视画面的影响……震撼性的照片和画面也让许多人指责新闻媒体的煽情主义、麻木不仁和盘剥利用。”史密斯引用获得普利策奖的摄影记者詹姆斯·迪克曼的话说：“这是五百分之一秒这一个时间片段的凝固。”①

伴随着现场影像而来的，是一种特殊的定位功能：现场影像构成了影像记者“在场”的情境，因此观看者根据画面可以“合理”分析和推测拍摄者与受难者（危险境地中的新闻采访报道对象）的时空距离，进而提出拍摄者是否在力所能及、触手可及、捷足能登的范围内救人的问题。所以，相关新闻影像如果引起争议和批评，往往是从影像作品见诸媒体的那一刻开始的，而且批评常常最为集中于这个起始阶段，这还因为在起始阶段关于灾难的其他信息要么稀缺，要么失真，而根据马歇尔·麦克卢汉的“热媒介”理论，影像，特别是照片，是典型的热媒介，似乎天然信息饱满，可以直接解读出许多信息。在外人看来，由于可能感觉不到文字记者的存在，他们似乎与普通公众无异。所以我们看不到新闻作品直接引起的争议，而通常见诸他们的事后回忆、纠结和反思。这样来看，文字记者的“在场”往往就变成了“不在场”。我们接下来分析一本专业书中汇集的作品。

为什么前40年普利策摄影奖几无争议？

1991年5月，中国摄影出版社推出了王景堂先生编译的《瞬间——普利策摄影奖获奖作品（1942—1982）》。普利策奖摄影奖设于1942年，最初若干年为单幅新闻照片，后来发展到鼓励组照；1968年起分为现场新闻摄影奖（2000年易名“突发新闻摄影奖”）和特写摄影奖。这是一本大32开的160来页小书，却让中国新闻和新闻摄影业界与学界眼界大开。它的最大特色之一是以视觉形式关注和呈现人类苦难，而与中国传统的新闻观念有异。据研究，在1917—1990年的580个新闻奖中，约有40%属于“坏新闻”模式主导下的揭露性新闻，另外40%奖励有关战争、犯罪、公民自由、种族关系、政治、自然灾害、国际诸方面的报道。②

普利策摄影奖也是如此，后来国内有人据此和世界新闻摄影大赛（荷赛）作品出版了风靡一时的《黑镜头》、《红镜头》等书，并因此发财致富。对于美国人和西方人来说，这早已是一个传统，甚至有人质疑这种传统过于负面，而忽略了生活中美好的和中性的面相。如果说，卡特的苏丹饥饿孩童照在引发世人对非洲饥荒关切同情的同时，也让人审视普利策奖获奖摄影作品的取向，我们今天回顾起来，那不一定是第一例。当美国《丹佛邮报》的批评家科琳·史密斯评论一次普利策摄影奖获奖作品展时，她告诫读者说：“不要期待许多柯达瞬间。奥运胜利和欢乐重逢的确夹杂其中，但是一般而言，普利策奖获奖摄影作品不是悦人的照片。”她这样描述了作品的题材：“这里有——黑白的和彩色的——全

① Ron F. Smith, *Ethics in Journalism*, Malden, MA: Wiley-Blackwell Publishing, 2008, pp. 260-261.

② 参见〔美〕道格拉斯·贝茨：《美国普利策奖金内幕》，贾宗谊译，北京：新华出版社，1993，110～111页。

国和全球悲剧的活生生的瞬间：战争、饥荒、火灾、自然灾害、吸毒成瘾、危机、犯罪……”①

然而经过审视，《瞬间——普利策摄影奖获奖作品（1942—1982）》中有可能引发记者是救人还是拍照争议的作品不多。1976 年现场新闻摄影奖获奖作品《逃生出口坍塌》可能是唯一一次，这组照片摄于 1975 年 7 月 22 日，当时《波士顿先驱美国人报》摄影记者斯坦利·J·福尔曼（1945—2013）从电话中得知该市马尔伯勒大街一所公寓起火和有人被困，便驱车赶往现场。他冲到起火公寓楼后面的巷子里，看到消防员罗伯特·奥尼尔正从房间中下到五层的逃生出口，准备营救困在那里的 19 岁女子戴安娜·布莱恩特和她的两岁教女蒂亚蕾·琼斯。福尔曼爬到停在巷子里的消防云梯的底座上以便拍照。底座距离地面三四米高，距离逃生出口较近。这时，奥尼尔到达逃生出口处，他让布莱恩特将琼斯托举给他，但是布莱恩特做不到。于是他跳下去帮助，奥尼尔伸手去抓挪近的云梯时，有人突然尖叫，原来安全出口平台坍塌了，平台上的 3 人都从 15 米高处掉了下来。消防员敏捷地抓住了云梯，但是布莱恩特和琼斯已经摔在小院围栏后面。布莱恩特伤重不治，琼斯因侥幸摔在教母的身上而活下来了。当人们抬着布莱恩特的遗体走出院子时，奥尼尔喃喃地说：“只差两秒钟，只差两秒钟！”（见图 11-14）②

图 11-14

① Coleen Smith, “Pulitzer prize winners exhibit a bracing photo album of historic moments,” *The Denver Post*, August 30, 2004.

② 〔美〕约翰·利克利、雪莉·利克利：《瞬间——普利策摄影奖获奖作品（1942—1982）》，王景堂编译，中国摄影出版社，1991，84～87 页。

这一系列的瞬间，被福尔曼用电动照相机拍的一组镜头留存下来。照片见报后，被100多家报纸采用，福尔曼因此获1976年普利策现场新闻摄影奖和荷赛年度照片奖。他还在1977年和1979年获得普利策现场新闻摄影奖和特写摄影奖，成为4年内三获普利策奖的第一人。其实，有论者认为，《逃生出口坍塌》（又名《马尔伯勒大街火灾》）没有招致什么对摄影师“袖手旁观”的批评，更多的愤怒则是朝向了政府当局，最终催生了全美国新的逃生出口立法，因此引起的对消防器材的检查和维修挽救了更多人的生命。[1]

甲方观点： 救人优先论

新闻界内外普遍认为，道德同情应当优先，记者首先是人类的一分子，其次才是新闻记者。我们知道，生命原则在五条伦理原则中是第一位的。美国全国新闻摄影师协会前会长威廉·桑德斯的一句话深入人心：“你首先是人类的一分子，其次才是新闻记者。”[2] 全国新闻摄影师协会伦理委员会主席约翰·朗说：“你在道义上有义务伸出援手，而不是去拍摄照片。”曹爱文说：“要做一个好的记者，首先要做一个好人，”“如果非要在救人和采访中二选一的话，我还会选择救人。”也有舆论从道义论与专业主义两个角度提出了看法，认为应该不留余地地服从基本的社会道义，挽救损失，并在选择的过程中，选择带来收益最大的那一种。“没人愿意要一个顺从讨好、逃避争论、听任恶行大行其道的新闻界，但是这并不意味着我们不能要求一个富有同情心、尊重公众和避免无谓伤害的新闻界。”[3]

《北京青年报》在一篇关于曹爱文的评论中说：“新闻是给人看的，在面对突发事件时，应该遵循的原则永远是以人为本，而不是以新闻为本。违反人伦底线的以新闻为本，导致的将会是一种冷漠的新闻，是一种毫无人性也毫无人情味的新闻，在这样的新闻观中，将死之人仅仅只是新闻中一个很好的‘道具’而已。”“一个称职的记者，是应该随时随地捕捉到有价值的新闻的，因此，对于记者的职业属性来说，新闻永远是第一位的。但另一方面，记者首先是一个活生生的、有人性的人，而不是一台机器，人在其面对同类遭遇困难的时候，救人才是第一位的。记者在其职业操守和社会的公共道德发生冲突时，无疑应该遵循和服从后者，否则，就是以对人性道德的践踏来换取所谓的新闻价值，这样的新闻传达出的将是一种丑恶的价值观，还有价值可言吗？”[4]

一位媒体人写道：大千世界，芸芸众生，哪一个没有属于自己的“分内之事”？当灾难和不幸降临时，难道都要冷眼旁观、漠然视之！在这一点上记者比别人更特殊吗？如果说有一点特殊的话，那就是所谓“铁肩担道义、妙手著华章”，比一般人承载了更多的社会责任和道德责任，更应当为人表率，起到楷模的作用。记者在履行自己的工作职责时，

---

① See http://en.wikipedia.org/wiki/Stanley_Forman; http://en.wikipedia.org/wiki/Fire_Escape_Collapse; http://www.stanleyformanphotos.com/store.html.

② Ron F. Smith, *Groping for Ethics in Journalism*, Malden, MA: Wiley-Blackwell Publishing, 2003, p. 311.

③ 2010年8月3日网易评论《另一面》第184期：《面对险情：记者应该救人还是该拍照》，http://news.163.com/special/00012Q9L/sheying20100804.html，2010-08-03。

④ 《湖北医生:“中国最美女记者：一堂人性化的新闻课”》，载《北京青年报》2006-07-17。

绝不应忽视、放弃了自己的社会责任、公德良心，更不能以娱乐心态、看客心理拿别人的不幸制造新闻，甚至为了“吸引眼球”而成为“扒粪者”。遇到紧急情况先救人，这本是一件天经地义的事，记者只是做了一件任何人在这种情况下都会这样做的事。在可以预见的风险和隐患面前，新闻记者是该先“施救”还是“抢抓”新闻？是该首先服从职业准则还是无条件让位于社会公德？面对可遇而不可求的突发新闻，面对许多人颇感兴趣的跳楼新闻，面对一条可能会让记者获奖、出名的现场新闻……当这一切面对生命的尊严与至高无上时，在危难之际不施以援手，任何理由都会成为逃避责任的借口，一切辩解都显得苍白无力、不堪一击，哪怕它再冠冕堂皇、头头是道。救人难道还需要什么理由吗！不救人难道还有什么理由吗！[①]

有美国学者将责任分为三类：一般责任、特殊责任和个人责任，而一般责任通常高于特殊责任。[②] 以上的“救人优先论”，最容易得到社会公众一边倒的支持，因为在生命伦理要求的救死扶伤这个一般责任的支配下，存在着一种绝对正义对绝对不义的不对称格局，这就令其他观点的人难以置信。而根据我们第一讲介绍的几种伦理理论，这显然接近于康德的道义论。但是如果我们想起亚里士多德的中庸之道，特别是那个是否以及如何救助落水者的例证……此外，记者是救人还是拍照摄像还有一个时空情境的问题。这是持“救人优先论”的人需要考虑的。相比而言，国外论者即便赞成“救人优先论”，也主张充分考虑记者所处的时空情境。

乙方观点：报道优先论

数十年前，美国黑人民权领袖马丁·路德·金在阿拉巴马州的塞尔马组织了一场争取公民权利的游行，其间县治安官派执法人员将儿童摔在地上，《生活》杂志的一名摄影记者见状停止拍摄而去帮助孩子们。金博士却提醒这位摄影师说：“全世界并不知道这事发生了，因为你没有拍下它。我不是对此冷血的人，但是你拍一张我们的人被殴打的照片要比你成为加入争斗的另外一个人重要得多。”[③] 报道卡特丽娜飓风灾害的《华盛顿邮报》记者安妮·赫尔说：“在报道巨灾和苦难时，我们必须努力记住，我们是努力报道新闻的记者。那是我们在世界上的角色，我们如果做得好，这绝对是一种独一无二的服务：帮助世界了解什么事情发生了。”[④]

对于新闻记者可能扮演的救人英雄角色，有人不以为然。他们认为，根据新闻专业主义，真正合格的记者不是干涉者而是记录者，记者要像法官而不是带有倾向性的律师。当记者在危急中时应该给他们一些宽容，让他们去完成职责，去真实地记录下事实——善的

---

① 参见贾岳：《让记者“先救人”别再成为新闻》，载《新闻爱好者》2005（7）。

② See David E. Boeyink and Sandra L. Borden, *Making Hard Choices in Journalism Ethics: Cases and Practice*, New York: Routledge, 2010, p3

③ Ron F. Smith, *Ethics in Journalism*, Malden, MA: Wiley-Blackwell Publishing, 2008, p. 271.

④ Ibid., p. 270.

或恶的。不会有人希望自己看到的现实都是经过“英雄记者”们参与干涉的。普利策说：记者是社会这艘大船居于船头上的瞭望者，因此其职责就是观察地平线上的细小情况与变化。那么当甲板上有情况时，我们不能要求瞭望者放弃职责。在残酷的灾难中，记者只是记录者，不是残忍的创造者。记者需要有爱心，因为他首先是一个人，但是记者有他发挥爱的方式。相比起记者的手，他们手中的相机和笔能有更大的力量。新闻记者履行专业职责是最终目的，归根到底还是为了社会系统的有效运行和人们的生命安全与健康。①

用影像记录灾难也是对生命的救赎

造成27人死亡、74人受伤的成都公交车燃烧事件发生后，优酷等网站出现了两段现场视频，第一段片长仅十余秒，另一段有2分16秒，视频中触目惊心的画面和现场的惊叫声、哭声让每一位观看者感叹道：“好惨啊。”看过视频的人都有一种想上前救人的冲动。正因如此，大家对两段视频的拍摄者均提出质疑：“你为何不去救人?”（《重庆商报》6月8日）

的确，当火灾发生，那些不顾自身安危，用砖头、灭火器甚至赤手空拳，砸开汽车玻璃，从死神手中抢回一个又一个生命的壮举可歌可泣。然而，此处遭受质疑的拍摄者，是否具备救人能力和条件？他是老是幼，是健康还是孱弱？连这些基本问题都没弄清，就高高在上地对拍摄者没冲向火场救人抡起道德大棒，未免武断。

尤其重要的是，若无拍摄者记录下的现场影像，我们不可能全面、深刻、直接地获知事件真相。视频画面的惨烈直观见证了灾难的残酷。相比不痛不痒的安全说教，该影像显然更能震慑监管者紧绷安全弦，以避免惨剧再上演。

同时，影像中，有人无动于衷围观，有人奋不顾身营救，两种人鲜明的行为对比给公众带来的深刻视觉冲击，无疑有利于促成一种集体反思：危难降临，作为一名社会人，多么需要去救助身处危难的同类。

当然，不排除拍摄者出于怯懦没去救人，不提倡所有人都去做灾难的记录者。但身陷灾难的同胞需要救助，灾难本身同样也需要客观记录。假如有人恰巧在灾难现场，又恰巧带有记录工具，那么救人还是记录，相信当事人应该能凭具体情形做出正确选择。比如有人落水，落水者周围又没有任何人，想必任何一个稍识水性的人，都不会一味记录，而成都公交车燃烧事件，显然不属于这种情形。

无法阻止战争，就争取去做战争残酷的揭露者。与此相类，尽管难脱逃避嫌疑，至少拍摄者通过记录现场影像向公众直观展示了灾难的残酷，让人们在对悲剧的追问和反思中引以为戒，加强安全防范。从这个意义上讲，用影像记录灾难也是对生命的救赎，

---

① 参见2010年8月3日网易评论《另一面》第184期：《面对险情：记者应该救人还是该拍照》，http：//news.163.com/special/00012Q9L/sheying20100804.html，2010-08-03。

不过救赎方式在于刺痛人们的神经，促使人们反省，以减少、避免灾难发生。
（《中国青年报》2009 年 6 月 10 日，作者：赵登岩）

不少论者指出，新闻媒体出于复杂的动机，有时对记者和自身的行为过度夸耀和突出，以及廉价地博取舆论的好感，这是一种很不值得提倡的做法。如果说记者在救助过程中有表演的成分，或者说违背基本常识，其间公众和舆论有可能受到误导，在今天的时代特别容易遭到网民的质疑，以至于事情走向反面，那就不足为奇了。

就在曹爱文救人半个月后，博主范青锋发文反对泛化“记者救人”的榜样作用。博主认为，不论是先救人，还是先做自己的工作，都无可厚非，这完全取决于当事人那一刻的偶然决定。因此，我们不能因为记者先救了人就说她道德如何高尚，而不救人就是冷漠。我们所要做的是，应该把视角对准那些没有受过多少高等教育的普通大众，而不是媒体工作者本身。无论什么报道，都不要打上标签，把人分为三六九等，而是要一视同仁。社会需要的榜样应该也必须是，那些普普通通的人都能效仿的行为和人。而“记者救人”是偶发性事件，不具有广泛性和群体代表性。

知名媒体人石扉客在一篇评论中针对一些同行的通病尖锐地提出：新闻从业者需要双重去魅，一是新闻业外的妖魔化，二是新闻业内的自我神圣化。而真正让人担心的，还是业内的自我神圣化。这种自我神圣化，在传播效果上，有个不容忽视的议题置换副作用，即习惯于把记者和媒体本身，而不是新闻事实作为公众注意力的中心。①

丙方观点： 调和与情境

美国学者蕾切尔·斯莫尔金就卡特丽娜飓风灾害访谈过多名记者。飓风来袭第二天，《新奥尔良花絮时报》文字记者布赖恩·泰夫诺特和摄影记者特德·杰克逊乘一艘小船出行，采访城市受灾最重的区域。泰夫诺特告诉她：“我们记录我们的见闻。但是在有人需要拉一把上船来的时候，我们就去拉他们。这不妨碍我的工作。我花了 98% 的时间直接做新闻，让在那里的开展工作的其他人做那件事。”总结了新闻记者的所作所为后，斯莫尔金提出如下告诫：**如果在现场除了新闻记者没有别人，他们应竭尽所能亲身提供救助**。

然而要记住，作为新闻记者，你们首要的——和独一无二的——角色是见证，如果你们决定采取（救助）行动，做得又如此之快，那么就让路吧。只要有可能，就要让救援人员做第一批回应者和救济者。报道卡特里娜飓风的新闻记者提供了水、搭乘工具和救助，进而显示了恻隐之心。但是，他们最为长久的服务是暴露困在糟糕透顶的收容所和闷热难当的州际公路的公民的苦难，记录政府不可原谅的迟钝反应。如果

① 参见石扉客：《新闻人需要双重去魅》，载《南都周刊》，2010-03-26。

没有新闻记者发挥那个基本作用，更大规模的救助资源就绝不会到来。①

博主“废话一筐”则发表了一篇很有见地和学理的8000字长篇博文。博主认为，道德可以进行三分，即公德、私德和职业道德。三类道德在界定行为准则时有不同的要求，要小心界定和区分公德和职业道德。公德就是希望全社会都遵守也有能力遵守的那部分行为准则，但公德无法用太高标准的道德来要求，比如像舍己救人之类的牺牲。这样的道德要求总是容易说到，却很少人能做到，不适合作为公共的行为准则。如果总是把这样的行为准则固化为公共道德，则容易流于形式，成为只说不练的伪道德。冒生命危险去解救别人生命是值得景仰的，但无法强制别人效仿。因此公德应该大力提倡那些每个社会成员都很容易做到的行为。

“废话一筐”指出，道德问题是很难评价的，因此，我们应该避免涉及私德高低之类的讨论，只要不违背公德和职业道德就好了。而在中国社会，救人问题还不属于社会公德范畴，它是靠记者自己的私德保障的。既然如此，把自己的私德强加给别人是危险的。至于有人质疑记者救人违背了新闻从业人员的职业道德，这是非常可贵的，也说明中国社会在开始初步摆脱愚昧落后了。记者作为社会的第三只眼，必须忠实客观地记录社会现象，这是这个行业的职业道德要求。但我们却有理由要求记者记录到的都必须是真实客观的，不能有假新闻及其变种“制造新闻”。“记者救人”的新闻属于“制造新闻”。记者的介入，改变了事件的进程，记者用自己的行动加工了这个新闻，不管是有意还是无意，是善意或者是恶意，都违背了新闻记者真实客观地记录的要求。

媒体为什么要“制造新闻”？这显然是因为媒体之间和记者之间的竞争。报纸需要提升发行量来获取广告收入，记者需要更多的独家新闻来提升自己的地位。这就是制造新闻可能产生的利益驱动机制。因此，记者不能介入到新闻事件中就成了媒体行业的行为准则了，也就是所谓的职业道德。“废话一筐”的结论是：如果记者坚守职业道德就不该救人，如果记者坚持自己的私德就该救人，不过，记者所在的媒体就不能报道这个新闻了。在这个特定案例中，博主倾向救人而不报道的选择。如果记者所在的媒体不报道，其他媒体报道了呢？这基本还可以接受，前提是它不应该是一个独家新闻。②

开展媒体伦理讨论显然要结合不同社会的不同语境。因此评论家长平认为，在发达国家，上述有关案例中的类似事件都有一个前提：新闻已经专业化甚至过度专业化。换句话说，这是西方社会的一个后现代问题，是在充分现代化、记者已经充分专业化、真相已经充分揭露之后，才会产生这种社会分工精细化和普遍人性之间的矛盾，在前现代的中国现实中，我们面临的主要问题还在于：怎样培养职业精神？怎样揭露真相？③

因此有论者这样总结说：在中国，有的是道德伦常，缺的是职业伦理。我们面临的现

① Rachel Smolkin, “Off the Sidelines,” *American Journalism Review*, December 2005 /January 2006.

② 参见废话一筐：《冷评“记者救人”事件兼谈道德》，http://feihuayikuang. blog. sohu. com /34375851. html，2007-02-17。

③ 参见长平：《从杨丽娟事件谈媒体的中国问题》，载《天涯》，2007（4）。

实是，古代社会道德伦理管理模式已经坍塌，现代社会运行机制尚未完全建立。在当下，前现代问题与后现代问题可能并存，比如在真相和事实还没有充分报道的情况下就探讨真相之上的新闻伦理问题，比如整体尚未职业化的新闻记者可能同时存在个别过度职业化的问题。事实上，没有人能够在道德伦理与专业主义之间轻易做出取舍，这也是这个问题长久以来争论不休的原因。但这其实是一个后现代的问题，在当今中国讨论此事过于奢侈，在事实本身仍然匮乏的前提下，这并不是主要问题。因此，舆论应给予新闻专业主义更多的宽容，也应对新闻人在职业追求和社会伦理之间的选择多一分宽容和理解。①

对案例的简要分析

9个案例中涉及影像的占8个（4个摄影，2个电视画面，1个虚构电视场景，1个新媒体视频），文字占1个。在今天的"读图时代"，生产图像的摄影记者、电视记者和公民记者既能大显身手，也有可能遇到棘手的局面。"不同责任的冲突特别困扰着摄影记者。文字记者可以暂时放下笔记本，然后继续工作。他们有时间汇集他们的思绪，决定哪些写进、哪些不写进他们的报道。然而，摄影记者也许只有一次拍摄机会。他们必须迅速反应。如果他们错过了照片和画面，它就消失了。对于电视摄像记者来说，情况经常是更加困难。报刊摄影记者可以遵循以下格言：'先拍照片，然后让主编去定夺。'电视摄像记者没有这种奢华待遇。他们的图像经常直播出去。"②

看来有太多的因素决定了记者和作品是否引起争议，其中突出的一点是，如果公众和同行认为，根据照片的时空定位，记者有能力对困境和危难中的人施以援手而不作为，通常争议和批评就接踵而来。在如此多样的案例中，很不容易拿出一个普遍适用的法则。实际上，亚里士多德的中庸之道常常有助于我们面对险情做出判断和抉择。因此，在特殊灾难的特殊时刻，如果没有他人而只有记者在新闻现场，直接救人或吁请救援应该压倒记者的采访本职。

在案例一到案例五中，摄影记者凯文·卡特、小威廉·墨菲、克里斯·德维托、奥马尔·阿巴西和印度电视记者，受指责的地方显然就在于，记者被认为是唯一可能施以援手的人却为了报道新闻舍弃帮助。尽管我们在进行逐案分析时会发现，每个事件的情境都有所不同，不宜混为一谈。此外，当时记者的申辩也值得倾听，以帮助我们比较真切地了解具体情境，而这种情景可能被最初的新闻报道简化了。

案例一就是一个典型，它经常被国内论者作为典型例证，来说明新闻记者在现场不能为了获取职业成果而放弃救助之责，但是其情境经常被简化和一定程度的误读。读者如果仅仅根据凯文·卡特那张照片显示的儿童与秃鹰的空间距离判断，那就可能夸大了儿童的危险，还有人说秃鹰并不经常贸然攻击活人。我们根据以后的新闻报道获悉，凯文·卡特

① 参见2010年8月3日网易评论《另一面》第184期：《面对险情：记者应该救人还是该拍照》，http：//news.163.com/special/00012Q9L/sheying20100804.html，2010-08-03。

② Ron F. Smith, *Ethics in Journalism*, Malden, MA: Wiley-Blackwell Publishing, 2008, pp. 267-268.

并没有置那个孩子于不顾，他活了下来。还有一点很重要，那就是自杀原因的复杂性往往被人忽视。换言之，卡特自杀的真实原因可能永远不能为我们所全面了解。当然，为了减少误读，摄影记者在作品发表时可以附加一些关于情景的说明。

案例二中，《俄勒冈新闻报》摄影师小威廉・墨菲拍下了自杀者与妻子在跳河前瞬间的拉扯。照片的时空定位让人感到摄影师有可能前去拉住欲跳下的男子。但是平心而论，这里存在着不确定性，救人失败的几率不小。突然有人上前可能会让自杀者加速自杀行为，而在摄影师拉住他之前，他的妻子显然无力阻止悲剧。小威廉・墨菲留住了一个令人难忘的瞬间，从新闻性和摄影艺术的角度看，这是成功之作。但是如何让读者相信摄影师不仅仅是这场悲剧的目击者是一大问题，墨菲本人在受到批评后心灵也受到了冲击。难怪此后美国报界有所改变，不再出现让人看起来将照片置于生命之上的情景。

案例三涉及两起灾难或事故。甘尼特新闻社图片主编比尔・佩里目击几位女性随汽车坠落河中，他吁请专业人士之后回来拍摄。照片的时空情境显示，河面宽阔，路人很难施救，非专业人士难以提供救助，读者因此就很难发出责难之声。《莱马新闻》摄影记者克里斯・德维托就不那么幸运了，因为他的照片显示，出车祸的女子头脚倒置，生命似乎处于危险之中。其实她受伤不重，又有施救者帮助。但是摄影师却是一个旁观者，粗心的读者就会对德维托发出抨击。与案例二类似，遇到这种批评，摄影师似乎有口难辩。但是，这种发生在野外的灾难或事故难以还原现场，难以补充其他情境信息，时过境迁之后，人们记住的是照片本身。

案例四是一个诠释新闻媒体“议程设置”功能的典型案例。已担任全国新闻摄影师协会伦理委员会主席 15 年的约翰・朗虽然主张救人优先于拍摄，但是他注意到了本案例仅仅根据图片来看情境不甚明了的问题，表示难以对摄影师阿巴西的行为进行评论，因为不知道他当时离受害者多远，不能确定他能否救得了人。但是这位已从事新闻摄影 35 年之久的摄影师说：“你在道义上有义务伸出援手，而不是去拍摄照片。”照片上显示遇难者身边没有他人，阿巴西后来说他拍照用了 22 秒钟，这就是批评者的时空情境依据。悲剧发生之初的四五天内，传统媒体和社交媒体的报道和评论高度密集，以至于大多数美国人几乎未关注当月的另一起类似事件：2012 年 12 月 27 日晚 8 时许，46 岁的印度移民苏南多・森在昆斯区 40 大街交昆斯大道附近的地铁站内被一女子推下 7 号地铁站台，落轨后被列车车头撞击死亡，体表破损严重，嫌犯肇事后逃离。后查明，该女子 31 岁，名叫艾丽卡・梅内德斯。[①] 韩基锡悲剧发生不到一个月，2013 年来临了，互联网上对该事件摄影师阿巴西的批评基本消失。阿巴西事后多次接受采访自辩，那个闹市区地铁站的现场也不难调查和还原，后来的报道表明，遇害者的心理状态和行为有些反常，这些细节情境因素或多或少缓解了人们的批评。

案例五中的电视记者受到的不仅仅是暴风骤雨般的舆论抨击，而且还被警方关押多日。人们起初很难相信记者如此冷血，目睹暴徒调戏少女无动于衷，却在半小时内连续摄

① 参见《纽约皇后区一男子被一女子推下 7 号地铁站台身亡》，载《侨报》，2012-12-28；http：//www. nypost. com /p /news /local /queens /pusher _ he _ died _ fighting _ RVSXTnf8tQx3BYOdp1OqBL。

录调戏过程。但是不惜个人辞职的电视台总编辑对下属的辩护不无道理：在数十名暴徒面前，一两名媒体人要制止暴行显然力不从心，细细想来，这是合乎情境的。而警方似乎从电视视频中获得案情线索最多，虽然他们起先以涉嫌“教唆调戏”为由将记者高拉夫·乔蒂·尼奥格收押。这似乎告诉我们，舆论的谴责是有较大偏差的。当然，后来有一名记者将少女救出，此人为什么能做到此义举？语焉不详，情境不明，留待今后去探究。

案例六说明，在奉行新闻专业主义的地方，文字记者是否和如何帮助受难者，一般是无法从新闻作品中给出信息的。这是因为媒体作为社会公器，应该呈现对公众有新闻价值的东西；记者是报道者，而不是被报道者。这是文字记者不同于摄影记者的另一个地方。因此我们看不到记者的行为，而是记者事后对从业中的困境的反思。安妮·赫尔在报道卡特丽娜飓风以后说，这一关于记者是介入还是超然物外的案例令她深思和苦恼。“我认为，卡特丽娜飓风中新闻记者面对的人类苦难对于很多没有报道过战争或外国的记者来说是一次新体验。我相信，新闻记者应该有一个指导他们的伦理框架。”她认为，在不影响采访报道的前提下帮助受难者没有问题，超过这个限度就要打住。① 这是一个经验之谈。

案例七和案例八都是本土的，但是社会反应的热度差别很大。在案例七中，《喀什噶尔》杂志编辑部记者刘毅敏救了一名维吾尔族孩童的性命，又在报纸上撰文述说此事，提醒公众注意安全，这在一定程度上使记者成为了新闻评论中的当事人。事后，刘毅敏发表博文，对自己的救人行为和文字公开进行反思。如果没有新媒体，我们恐怕就无从知道刘记者的心路历程了。刘记者提到，当今世风不佳，妻子不赞成冒险救人；他很高兴得到了被救儿童母亲和自己女儿的肯定，并希望得到政府肯定。此外，他还特别写到对自己的怀疑：“写完这篇稿子后，我一直问自己，自己是不是有点作秀？”“我这样主动宣传自己是不是太那个了？”尽管知者寥寥，但是这种自省意识难能可贵。

在案例八中，我们确实看到了一个很辛苦地助人救人的女记者。曹爱文受过家庭和大学的良好教育，从她的现场表现和前后言行来看，她应该是一位有爱心的媒体新人。但是别忘了，她是电视台的出镜记者，这位美女身边不但跟着摄像师，还有纸媒的摄影记者。在摄像机和照相机面前，她稍不留神就成了新闻当事人，虽然她本人可能是无意的或下意识的，但是她的身份标识过于显眼，救助过程几乎被全程记录，俨然成了事件的主角。她试图施救的是一个溺水多时、生还无望的儿童，她的救助不存在生命危险。这些细节加在一起，再加上一般民众的浅表热捧和当地媒体的集中报道，令她有作秀之嫌。曹爱文也承认，面对“中国最美丽的女记者”这个美誉，“我觉得帽子有点太大了”。②我们肯定其救人行为，但是对于如此的影像呈现予以保留。在一个高质量的国际媒体上，肯定是看不到对记者这般渲染的。

如果说在今天的自媒体时代人人都可能是新闻记者，案例九中的匿名视频拍摄者受到质疑也在所难免，人们对他（她）的专业的“角色期待”是不存在的，但是作为公民，他

① See Ron F. Smith, *Ethics in Journalism*, Malden, MA: Wiley-Blackwell Publishing, 2008, p. 270.

② 李艳：《“中国最美女记者”否认救人作秀》，载《新京报》，2006-07-25；殷晓章：《女记者救人之后的烦恼》，载《东方今报》，2006-07-19。

(她)同样面临一个是拍摄还是救人的难题。在视频中我们看到,公交车熊熊燃烧,乘客哭天喊地,一片哀嚎。部分乘客侥幸狼狈逃生之际,大多数路人只是看客,还有的匆匆而过,只有少数几位好心人帮助抬走伤者。视频不可能如阴谋论者所言来自肇事者,而显然来自某位路人。他(她)没有参与救人,显得不够高尚,但也没有做突破底线的事情。“高高在上地对拍摄者没冲向火场救人抡起道德大棒,未免武断。”同时,他(她)制作的视频留下了最真切的事故记录。

思考题

1. 记者先报道还是先救人的抉择及其评析还要加上特别重要的情境因素,特别是时空因素。你能结合案例理解这句话吗?
2. 美国全国新闻摄影师协会伦理委员会主席约翰·朗说:“你在道义上有义务伸出援手,而不是去拍摄照片。”你认为救人优先论可取吗?
3. 《华盛顿邮报》记者安妮·赫尔说:“在报道巨灾和苦难时,我们必须努力记住,我们是努力报道新闻的记者。那是我们在世界上的角色,我们如果做得好,这绝对是一种独一无二的服务:帮助世界了解什么事情发生了。”你认为报道优先论可取吗?
4. 斯莫尔金告诫:如果在现场除了新闻记者没有别人,他们应竭尽所能亲身提供救助。调和与情境说指的是什么?你认为可取吗?为什么?
5. 救人优先论、报道优先论、调和与情境说,这些伦理争议的关键何在?

Chapter 12

第十二讲　新闻自由与公正审判

- “媒体审判”之中国版
- 徐迅女士的“划界论”与魏永征的“行为犯论”
- 对中国式“媒体审判”的质疑
- 如何改进媒体对司法的报道
- 对案例的简要分析

所谓新闻自由与公正审判的关系问题，实际上是指新闻媒体如何在行使正常的采访报道权的同时避免对司法过程的不当干预。这种不当干预最初被称为“报纸审判”，这原本是国外司法界对报纸媒体在法制报道中越界行为的批评，后来又扩大到包括广播电视等电子媒体的“媒体审判”，近些年来随着基于互联网的公众舆论的兴起又被称为“舆论审判”。

徐迅女士认为，“媒体审判”指新闻媒体为影响司法审判的结果而发表的各类文图信息。要点有：主体是新闻媒体，不是个人，也不是在学术性讨论中的媒介审判；目的是影响审判结果，而不是讨论一个法律问题；内容这一点最重要，是给案件定性，给嫌疑人定罪；时间是在诉讼程序中间，也就是立案以后、结案以前才可能存在“媒体审判”；形式上，媒体各类文图信息都可以构成。①

魏永征教授认为，“媒体审判”是指新闻媒体报道正在审理中的案件时超越法律规定，影响审判独立和公正，侵犯人权的现象。这种现象多数发生在刑事案件报道中。主要表现为在案件审理前或判决前就在新闻报道中抢先对案件进行确定式报道，对涉案人员做出定性、定罪、量刑等结论。② “媒体审判”是对法院的审判权和犯罪嫌疑人的公民权利的双重侵犯。

媒体审判

法律界和法学界对新闻媒体不当干预法院所独享的审判权，以致阻碍司法公正行为的一种讥讽和批判。如果新闻媒体从事这样的活动，那就越过了正常报道的界限，是一种应该遭到谴责的媒体失德行为。

当下中国，新老媒体空前发达，而社会分歧和仇官仇富现象的存在也是不容忽视的。反映在司法过程中，就是新老媒体空前关注涉及或传说平民与达官贵人及其家族之间发生的刑事案件，以至于屡屡形成舆论高潮。其间当事人、媒体与公检法特别是法院的关系尤为错综复杂，社会上普遍和极度存在着对司法不公的担忧。而在这些“前台演员”的后面，可能还有其他公权力的介入或影响，使一个个原本复杂、喧嚣的事件变得更加扑朔迷离。

这样，我们就不难理解，“报纸审判”也好，“媒体审判”也罢，本来是法律界与法学界对新闻媒体不当干预法院所独享的审判权、以致阻碍司法公正行为的一种讥讽和批判。如果新闻媒体从事这样的活动，那就越过了正常报道的界限，是一种应该遭到谴责的媒体失德行为。如此说来，“媒体审判”的内容就应该放在本教材第二部分。但是在中国的特殊语境下，新闻传播和法律学界和业界对于“媒体审判”的看法多有歧义，因此成为了一个中国式的媒体伦理议题。

---

① 参见吴飞、程怡：《传媒与司法的对话——“公开与公正——司法与传媒关系研讨会”述评》，载《新闻记者》，2006（4）。

② 参见魏永征：《新闻传播法教程》（第三版），北京：中国人民大学出版社，2010，97页。

案例一 被判损害公正审判的黑格案

约翰·乔治·黑格，1909 年生于英格兰北部的林肯郡，双亲均为普利茅斯弟兄会教徒，成长环境刻板而严苛。但是黑格似乎不守新教教义，而追求物质财富。1937 年，黑格因冒充律师从事诈骗入狱。1940 年初提前获释后继续以诈骗为生，先后几次坐牢。在监狱里，黑格梦想出他所认为的完美谋杀：用硫酸将被害人的尸体溶解掉。他用老鼠做试验，结果只用 30 分钟老鼠的尸体就消失了。[1]

1944 年，黑格在海德公园附近的格洛斯特路 79 号租了一间地下室，作为他的工作室，后来自称在那里从事“发明”。同年 9 月 6 日，他将前雇主唐纳德·麦克斯旺诱骗至其工作室，将其击打致死并将尸体放入一个 40 加仑的大桶，以硫酸浸泡。随后，黑格通过伪造证书将麦克斯旺的房产转至自己名下。1945 年 7 月 2 日，黑格又将麦克斯旺的父母骗至该地下室，以同样的手法将这对夫妇杀害。他窃取了威廉·麦克斯旺的养老金支票，攫取了老夫妻 8 000 英镑（2013 年相当于 25 万英镑）的财产。

到 1947 年夏，黑格将钱财挥霍一空。他在西苏塞克斯郡克劳利的利奥波德路 2 号租了一间小工作室，把硫酸和大桶从格洛斯特路 79 号转移到了那里。1948 年 2 月 12 日，他将阿奇博尔德·亨德森博士带到克劳利，谎称带他去看所谓的发明，在那里他将亨德森博士枪杀。黑格再把亨德森夫人诱骗至工作室枪杀，并将尸体投入硫酸桶。他再以伪造文件方式获得了亨德森夫妇价值 8 000 英镑的所有财产。

黑格的最后一个猎杀对象是 69 岁的寡妇奥莱夫·杜兰德-迪肯夫人。1949 年 2 月 18 日，黑格谎称对她的制作塑料指甲的主意感兴趣，邀请她到他在克劳利的新地下室商讨，在那里对她的后脑开枪射杀，再如法炮制将其投入硫酸大桶浸泡。黑格卷走了她的波斯羔羊皮和首饰等贵重物品。[2]

警方拘留了黑格并对他的工作室进行搜索，在硫酸桶里发现了杜兰德—迪肯夫人未溶解完的遗骨及她的牙齿、唇膏等。被捕后，黑格试图用以下行为来证明自己精神不正常以逃脱极刑：他喝尿液，并声称“杀那些人是为了喝他们的血”。他还说他杀了 9 个人，以佐证自己有精神病，而警方只发现了他谋杀 6 人的证据。然而，12 位医师鉴定了他的精神状况，大部分医师认为他是在装疯卖傻。法院也认为他的“吸血”之说也没有任何证据支撑。陪审团只花了 15 分钟便确定黑格有罪。1949 年 8 月 6 日，黑格被执行绞刑。[3]

《每日镜报》全程介入了“黑格案”报道。这份知名小报创刊于 1903 年，1949 年前后发行量高达 450 万份，到 2013 年初仍然有近 106 万份的日销量。[4] 其典型新闻操作手法是选取煽情和惊悚故事，以显著版面在大标题和大照片之下制造卖点。

---

①② See http://en.wikipedia.org/wiki/John_George_Haigh.

③ See Katherine Ramsland, “John George Haigh,” http://www.trutv.com/library/crime/serial_killers/weird/haigh/index_1.html.

④ See http://en.wikipedia.org/wiki/Daily_Mirror.

1949 年 3 月 1 日，该报头版报道了寡妇杜兰德-迪肯夫人失踪一事。报道第四段用加粗字体写道：“尽管那天她未按事前约定与约翰·乔治·黑格先生会晤，但也可能坐车去了另一个地方。”文末还写道：“伦敦警察厅已经审讯了一名有犯罪记录的男子，该男子是自上周五起失踪的寡妇的私人朋友。”

3 月 2 日，《每日镜报》在头版以《多少有钱寡妇死了——迪肯夫人葬身酸浴》为题报道说，在英格兰东南部旧郡西苏塞克斯郡一家工厂的硫酸桶里发现了杜兰德-迪肯夫人未完全溶解的尸体，“伦敦警察厅昨晚被告知，杀害杜兰德-迪肯夫人的男子也有可能杀了其他几名有钱寡妇”。报道还说，警方称杀手为“人格分裂型蓝胡子”，“凶手生活奢侈，曾经由于诈骗和行窃坐牢多年”。文末写道：“约翰·乔治·黑格，39 岁，公司董事长，周一下午 4 点 15 分去了警察局，今晨还在那里。他告诉警方，他在杜兰德-迪肯夫人失踪那天约见她，但是杜兰德-迪肯夫人没有赴约。”

3 月 3 日，《每日镜报》第一次将杀人凶嫌称为“吸血鬼”，在头版以《伦敦的吸血鬼恐怖》为题报道说，“警察正在追踪一个疯子，这个疯子就像东欧民间故事里的吸血鬼一样，吸了被害者的血。”又用加粗字体写道：“警察厅认为，吸血鬼杀了 5 人——2 个伦敦富有家庭成员——之后，肢解并销毁了他们的尸体。”《每日镜报》还列出了 5 名失踪者的姓名和年龄以及其中一对遇害夫妇的照片，并采访了这些失踪者的友人，还称“警察厅正在收集一名吸血鬼疯子的恐怖档案，他的滥杀行为在英国犯罪史上史无前例”（见图 12-1）。

3 日晚，伦敦警察厅发表声明称：“任何在案件审判前的陈述都可能损害被告人的公正审判权，发布这类观点或提及这类事件都是非常错误的，面对站在法庭上的被告人时，法庭无疑会考虑这些内容。”① 首席大法官戈达德勋爵事后称：“从伦敦警察厅的声明来看，似乎之前有报纸报道了此事件。”② 而将凶嫌称为“吸血鬼”具有严重的误导性，因为这是黑格在自辩中提出的企图逃避极刑的一个借口（见图 12-2）。

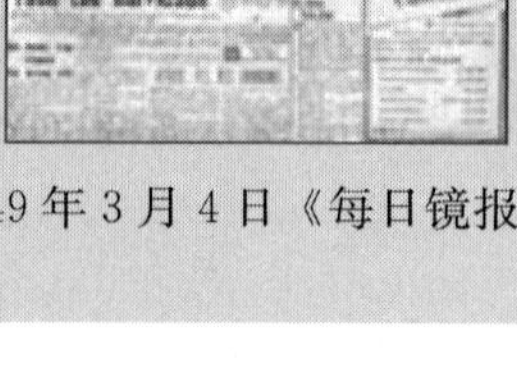

图 12-1 1949 年 3 月 4 日《每日镜报》头版

图 12-2 黑格工作室

①② “Writ against the ‘Daily Mirror’,” *Daily Mirror*, March 22nd, 1949.

然而，1949 年 3 月 4 日，《每日镜报》又连发三篇报道。在其头版以《吸血鬼——一男子被拘留》（“*Vampire—A Man Held*”）大标题报道说：“这个吸血鬼杀手再也不会来袭了。他已经被收押了，无力去诱惑他的受害者暴死了。这是《每日镜报》今天能给出的保证。”文章还写道：“但是当警方听了他的骇人的大规模谋杀、毁尸以及吮吸他的受害者的血的故事时，他较早前的自吹自擂还真不是假话。”①

该报道用粗体字写道：“他告诉审讯者，他割断了被他杀害的那些人的喉咙，并用柠檬水吸管吸他们的血。”该文还采访了很多就受害者遗产与这名“吸血鬼”有过接触的人，称遇害人之间的共同点只有一个，那就是“有一个共同的朋友——那个吸血鬼”，“5 人因与他的友谊而惨遭杀害”。此外，文中还提到“他现在已经从审讯室回到了囚室。他在那里就其他罪行等待审判”。

第二篇报道在第二版，题为《凶手偷偷接近独处者》，称“伦敦有 5 个人失踪了。据信，他们已经惨遭吸血鬼杀手灭口”。文中还用加粗字体称“虽然有一名男子已供认罪行，但是其他人还有一个共同的话题：吸血鬼”。第三篇报道题为《吸血鬼索要租金》。该文与前两篇一样，没有提及黑格的名字，而用“吸血鬼”或“他”来指代，讲述了“吸血鬼”如何假借被害人的名义敛财。

3 月 5 日，《每日镜报》的头版还是被“吸血鬼”占据。大标题为《新诉求紧随吸血鬼调查的发现》，称警方发现了谋杀的新证据。头版另一篇文章题为《男子曾作为唱诗班少年遭谋杀指控》，还附上了一张嫌犯 12 岁在唱诗班的照片。报道称，一个名叫黑格的人被指控谋杀了 69 岁的有钱寡妇杜兰德—迪肯夫人，并且“已经被送往刘易斯（西苏塞克斯郡）监狱医院——这对面临最重指控而入狱的任何人而言是常规程序，并不意味着他病了”。

《每日镜报》总编辑西尔维斯特·博拉姆被拘留，经审判以藐视法庭罪被判入狱 3 个月。《每日镜报》被判罚款 1 万英镑并支付诉讼费。首席大法官戈达德勋爵认为，《每日镜报》的“这些版次含有文章、照片和最大字体的标题，本法院只能称其性质为英国新闻界之耻；英国以正义和公平为傲，即使极恶之罪犯亦不例外，但《每日镜报》却将其践踏殆尽”②。

① “John George Haigh: Acid Bath Murderer,” http://usersites.horrorfind.com/home/horror/bedlambound/library/haigh.html.

② *The Times*, March 26th, 1949.

案例二 首次被称“报纸审判”的谢帕德案

在美国，“报纸审判”（trial by newspaper）这一贬义术语最早出现在1954年的“谢帕德诉马克斯韦尔案”的审理过程中。该案被认为是美国司法史上由于媒体不当报道而影响刑事被告公平受审的著名案例。案件当事人萨姆·谢帕德是俄亥俄州克利夫兰的一名外科医生，1954年6月4日被指控犯有谋杀罪，杀害了其正怀有身孕的妻子玛丽莲。该案引起了全国和地方各媒体的极大关注，案件的审理持续了9个星期。

在此期间，公众从报纸上读到了许多对谢帕德不利的报道，诸如：“他拒绝与警方合作，不接受关于谋杀案的调查”；“他聘请了一位知名的刑事辩护律师，这表明他显然是有罪的”；“他和许多女性存在婚外情”等等。甚至有一家报纸的报道称，“检控方将请一位‘重量级’的证人出庭证实谢帕德的火爆脾气”。然而，这一证据并未在庭审过程中出示。并且，媒体非常强势地介入了整个庭审过程，甚至在法庭前排邻近陪审团席位的地方设置了专门的媒体席。《克利夫兰新闻报》曾经有这样的标题：《萨姆·谢帕德为什么不在看守所里?》

谢帕德的律师提出延期审理、改变审判地点、已进行的审理过程无效等请求，但是均被驳回。陪审团并未被隔离，法官也没有采取措施限制他们与外界的接触。最终，地方法院一审判决谢帕德谋杀罪成立。谢帕德以审判过程被严重干扰为由上诉至联邦最高法院，但被最高法院驳回。当事人双方都同意这样的观点：即防止“由报纸做出审判”的责任在于法官、检察官和警察，而不在于新闻界自身。最高法院赞同了这一观点。

在谢帕德被关押了超过10年之后，美国最高法院于1966年对该案进行了重新检视，认为由于媒体在审前渲染案情，严重误导陪审团判断，谢帕德在一审中没有得到公正审判，要求释放谢帕德直至该案件重新审理。州法院于是对该案进行了重新审理，第二次审理时，媒体的报道活动受到了严格的限制。经过16天的审理，谢帕德被判无罪，从狱中获释。

在“谢帕德案”中，最高法院大法官托马斯·克拉克在1966年的审理意见中批评了一审法官对媒体无节制报道庭审活动的纵容，这直接导致了庭审报道的失控。他指出，一审法院犯了四个基本的错误：第一，对关于审判的舆论缺乏控制；第二，能隔离却未隔离证人，导致证人被报纸和电台随心所欲地采访；第三，没有对媒体传播从警方、证人和控辩双方获取的未经证实的传言的行为采取控制；第四，没有对泄露庭审信息的当事人和知情人进行警告，也没有警告发布不当报道的新闻记者。他最后写道：

我们从本案中注意到，在关于未决案件的报道中，有越来越多的报道是不公平或带有偏见的。法律的正当程序赋予了刑事案件的被告获得不受外界干扰的公正陪审团审理的权利。目前，媒体对庭审的报道已经十分普遍了，要消除审前信息公开对陪审员的影响也很困难。因此，法院必须采取有力的措施以防止被告的权利因此而受到损害。

最高法院的这一意见为法官掌控新闻媒体对案件的报道提供了宪法上的理由。同时，“谢帕德案”也促使法官在此后的庭审过程中采取必要的措施，以避免案件陷入“媒体审判”的不利境地。①

美国史上十大有争议的法庭判例

案例三 引发洛杉矶大骚乱的罗德尼·金案

非洲裔美国人罗德尼·金 1965 年生于洛杉矶，从小酷爱体育，棒球打得接近职业球员水平。1989 年曾因抢劫罪被判入狱两年。1990 年 12 月，狱方同意他获取假释，监外服刑，但提出的条件之一是金不能饮酒。金出狱后没过多久就重开酒戒。

1991 年 3 月 2 日晚，金与他的两位黑人朋友在一起看了棒球比赛的电视转播，他边看球边饮酒，总共喝了 3 大瓶烈性杜松子酒。深夜，他驾车送朋友回家，在加州公路上超速行驶，其前方恰好有一辆加州公路巡逻处的警车。警车中的女巡警辛格（Melanie Singer）立刻拉响警笛，勒令金马上停车。可是，金装作没听见，借酒装疯，玩命驾车，企图逃脱追捕。依照加州法律，假释罪酒后驾车并试图逃脱追捕，将被重罚。金当时的时速大约是 115 英里（185 公里），而加州高速公路的限制时速为 65 英里，金酗酒驾车，违规超速，4 名白人警察为了制伏这个大力醉汉，用警棍对其殴打的过程被人录像，4 名警察因刑事罪遭到起诉，案件由加州地方法院审理。

加州地方法院法官下令将审案地点由洛杉矶县迁到文图拉县，对审判结果造成了一定影响。文图拉县是洛杉矶地区警务人员的聚居区，民风保守，对警方权威推崇敬仰，白人占人口总数 60%，黑人仅占 2%。在这一地区挑选出的陪审团，显然对被告比较有利。一年后，以白人为主的陪审团判决 4 名警察无罪。判决一出，当地黑人群情激奋，聚众闹事，引发了一场震惊世界的黑人大骚乱。几十小时之内，54 人死亡、2328 人受伤，1000 多栋建筑物被毁。

得知无罪判决后，大多数美国人都深感惊讶。因为在长达一年多的时间里，4 名警察野蛮殴打罗德尼·金的录像画面，经 ABC、NBC、CBS 三大电视新闻网和有线电视新闻网 CNN 反复播放，已经深深烙印在美国人的脑海中。民意测验表明，在看过电视录像的观众中，92%的人认为白人警察有罪。在有罪推定的新闻媒体的渲染下，一个因假释罪犯超速飞车，借酒拒捕引发的警察执法过当的事件，由于新闻媒体的片面报道，竟然演变为白人警察无故殴打手无寸铁、善良无辜的黑人这种全球震惊的践踏人权事件。

在法庭上播放给陪审团看的证据录像中，有罗德尼·金在拒捕过程中攻击警察的镜

① 参见来杨：《媒介审判与司法公正》，清华大学新闻与传播学院 2009 年硕士学位论文。

头，而三大电视新闻网播放的电视录像，却把不利于金的镜头和画面全给删掉了。新闻媒体用偏离事实真相的“司法新闻”误导民众，在法院对这个刑事案件做出独立判决以前，媒体已用被删剪的电视画面预先提供了警察有罪的证据，对警察预先做出了有罪推定和“有罪判决”致使绝大多数民众在法庭审判前就已认定涉案警察恶贯满盈、罪责难逃，最终酿成美国历史上损失最惨重的城市骚乱。

骚乱发生后，责怪和谩骂纷纷指向陪审团，陪审团被骂为纳粹式种族主义者。这样，罗德尼·金被殴一案，实际上已变为一个政治案件。联邦政府忧心忡忡，担心再有一次无罪判决，将有可能激发全国规模的黑人骚乱，遂做出裁决，以警察违法打人与金拒捕有关系为由，推翻了联邦上诉法院关于对警察加重刑罚的裁定，经过一年时间的审理，1993年4月，联邦地区法院做出裁定，四名警察中的两名警察被定罪，判处两年半徒刑，两名警察被无罪释放，联邦司法部向联邦第九巡回上诉法院上诉。

1994年4月，罗德尼·金在州法院的民事赔偿案中胜诉，获得总额380万美元的伤害赔偿。1995年1月，联邦第九上诉法院判定联邦地区法院对警察判刑过轻，下令重新量刑，加重刑罚。警察向联邦最高法院上诉，1996年6月联邦最高法院做出裁决，以警察违法打人与金拒捕有关为由，推翻了联邦上诉法院关于对警察加重刑罚的裁定。轰动一时的罗德尼·金终于落下了帷幕。[①]

罗德尼·金

案例四 O.J. 辛普森涉嫌谋杀前妻与前妻男友案

1994年6月，美国黑人橄榄球明星、影视界当红演员O.J. 辛普森，被控谋杀前妻妮科尔以及前妻男友。经过13个月之久的审理，陪审团最终宣布辛普森无罪，仅在民事案件中被认为负有责任，需要支付原告共3350万美元的巨额赔偿金。在这场被称为“世纪审判”的案件中，媒体报道到了铺天盖地、狂轰滥炸的程度。

媒体花样百出，报社花钱悬赏知情者，两天后（6月23日），大陪审团因媒体过度报道可能影响其中立性，宣布解散。布伦特伍德居民吉尔·夏夫利作证时称，她曾在事发当晚，看到辛普森驱车从妮科尔的屋子附近离开，并称他驾驶的悍马车在行驶至邦迪大道和圣维森特大道交叉口时，差点同一辆尼桑车相撞。另一名大陪审团证人、刀具经销商何塞·卡马乔（Jose Camacho）则声称曾向辛普森出售过一把15英寸长的德制刀，

① 参见卞建林、焦洪昌等：《传媒与司法》，北京：中国人民公安大学出版社，2006，279～281页。

这把刀正与三周前命案中凶手用的刀相同。由于居民夏夫利和卡马乔将自己的见闻卖给了媒体，检方未在刑事审判中传唤两人。其中夏夫利以5000 美元的酬劳上了电视节目《*Hard Copy*》，卡马乔则把他的故事以12500 美元的价格卖给了《国民询问报》。①

1994 年 6 月 27 日，《时代》周刊刊登了封面故事《一个美国式悲剧》(*An American Tragedy*)，封面上是辛普森的收监照片。照片色调比平常的杂志图片要深，而且和《新闻周刊》同一时间刊登的原版照片比，也要深很多。《时代》当时成为媒体丑闻的代表，它被发现请人对照片进行过处理，加深了照片的颜色。有评论家认为，这是为了让辛普森看起来更加“危险”。这张封面照片的刊登引起广泛的对其种族主义评论和耸人听闻的报道的批评。《时代》杂志公开道歉，而全美的新闻机构纷纷出台规定，禁止这种对图片的修改（见图 12-3）。②

图 12-3　辛普森正常照和暗化处理照片比较

电视台直播警方对辛普森的追捕过程，直播庭审，审判得到了媒体的广泛报道。媒体的报道有时很具争议。是否允许在法庭上拍摄是伊藤法官需要决定的首要事项之一，而他最终批准摄像直播。伊藤因这个决定受到其他法律专家的非议，而伊藤本人和其他与案件相关的人员都被认为或多或少受到了媒体和随之而来的关注的影响。从1994 年到 1997 年，关于案件的新闻报道有 2237 条。更不用提各种报评漫画、电视节目中的明嘲暗讽等等，为“新闻娱乐化”提供了无数典型。所谓的“小报式电视”（tabloid TV）更是不惜花上大量篇幅报道此案。③

在辛普森前妻及其男友被害之后次日，《时事纵横》节目就邀请观众拨打电话投票表决“你是否认为辛普森与其妻被害有关”。露兰达·瓦茨在其主持的脱口秀节目中，一周内特地安排了五场洛杉矶直播节目，专门报道辛普森案——其中有两场专门讨论辛普森得到公平审判的可能性。

在辛普森判决之后，报纸上一直大量报道，大部分的黑人认为他是无罪的，大部分的白人认为他是有罪的。接着新闻媒体又做了这样的民意测验，他们问，“你觉得辛普森是受到了公正的审判吗？绝大多数的人，

辛普森案

①②③　See http：//zh. wikipedia. org /wiki /%E8%BE%9B%E6%99%AE%E6%A3%AE%E6%A1%88.

不论他是黑人还是白人，不论他觉得辛普森是有罪还是没罪，都回答说，是的，我认为他受到了公正的审判。”①

如果案子引起轰动，新闻界无孔不入的报道会使陪审团受到极大的干扰。一般在挑选陪审员的时候，就最好挑选那些对案情毫不知情的人，这样，他们所得到的全部信息，就是法庭上被允许呈堂的证据，在判断时不会受到新闻界的推测和不合法证据的影响。这也是辛普森案挑选陪审团特别吃力的地方，因为在陪审团被选定和隔离前，证据和舆论已经铺天盖地了。几乎每个人都大量看过有关报道。但是，被选中的陪审员都会被告知，只有呈堂的证据才是算数的。②

案例五 作为媒体审判“恶例”的张金柱案

1997年8月24日21时40分，原郑州市公安局二七分局局长、郑州市高新技术产业开发区公安分局政委张金柱酒后驾车沿人行道逆向行驶，碰撞了骑车的苏东海、苏磊父子。11岁的苏磊被当场撞飞，将皇冠车的挡风玻璃撞了一个大洞；他的父亲苏东海以及两辆自行车则被卡在汽车左侧的前后轮之间，逃跑的汽车拖着苏东海狂驰几百米远。义愤之下，发现此情的行人、出租车等一起对皇冠车围追堵截，终于将其逼停。

8月25日，创办三年的河南媒体《大河文化报》（当年10月1日改名为《大河报》）在倒头条的位置刊登了一条新闻：昨晚郑州发生一起恶性交通事故：白色皇冠拖着被撞伤者狂逃，众出租车司机怀着满腔义愤猛追。评论栏目“大河晚钟”里配发评论说，“不知开车的是何等人物，能坐‘皇冠’，想必有点来头。请记者务必追踪调查一下，将此车此人的‘来头’公之于众，让他在太阳底下亮亮相。”

第二天，该报刊发了追踪报道之一《千夫怒指肇事者，此人身份待核实》，随后几天又刊发了“记者目击，郑州市公安局的主要领导在深夜里亲自坐镇，直到把张金柱押到牢房里才离去”等系列报道。③ 8月27日，郑州市公安局金水分局将涉嫌交通肇事的张金柱刑事拘留。同日，金水区检察院批准逮捕张金柱。《大河文化报》当日对此以《肇事者身份和案情已经查清，张金柱昨晚被依法刑事拘留》为题进行报道（见图12-4）。

大河文化报
肇事者身份和案情已经查清
张金柱昨晚被依法刑事拘留

图12-4 报道版面

10月13日，《焦点访谈》播出《逃不掉的罪责》，披露了张金柱撞人逃逸案的全过程。在片中，有一句张金柱的话“我参加革命工作这么多年，却被一件小事弄成这样”，节目播出后引起全国人民的义愤。后来张金柱的辩护律师说该话是在既无录音又无录像的情况下安在张金柱头上的。④

① 林达：《历史深处的忧虑》，北京：三联书店，1997，245页。

② 林达：《历史深处的忧虑》，北京：三联书店，2011，193页。

③ 参见刘练军：《民粹主义司法》，http://www.21ccom.net/articles/zgyj/fzyj/article_2013051383280.html，2013-05-13。

④ 参见卞建林、焦洪昌等：《传媒与司法》，北京：中国人民公安大学出版社，2006，304页。

10月16日，河南省公安厅召开纪律作风整顿广播电话会，省公安厅厅长王民义在会上说，张金柱恶性汽车肇事案是近几年我省罕见的民警违法违纪犯罪案件，令人发指，天理国法难容：谁对不起人民群众，我们就对不起谁![1] 10月17日下午，郑州市公安机关公开宣布对张金柱开除党籍、开除公职及取消警衔的决定。12月2日，《大河报》在《明天，张金柱将面对正义的审判》栏目下，刊发了《社会各界关注张金柱案》、《孩子，你等的这一天来到了!》等系列报道。12月3日，郑州市中级人民法院开庭审理此案。郑州市民奔走相告，法庭外支起了音箱“直播”庭审过程，大量市民聚集收听。12月4日，《大河报》用两个整版的篇幅发出了长篇通讯《张金柱案庭审纪实》，并刊发了《公诉意见书》、受害者律师的代理词、张金柱最后的法庭陈述及其律师辩护词。与此同时，《郑州晚报》跟进，对此案做了系列追踪报道，如其在10月23日的《天理国法难容》中报道说：“对张金柱的行为，用一念之差来解释明显肤浅。日前对着电视记者的摄像机，他还说‘工作几十年，就因为这点事……’看来他还在抱怨社会对他不公平。在他的车轮下，1500米血肉横飞，还是‘这点事’吗？足见他的思想深处，百姓是怎样的草芥不如?!”[2]

1998年1月12日，郑州市中级人民法院以交通肇事罪和故意伤害罪，判处张金柱死刑，剥夺政治权利终身，并承担相应民事赔偿责任。张金柱认为其行为不构成故意伤害罪，量刑过重，不服判决，提起上诉。河南省高级人民法院认为原判定罪准确，量刑适当，审判程序合法，从而驳回上诉，维持原判。1998年2月16日，张金柱被执行死刑。

2002年第3期的《报告文学》刊出了作者为沉钟的长篇翻案文章《第一种危险——张金柱案件调查》，[3] 据这个调查报告，某报记者在对整个案件不明的情况下，配发了措辞严厉、态度明朗的评论；在得知张金柱的真实身份后，没有接到上级指示不敢讲出真相，说什么“此人身份待核实”，有意无意造成悬念，激发了市民的愤怒情感；某电视台在一没有录像二没有录音作为证据的情况下，由节目主持人在开场白中抛出据说张金柱在狱中讲的一段话：“俺15岁当兵，革命30多年，就为这点儿小事，就把俺变成这个样子。”这句傲慢冷血的话激起了全国人

张金柱案：
争议仍在继续

① 参见许志永：《传媒杀人？——回首张金柱一案》，http://www.xici.net/b244699/d47913636.htm.

② 刘练军：《民粹主义司法》，http://www.21ccom.net/articles/zgyj/fzyj/article_2013051383280.html,2013-05-13。

③ 参见沉钟：《第一种危险——张金柱案件调查》，载《报告文学》，2001（3）。

民的公愤。正是传媒造成的这种舆论造成了处死张金柱的社会背景，也就是后来一审判决书上所说的："（张金柱案）社会影响极坏，不杀不足以平民愤。"①

案例六 案情舆情一波三折的刘涌案

原沈阳嘉阳企业集团有限责任公司董事长刘涌，2002 年 4 月被铁岭市中级法院以故意伤害罪、组织领导黑社会性质组织罪、故意毁坏财物罪、非法经营罪、行贿罪、非法持有枪支罪等多项罪名判处死刑。刘涌对判决不服，提起上诉后，辽宁省高级法院于 2003 年 8 月对刘涌做出改判死缓的决定。法院给出改判死缓的理由是，"不能从根本上排除公安机关在侦查过程中存在刑讯逼供情况"。最高法院于 2003 年 12 月以原二审判决对刘涌的判决不当为由，对此案进行提审，撤销原二审判决，重新判处死刑。

新闻媒体对刘涌案做了铺天盖地的报道和评论，这些报道和评论可以分为四个阶段：

第一阶段：铁岭市中级法院一审判决之前。《辽沈晚报》、《华商晨报》、《工人日报》、《中国青年报》等众多报刊以及新华网、中国新闻网、新浪网、搜狐网等网站，先后报道了沈阳公安机关及检察机关对刘涌案在侦查、起诉等各个阶段和环节的情况，以及公安机关披露的刘涌犯罪集团的种种犯罪事实；有关官员充当刘涌黑社会组织犯罪的"保护伞"；中纪委参与调查刘涌案；侦破这起大案不但得到了沈阳市人大、市委、市政府的支持，中纪委领导也对此案做了重要批示等等。

第二阶段：一审判决之后至辽宁省高级法院二审判决之前。2002 年 4 月 17 日新华网报道，参与和单独作案 32 起"黑道霸主"刘涌一审被判死刑。之后，《工人日报》、《北京青年报》、《华商报》等平面媒体和中国新闻网、新华网、新浪网等网络媒体，纷纷报道刘涌罪恶的发家史，解析刘涌黑社会性质组织的发展历程，揭露有关官员充当刘涌"保护伞"、公安机关顶着阻力排除干扰侦办刘涌案的种种内幕。沈阳市公安局局长杨加林还通过媒体详细披露了慕绥新等人多次向公安机关施压，干扰和阻挠查处刘涌案的情况。

第三阶段：二审判决之后至最高法院再审判决之前。引起人民广泛关注的主要是指这一阶段的媒体报道和舆论。2003 年 8 月 16 日，有关媒体报道了刘涌二审被改判死刑缓期两年执行、其团伙成员宋健飞被核准死刑并被押赴刑场执行死刑的消息，此消息一经媒体披露，立即在互联网上引起了众多网民的关注。很多网民发表热评质疑法院判决，

① 鄢烈山：《谁"杀死"了警官张金柱?》，http://news.163.com/05/0408/20/1GRFCV300001120T.html，2005-04-08。

网友在质疑该判的同时，对该案的背景等非法律因素进行了种种猜测。

8月22日，《外滩画报》发表评论文章，质疑辽宁省高级法院将刘涌由死刑改为死缓。《外滩画报》的这篇文章，引致了更为热烈的舆论，该文被网络媒体广泛传播；众多网友纷纷跟进质疑，仅在新浪网的讨论区，短短几个小时内，就有好几千网民就此事发表评论，其中大多是对辽宁省高级法院的判决表示质疑的。紧接着，《南方周末》等媒体也陆续发表评论文章，质疑辽宁省高院的判决。在互联网上，甚至有网友发出了"刘涌不死，则正义必亡"的评论。之后，一些媒体派出记者进行了调查性报道。

2003年9月3日，最高法院对受到舆论广泛关注的刘涌案进行审查。此消息经媒体报道后，很多民众发表评论对此案可能重新进入审判程序给予了积极的评价，也有一些人认为最高法院对此案不应该启动再审程序。

2003年12月18日，湖南红网率先报道，最高法院将在辽宁公开审理刘涌案。对此，很多人发表评论表示欢迎，但也有一些人士发表评论认为应该维持二审法院对刘涌案的判决，更有人质疑最高法院对刘涌案的提审。

第四阶段：再审判决之后。12月22日，媒体报道最高法院再审判处刘涌死刑立即执行的判决。最高法院判刘涌死刑并予执行后，网上一片欢呼，很多人认为这是法律的胜利，正义的胜利，舆论监督的胜利；但也有人对最高法院审判的不公开提出了批评，甚至质疑最高法院的判决，认为这是法治的悲哀，有人乃至发出了"刘涌死了，法治不能死"的评论。

刘涌被改判死缓案件使得原有的司法和传媒的冲突升级，媒体的调查性报道反映出来的一些情况，如权威法学专家应刘涌辩护律师田文昌的邀请出具过专家意见书，田文昌曾给中共中央和辽宁省有关部门和领导写信，判决书中认定不能排除该案侦查过程中有刑讯逼供的可能等等，以及律师关于刘涌一审被判死刑是舆论误导的结果，二审改判是因为刑讯逼供、改判是比较客观的等等言论，又引起了新一轮的舆论热潮。在刘涌被二审法院改判死缓后，民众普遍认为法院判决不公，并在传统媒体和互联网上发表评论予以质疑。

最终，最高法院对已经终审的刘涌案进行提审，并判处刘涌死刑。为此，人们普遍认为舆论监督发挥了重大的作用，并为此欢呼，但同时，也有人对媒体间接提出了批评，认为刘涌最终被最高法院改判死刑无疑是媒体误导的结果，多数沈阳人认为"轰动"与刘涌案发时媒体的大肆炒作有关。因为案发前刘涌从来不为大多数人所知，经媒体报道，刘涌在一夜之间成了沈阳城十恶不赦的"魔鬼"。

当地一位记者说，刘涌案发时，各家媒体炒作的来源仅仅就是某机关提供的一份通稿。在他看来，对于刘涌案来说，公安及检察机关提供并由媒体披露的情况，让人们看到的是一个"罪恶"累累的刘涌。那些把刘涌描写为一个罪大恶极的罪犯的报道，把刘涌"妖魔化"了，刘涌是不是外界传说的那么"无恶不作"，值得商榷。

辽宁省高级法院刑一庭审判长李晓明也认为，之前新闻媒体的有些"宣传"不是事实。因为刘涌案在法院未作出判决之前，媒体在法院判决之前报道控方的指控，已经将刘涌描绘成一个罪恶累累、死有余辜的罪犯，严重误导了舆论，以致二审法院改判刘涌死缓时难以被公众接受，并激起了舆论的强烈反应。

北京大学法学院陈兴良教授和中国政法大学陈光中教授认为，二审改判符合法治精神。两位教授对刘涌案的看法在获得一部分人的理解和支持的同时，也受到了绝大多数普通民众的质疑。在舆论的大潮面前，已经很少有人愿意倾听理性的分析和做出冷静的判断了，仿佛判处刘涌死刑就是司法公正，就是正义的胜利，否则就是司法腐败，就是枉法裁判。客观地说，面对主张杀刘涌的强大舆论攻势，最高法院做出的死刑再审判决确实顺应了民意，有人认为这次最高法院判刘涌死刑立即执行是民意的胜利，是舆论监督的胜利。①

在刘涌案发到判决以前，新闻报道完全一边倒。新华社相继发表了两篇电讯稿：《沈阳“黑道霸主”覆灭记》、《“黑道霸主”刘涌是如何“当”上人大代表的?》。魏永征教授对这两篇稿件就评价道，“虽然刻意用‘恶行’替代‘罪行’，用‘血案’替代‘罪案’，但是这种以公布罪状方式撰写的报道，无异已经在法院判决以前确定了刘涌有罪，而且‘组织黑社会性质的犯罪集团’、‘黑道霸主’、‘黑帮’、‘黑老大’一类词语，远远胜过‘罪犯’一词的分量，事实上宣布了刘涌的罪行十分严重。这种公告式的报道，其权威性无疑在要到一年多后才来到的一家中级法院的判决之上。这符合上面的法律规定吗?”②

当刘涌被辽宁省高院改判死缓后，《外滩画报》首先发表了《对沈阳黑帮头目刘涌改判死缓的质疑》，文章最后呼吁“我以为，辽宁高院的判决是一个危险的先例。作为上级审判机关的最高法院，作为法律监督机关的检察机关，都有责任站出来，维护法律的尊严”③。《北京青年报》等媒体也提出了相关的质疑。正是在这样的媒体舆论氛围中，为刘涌死刑改为死缓说话甚至叫好的陈兴良教授等人成了人们质疑此案时议论甚至“攻击”的焦点，有人还在网上鼓动北大学生以后不要再听陈兴良教授的课。④ 而《南方周末》发表《沈阳刘涌案改判调查》，记者采访了刘涌辩护律师田文昌以及刑法专家陈兴良教授，还有负责侦查刘涌案的沈阳市公安局杨加林局长，对各方舆论加以客观中立的呈现。

对最高法院提审刘涌案，媒体的舆论更是达到了前所未有的高度，多数媒体都给予了肯定。就高法提审刘涌并判处刘涌死刑本身来看：程序合法、结果合乎人们预期。有人认为，这个结果是由于社会各界呼吁的结果。中国人民大学法学教授韩玉胜则认为，

---

① 参见卞建林、焦洪昌等：《传媒与司法》，北京：中国人民公安大学出版社，2006，279～281页。

② 魏永征：《媒体和司法审判，应该如何平衡？以刘涌案为例》，http://weiyongzheng.com/archives/29785.html，2004-03-30。

③ 李曙明：《对沈阳黑帮头目刘涌改判死缓的质疑》，载《外滩画报》，http://news.sina.com.cn/c/2003-08-21/01351583471.shtml，2003-08-21。

④ 参见蒲红果：《北大教授为刘涌改判叫好 遭到网友“责难”》，http://news.sina.com.cn/c/2003-09-01/19191656277.shtml，2003-09-01。

呼吁只是起了一种催化作用，而真正决定这个案件提审的是最高法院，应该把刘涌案的判决看作是法律公正的一种体现。[①] 刘涌被处死刑，是三级法院各自援引“以事实为依据，以法律为准绳”的司法原则，在判断证据、听取意见、质证辩论，并且经合议庭集体讨论后做出的结果，公众不应怀疑它的正义性。[②]

高法法官宣读判决词

案例七 左右共挺的“烈女”邓玉娇案

2009年5月10日，湖北巴东县野三关镇政府招商协调办公室主任邓贵大、黄德智等人在该镇雄风宾馆梦幻城消费，因要求女服务员邓玉娇提供“特殊服务”而与之发生争执。邓玉娇用刀将对方两人刺伤，邓贵大因被刺伤喉部抢救无效死亡。案发后，巴东警方于12日将邓玉娇送到医院进行抑郁症检查鉴定。

5月12日，《长江商报》首发消息，开始引发媒体关注。“干部队伍建设”与“案情（法理）分析”成为媒体两大热议话题。

5月18日：荆楚网一则《女服务员刺死官员涉嫌故意杀人被立案侦查》的消息，迅即点燃各媒体的关注热情。5月19—21日：舆论界针对警方执法不公的质疑声音急剧增多，同时批评担忧“权力机关失信于民”的媒体呼声也显著高涨。5月22日：《广州日报》一篇《邓玉娇明确表示受到性侵犯》的报道，再次引发媒体关注热潮。

5月23—24日：“邓玉娇案关键证据离奇被毁”和“邓母解除律师委托”等消息一经披露即被广泛转载，“质疑警方执法不公”乃至对邓玉娇未来判决悲观的声音，也随着扑朔迷离的案情新变化而呈持续攀升状态。“巴东警方”、“失去公信”、“异地侦查”等成为热门关键词。5月26—27日：随着26日晚当地警方决定将对邓玉娇的强制措施变更为监视居住，媒体态度开始缓和，针对司法机关的呛声明显衰减。

5月28—29日：28日，《新京报》女记者孔璞和《南方人物周刊》记者卫毅在巴东采访时遭围殴，这一突发事件成为当天媒体的关注热点。事发后，巴东县委、县政府，恩施州、巴东县宣传部门迅速安排州、县宣传部门干部和当地公安派出所民警赶到现场，对事件调查核实。巴东县政府对发生该事件表示歉意，对记者表示慰问，并责成公安部门迅速调查事情真相，表示如有违法行为将依法严肃查处。

5月30日：媒体延续了对“两记者被打”事件的持续关注，相关文章占当日评报总数近四成。5月31日：案情出现重大转机，恩施州公安部门宣布对“邓玉娇案”侦查终

① 参见肖余恨：《判处刘涌死刑也是舆论监督的胜利》，http://tech.sina.com.cn/me/2003-12-22/1447271669.shtml，2003-12-22。

② 参见杨亮庆：《刘涌并非死于民愤》，载《中国青年报》，2003-12-26。

结，认为邓玉娇在遭受到黄德智、邓贵大强迫要求陪其洗浴，被拒绝后又拉扯推搡、言词侮辱等不法侵害的情况下，持刀将邓贵大刺死、黄德智刺伤，其致人死伤的行为属于防卫过当，且有自首情节。公安机关根据律师的申请并考虑到邓玉娇的身体状况，依法对其变更了强制措施，实施监视居住。

6月1日：媒体评报量迅速攀升，对警方前一天“解除强制措施”的决定持“支持与欢迎”态度的评论报道，与认为“案件存疑仍须关注”的媒体观点基本持平，且后者矛头大都明确指向“邓玉娇防卫过当”的官方说法。6月15日：邓玉娇案庭审在即，蓄势待发的各方媒体迅速跟进。

6月16—17日：法院一审判决邓玉娇“免予刑事处罚”并当庭释放。至此，整个案件宣告落幕，媒体评报热情随之升温，外媒报道有所增加。6月18—19日：案件审结，媒体关注度迅速退潮。

新史记烈女传之邓玉娇传

邓玉娇一审免予刑事处罚

案例八 微博众目睽睽下的药家鑫案

2010年10月20日深夜，西安音乐学院三年级学生药家鑫，在驾车撞到张姓女子之后，又将伤者刺了8刀致其死亡，此后驾车逃逸再次撞伤行人（见图12-5）。23日，药家鑫在其父母陪同下投案自首。2011年1月11日，西安市检察院以故意杀人罪对药家鑫提起公诉。同年4月22日，西安市中级法院一审宣判，药家鑫犯故意杀人罪，被判处死刑，剥夺政治权利终身，并处赔偿被害人家属经济损失45498.50元。药家鑫及其家人不服提起上诉，5月20日，陕西省高级法院对药家鑫案二审维持一审死刑判决。经最高法院复核，2011年6月7日上午，药家鑫在西安被执行死刑。

药家鑫案发近40天后的2010年11月28日，《华商报》才以《大三学生撞人后8刀刺死伤者 因发现被记车号》为题对药家鑫案首次报道。紧接着，《新京报》首次以《他用弹钢琴的手连捅被撞者8刀》为题进行报道。而药家鑫父母第一次进入媒体的报道是2011年2月26日《华商报》的《药家鑫父母向死者父亲下跪》。

图12-5 案发地点：西安市长安区翰林南路

药家鑫案一审判决前，把舆论推向高峰的是央视的《新闻1+1》节目2011年3月23日的专题报道《药家鑫：从撞人到杀人》，节目中中国人民公安大学犯罪心理学教授李玫瑾对药家鑫案的分析引起了网络舆论的激烈反弹。网上对药家鑫是“官二代”、“富二代”的揣测和质疑声浪不断。再加之被害者的民事代理人张显通过微博提供舆论中“药案中有司法黑幕”、“药家有四处房产”、“药庆卫是军械蛀虫”的证据。在网络搜索“药家鑫”，跟在这个名字背后最多见的是“死刑”二字。如果纯属不知情的围观者，很容易以为这个案子已经了结。实际上，此时审理结果尚未公布。法庭对药家鑫进行司法审判的同时，网络舆论场对药家鑫的社会审判也在进行。①

在法院一审开庭中值得关注的是，有500名公民旁听，其中有400人是来自西北政法大学和西安音乐学院的大学生，他们都收到了法院发的一份特殊问卷，问卷上面除了合议庭成员名单，还有两个问题：您认为对药家鑫应处以何种刑罚？您对旁听案件庭审情况的具体看法和建议是什么？有论者指出：“我不知道这些旁听公民对应否判处药家鑫死刑并立即执行持何种态度，但我知道，网上留言要求判处药家鑫死刑并立即执行的呼声一浪高过一浪。具体到药家鑫案，西安中院发放问卷，征求旁听者意见，其兼听则明是理智的，但倘若将民意作为量刑的最重要砝码，在‘万人皆曰可杀’之下，就判处药家鑫死刑，则值得商榷。”②

视频：药家鑫撞人杀人案庭审现场

在药家鑫被一审判决死刑后，西安有5位教授决定联名呼吁免除药家鑫死刑。其中一位独立学者王新说出了他们做出联名呼吁的原因：“药家鑫案的审理并不是在一个很公平的舆论环境中进行的，被社会舆论所影响。”王新说：“舆论喊杀声一片，这不是一个好的社会现象，大众对一个年轻人的审判，不能在一个非理性、非平和的心态下去进行，这牵扯到对一个生命，对一个人的尊重。”对于西安5位教授决定联名呼吁免除药家鑫死刑一事，也成了网友热议的话题。大多数网友对教授的意见持反对态度：“此案证据确凿，事实清楚，必须按律治罪！”也有网友很犀利地指出：“炒作吧？这些教授们一定是想凭借药案露露脸！”

在药家鑫被处死刑后，央视《看见》栏目专访了药家鑫父母，也专访了被害者的家属。这期节目以中立、平衡的方式澄清了原来媒体和社会舆论中的疑点。所以，在药家鑫之父药庆卫起诉张妙的民事代理人张显侵犯名誉权以后，媒体和社会舆论反而指向了张显。在2011年10月6日的一项调查当中，关于“你如何看待‘药家鑫父亲向张显索赔1元

视频：专访药家鑫案双方父母

① 参见曾东萍：《药家鑫的社会审判》，载《南风窗》，2011（8）。

② 杨涛：《别因“万人皆曰可杀”而坐实药家鑫死刑》，载《中国青年报》，2011-03-25。

精神损害抚慰金?'"，有63%的人认为"是无稽之谈，张显并没有做错什么"，只有35.9%的网友认为"很多是不实言论，挑起的舆论怒火，影响了判决结果"。

案例九 IMF法国籍总裁在美涉嫌性侵案

1949年出生的多米尼克·斯特劳斯-卡恩是法国经济学家、律师、政治家，法国社会党要人，曾任法国财政部部长。2007年9月28日，他当选为国际货币基金组织(IMF)总裁。他本来很有希望成为法国社会党角逐2012年总统大位的人选。而这一切，却被发生在大洋彼岸一家豪华酒店中的一桩性事给毁了。

2011年5月14日，国际媒体发出一则惊人消息：62岁的斯特劳斯-卡恩在即将起飞的航班上被纽约警察逮捕，他被控当天在纽约的法国索菲特大酒店每晚3000美元的套房里，性侵一名前来打扫房间的非洲裔女服务员。此后，世界各国媒体对此案予以持续跟踪。在美国和法国，媒体和舆论的指向大相径庭。

5月15日，纽约警方以涉嫌性侵和强奸未遂等罪名指控斯特劳斯-卡恩。在那名女服务员的衬衣上发现了精液，经DNA检测与斯特劳斯-卡恩提供的精液样本匹配。19日，他被迫辞去IMF总裁职位，20日获准保释。陪审团向法院指控卡恩犯下七宗罪。6月6日，卡恩出庭受审，否认性侵指控。7月1日，案件出现转折，美国调查人员发现原告人——几内亚裔酒店女佣娜菲萨图·迪亚洛的说法存在漏洞，并涉嫌卷入犯罪活动。美检方考虑是否因此撤销对卡恩的起诉。7月6日，斯特劳斯-卡恩后院起火：法国女作家特里斯塔娜·巴农就她所谓的2003年的一宗强奸未遂案对他发出指控，这至少颠覆了多数法国人认为他清白无辜的形象。

7月7日，这宗性侵案原告人的律师声称，纽约的一名检察官与斯特劳斯-卡恩律师团队中的一人是夫妻关系，"存有潜在利害冲突"，要求撤换侦办此案的检察官，遭到纽约检方拒绝。7月25日，32岁的性侵案原告人首度亮相媒体，她接受了《新闻周刊》和ABC电视台专访，称希望侵害者入狱。8月9日，这位女性从刑事案件原告人变成了民事案件原告，对斯特劳斯-卡恩提起一宗民事诉讼。23日，纽约州最高法院宣布撤销对斯特劳斯-卡恩涉嫌性侵的全部刑事指控。9月18日，斯特劳斯-卡恩在接受法国电视台专访时承认，他未曾强迫对方发生性关系，但是他犯有"道德错误"，称之为"不合适"，但是"不涉及暴力、强制和攻击"。①

在法国舆论看来，此案案发伊始，美国媒体就与纽约检方和警方配合得"天衣无缝"。检方、大陪审团一直处在当地媒体和舆论包围之中，背后存在着某种类似阴谋的东西。美国法官在未经审判前，就宣称斯特劳斯-卡恩有罪，只是在他宣布辞职后，才给予保释，政治意味极其浓烈。案发之初，美国财政部长蒂莫西·盖特纳就要求斯特劳斯-卡恩辞职，这不仅干涉了司法公正，而且政治目的过于明显，即找借口赶走欧洲人，夺回IMF总裁宝座。而在过去的美国，政治家极少对犯罪嫌疑人（更何况还是国际组

① http://en.wikipedia.org/wiki/Dominique_Strauss-Kahn；彭梦瑶、应强：《IMF前总裁斯特劳斯－卡恩承认犯有"道德错误"》，http://news.xinhuanet.com/world/2011-09/19/c_122051261.htm，2011-09-19。

织领导人）如此武断地做出判断，除非其有什么不可告人的目的。① 法国前司法部部长罗贝尔·巴丹戴尔指出："美国媒体的作态无异于'媒体杀人'。"欧洲人多为斯特劳斯-卡恩感到惋惜。有原欧洲官员说，"人们对（美国）媒体的游戏感到震惊，""人们认为，检方与媒体进行了勾结。"②

"媒体审判" 之中国版

进入新世纪以来，随着中国媒体法制报道和评论的发展，对"媒体审判"的关注和批评也在增加，法律和新闻传播业界和学界已经发表和出版了一大批论文和著作。就它的源头来看，这种批评首先来自维护法院审判权的法学界和法律界，包括新闻法学界。

魏永征教授在其经典教材《新闻传播法教程》中列举了多个他认为存在"媒体审判"的案例，其中的"夹江打假案"、"蒋艳萍案"、"张君案"和"尹冬桂案"在此后也被许多研究者认为是存在"媒体审判"的典型案例。③ 清华大学来杨在其硕士学位论文中制作了1995—2008年间"媒体评论影响司法活动典型案例一览表"（见表12-1）：

表12-1　　媒体评论影响司法活动典型案例一览表

名称	庭审年份	类型	媒体报道倾向	裁判结果
夹江打假案	1996年	行政	质疑原告	驳回原告诉讼请求
张金柱案	1997—1998年	刑事	不利于被告	死刑
赵湘杰案	1998年	刑事	不利于被告	有期徒刑15年
蒋艳萍案	2001年	刑事	不利于被告	死刑
张君案	2001年	刑事	不利于被告	死刑
二奶继承案	2001年	民事	质疑原告	驳回原告诉讼请求
钟志斌案	2002年	刑事	不利于被告	无期徒刑
张二江案	2002年	刑事	不利于被告	有期徒刑18年
尹冬桂案	2003年	刑事	不利于被告	有期徒刑5年
刘涌案	2001—2003年	刑事	不利于被告	死刑
宝马撞人案	2003年	刑事	不利于被告	有期徒刑3年半
马加爵案	2004年	刑事	不利于被告	死刑
王斌余案	2005年	刑事	同情被告	死刑
黄静案	2004—2006年	刑事	不利于被告	无罪
尚军案	2006年	刑事	不利于被告	有期徒刑10年
邱兴华案	2006年	刑事	不利于被告	死刑
彭宇案	2006—2007年	民事	同情被告	一审判被告承担责任，二审和解
许霆案	2007—2008年	刑事	同情被告	有期徒刑5年

① 参见张国庆：《卡恩案，有多少梦可以重来》，http://news.sina.com.cn/pl/2011-07-02/142022745363.shtml，2011-07-02。

② 薛洪涛：《美国媒体被指"审判"卡恩案》，载《法制日报》2011-07-08。

③ 参见魏永征：《新闻传播法教程》（第三版），北京：中国人民大学出版社，2010，99～101页。

来杨认为，与美国的情形相似，被研究者认为是中国内地“媒体审判”现象典型案例的案件绝大多数都是刑事案件，其中又以造成巨大人身伤害或被告人有可能被判处死刑的重大刑事案件居多。而被指为存在“媒体审判”现象的民事案件和行政案件都存在一个共同特点：在这些案件中存在法律和情理的冲突，因而导致法院对案件事实的认定与媒体和公众对案情的评价存在重大分歧。

纵观国内许多研究者选取的有关“媒体审判”的典型案例，大致可分为三个阶段：

第一阶段：2001 年及以前。

案例：夹江打假案、张金柱案、赵湘杰案、蒋艳萍案、张君案、二奶继承案。

当时，“媒体审判”（最初叫“媒介审判”）的说法刚刚被引入中国内地。除了魏永征教授等少数研究者率先比照这一说法的本原意义分析上述案件外，其他研究者的研究视角集中在对上述案件中媒体的不当“舆论监督”行为的反思。

第二阶段：2002—2006 年。

案例：钟志斌案、张二江案、尹冬桂案、刘涌案、宝马撞人案、马加爵案、王斌余案、黄静案、尚军案、邱兴华案。

在“媒体审判”这一说法经“概念推广”并为广大研究者和实务工作者所接受后，他们开始对具体的个案展开分析和研究。2002 年到 2006 年是对“媒体审判”现象讨论最热烈的阶段，其中又以 2003 年为最。有人将 2003 年称为“中国法治年”，媒体大规模介入司法审判活动，让这些本来就具有相当新闻价值的重大案件在公众中进一步传播，并引起巨大反响。对此，有人认为舆论监督强化了司法公正，推动了社会进步（如孙志刚案）；也有人认为其中的不少案件和庭审报道存在“媒体审判”的现象，危害了司法权威（如刘涌案）。

在这一阶段的后期，还有一个重要特征：随着互联网的普及使用，网络媒体开始介入对案件和庭审活动的报道和评论，并形成网络舆论。于是，“媒体审判”的内涵得到进一步丰富，开始包含一部分的“网络审判”和“舆论审判”。

第三阶段：2007—2009 年。

案例：彭宇案、许霆案。

尽管 2006 年以后仍然有许多引人关注的案件发生，并且媒体的相关报道和评论及网络舆论的倾向性也引起了一定的争议，但指责媒体的报道是“媒体审判”的评议却少了。相关的讨论和研究在一定程度上形成了“司法机关应宽容媒体的质疑”和“媒体在报道及评论案件和庭审时要平衡且公允”的共识，同时，研究者也进一步发掘公众利用互联网等新兴媒介评议案件时形成的舆论可能对司法审判活动造成的影响。

徐迅女士的“划界论”与魏永征的“行为犯论”

魏永征教授指出，“媒体审判”的报道在事实方面往往是片面的、夸张的甚至是失实的。它的语言往往是煽情式的，力图激起公众对当事人憎恨或者同情一类情绪。它有时会采取“炒作”的方式，即由诸多媒体联手对案件作单向度的传播，有意无意地压制了相反的意见。它的主要后果是形成一种足以影响法庭独立审判的舆论氛围，从而使审判在不同程度上失去了应有的公正性。①

但是徐迅强调，承认存在“媒体审判”现象，不意味着“媒体审判”这顶帽子就可以随便戴。如果简单地一概而论，认为只要媒体发表了有关案件的报道和评论就是“媒体审判”，必将导致对公众知情权和言论自由权的不合理限制。在尚未进入法律程序即立案前，和一审判决作出之后，尤其是终审后发表的有关案件的报道和评论不应视为“媒体审判”。所谓司法公正，很大程度表现在判决结果上。如果判决尚未作出，媒体即发表文章对其公正性表示质疑，那是无源之水，无本之木——判都没判，你怎能认定公正或不公正？如果判决已经作出，特别是终审判决已经作出，媒体发表有关报道和评论便不再能影响判决结果了。②

对中国式“媒体审判”的质疑

如果徐迅女士的观点可称为“明确划界论”，那么另一名媒体法学者周泽副教授则对中国是否存在干扰司法的那种“媒体审判”表示强烈质疑。这位执业律师承认，在目前的司法实践中，可能确实存在法官受媒体不当报道所误导的舆论影响。而这种种情形也正表明，我国司法权力的配置及其运行还存在问题，即法庭的不合格（法官不称职、不合格）、审判不独立，还达不到国际人权文件规定的公正司法的条件，而并不是媒体报道和舆论妨碍了法庭的独立审判。在司法权力的配置及其运行存在问题的情况下，对于一个具体案件，即使没有媒体的报道和舆论关注，也难以保证审判的公正。甚至可以说，没有媒体报道和舆论的关注，审判可能会更不公正。

针对有论者经常以“张金柱案”为恶例来批评“媒体审判”，周泽指出，张金柱那句“我是死在了媒体手里”的临终之言令人悲悯，以致很多人在论及媒体与司法关系时，都将“张金柱案”视为媒体影响司法公正的案例。但是他认为，如果我们的司法是独立的，法庭是合格的，法官是称职的——能够正确认识和对待媒体的报道；领导干部有基本的法治观念，不随意对案件进行批示，不以行政权力干预司法审判，那么，即使媒体的报道有再大的问题，媒体——具体地说只是与相应报道有关的采稿、审稿人员——再认为张金柱罪该万死，而法官认为他不该死，也不可能判他死刑。因此，“媒体审判”、“舆论审判”干预、影响审判公正根本无从谈起。③

几乎在周泽立论的同时，2005 年 1 月，曾在中国就学多年、与中国法律界和法学界熟稔的美国哥伦比亚大学法学院中国法律研究中心主任李本（Benjamin Liebman）在《哥伦比亚法学评论》上发表了关于中国法制的长达 157 页的鸿篇巨制，这篇论文题为《守望者

① 参见魏永征：《新闻传播法教程》（第三版），北京：中国人民大学出版社，2010，114 页。

② 参见徐迅：《质疑生效判决不等于“媒体审判”》，载《检察日报》，2003-10-08。

③ 参见周泽：《舆论评判：正义之秤——兼对“媒体审判”、“舆论审判”之说的反思》，载《新闻记者》，2004(9)。

还是鼓吹者：中国法律制度中的媒体》（Watchdog or Demagogue：The Media in the Chinese Legal System）。李本指出，英美法系国家和地区的“媒介审判”是媒体的报道与评论可能直接影响到行使司法权的主体——陪审团，进而可能导致不公正的审判；而中国内地的情形则是，媒体的报道和评论首先影响不直接行使司法权的权力机关，再由权力机关对行使司法权的主体（法院）施压，从而间接影响审判的公正。因此，与人们一般理解的“媒体审判”不同，中国媒体影响司法的基本模式是“媒体影响领导，领导影响法院”（见图 12-6）。

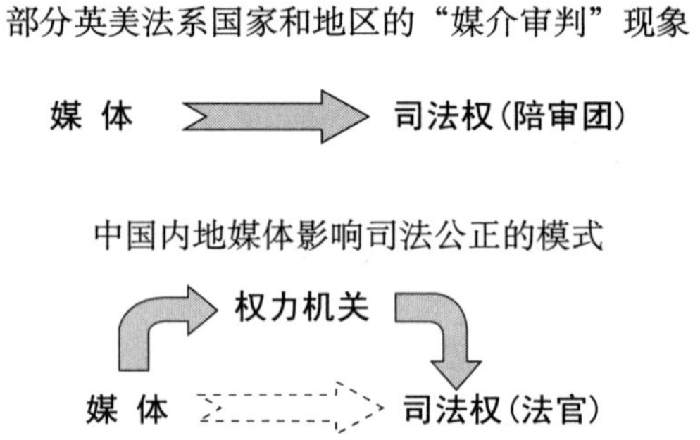

图 12-6 英美法系与中国语境下媒体影响司法的不同模式[2]

在体现领导关心群众的新闻报道中，我们不难找到这种模式下的媒体——官员——法院互动关系的例证。1997 年 8 月 25 日，《大河报》率先报道了张金柱案。26 日，省市有关领导要求有关部门对此事抓紧时间严肃查处，公开见报，绝不姑息。领导发话，下面闻风而动。27 日，郑州市公安局金水分局将张金柱刑事拘留。同日，金水区检察院批准逮捕张金柱。在 2009 年 4 月贵州习水公职人员涉嫌嫖宿幼女案（见第十讲）的审理过程中，遵义市有关领导要求“对此案在法律规定的量刑范围内顶格处理，‘对此类伤天害理、影响极坏的案件必须依法体现从严、从重原则’”。[2]

如果说局外人一般无法窥见判决决策内情，因而可能陷入猜测和推断的尴尬中，那么，具体办案的法院负责人和法官是怎么看待媒体的影响与法院最终判决的关系的？他们能不能将这种内情公开出来呢？《网络舆论与法院审判》一书问世于微博刚刚兴起、尚未在舆论形成过程中大显身手的时候，但是它提供了许多来自法官的亲身经历和新鲜见解。该书作者之一、武汉市中级法院法官杨凯观察到了互联网所造就的“网络舆情刑事案件”给公权力带来的压力和反应：“当网络传媒的舆论监督将某一案件置于社会舆论巨大压力之下时，各级领导和地方党委、政府、人大、政协等党委、权力机关、社会团体组织为表示对案件的关注或重视，层层批示，限期审结，或要求‘从重、从严、从快’，或要求‘考虑法律效果与社会效果的统一’，或要求‘考虑民生问题’，或要求‘依法公正处理’，或要求‘依法审结，并报结果’。从这个意义上讲，司法审判机关由

① 转引自来杨：《媒介审判与司法公正》，清华大学新闻与传播学院 2009 年硕士学位论文。
② 雷成：《习水公职人员涉嫌嫖宿幼女案今日开庭》，载《中国青年报》，2009-04-08。

于受到各级相关权力部门的干涉、干预而丧失独立性和中立性，或者说网络媒体通过借助相关权力部门的权力而构成对人民法院依法独立行使审判权作出公正裁判的侵犯或影响。”①

另一名作者、武汉海事法院副院长李群星写道：“在某些情况下，民意监督司法反而有利于促进司法机关独立行使职权。目前，我国司法机关独立行使职权的最大障碍不是民意，而是权力干预。”李群星还不失精辟地揭示了这种干预的运作机制：“一次有着民意充分表达的司法活动，权力很可能出现两次：一次是隐藏在民意表达之前就已经存在的操纵司法的力量，一次是后来公开表现出尊重民意的批示。在现实生活中，民意面对的常常不是独立的司法，而是已经受到权力干预乃至操纵的司法。在此情况下，民意表面上表达的是对司法的不满，实质是对权力干预司法的反感。民意通过对权力干预司法的狙击，为司法减轻了压力，由此而成为司法机关独立行使职权的推动力。”②

有论者通过比较中国内地和英美法系国家在司法审判制度和媒体体制上的区别，指出基于中国自身的司法和新闻制度，不存在本原意义上的“媒体审判”的根源：第一，中国内地并不实行陪审制度，对案件的事实认定和法律审判都是由法官（和人民陪审员）作出的。第二，中国的媒体是各级党和政府的“耳目喉舌”，其报道与监督的行为带有权利（right）和权力（power）双重属性。在我国当下司法不公现象广泛存在的情况下，新闻报道和监督对于司法的影响，从总体上讲是积极的（除非媒体背后有权力的介入）。正是因为媒体的积极介入，才推动了许多案件的公正解决。司法公正与否的关键在于司法人员自身，而不在于舆论如何或媒体如何报道。如果一定要说媒体对司法公正产生了影响，那么，这种力量并非必然地来自媒体自身，而是来自媒体背后的强大权力。③

如何改进媒体对司法的报道

事实上，魏永征教授也是倾向于李本和周泽先生的见解的。不过，他还进了一步，提出了一个关于“媒体审判”的新颖的区分。刑法学上有“行为犯”和“结果犯”之界说，行为犯是指以危害行为的完成作为犯罪客观要件齐备标准的犯罪。只要行为人完成了刑法规定的犯罪行为，犯罪的客观方面即为完备，犯罪即成为既遂形态。这类犯罪的既遂并不要求造成物质上的和有形的犯罪结果，它以行为是否实施完成为标志。结果犯是以法定的犯罪结果的发生为犯罪构成要件的犯罪。④

① 杨凯：《民意与司法：互动与交融——以民意与司法的关系为视角》，载郭卫华主编：《网络舆论与法院审判》，北京：法律出版社，2010，36页。

② 李群星：《论民意与法意的冲突与平衡》，载郭卫华主编：《网络舆论与法院审判》，北京：法律出版社，2010，9～10页。

③ 参见史忠治、王中伟：《中国有“媒介审判”吗》，载《青年记者》，2008（9）下；王中伟：《中国语境下的“媒介审判”解读》，http://academic.mediachina.net/article.php?id=5776。

④ 参见 http://baike.baidu.com/view/373703.htm。

魏永征认为，“媒体审判”并不是一个法律术语，按照英美法，如果新闻报道足以影响公正审判，是按“藐视法庭罪”论处的。藐视法庭并不要求受到指控的新闻报道一定造成影响公正审判的后果。他类比道：“这有点像我们刑法理论里说的行为犯，只问行为，不问后果。”我们不能轻易就说哪一个案件是媒介审判的报道造成的。但是这并不影响我们反对媒介审判，如上所述，那些超越和违反法律程序的报道，即使不影响法院审判，同样是有害无益的。而对于所谓的“结果犯”，即媒体能够产生直接影响法院和法官的结果，他是持怀疑乃至否定态度的：“媒介的报道和意见一旦影响了党委领导、人大委员和代表或者政府的首长，他们会对司法施加实质性的影响，法官就很难抗御。”①

当然，每个案件中是否都存在司法不公，不能一概而论。但是不可否认，在全国一些地方的确存在司法受到权力影响和干扰的现象。媒体一方面应力求像以下介绍的“徐十条”那样从事报道和评论，另一方面即使是在公安部门立案之后，媒体似乎也可以有理有礼有节地介入事件。毕竟我们的法制还不够健全，地方保护主义和官官相护现象还很普遍，如果法院不能摆脱权力的支配，包括互联网在内的媒体能够制衡权力的滥用。同时，媒体也应避免被偏激的情绪所左右，特别是在难以断定是过失杀人还是故意杀人的命案中，不能轻易给肇事者（官员或商人等）扣上“故意杀人”的帽子。事实上，近年来引发“媒体审判”批评的，有相当一部分是此类案件（见图 12-7）。

根据魏永征的观点，无论你是认为“媒体审判”已经堪忧，还是认为它一定程度地存在，或者不存在媒体直接影响法院和法官的司法裁判，有一点是一定要反对的，那就是“行为犯”类型的“媒体审判”。而这种问题的根源比较复杂，既有可能是有人故意要误导司法进程，也有可能是记者、编辑以及网民对法律一知半解，或者完全不懂，弄不清“无罪推定”、“疑罪从无”、“罪由法定”这些基本原则，往往出于道德义愤而讨伐尚未定罪的犯罪嫌疑人。这样的行为着实令人不敢恭维。

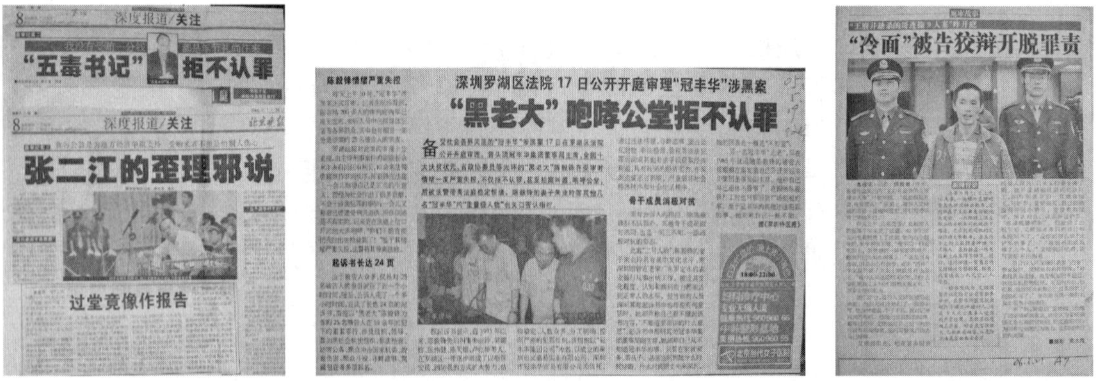

图 12-7 “媒体审判”式报纸标题

① 魏永征：《关于媒介审判的通信》，http://yzwei.blogbus.com/logs/6682650.html，2007-07-14。

从1997年起，《中国新闻工作者职业道德准则》中有了关于案件和庭审报道的准则。1997年版："维护司法尊严。对于司法部门审理的案件不得在法庭判决之前作定性、定罪和案情的报道；公开审理案件的报道，应符合司法程序。"2009年版："维护司法尊严，依法做好案件报道，不干预依法进行的司法审判活动，在法庭判决前不做定性、定罪的报道和评论。"尽管如此，徐迅认为这样的准则存在三个缺陷：内容简单，表述含混，操作性差。①

因此，徐迅根据已有法律法规和既往经验教训，提出媒体在报道司法审判活动时的十条自律规则：(1) 案件判决前不做定罪、定性报道；(2) 对当事人正当行使权利的言行不做倾向性的评论；(3) 对案件涉及的未成年人、妇女、老人和残疾人等的权益予以特别关切；(4) 不宜详细报道涉及国家机密、商业秘密、个人隐私的案情；(5) 不对法庭审判活动暗访；(6) 不做诉讼一方的代言人；(7) 评论一般在判决后进行；(8) 判决前发表质疑和批评限于违反诉讼程序的行为；(9) 批评性评论应避免针对法官个人的品行学识；(10) 不在自己的媒体上发表自己涉诉的报道和评论。②

对案例的简要分析

案例一即黑格案为国内法学界人士广为引用，以此说明法院和法官的崇高地位不容冒犯。由于法官认定《每日镜报》在审判前的放肆和误导性报道损害了此尊严，法院对它进行了超过我们想象的严惩，总编辑锒铛入狱，让人怀疑英国这个19世纪以来新闻自由高度发达的国家也和专制国家一样制造"因言获罪"。而国内学界在介绍该案例时出了很多差错，有人把案发时间从1949年延后到了1971年，坐牢的总编辑博拉姆被译为"当班编辑"，如此等等。其实，倒霉的博拉姆是最后一个因职务行为坐牢的媒体人。今天看来法院的做法有点过分，但是留给新闻界尤其是市场化煽情报纸的教训是极其沉痛的。

案例二到案例四都是发生在美国的名案，尽管媒体的报道和评论喧嚣一时，甚至像罗德尼·金案那样引发大骚乱，但是法院总体上持容忍态度，与黑格案中的英国同行截然不同。美国不大会像英国那样因"媒体审判"而教训新闻界，但是新闻界内部的道德辩论和批评却从来没有停歇。倒霉的谢帕德似乎因"媒体审判"而入狱十余载，是法院还他以公道。法院裁决，无论媒体形成了多大压力，辛普森案因原告人的证据链有缺陷而宣布被告人无罪。

案例五即张金柱案案发时，中国法律刚刚接受"无罪推定"的原则，法律界和法学界对此十分珍惜。法学界不少人因此认为，《大河文化报》等媒体的渲染性报道把罪不至死的醉驾警官张金柱送入阴间。但是如上所述，许多国内外研究者对此是不同意的，认为

① 参见徐迅：《媒体报道案件的自律规则》，载康为民主编：《传媒与司法》，北京：人民法院出版社，2004，266～268页。

② 参见徐迅：《四大焦点引人注目 十条规则首次亮相》，载《检察日报》，2003-12-17。

“死在媒体手里”的说法只是表象，实质上是不是领导下达的批示对案件的定性产生了影响？

案例六即刘涌案争议颇大。一是媒体营造的刘涌“国人皆曰可杀”的气氛是不是导致他最终没有逃脱死刑命运的主因？二是刘涌是否该被判处死刑？关于第一点，攻之者说是，辨之者说非，与张金柱案的逻辑类似。关于第二点，北京大学刑法学知名学者陈兴良教授等人认为刘涌罪不至死，判死缓合适；魏永征教授等认为，虽然存在“行为犯”型“媒体审判”，但是判处刘勇死刑没有问题。后来最高法要求少杀慎杀，非暴力犯罪一般不判死刑，那是刘涌案之后的变化。

案例七即邓玉娇案，它是舆情汹涌的2009年上半年最吸引国内舆情的公共事件。构成网络突发事件的一切要素都已具备：在官民对立、贫富悬殊、性别鸿沟的社会背景下，湖北巴东弱女子邓玉娇，将一名试图对她图谋不轨的地方官员刺死，而最初引发民众愤怒的，应该是官方媒体披露这位娱乐城女服务员在事发后立即自首的情况下涉嫌故意杀人被立案侦查的消息。媒体和舆情对此案的关注大约持续了一个月。大部分网民的态度高度一致，即认为邓玉娇是正当防卫，而且认为这次是少有的“左派右派，同仇敌忾”。左派人士认为她是电影《红色娘子军》中吴琼花式的苦大仇深的抗暴女英雄，右翼（自由派）人士认为这是公权力掌握者滥权的一个活典型。

就传统媒体表现而言，当地和广州、北京、成都等地的报刊、电视台都有介入，并且提供了基本案情，报道基本遵循客观、平衡的手法，而评论几乎都是倾向于邓玉娇的。就网络而言，一时间，互联网上的信息披露和观点发表势如潮涌，许多网民还以诗歌、文言文、老歌改词翻唱等文学艺术手法表现对邓玉娇的高度同情和对涉事官员的愤怒。值得重视的还有网民调查团的参与。

在法律界，无论是义务参与辩护维权的夏琳、夏楠，还是朱明勇、浦志强等其他律师，态度也与网民和其他大众相仿。对案件看法的分歧主要集中在法学界。一派是以马克昌、杨支柱、高一飞等法学学者为代表，认为邓玉娇防卫过当甚至有罪；一派是以中国政法大学副教授萧瀚为代表，反对上述意见。

此案件再次引发了是否存在媒体和舆情审判的争议。尽管关键细节仍未公开，但是多数人认为基本事实清楚，邓玉娇无罪。而法学泰斗马克昌（1926—2011）事后接受媒体采访时说的一番话耐人寻味。出言谨慎的马克昌教授一方面支持法院的判决，认为防卫过当的认定是正确的；另一方面他认为，如果没有民意，邓玉娇“至少”会判缓刑，而他对民意包括对网友的抨击表示理解。这实际上表明，民意在很大程度上纠正或避免了严重的司法不公。①

案例八即药家鑫案，《华商报》偶然报道后，舆论攻防战主要是在微博上进行。该案特点是，行凶手段残忍，法律事实清楚。除是否属自首略有不同看法外，双方对事实不存在大的争议。判处死刑，在现行法律框架下也没有太大问题。一个并不复杂的事件并为什

① 参见黄庆锋：《刑法泰斗马克昌身陷邓玉娇案漩涡》，载《成都商报》，2009-07-02。

么掀起轩然大波？其间媒体做了什么？需要吸取什么教训？传统媒体报道迟缓，缺少报道未决案件的专业常识。司法机关信息发布迟缓；一审延期开庭，也没有对社会作出清楚的解释；现场发放问卷；引起舆论反弹后也没有尽快说明。社会精英阶层未能理性地面对民愤，进而弥合他们与社会公众之间的认知偏差。相反，两者之间的距离进一步拉大了。媒体的报道初衷与产生的社会效果严重错位，每个人可以任意解读信息：有人把药家鑫与“我爸是李刚”事件相勾连；有人把药家鑫与看守所许许多多莫名其妙的死亡事件相勾连。百姓对官方不信任，百姓对媒体不信任，官方对媒体、对百姓也不信任。几种不信任叠加，媒体的报道被多重误读，产生了令人哭笑不得的效果。①

案例九即斯特劳斯-卡恩性侵案稍显复杂，涉及文化冲突和所谓的国家利益。在法国人看来，美国人以“媒体审判”制造莫须有的性侵重罪罪名，配合其他手段，搞臭搞倒一个法国政商名人，进而捞取美国的利益。这是一种典型的“阴谋论”思维，经不起推敲和时间检验。第一，美国媒体在刑事案件的报道上具有很大自由权，换言之，一定程度的“媒体审判”是被容忍的，在获得警方拘留信息后予以报道，是一种常规。第二，原告人是非洲裔女性，被告人是国际名人，为弱者伸张正义是天经地义的。第三，美国人认为政治型公众人物的涉性事件是不能接受的；而法国人传统上觉得，只要不是强制性性行为就无所谓，哪怕是高官。第四，美国媒体并没有偏袒原告人，《纽约时报》后来报道了她对警方多次撒谎，前言不搭后语的详情。第五，从结果来看，斯特劳斯-卡恩当不成 IMF 总裁了，继任者不是美国人，而是法国女性克里斯蒂娜·拉加德。所以，即便美国媒体存在着某种“媒体审判”，也被国际舆论夸大甚至曲解了。

思考题

1. 为什么有人认为“媒体审判”在法治完善的社会是一个道德问题，而在当下中国是一个伦理议题？结合黑格案等英美案例进行分析。
2. 你如何看待张金柱案、刘涌案的表象与实质？
3. 徐迅女士的“划界论”指的是什么？你认同吗？魏永征教授的“行为犯论”指的是什么？你认同吗？
4. 周泽先生对“媒体审判”表示质疑，他提出的理由是什么？
5. 你认为媒体报道司法案件主要的自律规则是什么？徐迅女士提出的十条自律规则是什么？

① 这段点评来自西安外国语大学新闻传播学院王天定教授。

Chapter 13

第十三讲　如何对待消息来源

- 维护公共利益与保护消息来源
- 社会结构与官方消息来源
- “支票簿新闻手法”与“有奖爆料”
- 匿名消息来源可能是假新闻的温床
- 一个伦理与法律交织的问题
- 对案例的简要分析

消息来源，在中英文中有不同的称谓。英文中除了最常用的 source，还有 informant（消息灵通人士，消息人士）、tipster（内幕消息提供者，线人）、whistleblower（吹哨人）等；相对于通译为消息来源的 source，中文中别称更多：新闻来源、新闻源、信息源、消息源、消息提供人、爆料人、线人等，不一而足。随着“水门事件”中消息来源的角色广为人知和“深喉”真实身份的曝露，越来越多的人干脆就将消息来源称之为“深喉”。

资料来源

在中英文中有不同的称谓。英文中除了最常用的 source，还有 informant（消息灵通人士，消息人士）、tipster（内幕消息提供者，线人）、whistleblower（吹哨人）等；相对于通译为消息来源的 source，中文中别称更多：新闻来源、新闻源、信息源、消息源、消息提供人、爆料人、线人、“深喉”等。

英国学者卡伦·桑德斯教授将新闻分为两类，一类是“日记式”新闻，包括：（1）可以预先计划和预测的“媒介事件”，如选举、婚庆、通胀指数公布等；（2）不可预测的突发事件，如地震海啸、恐怖袭击、灾难事故和杀人害命等。另一类是“非日记式”新闻，往往是由那些有魄力的记者从各种可能的和不可能的渠道——政府报告、专业图书杂志①——挖掘出来的。她认为，无论哪一类新闻，记者都要依靠消息来源来获取信息。②

在桑德斯看来，信任是新闻事业这座大厦平地而起的全部基础。当我们看到非洲艾滋病的新闻时，当我们得知足球比赛的结果时，当我们听到利率下降的消息时，我们完全依赖他人的陈述。主编们依赖记者们的报道，记者则完全依赖自己的消息来源。新闻机构要建立公信力，就要营造自己报道精确、可靠、快捷的形象。尤其是路透社、美联社等世界级新闻“批发商”，它们其实就是以交易信任为生的。③

美国哥伦比亚大学新闻学院的梅尔文·门彻教授将消息来源分为人的消息来源（human source）、物的消息来源（physical source）和在线（网络）消息来源三大类。(1)人的消息来源：包括当局和新闻事件的参与者。他们的可信度低于物的消息来源，因为一些人需要保护个人利益，另一些人则是未受过专门训练的观察者。在使用人的消息来源时，记者需找到最有资格发言的人——某个问题的权威、目击者、官员、参与者。（2）物的消息来源：包括记录、文件、参考资料、剪报。（3）在线消息来源：包括大量人的消息来源和物的消息来源，从院士到政府数据库应有尽有。④

桑德斯则将消息来源分为五类：(1)秘密消息来源；(2)支票簿新闻；

① 钱钢先生 1987 年发表报告文学《唐山大地震》，披露了那场 1976 年的大地震中 26 万人之多的死亡数字，就来自于地震出版社的一本在专业外鲜为人知的专著。

② 参见〔英〕卡伦·桑德斯：《道德与新闻》，上海：复旦大学出版社，2007，149 页。

③ 参见上书，151 页。

④ 参见〔美〕梅尔文·门彻：《新闻报道与写作》，展江主译，北京：华夏出版社，2004，337 页。

(3)文献资料与互联网；(4)剪报和档案；(5)访谈和引用。[①] 我们这里讨论的是门彻教授总结的第一类人的消息来源，即狭义的消息来源，尤其是桑德斯教授的第一类即秘密（匿名）消息来源。

从历史上看，记者的权力随着19世纪末美国新闻界发明的采访技术而增长，因为他们可以选择使用哪些引语，并决定采用哪些采访对象的评论。随着采访这一新闻实践与客观性这一专业理想的同时发展，交代消息来源成为公认的习惯。在大众传播研究中，具体交代消息来源的做法对于受众（阅听人）能起到什么作用，这一直是有争议的。一个广为接受的研究发现是：阅听人倾向于将消息来源与信息相分离，这就是著名的"睡眠者"效果。研究确认，大多数人可能记住了事实，却忘记了其语境。[②]

案例一 "深喉"——史上最知名爆料人

图13-1 "深喉"爆料人

发生在1972年的"水门事件"，令以高票连任的理查德·尼克松总统黯然下台。《华盛顿邮报》两名记者鲍勃·伍德沃德和卡尔·伯恩斯坦成为全世界新闻工作者心中的偶像，甚至有人将他们姓氏连成了"伍德斯坦"。他们在1974年出版的《总统班底》（又译《总统的全班人马》）成为畅销书，好莱坞自然不会放弃将它搬上银幕的良机。通过畅销书和大片《总统班底》，人们也知道了史上最著名的秘密消息来源——"深喉"(deep throat)。《总统班底》出版后，"伍德斯坦"一直拒绝透露这位来自"行政部门"的线人的姓名，人们知道的是，"深喉"得名于1972年的一部色情电影。"深喉"一词经过无数文章、书籍、电影和互联网不断描绘、想象和附会，带有极其神秘的色彩。据称，此前世界上只有4个人知道"深喉"的真正身份——"伍德斯坦"、《华盛顿邮报》执行总编本·布拉德利，还有"深喉"本人（另外一说是5人，加上伍德沃德的妻子埃尔莎·沃尔什）。"深喉"向伍德沃德提供了超级"猛料"。两人共见面7次，大多安排在凌晨两点，地点选在地下车库。伍德沃德想约见"深喉"时，就把一个插着一面红色旗帜的花盆搬到公寓阳台上作为信号；而"深喉"欲约见伍德沃德时，就给伍德沃德寄一份《纽约时报》，并在报纸上画一只钟作为暗号。

① 参见〔英〕卡伦·桑德斯：《道德与新闻》，上海：复旦大学出版社，2007，160～166页。

② 参见〔美〕菲利普·帕特森、李·威尔金斯：《媒介伦理学：问题与案例》，李青藜译，北京：中国人民大学出版社，2006，259页。

此后的多年中，“深喉”一次次地刺激着全世界公众的神经：那个在电影中夜间在地下车库与伍德沃德接头、满脸阴郁的影子人是谁？人们的怀疑曾经聚焦于以下高层知情人士：最大的嫌疑人是尼克松任命的联邦调查局代局长帕特里克·格雷，其他还包括国务卿亨利·基辛格和白宫幕僚长亚历山大·黑格，还有后来的中央情报局局长老布什；甚至有人怀疑实无“深喉”其人，可能是报社用来掩盖偷来的文件的花招……按照《华盛顿邮报》当年的约定，3位知情者绝不在“深喉”生前披露其身份。2003年，“伍德斯坦”决定把他们对“水门事件”的报道原件存放在得克萨斯大学，他们表示，命名为“深喉”的文件将放置在华盛顿一个秘密地点，直到这个神秘线人去世。2005年5月31日，《华盛顿邮报》证实，当年的神秘线人“深喉”乃是年届九旬的前联邦调查局副局长马克·费尔特（Mark Felt，1913—2008）。这揭开了困扰美国政界、史学界和普通民众30余年的谜团。3位率先揭开“水门事件”黑幕的当事人——62岁的伍德沃德、61岁的伯恩斯坦以及83岁的前执行总编本·布拉德利决定公开“深喉”的身份，是因为91岁的费尔特已向家人和《名利场》杂志公开了自己的身份。对此最感诧异的是88岁的格雷，尼克松曾5次要求他赶走费尔特，但是他相信费尔特是清白的，坚称他没有下手。费尔特是在家人的反复劝说下才公开身份的，他的外孙尼克·琼斯说：“整个家族都认为我的外祖父马克·费尔特是美国的一个伟大英雄。”而琼斯的母亲则希望通过亮相和出书既为家父赢得应有的荣誉，也为儿子挣得学费。①

水门事件“深喉”去世

案例二 《中国改革》被诉中的线人保护

2003年7月，《中国改革》杂志发表了一组关于国企改制的专题文章，其中一篇名为《谁在分肥》的文章由记者刘萍采写。它揭露了广州市华侨房屋开发有限公司（下称侨房公司）在国有企业改制过程中出现的国有资产流失、员工被迫下岗等问题。从接到举报到文章《谁在分肥》刊出之间的一年多里，刘萍两次前往广州调查。文章的匿名消息来源为侨房公司内部职工。侨房公司认为，《谁在分肥》所披露的侨房公司2002年亏损2900多万、30多名职工下岗、总经理年收入30万等内容与事实不符，遂以公司名誉权被侵犯为由，将《中国改革》告上法庭，索赔590万元。2004年6月15日，侨房公司诉《中国改革》名誉侵权案在广州市天河区法院开庭。《中国改革》对文中的事实有

① 《他们，为“深喉”守密33年》，载《南方周末》，2005-06-09；http://en.wikipedia.org/wiki/Deep_Throat。

自信，但是杂志社要想胜诉，按常规有必要让证人即“线人”们公开作证，这将使有些还在侨房公司工作的“线人”面临风险。而如果没有证人出庭，证明文中事实和数字属实，多半就会败诉，巨额的赔偿金将使杂志社面临破产的危机。杂志社陷入两难境地。

总编辑兼法定代表人温铁军作出抉择：“即使采访对象主动愿意出庭作证，我们也要尽量避免。因为我们没有力量在证人浮出水面之后，再进行有效保护。”本书作者当时也参加了《中国改革》组织的诉讼前景研讨会，多数人不看好杂志的命运。10 月 12 日，天河区法院作出令许多人意外和称赞的判决：《中国改革》没有侵权，驳回原告的诉讼请求。在此案中，《中国改革》是幸运的，因为据耶鲁大学教授陈志武统计，在中国，媒体败诉率高达 70%。审判长巫国平对判决作出解释说，《谁在分肥》不属于严重失实，“界定新闻报道的内容是否严重失实，应以其所报道的内容是否有可合理相信为事实的消息来源证明为依据。只要新闻报道的内容有在采访者当时以一般人的认识能力判断认为是可以合理相信为事实的消息来源支撑，而不是道听途说或是捏造的。那么，新闻机构就获得了法律所赋予的关于事实方面的豁免权”。巫国平称：“这个社会对媒体的容忍度有多大，这个社会进步就有多大。一个文明、民主、进步的社会，要充分发挥传媒的监督作用。”①

央视《新闻调查》：被起诉的杂志社

案例三 危险的记者——消息来源超常关系

根据美国媒体伦理学者罗恩·史密斯的研究，记者偶尔也会被消息来源牵着鼻子走，以至于偏离了新闻事业中超然中立的专业要求。过去，男记者总喜欢吹嘘说，他们发展出与政府部门中的女雇员的友谊而得以“收益多多，超出报道”。今天，女性主义抬头，如法炮制的女记者就会被指责用“以身相许”来获取内部消息，而这种记者—消息来源的过密关系声名狼藉，其中女记者劳拉·福尔曼与亨利·“老哥”·詹弗兰尼的瓜葛即为一例。福尔曼当时 34 岁，为《费城问询报》政治记者。詹弗兰尼当时 54 岁，是宾夕法尼亚州参议员和费城南部的头面政治人物。詹弗兰尼是福尔曼的消息来源之一，而福尔曼报道詹弗兰尼的政治选战。他们也是情人，在他们恋爱期间，他送给她一件裘皮大衣、一辆跑车和其他昂贵礼物，他们合住一套公寓。当她的主编们风闻此事并询问她时，她矢口否认，并说那是嫉妒她屡屡首发报道的记者们的闲

① 中央电视台《新闻调查》节目《被起诉的杂志社》，2005 年 3 月 21 日；朱雨晨：《温铁军是否会“出卖线人”》，载《瞭望东方周刊》，2004（25）。

言碎语。

福尔曼转而供职于《纽约时报》华盛顿分社，而该报主编们对她与詹弗兰尼的关系一无所知。当联邦调查局的特工调查詹弗兰尼涉嫌逃税并将福尔曼作为涉案人询问时，《纽约时报》的主编们这才恍然大悟。几乎与此同时，《费城问询报》在1977年8月底披露了詹弗兰尼一案，并在10月16日发表了美国新闻史上最强的调查记者搭档之一唐纳德·巴利特和詹姆斯·斯蒂尔的长篇调查，详述了福尔曼与詹弗兰尼的关系，还揭露了她在报道选战时接受昂贵礼物的事实。《纽约时报》采取严厉措施，勒令任该报记者仅8个月的福尔曼辞职。有人不同意这种处理，他们主张个人私事与职务行为应有分野。但是，时任《芝加哥论坛报》记者的埃莉诺·伦道夫的看法能得到更多同行的赞同：如果一个人做了福尔曼那种事，无论出于何种原因，都应该向主编作出说明，一个人“必须解释他为什么接受报道对象的2万美元——是因为爱还是别的什么”。詹弗兰尼后因欺诈、恐吓等罪名被判监外服刑，期满后与福尔曼成婚。[①]

案例四 女记者“问题重大”为何判缓刑

湖南商人吴晓辉与山西商人郝某发生土地纠纷，吴晓辉多次因此被抓捕。其弟吴晓华结识中央电视台某法制栏目女记者李敏。2008年11月，李敏就吴晓辉案件，与北京另外两家媒体记者以涉嫌滥用职权为由，采访了太原市杏花岭区检察院。12月4日，杏花岭区检察院四名干警以“地板漏水”为名，敲开了李敏的家门，将李敏拘传回太原。检察院指控记者收受当事人弟弟的贵重财物，遂以受贿罪对其刑事拘留。女记者的朋友却透露，李某和当事人弟弟有暧昧关系。杏花岭区检察院查出，吴晓华曾通过银行给李敏一笔22万元款项，被李敏用来购买一辆丰田锐志轿车，法院因此认定李敏收受当事人贿赂。12月9日，最高人民检察院称，2008年10月，太原市杏花岭区检察院在侦查一起贪污犯罪案件中，发现记者李敏收受犯罪嫌疑人吴某弟弟的贿赂，利用其记者的职务之便，为请托人谋取利益，涉嫌受贿犯罪，此案系最高检逐级指定杏花岭区检察院办理。

侦查阶段，检方曾认定轿车为李敏受贿所得。检方对其描述为：“问题极其严重，罪证确凿，问题重大，影响极其恶劣，在国内都属于罕见的。”那么李敏为何最后却仅获缓刑呢？李敏的一位辩护律师说，这可能是由于检方认为把这辆轿车作为犯罪事实属

① 参见〔美〕罗恩·史密斯：《新闻道德评价》，李青藜译，北京：新华出版社，2001，157～159页；根据Ron F. Smith，*Ethics in Journalism*（Malden，MA：Blachwell Publishing，2008，pp130-131）补充。

于“事实不清，证据不足，在法律上不符合受贿所得的构成因素”。检方指控李敏作为国家工作人员受贿3.7万元，系李敏分多次从吴晓华手中拿到，而非之前盛传的检方指控李敏“在采访中借职务之便收受20多万元贵重财物”。据了解，吴晓华与李敏是情人关系，正因为如此，他送给李敏的价值20余万的丰田锐志轿车就不算是受贿所得了。2009年8月4日，太原市杏花岭区人民法院一审以受贿罪判处央视女记者李敏有期徒刑3年，缓期4年执行。李敏的代理律师透露，李敏当庭表示不上诉。①

央视女记者案：李敏当庭认罪被判三年缓刑四年

案例五 《纽约时报》两记者的牢狱之灾

1978年，《纽约时报》记者迈伦·法伯调查了发生在新泽西州一家医院的神秘死亡连环事件并发表长篇报道。此后，新泽西州一法院对这家医院的医生马里奥·杰斯卡里维奇以谋杀罪提起公诉。辩护律师要求查验法伯和《纽约时报》所掌握的相关材料。一位法官决定自己先行查验，再决定是否将这些材料交给被告。法伯以保护消息来源为由，拒绝提供任何材料。法庭判定他和《纽约时报》犯有藐视法庭罪。法伯和《纽约时报》上诉至新泽西州最高法院，后者维持原判，法伯因此服刑40天，《纽约时报》付出100多万美元的律师诉讼费和罚款。

时隔27年，《纽约时报》再遇同样打击。2005年7月6日，由于在法庭调查中不愿透露秘密消息来源，57岁的女记者朱迪思·米勒被判监禁。米勒说，她不想进监狱，但为了保护消息来源，她别无选择。米勒和美国《时代》周刊记者马修·库珀此前被指控拒绝向法院提供相关信息，阻碍了法院对前驻伊拉克大使约瑟夫·威尔逊的夫人瓦莱丽·普莱姆的中央情报局特工身份泄露事件的调查。库珀由于得到了秘密消息来源的同意，可以披露其身份，因此他被免责。9月29日获释后，米勒披露了她的消息来源——副总统迪克·切尼的幕僚长刘易斯·利比。米勒案远比法伯案复杂，而且米勒与报社的关系也不那么融洽。

朱迪思·米勒

① 参见《央视女记者李敏山西获缓刑》，载《武汉晚报》，2009-08-05；《央视女记者李敏受贿获缓刑》，载《钱江晚报》，2009-08-05。

案例六 老调查记者自曝"愧对深喉"

现任上海《新民周刊》主笔胡展奋是目前国内最年长的调查记者，他写的《疯狂的海洛因》被新闻界称为"全国第一篇全景式披露毒品卷土重来的调查报道"，被文学界誉为"中国禁毒第一声呐喊的优异报告文学作品"。2006 年，即在"深喉"见光后，他在报纸上撰文《愧对深喉》，讲述他在采写《湘鄂赣血吸虫惊悚调查》前后发生的刻骨铭心的故事。2003 年秋，胡展奋因采写《湘鄂赣血吸虫惊悚调查》而跋涉于湘鄂赣三省湖沼地带，发现许多被掩盖的真相，血吸虫根本不是"死灰复燃"的问题，而是从来未被消灭过。导致血吸虫病重新大流行的一个重要原因就是基层血防队伍被解散或者"雪藏"了，不过在疫区的官场，这是一个"做得而说不得的事"——血防毕竟是一面旗帜，虽说现在"弱化"了，但是公开承认"砍旗"毕竟犯忌，所以只是笼统地告诉你有"解散"这么回事，可作为实证，你到哪里去找一个愿意被你解剖的"麻雀"呢？

胡展奋在疫区滞留多日，终于得到当地一位上层朋友的帮助，为他引见了一位愿意说出真相的"血防站站长"，胡展奋再三保证，一定不会披露他的真实姓名和照片。五短身材的袁德里（化名）在得到保密承诺后，打开"血防站"大门的锈锁："我们全散了，湖南湖北乡镇一级的（血防）基本瘫痪了……"一对钉螺一年半以后就能繁殖 25 万只，这个乡本来就疫情严重，现在它们怕是要"计划生育"了。至于卫生部实行的血吸虫病急性感染"疫情"周报告和零报告制度当地是靠填数字对付，上面的干部早就习惯"估报"、虚报了。然而发稿时，报社最终把他暴露了，因为报社有人坚持说，重大报道必须真名实姓，更何况是为民请命，虚报姓名还有什么分量？胡展奋写道："以后的日子天天像蹲油锅一样地焦灼，希望这篇文章的影响越小越好，最好北京没人看到，湖北没人看到，荆州没人看到，甚至——最好看到的人无动于衷……"然而，线人的电话还是打过来了，带着哭腔："……你可把我害苦了！上面现在天天追着审我，老婆也要和我离……你！你不是说好不公开的嘛……"①

湘鄂赣血吸虫惊悚调查

① 胡展奋：《愧对深喉》，载《南方周末》，2006-03-17。

案例七 竞选州长——公开消息来源惹来十年诉讼

丹·科恩曾是规模很大的马丁—威廉斯广告公司的公关主管，负责处理1982年共和党人惠洛克·惠特尼竞选明尼苏达州州长的政治选战。他曾任明尼阿波利斯市政委员会（市议会）主席，1969年在市长选举中惜败于民主党对手。有人在电台脱口秀节目的一次辩论中暗示，该州第一位女性副州长候选人、民主党的马琳·约翰逊12年前曾因在圣保罗的一家希尔斯百货商店偷窃而被捕和定罪。就在州长选举前一周，共和党州议员、前亨内平县检察官加里·弗拉克尼发现了上述法院文件。惠特尼的选战经理们开会讨论如何利用此事，科恩应邀参加。科恩在会上自告奋勇说，他同意向当地媒体爆料。

有了法院文件，科恩在10月27日分别约见了"双子城"明尼阿波利斯和圣保罗四家媒体的记者：《明尼阿波利斯明星论坛报》的洛丽·斯特迪文特、《圣保罗拓荒者新闻报》的比尔·索尔兹伯里、美联社的格里·纳尔逊和WCCD-TV电视台的戴夫·尼默。此时离大选还有六天。他们四人同意了科恩的声明："我手中有一些文件，可能与即将参加选举的一位候选人有关——也可能无关；如果你们承诺保密，即把我当作一个匿名的消息来源，我的名字不会出现在任何有关材料上，并且你们保证不会追问我消息来源，那我就把文件提供给你们。"斯特迪文特对科恩说："有像这样的材料随时可以拿来。"索尔兹伯里说："这是政治炸药。"

记者们首先联系了马琳·约翰逊，让她作出回应。她把自己说成是受害者，告诉记者说，她沉浸在父亲一个月前去世的悲痛中，在希尔斯百货店购物时拿走一件物品而"忘记了"付钱，那是区区六美元的一个针线包。她当时身心俱损，体重下降20磅，而那一年她才24岁。《明尼阿波利斯明星论坛报》派出四五名记者，与州长竞选班底联系作跟踪报道。受派查证法庭记录的记者发现，弗拉克尼最近查阅过该记录。弗拉克尼向记者承认，他确曾将这个文件弄到手交给科恩。在科恩看来，得知他为惠特尼的选战效力后，记者们的挖掘角度是共和党州长候选人试图抹黑民主党对手鲁迪·珀皮奇的搭档约翰逊女士。《圣保罗拓荒者新闻报》记者索尔兹伯里的总编戴维·霍尔决定不遵守保密诺言，他让索尔兹伯里找科恩要求放弃承诺，而科恩加以拒绝。科恩接到《明尼阿波利斯明星论坛报》记者斯特迪文特的电话，称既然《圣保罗拓荒者新闻报》决定披露科恩是消息来源，她的报纸也会这么做。科恩表示了抗议。斯特迪文特说，报道的署名是"本报记者"。据了解，斯特迪文特坚决反对失信于科恩，并将她自己的名字从报道中撤下来。报社中还有许多同仁愤怒地反对公开消息来源。

1982年10月28日，两家报纸同时刊出报道。《明尼阿波利斯明星论坛报》在头版的下部刊登"马琳·约翰逊被捕一事由惠特尼助手披露"一文，在第一段就称消息来源是科恩，并确认科恩效力于竞选对手，负责广告业务。文中未提及斯特迪文特的匿名承诺，这是该报第一次背弃记者对消息来源的保密承诺。《圣保罗拓荒者新闻报》的报道则在D组，在文中的第十三段才提到科恩的名字。索尔兹伯里后悔他没有像斯特迪文特那样在报道中不署自己的名字。美联社则信守承诺，只是说法庭文件“被泄露给记者”。而 WCCD-TV 决定不播出这条消息。惠特尼和他的选战经理认为，科恩是自行其是，他们既不知情也不同意。同日晚些时候，科恩在一番激烈争吵后被解雇。在 10 月 29 日的《明尼阿波利斯明星论坛报》上，专栏作家吉姆·克洛布查猛烈抨击科恩，说他告诉斯特迪文特，珀皮奇/约翰逊的选战是在“撒谎”，因为这对搭档闭口不谈约翰逊的偷盗记录。在 30 日的社论版上，漫画中的珀皮奇盯着一个上面写着“最后一课的选战抹黑”的垃圾桶，珀皮奇说“这是丹·科恩干的”。接着，该报综艺版组也参加进来，对科恩冷嘲热讽。

11 月 7 日，即在选举结束四天后，毕业于哈佛大学法学院的科恩入禀亨内平县区法院，开始了他针对《明尼阿波利斯明星论坛报》和《圣保罗拓荒者新闻报》长达九年的毁约和欺诈诉讼。他拒绝了前者提出的以补偿 4000 美元达成和解的要求。1988 年，一个六人陪审团判给科恩 20 万美元毁约金和 50 万美元惩罚性损害赔偿金，由两家报纸共同承担。报社以判决违反宪法《第一修正案》为由提出上诉，1989 年明尼苏达上诉法院以 2 比 1 裁定维持原判，而取消了 50 万美元赔偿金。报社又上诉至明尼苏达州最高法院，该法院在 1990 年推翻了下级法院的判决，称强制要求记者承诺保密会侵犯报纸的宪法《第一修正案》权利。科恩上诉至美国最高法院，直到后者在 1991 年 6 月 24 日以 5 比 4 作出里程碑式判决：宪法《第一修正案》并不允许报纸违反合约，作出承诺的人必须信守承诺，并将此案发回明尼苏达州最高法院重审。科恩说：“由于其傲慢和愚蠢，《明尼阿波利斯明星论坛报》和《圣保罗拓荒者新闻报》被举国确证为撒谎者。”1992 年，明尼苏达州最高法院做出判决，科恩获得 20 万美元赔偿金。2005 年，69 岁的科恩出版了《匿名消息来源：与媒体开战的真实故事》一书，记录了令他刻骨铭心的一段人生经历。①

案例八 “汉芯一号”调查与海外消息来源

2006 年 1 月 17 日，一名神秘举报人在“水木清华”网站 BBS 上公开指责“中国首款自主知识产权高端 DSP 芯片”——“汉芯一号”的发明人、上海交通大学微电子学院院长陈进教授造假，骗取国家上亿元拨款。一些媒体很快介入，进行了追索和求证。当年 1 月 24 日，《21 世纪经济报道》以《“汉芯一号”造假传闻调查》为题首次曝光此事，随后又分别以《夜会神秘人》、《造假基本属实》、《陈进其人》为题作了跟踪报道。5 月 12 日，上海交通大学公开通报调查结果：陈进在负责研制“汉芯”系列芯片过程中存在严重的造假和欺骗行为，以虚假科研成果欺骗了鉴定专家、上海交大、研究团队、地方政府和中央有关部委，欺骗了媒体和公众。但是，网友 Bingo 首先“发现”，《21

---

① See Dan Cohen, *Anonymous Source: At War Against the Media: A True Story*, Minneapolis, MN: The Oliver Press, Inc., 2005.

世纪经济报道》记者拒绝了线人要求保密的请求，并将他们网上的谈话内容，原原本本在报纸上公开。Bingo 认为，即便揭露丑闻，记者也不应该因此而偏离既定的新闻伦理准则。《甘肃日报》李天伦为此撰文赞同 Bingo 观点，他认为："在揭露丑闻的路上，即便再艰难，也要珍视新闻记者的职业伦理。"①

就李天伦的上述观点，傅海撰文提出商榷意见。他通过调查得知，消息来源是在提供消息之后才提出保密的请求。记者当时没有回答，之后用公开她们之间较详细的谈话记录的方式拒绝了保密请求。记者杨琳桦当时是采访者，被访者是 robin. cpliu———陈进教授在美国得克萨斯大学奥斯汀分校的师弟。2 月 25 日凌晨，robin. cpliu 通过通讯工具 googletalk 主动联系记者杨琳桦，报道中引用的对方文本内容是："陈进绝对是一个好人，他乐意回国报效…… 'robin. cpliu' 语气诚恳地表示：'我想帮助陈进。所以，也许我是有一定偏向性（a little biased）的。'……2 月 28 日凌晨 1 时 50 分，'robin. cpliu' 的态度发生了些许变化，一再表示，'请删除我们的文字记录，我不希望留下任何文本，我也将否认我说过的所有话'。"在傅海看来，记者很可能认为自己公布网上谈话内容，只是一种客观的报道方式，并非违背了要替消息来源保密的伦理义务。"陈进绝对是一个好人"、"我想帮助陈进"等话语流露出消息来源为陈进辩护的动机；"我对此没有任何评论"等话语，则体现了消息来源矛盾的心态和模糊的陈述。采访结束时消息来源表示不希望留下任何文本，并将否认自己说过的话。在这种情况下，记者难以从消息来源那里获得关于"汉芯一号"事件主角的确切信息。傅海认为，既然如此，原原本本地公布谈话记录也不失为一种客观报道的方式。②

"汉芯一号"造假传闻调查

案例九 消息来源不同，客观报道不客观？

一名 18 岁的医疗档案文员遭到强奸并被杀害，她的已经腐烂的尸体被遗弃在佛罗里达州奥兰多附近塞米诺尔县的一个垃圾场里，附近还有一具高度腐烂的女尸，都是在 1973 年 8 月 21 日被发现的。两宗谋杀案在繁华的佛罗里达州中部地区引发轰动，而当警察请一名通灵师来让他手持遇害女性的颅骨感应信息、为办案给出建议时，公众就更加关注此案了。警方最终对约瑟夫 · 斯帕齐亚诺提出指控。此人外号

① 李天伦：《揭丑就可抛却职业伦理?》，载《新闻记者》，2006（6）。

② 参见傅海：《此项揭丑并未"抛却职业伦理"——兼与李天伦先生商榷》，载《新闻记者》，2006（12）。

“疯狂的乔”，是一名因强奸和伤害而声名狼藉的犯罪团伙成员。该案的控方证人是一名17岁的问题少年托尼·迪利西奥，他在帮助父亲照料生意时与斯帕齐亚诺共事过。迪利西奥被关进少年教养所期间，警方和他的父亲都劝他去见一位催眠师。去过几次以后，他想起迪利西奥曾经带他去过那个垃圾场，并向他展示杀人杰作。

该谋杀案开庭审判时，迪利西奥证实斯帕齐亚诺曾向他描述可怕的杀人细节：在杀害那位女子之前用刀割去她的外阴部。检察官掌握了不利于斯帕齐亚诺的旁证，但是迪利西奥是唯一能直接将斯帕齐亚诺定罪的目击证人。这个证据足以让陪审团判处“疯狂的乔”死刑。20年后，经过无数的上诉，斯帕齐亚诺仍被列在死囚名单上。

佛罗里达州赫赫有名的《迈阿密先驱报》和《奥兰多哨兵报》在1995年介入了案件调查。两家报纸各自派出记者仔细研读了法庭证词、简报和公共档案，采访了数十名相关人员。《迈阿密先驱报》自己的结论出来了：斯帕齐亚诺是误审误判的牺牲品。报道暗示警方工作草率大意，而在催眠师诱导下供出的证词比妖术好不到哪儿去，佛罗里达州的法院已不再承认这种证词。当一名法官宣布暂缓执行斯帕齐亚诺的死刑时，该报的新闻标题是：《正义醒来》。而《奥兰多哨兵报》经过调查，总编认为警方抓对了人，斯帕齐亚诺的确残忍变态，他对犯罪团伙的其他成员说，奸尸的感觉更好。当他被暂缓执行死刑时，该报的新闻标题是：《正义显然受骗》。

虽然事发于奥兰多附近，但是《迈阿密先驱报》却是最早重新调查斯帕齐亚诺案的报纸。斯帕齐亚诺的一名律师为该报记者吉恩·米勒提供了线索，他谈到了斯帕齐亚诺案处理方式中的许多问题。米勒曾因揭露误审误判而两度获得普利策奖，律师谈到的问题之一引起了他的注意：为那个少年施行催眠术的催眠师在另一宗谋杀案中为证人催眠过，米勒在调查该案时已宣布催眠结果不可信。于是，米勒阅读了法院文件，并求教于一名专家，最后得出结论：斯帕齐亚诺的律师可能是对的，面临死刑的是一位无辜的人。

劳顿·蔡尔斯州长将处决斯帕齐亚诺的日期定在1995年6月27日。《迈阿密先驱报》派棕榈滩分社35岁的女记者洛丽·罗萨采访年已37岁的迪利西奥。迪利西奥将她拒之门外，并威胁要报警。但是罗萨经过五次尝试，终于获准采访。他告诉女记者，催眠术是“巫术”，谋杀案发生时，他是一个吓坏了的毛头小子，为取悦警察和蛮横的父亲而编造了故事。他从来没有看到过尸体，也没有听说过斯帕齐亚诺的供述。罗萨相信他道出的是真情，据此写成的报道刊于6月11日《迈阿密先驱报》的头版。蔡尔斯州长立即要求进行官方调查。

《奥兰多哨兵报》陷入了窘境：300多公里以外的竞争对手抢走了一条发生在自家地盘上的大新闻。该报决定奋起直追，一共派出八名记者前去报道。总编约翰·黑尔希望自己的报纸找到不同的角度。于是该报记者开始调查迪利西奥这位关键证人何时在说真话，何时在说假话。记者迈克·格里芬去采访迪利西奥。他后来说：“在和这个家伙谈话的头15分钟内，我就发现了六处谎言。”迪利西奥对格里芬说，他在过去十几年中一直是基督徒，而且无不良记录。其实据格里芬所知，迪利西奥曾因醉驾和殴打前女友分别被捕两次。格里芬怀疑迪利西奥拒不承认他以前的证言也是在撒谎。

黑尔总编同意格里芬的判断。《奥兰多哨兵报》记者发现有人声称在迪利西奥接受催眠术之前就听到他叙述那起谋杀案。黑尔说："我们没有找到支持他改变证词的人。"该报发现迪利西奥的可信度令人怀疑，报道了他近年来触犯法律的种种行为并引用他的亲友的原话，说他是强迫性撒谎者。

《奥兰多哨兵报》的报道令斯帕齐亚诺的律师迈克尔·梅洛十分不快。他认为这些报道会使斯帕齐亚诺难逃极刑。梅洛称《奥兰多哨兵报》是"凶手的共犯"，他拒绝接受该报的采访。在梅洛的要求下，迪利西奥也不再接受该报的采访了，而他们都继续与《迈阿密先驱报》保持联系，梅洛还称《迈阿密先驱报》是他的"调查伙伴"。《迈阿密先驱报》的报道也一如既往地有利于斯帕齐亚诺。梅洛在一封写给斯帕齐亚诺的信中打气说："有了上帝和《迈阿密先驱报》的帮助，我们将一起冲过终点线。"梅洛在另外一封给他的信中说："《哨兵报》爱怎么写就怎么写，而如果另一份（死刑）批准书来了，你的血就在他们手上。"

不出所料，执法人员对报道也有不同的看法。负责重新调查这宗罪案的佛罗里达执法局官员约翰·戈迪对《迈阿密先驱报》很恼火，因为该报暗示他调查不力。戈迪和其他执法官乐于回答《奥兰多哨兵报》记者的问题，而对《迈阿密先驱报》记者的采访不大配合。由于两家报纸的记者对自己的角色认知不同，也由于他们与主要的消息来源之间形成了不同的关系，因此他们写出的报道各异。佛罗里达州另外一家知名报纸《圣彼得斯堡时报》记者戴维·巴斯托在 1996 年撰文说："《先驱报》发现斯帕齐亚诺是一个可怜的非正义的牺牲品。《哨兵报》发现的则是一个'弹无虚发'的强奸杀人犯。"

对斯帕齐亚诺的指控最终减为二级谋杀罪，他对此不表示异议，因此获刑 23 年，而这正是他自被捕以来已经遭到关押的年头。他坚称他没有杀人，接受改判只是因为不愿让家人为他可能被处以死刑而痛苦。如今他还在狱中为他在 1974 年一宗与谋杀案无关的罪案服刑，他因强奸一名 16 岁的奥兰治县少女而被判 115 年监禁。《奥兰多哨兵报》2008 年报道说，63 岁的斯帕齐亚诺的释放时间被提前到 2060 年 10 月。[1]

杀手"疯狂的乔"斯帕齐亚诺被拒绝假释

① 参见〔美〕罗恩·史密斯：《新闻道德评价》，李青藜译，北京：新华出版社，2001，159～163 页；David Barstow，"Two newspapers，two sides to the same story，" *The American Editor*，July /August，1996；"Killer 'Crazy Joe' Spaziano is denied parole，" Orlando Sentinel，October 16，2008.

案例十 深圳医疗系统中的“深喉”

前《南方周末》记者傅剑锋在2006年年底讲述了这样的奇特经历：傅剑锋一直想面见一个人，但是至今不知其名字及性别，姑且以“他”相称吧。“他”是傅剑锋在调查“深圳第二人民医院烧伤科天价收费骗取工伤保险”中的举报人，隐姓埋名于医疗系统的“深喉”，也是傅剑锋新闻调查生涯里最神秘的线人。2006年9月到10月，“他”以每星期一封的频率给傅剑锋寄举报信。信里称“他”还以同样频率给深圳监管机构和国家监察部寄信。全部是打印文字，信封上有六个鲜红惊叹号。唯一的联系方式，是一个无论什么时候打过去都接不通的手机号，旁边注明：只能发短信。傅剑锋试着发信息，连续几天都没有等到回复。傅剑锋清楚这些内部举报人的心理，他们在举报无望后，常常会销毁掉一切痕迹，包括销掉电话号码，以求自保。

傅剑锋已不抱希望了，短信却在几天后的深夜降临：“能联系上你真好，如果你有足够的坚持与勇气，就可以发现巨大的黑洞。”傅剑锋笑而回复：“我以为你已经销掉手机号了，看得出你是个不轻言放弃的人。”“他”回复：“只是尽一名医务人员的本分而已，其实私下里，很多医务人员都是见不得那些不讲医德的行为的。”为了判断“他”所提供信息的真实性，以及其动机是维护公共利益还是源于个人恩怨，傅剑锋到深圳后不断发信息要求见面。“他”回：“你知道安徽医大的张曙吗？他公开举报，结果全国的医生护士都骂他有病，全院无人理他。我害怕这些，我害怕丢掉工作，我不敢和你通话，不能让你听出声音，甚至发信息都怕朋友知道，我没有任何个人恩怨……只是无法忍受这令人窒息的黑暗!”

神秘举报人几乎每天发短信来询问调查进程，提供大量涉案人和监管机构的电话。傅剑锋找到几位知情医护人员，给他们写信说：“你看到这封信时，请不要惊慌。你不要以为，这个社会是冷漠的。不，这个社会其实不乏好人，像你一样的好人，只不过多数时候，他们都藏在暗处，他们沉默着，他们缺乏勇气。在这个不乏好人的社会里，最可悲的是好人的孤立无援与孤军奋战，所匮乏的是好人与好人之间的相互支援。只要好人们能够团结起来，哪怕是能够暗中团结起来，黑暗就不会可怕，真相就没法被遮蔽!”

一些被打动的医护人员提供了触目惊心的情况，但多为口头陈述，这对调查报道有致命危险，必须找到书面证据。在一个餐馆，一名内部医护人员告诉傅剑锋，他（她）曾经复印了上百本涉嫌乱收费的病历。后来，时任烧伤科主任的朱志祥被双规后安然无恙，令他（她）绝望，一怒之下把病历全烧掉了。此后十余天，傅剑锋陷入寻找物证的僵局中，甚至懒得给“他”回短信。有一天“他”来信了：“说实话，没有您的消息我很是不安：一为无法彻底帮助您；二怕您灰心走了……您不能放弃啊，没有您真相如何大白!”

就在证据收集越来越顺利的几天中，报社热线接到电话，对方自称是深圳的自杀者，在死前想找记者傅剑锋聊聊。傅剑锋立即电话回复，不过是用新买的一个手机号。一听声音发觉其哭腔是装出来的，“他”问傅剑锋在哪里，是不是在深圳。这不像一名自杀者死前想说的话。傅剑锋出其不意地反问他："你是医生吗?"对方慌忙说："是的。"傅剑锋不动声色地安慰他一番再挂机。傅剑锋把这一情况发短信给"他"，"他"回复说："可能是你去广东工伤康复中心的采访，让对方知道了你在调查。这个所谓的自杀电话是来刺探你行踪的。""他"建议傅剑锋第二天就返回广州，然后再用广州的固定电话给这位"自杀者"打个安慰电话，要透出调查没有成功被迫回广州的假信息，使对方放松警惕，再杀一个回马枪返回深圳继续调查。"他"的建议和傅剑锋的想法惊人的一致。

40 多天后，傅剑锋的调查《两起工伤病例多收 161 万 天价医疗黑洞吞噬社保基金》在 12 月 7 日面世，涉案人被"双开"了。紧接着，央视又曝光了深圳第一人民医院另一起天价医疗事件。神秘举报人给傅剑锋发来短信："在所有人都不敢言的时候，你以良知做了该做的。世上我只感佩你。"后面是连续十个感叹号。傅剑锋立即回复："敢言对我来说是职业要求，而你身处其中，却如此勇敢，这才是真相能揭开的核心原因。我向所有富有良知的人们致敬!""他"没有再回复，他像一粒沙子消失在大海中那样无迹可寻了。①

案例十一 "周筱赟爆料绝对靠谱"

周筱赟用真名爆料，树立"周筱赟爆料绝对靠谱"的品牌，一旦出手，从不失手。周筱赟的揭黑爆料属非职务行为，主要阵地是四个微博、五个博客、两个论坛。欢迎跨省追捕，欢迎黑帮暗杀，欢迎对号入座，欢迎对簿公堂。周筱赟的爆料路径：内线（匿名）→周筱赟（实名）→新媒体爆料→传统媒体跟进。被我揭露的当事人，要么撤职、要么双规、要么判刑。至今无威胁、无利诱，甚至色诱都没有。

周筱赟以"自媒体"形式，通过微博、博客、论坛等，在 2011 年独家揭露或主要参与揭露的重大社会公共事件有：

(1) 中石化天价酒事件：4 月 13 日，周筱赟获得内部深喉爆料，公布后，导致中石化广东分公司总经理鲁广余被免职。

(2) 江苏宿迁国库 800 万事件：江苏宿迁国库 800 万元直接转账到一神秘女子私人账户中，该女子系副县长司东亮的舅妈荣丽，5 月 16 日，周筱赟独家公布银行转账票据，两名责任人已被双规。

(3) 原长沙市委副书记实名揭露长沙创文劳民伤财：5 月 20 日，原长沙市市委副书记朱尚同，实名揭露长沙创文劳民伤财，仅一个区就耗资两亿。北京一位德高望重的老先生将朱尚同的举报信转给周筱赟，在网络揭露后，全国上百家媒体报道。

---

① 傅剑锋：《记者讲述：我遇到了深喉》，载《南方周末》，2006－12－28。

(4) 陕西横山县官煤勾结砍断村民大腿：5月24日，周筱赟获得村民大腿被砍断的X光片，周筱赟微博曝光横山砍刀队后，中组部派出调查组，横山县的书记、县长、政法委书记都被免职或调离，公安局局长被判刑。

(5) 厦门人工岛事件：厦门市政府在自然保护区海域大规模填海造人工岛，8月，周筱赟接内线报料，获得区划图和被藏匿的环评报告，目前该计划暂缓。

(6) 卢美美父女涉嫌传销和诈骗。周筱赟从8月17日介入，不断获得多名内线提供该公司内部文件多达数百件，公开揭露借会敛财，涉嫌传销和诈骗，已导致卢俊卿旗下公司从8月以后没有任何营业收入。此前年营业额为数亿到数十亿。

(7) 湾仔码头速冻食品不合格。作为速冻食品中的高端品牌，湾仔码头某款食品的金黄色葡萄球菌超标，属不合格食品，11月16日，周筱赟独家获得内线提供的南京市工商局刻意隐瞒的检测报告。公布后，南京市工商局被迫半夜在官网发布声明承认。

以上事件大量或基本使用内线爆料的形式，周筱赟在其中是“二级爆料人”。问：为什么要用内线爆料？答：正常渠道无法突破。问：为什么内线要找周筱赟爆料？答：内线直接爆料要么无人搭理要么暴露。内线直接上网或找记者爆料遭暴露的可能性很大。在网上，不论如何匿名，只要想知道你是谁，任何人都是实名制。

如何确定匿名信息源的真实性？从不采信人证，只采信书证和物证。这才能确保“一旦出手从不失手”。记者每天收到大量投诉、举报邮件，但采信并爆料的是其中很小一部分。关注弱势群体，但弱势群体说的话未必都可信。只相信确凿证据，不相信诅咒发誓，并短时间内对证据作出准确判断。

为什么要保护线人？因为线人暴露后的结果很可怕：致死致残、失业下岗、生活无着、仕途无望等等。保护内线的方式：虚张声势、声东击西、围魏救赵、欲擒故纵、藏头露尾……世界上只能有两个人知道：我和线人。最最重要的一句话：打死也不能说。保护内线的技术要求：强调书证和物证，淡化人证，减少被怀疑的可能。不要爆料只有内线和揭露对象两个人才知道的事。不要让内线使用单位电话、电脑等联系。不要贸然和内线见面，会增加内线的风险。即使做到种种防范，内线仍处于危险中。问：怎样隐藏一片树叶？答：制造一片树林！让怀疑对象无限多，无从下手。①

维护公共利益与保护消息来源

有人说，消息来源是维持记者生命之血液。② 也有人说，见闻广博的消息来源是记者的面包和黄油，倚重他们能创造出真正错综复杂的新闻作品。一家新闻媒体发誓忠于它的

① 应本书作者要求，广州媒体人周筱赟博士惠赐此文（此处有一些技术改动），特此致谢。周晓筱特别说明，作为媒体评论编辑，他通常不承担新闻采访和接触线人的任务，爆料不是他的职务行为，而是自媒体时代的公民个人行为。

② 参见〔美〕梅尔文·门彻：《新闻报道与写作》，展江主译，北京：华夏出版社，2004，342页。

消息来源势必会受到公众的欢迎，然而，刊登出姓名会令消息来源欲言又止，甚至缄默不语。还有人指出："不具名的消息来源是民主的安全阀和良心的避难所，但也是懒惰而粗心的记者的拐杖。"那么，如何既为公众服务又让消息来源满意，经常就成为两难之事。①

我们知道，从事舆论监督的调查性报道的记者通常要接触和使用秘密（匿名）消息来源，以获得政府官员、公司和其他滥用权力者想掩盖的信息。国际新闻界普遍认为，无论记者本人可能遇到什么后果，他们都有责任不泄露消息来源的身份或不让消息来源的身份为人所知。如果不能对消息来源的身份保密，非官方的消息来源可能由于害怕遭到报复而保持缄默。未经同意披露消息来源，很可能给消息来源带来非常严重的后果。

根据新闻专业主义和公共性的理念，新闻媒体在采集、刊播新闻和信息时，扮演着一个中立的公共机构的角色。马克思称之为统治者和被统治者之间的"第三种因素"和社会中的"第三种力量"。当政府或其他任何人强行查阅记者的采访本、录音笔、录像带、相机、电脑等专业记录时，或者当记者自己出卖消息来源时，这种中立性就被破坏了，也就构成了背信弃义。

美国职业新闻工作者协会《伦理规约》主张：一方面，"只要有可能，就交代消息来源的身份。公众有权就消息来源的可靠性获得尽可能多的信息"；另一方面，"在允诺匿名之前，一律要质疑消息来源的动机。说明为获取信息而做出任何承诺的附带条件——信守诺言"。

此外，记者还要避免使用似是而非的无效消息来源。门彻教授提到，有一些"消息来源"根本没有资格就某一主题发言，但看起来却是权威性十足。当一些美国国会议员试图揭示农民的境况受到支出增加和收入减少的沉重打击时，他们让女影星西西·斯帕塞克和简·方达来加以证实，而这样做仅仅是因为两名女性曾在电影里扮演过农民的妻子。②

社会结构与官方消息来源

《华盛顿邮报》在"水门事件"之前曾发表一篇经典的社论调侃了所谓的官方"消息来源"家族族系：③

沃尔特和安·"消息来源"（娘家姓"谣传"）夫妇有四个女儿（"身居高位"、"具有权威"、"无懈可击"和"消息灵通"）。大女儿嫁给了一位名叫"可靠消息人士"的外交官（该"消息人士"的弟兄们远近知名，在此引用；其中最出名的是白宫、国务院和国会里面的）。沃尔特·"臆断"的内弟伊恩·"谣传"娶了亚历山大·"推测"，他们育有两个儿子："据了解"和"据悉"。"据悉"刚刚带薪入职司法部，他在那里将受雇长达四年。

卡伦·桑德斯指出，记者需要消息来源，这些关系成为新闻实践中最具争议的领域之一。媒体分析的一种有影响的主流观点认为，媒体在结构

① See Clifford G. Christians, etc., *Media Ethics: Cases and Moral Reasoning*, Boston: Allyn & Bacon, 2012, p. 60.
② 参见〔美〕梅尔文·门彻：《新闻报道与写作》，展江主译，北京：华夏出版社，2004，341页。
③ See Clifford G. Christians, etc., *Media Ethics: Cases and Moral Reasoning*, Boston: Allyn & Bacon, 2012, p60.

上会偏向有权势的消息来源，这些消息来源无论从世俗的还是从意识形态的视角来看都获取了“首要定义者”的地位。在此，新闻实践的组织被视为推广和促进权威消息来源的观点和利益机构，这无疑是部分真实的。新闻报道反映权力格局。[①] 倘若记者只依赖政府消息来源，那么他们就降低到了官方传声筒的地位，而这种新闻自由的概念就与公众知情权的意蕴南辕北辙了。

张欣：《深喉》是小说不是调查报告

一种更为极端的观点以美国《纽约客》杂志撰稿人珍妮特·马尔科姆为代表，她认为，记者与消息来源之间的关系天生就是腐败的，因为“新闻事业在道德上的模棱两可并不在于它的文本，而在于生成文本的关系——这种关系一成不变地和不可避免地严重失衡”。

政客可能会利用记者披露特殊信息为官方和自己谋利。他们可能向记者吹风，放出试探气球，为某项政策造势，如调整税率和物价，而一旦民众反应负面就拒不承认之前所言，甚至委过于记者。在这种情况下，记者成了制造“假新闻”的魁首，实际上是被政客以出尔反尔的伎俩愚弄了；有的官员利用国内外媒体放话，提供抹黑政治对手的杀伤性材料。在这样的情况下，官员几乎一律以秘密消息来源的身份发声。

深喉是谁——看张欣的小说《深喉》并与方家共探讨

不过，桑德斯也看到了另一面：当新闻工作者与消息来源之间产生冲突和误解时，两者关系的复杂性就会昭然若揭。当猜忌支配了新闻工作者与官方消息来源之间的关系时，当官方消息来源因危机和丑闻而失去公信力时，问题很明显就不是结构约束所能全部解释的了。消息来源可能试图利用新闻工作者，但是新闻工作者也能够轻而易举地“利用”消息来源。[②]

“支票簿新闻手法”与“有奖爆料”

支票簿新闻手法

是指向消息来源提供报酬，具体而言就是新闻工作者为信息或独家采访而付费的行为。

所谓“支票簿新闻手法”（checkbook journalism），源于英美新闻界，是指向消息来源提供报酬，具体而言就是新闻工作者为信息或独家采访而付费的行为。[③] 所以它完全不同于收受“红包”等“有偿新闻”行径，不属于媒体腐败行为之列。但是，随之引发的伦理议题和道德问题层出不穷。

根据罗恩·史密斯的观察，为得到消息、图片或独家采访的机会而付钱给消息来源的做法，在美国报界已不多见，但是在美国广播电视界和英国、日本等国已被接受。在苏联解体之后不久的俄罗斯，采访执法官员要花费 400 美元，花费 1000 美元可以采访到死刑犯，500 美元可以买通列宁墓的卫兵，获准进入陵墓内拍摄照片。在德国，文体明星在接受媒体采访前往往收受大额金钱。这也可以

①② See Karen Sanders, *Ethics & Journalism*, London: Sage Publications, 2003, p. 108.

③ See Bob Franklin, etc., *Key Concepts in Journalism Studies*, London: Sage Publications, p. 35.

理解为出让隐私的回报，因为媒体因此而获得眼球效应，以至于某期刊物或节目大卖或大赚人气。在整个欧洲，政府官员在受访前常常索取“酬金”。[1]

英国煽情小报因购买“独家新闻”而声名狼藉，丑闻或隐私越刺激，出价越高。尽管有英国报业投诉委员会的约束，但是这种行径仍然此起彼伏。1992 年美国大选期间，美国小报《明星报》付钱给夜总会歌手詹妮弗·弗劳尔斯，让她讲述与民主党候选人比尔·克林顿的绯闻。一家英国小报出价 50 万美元征集任何愿意诉说与克林顿风流韵事的女性。[2] 2001 年 5 月，英国最放肆的小报《太阳报》花钱雇用一架飞机将在巴西犯有火车抢劫罪的罗纳德·比格斯带回英国，引发了媒体似乎在奖励罪犯的争议。[3]

如果说美国主流报界很少为新闻支付费用，那么美国的商业电视则刚好相反。名人主持的脱口秀节目、小报型节目和新闻杂志型节目不惜大笔花费来激发人们对“支票簿新闻手法”的争议。1993 年 2 月 28 日，美国联邦执法人员出动坦克和飞机，围剿大卫邪教设在得克萨斯州韦科的总部，当天有 6 名大卫教徒和 4 名联邦执法人员丧生。4 月 19 日，联邦执法人员对大卫教总部韦科山庄采取行动，80 名包括女性和儿童在内的大卫邪教教徒在枪战和大火中丧生。一个电视节目付钱给邪教教主大卫·科雷什的母亲，让她接受采访，节目收视率因此飙升。[4]

在美国电视界，赞成“支票簿新闻手法”的人认为，如果不付钱，许多电视新闻节目就难以找到愿意在节目中露面的人。哥伦比亚广播公司《60 分钟》节目著名制片人唐·休伊特说：新闻节目为说服人们上镜所费的某些口舌甚至比付钱还不道德。电视脱口秀节目先驱菲尔·多纳休说：“我认为支票簿新闻手法是一个普遍现象。我们在市场指导下工作。”他说，他想知道如果希特勒还活着，新闻媒体会不会因为他事先索取 100 美元而拒绝采访他。其他支持者认为，在市场社会中买卖信息本属寻常事。有人就提出，如果报社摄影记者不在新闻现场就可以购买新闻图片，如果报社可以出钱购买专栏作家的文章，那么为什么在付钱给目击者和专家时犹豫不决？还有人注意到，新闻媒体是通过出售信息来获取利润的，那么为什么受访者即最初的消息来源不能分享利润呢？[5]

但是大多数英美新闻工作者反对“支票簿新闻手法”。根据一项美国的调查，只有 17％的新闻工作者认为为采访付费理所当然。公众也反对这种行为，其中不到三分之一的人认为“支票簿新闻手法”在伦理上是可接受的。[6] 根据一项英国的调查，70％的新闻工作者认为向目击证人付酬会危及新闻报道的公正性。卡伦·桑德斯认为，“支票簿新闻手法”会降低信息的准确性，因为有人会为了钱而对信息添枝加叶，也会抑制信息的自由流动。当这种做法涉及那些目击犯罪过程，或者已经被判有罪的人时，问题可能变得更加

① 参见〔美〕罗恩·史密斯：《新闻道德评价》，李青藜译，北京：新华出版社，2001，185～186 页。
② 参见上书，187 页。
③ 参见〔英〕卡伦·桑德斯：《道德与新闻》，上海：复旦大学出版社，2007，163 页。
④ 参见〔美〕罗恩·史密斯：《新闻道德评价》，李青藜译，北京：新华出版社，2001，186 页。
⑤ 参见上书，191～192 页。
⑥ 参见上书，192 页。

严重。①

罗恩·史密斯归纳了反对“支票簿新闻手法”的四条理由：其一，如果有钱可挣，就会有人撒谎或夸大其词；其二，如果无钱可挣，许多人就会隐瞒信息；其三，“支票簿新闻手法”可能降低新闻报道本身的质量；其四，“支票簿新闻手法”需要花钱，有的新闻媒体担心，一旦开了为采访付钱的口子，那就可能一发而不可收，这笔开销就可能成为一个无底洞。②

在国内，许多都市类日报开辟了爆料热线，有奖征集社会新闻的线索。此举相对于“支票簿新闻手法”，开销较易控制，做法也比较规范。但是它毕竟是一种付费采集新闻的行为，我们在此留下空间让同学们来讨论“有奖爆料”是否可取，利弊何在。

匿名消息来源可能是假新闻的温床

消息来源是新闻媒体赖以安身立命的根本，媒体拥有广泛而强大的消息来源，能在激烈的新闻竞争中拔得头筹。但如果对消息来源使用和处理不当，也会惹来麻烦，因为事实性差错大多发生在消息来源上。匿名消息来源更是假新闻的温床，而且容易引起法律纠纷，从而影响媒体的公信力。而在中国，这一问题还没有与司法建立关联，但是滥用和披露匿名消息来源的两种情况都已经在新闻实践中出现。

正如案例一所昭示的，水门事件报道不但使“伍德斯坦”蜚声世界，而且刺激了新闻媒体对匿名消息来源的兴趣。但是，“深喉”的使用具有很大的冒险性，在一定程度上讲也是难以复制的。有经验的记者对于使用匿名消息来源提供的信息有所顾忌。主编们普遍担心：(1) 太多的记者由于懒于寻找有据可查的信息而使用匿名消息来源。(2) 记者可能将杜撰的事实冒充为匿名消息来源提供的信息。(3) 匿名消息来源提供的信息要么不准确，要么是出于一己私利。③ 此外，一些记者不懂得或者无视新闻专业主义的精髓之一在于区分报道和评论，而借虚构的匿名消息来源之口来表达自己的意见。

而在以上任何一种情况下，都可能制造出虚假新闻。例如，我们在第四讲中选用的案例，实际上是央视记者和编辑出于偷懒和容易摆布等原因，以大学生高也作为采访对象即消息来源，表面上看高也的大学生身份是真，实际上隐匿了他的另一个身份——栏目的实习生。

对于美国报纸主编来说，他们的一大担忧是所谓匿名消息来源提供的新闻是记者自己捏造出来的，最声名狼藉的例证是《华盛顿邮报》记者珍妮特·库克杜撰的吸毒男孩故事《吉米的世界》。虽然如此严重程度的欺骗是罕见的，但是主编们怀疑记者用虚构消息来源的方法为其报道增加趣味性。前纽约长岛《新闻日报》首席调查性报道记者和主编罗伯

① 参见〔英〕卡伦·桑德斯：《道德与新闻》，上海：复旦大学出版社，2007，162～163 页。

② 参见〔美〕罗恩·史密斯：《新闻道德评价》，李青藜译，北京：新华出版社，2001，187～190 页。

③ 参见〔美〕罗恩·史密斯：《新闻道德评价》，李青藜译，北京：新华出版社，2001，153～154 页；Ron F. Smith, *Ethics in Journalism*, Malden, MA: Blackwell Publishing, 2008, pp. 123-124。

特・格林说，当记者企图借匿名消息来源之口讲出自己的观点时，他一眼就能识破。《迈阿密先驱报》主编马克・沃什博恩称："每次看到'消息人士说'这样的字眼，我脖子后面的头发就会禁不住直立起来，并忍不住想说'哦，胡扯，只是你瞎编的'。"①

今天，随着国际交往范围的扩大，在一些言论表达受到阻挠的国家进行采访的记者往往被迫较多地使用匿名消息来源，以保障其安全。但是这可能导致两个问题：一是消息来源的真伪受到质疑，二是匿名的否定性（负面）消息来源常常多于具名的肯定性（正面）消息来源，因而被质疑报道不平衡、不客观。此时，如何从消息来源的角度保证报道的专业性对于驻外记者来说往往是一种煎熬和考验。

一个伦理与法律交织的问题

在美国，新闻工作者由于其职务行为特别是公众期待的调查性报道而被判坐监的，主要就是拒绝服从法庭命令、不向原告提供重要信息的记者，这些记者通常会因此面临藐视法庭罪的指控，以及潜在的罚款与监禁判决。事实上，几乎所有直接干扰法庭公平运转的活动都可能被认为是藐视法庭罪。例如，一名摄影记者拒绝遵守法庭规则也可能会被判处藐视法庭罪。

检察官和辩护律师或是民事案件律师可能会阅读报道并要求记者披露消息来源的姓名。这些人坚称，如果消息来源不上法庭作证，无辜者就可能进监狱，有罪者则可能逍遥法外，而受到伤害的当事人将得不到公正审判。于是他们请求法官命令记者交代消息来源的姓名，否则就以涉嫌藐视法庭将其收押。抨击者认为，记者保护消息来源天经地义。而美国各级联邦法院则振振有词：根据宪法《第六修正案》，公民有作证的义务，像所有公民一样，新闻工作者不享有允许其拒绝在大陪审团前作证的宪法《第一修正案》特权，这是美国最高法院在多年前确立的一个判例。

虽然这种案件为数不多，但是由于其特殊性而经常成为引起全国甚至全世界注目的新闻。在二战以后第一个因此倒霉的美国新闻工作者是已停刊的《纽约先驱论坛报》专栏作家玛丽・托尔（Marie Torre，1924—1997），她在1958年的一篇专栏文章中引用哥伦比亚广播公司一名经理人的话说，女演员和歌唱家朱迪・加兰因太胖而未能参演某特别节目，在随后朱迪・加兰提起的诉讼中，玛丽・托尔因拒绝披露消息来源而被判监10天。② 从1911年到1968年，仅有17宗涉及记者秘密消息来源的案件。自从美国最高法院1972年就《布兰兹伯格诉海斯案》做出判决以来，因藐视法庭而被定罪的新闻工作者增加了。从1990年到2006年，约有20名美国媒体人因拒绝披露消息来源而被定罪入狱，刑期从数天到6个月不等。③

---

① 转引自〔美〕罗恩・史密斯：《新闻道德评价》，李青藜译，北京：新华出版社，2001，166页。

② See Nick Ravo, "Marie Torre, 72, TV Columnist Jailed for Protecting News Source," *New York Times*, January 5, 1997.

③ 参见〔美〕唐・R・彭伯：《大众传媒法》，张金玺、赵刚译，北京：中国人民大学出版社，2005，353～354页；http://archive.firstamendmentcenter.org/about.aspx?id=16896。

在欧美其他国家，此类案件还要少些。较著名的一宗是荷兰日报《电讯报》(*De Telegraaf*)记者巴尔特·莫斯（Bart Mos）和约斯特·德哈斯（Joost de Haas）因在2006年1月的一篇文章中指称荷兰情报部门泄密，并引用了他们所说的臭名昭著的毒贩罗伯特·明克·科克的官方档案。两名记者进一步指称，有疑问的档案已经落入科克本人之手。警方随即开展侦查，并起诉一个名叫保罗·H的特工。主审法官以国家安全和保障对保罗·H的公正审判为由命令披露报道的消息来源。两名记者因拒不服从披露命令而被关押，但是在3天后的上诉中获释。①

到2012年年底，美国各州中已有41个州和华盛顿特区通过了名为“盾法”（shield laws）的消息来源保护法。② 只是州法低于联邦法，仅适用于本州，并且彼此有很大差别。此外，博客等新媒体使用者不受“盾法”保护。从全球范围看，经过漫长的历程，越来越多的国家以立法来保护消息来源，其中包括奥地利、澳大利亚、日本、墨西哥、法国、德国、意大利、瑞典、挪威和比利时等。

在国际法层面，欧洲人权法院在1996年的《古德温诉联合王国案》中认为，命令披露消息来源违反《欧洲人权公约》保障表达自由的第10条的原则，指出“保护新闻工作者的消息来源是新闻自由的基本条件之一……没有这种保护，消息来源就会受到遏阻，而不去就公共利益告知公众。因此，新闻界的至关重要的公众看门狗的角色就可能被破坏，新闻界提供准确而可靠的信息的能力就可能受到反向影响”。欧洲理事会部长委员会就如何在国内立法中加强对消息来源的保护向其成员国提出建议。③

对案例的简要分析

案例一中的“深喉”如今闻名世界，成了“秘密消息来源”的别称。“深喉”成就了一个伟大的媒体传奇，也造就了两位知名记者。但是这个故事具有巨大的风险性，美国政府没有追究“深喉”的身份，《华盛顿邮报》为了长达30多年的跨世纪保密而背负了巨大的包袱。况且这是依靠单一消息来源的特例，难以仿效。因此，今天更多的美国媒体规定不采用来自单一消息来源的新闻。

案例二提出了一个问题：如果媒体被诉侵权，为了自辩是否应让匿名消息来源公开出庭作证？我们知道，在我国法官判处媒体藐视法庭的案件还没有发生过，但是原本匿名的证人公开出庭将招致难以预测的后果，即便线人自愿放弃匿名身份，这种后果仍然令有责任感的媒体担忧和煎熬。实际上如何做出抉择是对媒体的一种考验。

案例三和案例四分别讲述了美国和中国的两对记者与消息来源的特殊亲密关系，揭示了

---

① See “Dutch court releases 2 reporters jailed for refusing to reveal their sources,” *International Herald Tribune*, November 30, 2006.

② http://en.wikipedia.org/wiki/Shield_laws_in_the_United_States。未立“盾法”的9个州是马萨诸塞、弗吉尼亚、密苏里、南达科他、密西西比、爱达荷、艾奥瓦、怀俄明、佛蒙特。

③ http://en.wikipedia.org/wiki/Protection_of_sources.

这种关系的危险性。作为普通情人，接受或赠与礼物通常既不违背伦理道德，也无违法犯罪之虞。但是对于其中一方是记者的案例而言，情况就可能根本不同。首先是存在利益冲突，记者很难公正客观地采访报道；其次是如果对方涉嫌犯罪，接受其财物的记者也难逃干系。当然，法院在判决时考虑到这种特殊关系予以减罪，也是合理的。

案例四、案例五和案例七将保护消息来源与法律诉讼联系起来。大名鼎鼎的《纽约时报》也不能让其记者免除牢狱之灾，2005 年的米勒案在国际上引起轩然大波，当年美国的"新闻自由指数"主要因此案而急挫 20 位，从全球 22 位降至 42 位。但是，米勒案与政府打压媒体无关。有操守的记者在坐牢和出卖消息来源的两难选择中会毫不犹豫地选择前者，这几成铁律。因此而身陷囹圄的记者成了媒体人和公众心目中的英雄，当然，牢狱之灾往往以几个月为限。

案例六和案例八涉及中国媒体和记者泄露匿名消息来源的问题。案例六告诉我们，一个有操守的记者不幸被媒体主管践踏了消息来源保密的约定，是如何痛苦。胡展奋先生后来写道，当他接到被泄露身份的线人的谴责电话时，他是何种心情："我已经记不得我是怎么放下电话的了。他的前途也许从此就完了，我的诚信纪录也从此改写了。""我常想起他。做调查难，但其实做'深喉'更难!"我们还要明了，在消息来源问题上媒体和记者经常面临多种伦理抉择困境，但是轻易违约出卖线人可能是其中唯一的道德问题。

案例七通过一场长达十年的诉讼马拉松告诉我们，法治社会中记者与消息来源关系的契约性质甚至得到最高司法机关的保护。这种契约关系如果被破坏，一个消息来源的半生或一生可能被毁，而媒体的振振有词也可能难以成立，会引发法律和伦理双重争议。此前，美国法院会陷于保护新闻自由和保护契约关系的两难境地。而参与该案原初报道的记者比尔・索尔兹伯里因此在 1991 年写道："科恩案也许永远改变了记者与消息来源的关系。"①

关于案例八，本书作者专门咨询了前知名调查记者左志坚，其时他任《21 世纪经济报道》上海特稿部主任，他也是"汉芯"系列报道的第二作者。

左志坚致本书作者

此段采访虽是我同事杨琳桦完成，但我也知晓内情，且是否应该如此处理也有过商讨。

就此事引发的新闻伦理讨论，我有一些补充，谨供参考。

1. 记者并未承诺要保密，采访对象是事后反悔才提出此要求。

2. 此采访对象并非实名，而只是一个网络 ID，所以不存在保护信源的问题。

3. 也是最关键的一点，即便此 ID 确有其人，且小圈子内能猜测到是谁，但这段发言对他自己和报道对象（陈进）都不会有不利影响。

---

① Bill Salisbury, "Burning The Source," *American Journalism Review*, September 1991; "What the Star Tribune did to Dan Cohen" http: //www. landlordpolitics. com /dancohen. html；〔美〕克利福德・G・克里斯蒂安等：《媒体伦理学》，张晓辉等译，北京：华夏出版社，2000，86～87 页。

4. 此报道有一背景，外人可能会忽视，即在此之前的系列报道中，我们获得的对采访对象（陈进）的评价，全部是负面信息，虽然陈进事后被确认为造假者，但在当时最多只是一个嫌疑人，所以我们认为有相对正面的评价也不失为一种平衡，因此将 Robin 的发言及其背景即放到整个系列报道中来，有一个平衡的作用。

在这之前，我们在《21 世纪经济报道》的报道中，时常有报道对象因为我们的具名报道招致解职，倒霉者包括政府官员和企业高管。因此我们在是否透露报道对象身份上，会持比较谨慎的态度，有时候哪怕采访对象没有提出匿名的要求，我们也会晓以利害，建议哪些直接引语不要具名。

就事论事，我认为"职业伦理"并非是一个有十分明确规则的法律条文，而往往是记者在具体事件中，在采访对象安全、真实性、公众知情权上做一个平衡。而记者为了遵循所谓的"职业伦理"，最常用的手法就是使用匿名信源。

在"汉芯"这个案例中，记者既未违背承诺，又未对采访对象造成伤害，我认为不存在伦理问题。

案例九揭示了不同媒体的记者与同样的消息来源关系的一种似乎罕见的错综复杂性。当年供职于本地报社、如今在《纽约时报》大放异彩、两度获得普利策奖的调查性报道记者戴维·巴斯托对此案例评价说："报道是由读者看不到的力量形塑的。报纸追逐不同的问题，受到关于新闻工作者的恰当角色的不同理念的驱使。它们的报道是由自我和本能铸造的。故事受到以下两个因素的影响：对另一份报纸在写什么做出的反应；几名关键性消息来源实施的操纵。"①

所选案例二及案例十、案例十一说明，无论是诉诸传统媒体还是新媒体，国内的一批优秀媒体人已经掌握了保护匿名消息来源的技术。他们思维缜密，理念清晰，操作有序，揭开了一些复杂的腐败问题的黑幕，同时让媒体人本身和消息来源安然无恙。两人的描述甚至具有某种诗意，相信他们的经验对于年轻记者大有裨益，这样兼具高超智慧和人文情怀的媒体人也一定会得到社会的尊重。

思考题

1. 阅读和观看基于伍德沃德和伯恩斯坦"水门事件"报道的畅销书和电影《总统班底》，谈谈你怎样认识"深喉"的价值。
2. 滥用匿名消息来源是有危险的。如果说匿名消息来源可能是假新闻的温床，那么你能否举出除教材以外的例子？
3. 如何理解以下原则："只要有可能，就交代消息来源的身份。公众有权就消息来源的可靠性获得尽可能多的信息"；另一方面，"如果不能对消息来源的身份保密，非官方的消息来源可能由于害怕遭到报复而保持缄默"？
4. 对于"支票簿新闻手法"与"有奖爆料"，你赞成用这些手法获取新闻吗？它们的利弊何在？
5. 消息来源保护既然是一个伦理与法律交织的问题，交织点在哪？消息来源保护面临的伦理和法律问题分别是什么？

① David Barstow, "Two newspapers, two sides to the same story," *The American Editor*, July /August, 1996; "Killer 'Crazy Joe' Spaziano is denied parole," *Orlando Sentinel*, October 16, 2008.

Chapter 14
第十四讲　媒体暴力与真实暴力

- 媒体暴力能界定和量化吗？
- 单个案例能反映媒体暴力吗？
- 媒体暴力能达成共识吗？
- 媒体暴力与真实暴力的关联
- 媒体凶杀报道的底线伦理

案例一 美国《蝙蝠侠》首映式枪击案

2012 年 7 月 20 日凌晨，美国科罗拉多州奥罗拉市“世纪 16”电影院的《蝙蝠侠：黑暗骑士崛起》午夜场发生枪击事件，导致 12 人死亡，58 人受伤。枪击地点是在距丹佛市约 15 公里的奥罗拉市购物中心内。在电影正在上映的时候，一名蒙面枪手向剧院内正在观看电影的观众扫射，并投掷了一枚催泪弹。让人们感觉到电影与现实不期而遇，枪杀仿佛从电影中降临。

经过警方调查确认，持枪者是 24 岁的白人男性詹姆斯·霍姆斯，他是当地人，身高 1.8 米左右，24 岁，有合法的美国居住权，并不在警方监视的名单上。詹姆斯在加利福尼亚州圣迭戈长大，2006 年从当地的西景高中毕业，2010 年从加州大学河边分校毕业，获得神经学学士学位。2011 年 6 月到科罗拉多大学丹佛分校攻读神经学博士学位，2012 年 6 月詹姆斯向学校提出退学申请，枪击时已退学。

有邻居称詹姆斯深居简出，很少和人交流，而且住所从来不开灯。在施袭时，他穿一身黑衣，身着防弹背心，带着防爆头盔和护目镜，被捕时未作抵抗。一名当地警官在接受媒体采访时说：“他就是《蝙蝠侠》系列电影中的那个小丑。”另外一位警官也表示嫌疑人詹姆斯将头发染成红色，和小丑的扮相一致。詹姆斯在被捕的时候也曾对逮捕他的警员说：“我就是‘小丑’。”

《蝙蝠侠》电影中的暴力元素究竟是不是造成詹姆斯行凶的主要原因呢？《潇湘晨报》带着这个问题采访了影视公司经理、法律人士、编剧、心理学医生。我们来看看他们对这个问题的回答。

一个影视公司经理接受媒体采访时称：“疯狂的人们正在做着一些可怕的事情。当这样的事情发生时，我们确实需要思考我们到底传递了一些什么信息。”好莱坞很少有人认为是《蝙蝠侠前传 3》造成了这场悲剧，但也确实有一小部分人认为电视、电影、电子游戏这些流行文化对于引起社会暴力难辞其咎。当某些电影暴力行为变成真实的演绎，谁该为此负责?①

湖南金州律师事务所张律师从法律角度认为，影片方不应该承担责任，因为主观上片方与加害人没有共同侵害他人的意思，而客观上片方也没有实施加害行为，并且受害人的受害是由加害人的行为直接导致的，片方与受害人的被损害结果没有法律上的因果关系，所以片方是不应当承担责任的。② 编剧危笑同样不愿相信枪击事件与影片有直接的因果关系，观众有自己独立的判断和取舍。而曾经执导过《风声》和《西风烈》的导演高群书则认为在把握拍摄尺度上，主要还是以人的感受为主，比如不能用太直接的拍摄手法，“这种操作手法没有具体的衡量标准，（镜头）还是要看对影片情节和人物成长起到怎样的作用，所以（在暴力尺度把握上）只有原则，没有标准”。③

①②③ 参见李芳明、龚义群：《你说我帮凶，我说你太入戏》，载《潇湘晨报》，2012-07-24。

你说我帮凶，我说你太入戏

心理学医生范新刚认为，发生这样的悲剧跟嫌疑人本身个性不健康有很大关系，而他可能遭遇了某件事情成为情绪的导火索，所以当看到暴力、血腥的情节时，他无法将虚拟和现实分清楚。①

案例二 暴力电影让现实世界更和谐？

据《世界新闻报》报道，美国联邦调查局的数据显示，美国全国的犯罪率正在持续下降。1991年，美国全国的犯罪率是每10万人758起，这个数字在2010年下降到了每10万人404起。同期，谋杀与故意杀人罪的犯罪率减少了一半。就在美国犯罪率持续减少的同时，美国电视台黄金时段播放的暴力动作片却有所增多。这种现象和人们常常认为的电视宣扬暴力会导致更多犯罪的观念正好相反。

该报道认为，可能有很多文化因素造成暴力犯罪率下降，其中一个重要的因素可能就是现实的暴力被幻想式的暴力所替代。报道给我们提供了这方面的例子：法国历史学家罗贝尔·穆尚布莱（Robert Muchembeld）在《暴力史》一书中写道，犯罪小说和战争题材的小说可以给年轻人提供一种宣泄暴力情绪的渠道，也就是把暴力情绪发泄在阅读的幻想中，而不是在现实中付诸实践。就像游戏《侠盗猎车手》一样，玩家在游戏中过足了偷车瘾，反而不会到现实世界里冒险犯罪。② 正是因为媒体暴力替代了现实暴力，美国电影院里的血腥电影才能够降低暴力犯罪的数量，《经济学季刊》研究数据可以为此提供佐证，通过分析1995年至2004年的数据，暴力电影大约每周末让美国少发生了1000起暴力事件。

以上这种原因让人联想起尼古拉斯·凯奇1999年的一部惊悚剧情片《8毫米》，一位刚刚去世的富翁留下一盘好莱坞地下工厂制造的暴力录影。经过多重调查，真相浮出水面，原来妻子眼中的好丈夫内心是如此扭曲，他甚至曾经为了满足自己的嗜血爱好而害死了一名无辜少女。不管怎样，靠看电影来平衡内心、维持现实世界里完美的形象，至少这位富翁是做到了。人类嗜血的本性可能永远也改变不了，但这种嗜血成性似乎可以用好莱坞特技制造的种种“假象”来得到满足。在电影院以外，人们习惯了顺从于社会行为的模式，如果别人不动粗，自己也不会动手。人们也同样习惯于诉诸法律解决争议，而不是结成血海深仇。这一切都让人寄予厚望，凭借着好莱坞暴力电影里的打打杀杀，最终能让我们过上更加太平的现实生活。③

① 参见李芳明、龚义群：《你说我帮凶，我说你太入戏》，载《潇湘晨报》，2012-07-24。

②③ 参见赵捷：《暴力电影让现实世界更和谐?》，载《世界新闻报》，2012-02-21。

《世界新闻报》报道同时强调，这种现象仅仅在成年人中间成立，不适合儿童，因为儿童的辨别能力、对暴力内容的心理承受能力和成年人不同。儿童收看影视和实际暴力行为有关联吗？报道提供了两项调查，一项长达10年的暴力影视调查说明，从小学三年级的学生中选出进行调查的儿童，在10年后，看暴力影片的频率与10年后侵犯性行为明显相关。另一项调查显示，根据对707名儿童17年的跟踪调查，研究人员认为，儿童在长期看到大量暴力场面后会渐渐感到麻木并习以为常。另外，长时间观看电视电影等节目还会影响儿童的交往能力，以至于一旦与他人发生冲突，除了用暴力方式解决，不知道还可以选择怎样的方式处理纠纷。①

该报道强调了儿童的暴力行为的养成更多来自于后天的因素，抛弃了“人之初，性本恶”一说。人类还是可以通过后天的引导与学习，来避免减少未来暴力性格的不良影响。暴力电影虽然会对儿童有负面影响，而且这种影响有时候可能非常大，但这并不是青少年诉诸暴力的基本原因，甚至不是唯一原因，否则很难解释为什么看过同样一部暴力电影的孩子却会表现各异。该报道认为，儿童的暴力行为更多的是受到家庭和学校环境的影响。

该报道对此举了一部拍摄于1971年的电影《发条橙》，它是一部饱受争议的经典之作。男孩亚历克斯（Alex）是天生的暴力和色情狂，被关在管教所里用极端的方法进行精神改造。医生用机器把他的眼睛扒开，让他长时间观看暴力和血腥电影，耳边同时还放着他最喜欢的贝多芬交响乐。经过洗脑的亚历克斯，只要有一点暴力的念头甚至听到贝多芬，就会感到生不如死，最后反而变成了一个更加无可救药的暴徒。青少年的暴力需要靠教育来解救，不过这种教育应该是开明的、顺应自由意志的，而不是教条的、压抑的，否则就会像《发条橙》的结尾一样，以社会无形的暴力手段抵制个人有形的暴力，只能陷入更加可怕的暴力循环。②

暴力电影让现世更和谐?

案例三　2010年关于媒体“帮凶”论的争议

2010年上半年，中国发生了数起针对儿童的暴力事件，福建南平“3·23”校园杀童案的血腥未散，类似的悲剧接踵而至，重复上演。③ 2010年4月12日，广西合浦县西

①② 参见赵捷：《暴力电影让现世更和谐?》，载《世界新闻报》，2012-02-21。

③ 2010年3月23日早上7时24分，南平实验小学门口发生一重大凶杀案，当场死亡3人，送医院救治10人，抢救无效后又死亡5人，伤亡人员均为南平实验小学学生，嫌犯郑民生当场被抓。4月20日此案二审宣判，维持一审死刑判决。

场镇西镇小学门前发生一起凶杀案，造成2人死亡5人受伤，其中包括多名小学生。[1] 4月28日，广东湛江雷州市雷城第一小学，一男子持刀砍伤18名学生和1名教师。[2] 4月29日，江苏泰兴市泰兴镇中心幼儿园，一持刀男子砍伤32人，其中包括28名幼儿。[3]

人们对这些杀童案有多种解读，其中一个解读就是把杀戮原因归咎于媒体的报道，认为媒体具有“示范效应”，不仅不能消除暴力，反而成为其“帮凶”。这种批评声浪激起了社会对媒体杀戮报道的责难。更有甚者，少数媒体人自我阉割，主动放弃和屏蔽对此类事件的客观报道。一时间，媒体暴力“帮凶”论竟然成为报道议题之一。但另外一些学者和新闻从业者对此持相反的意见，媒体只要客观报道事实，就不存在“帮凶”的嫌疑。他们进而认为，“帮凶”论有可能为政府控制媒体埋下借口，同时忽略了更深层次原因的挖掘。

北京大学中文系张颐武教授在微博上说道：“大众传媒对于暴力行为的报道的限度，是媒体伦理的重要研究课题。”伯顿著《媒体与社会》教科书中引文可参考：“无怪乎最为持久的担忧就是：大众传媒当中的暴力引发了社会当中的暴力……安德森的调查结果显示，约77%的研究证明了媒体暴力确实引发了现实生活中的暴力，时至今日，这一结论仍然是成立的。”新浪总编辑陈彤在微博上说：“鄙人认为：如此的乱世环境中，媒体显然不应该‘有闻必报’，特别是近日屡发的砍杀儿童事件。大肆渲染报道的效果之一是大家都不愿意看的：越来越多丧心病狂之徒铤而走险。”[4] 任志强在博客上发表言论质疑媒体在渲染暴力，“媒体的宣传让杀人者有了示范效应，貌似公正的媒体深层次地分析杀人的心理、动机，并将责任推给社会、政府，造成了更多的社会伤害。”[5]

在这样的舆论压力之下，有记者主动放弃前往报道。如《南方日报》记者张蜀梅在微博中表示：“今天上午我个人决定放弃派记者前往泰兴采访，同时报告上级领导，改用网视焦点的方式关注事件，同时对近期连续发生的校园暴力事件进行反思……”[6]

---

① 2010年4月12日16时30分左右，广西合浦县西场镇西镇小学门前约400米处发生一起凶杀事件，共造成2人死亡5人受伤，其中包括多名小学生。2名死者中一名为8岁小学生，另一名为老年女性。5名伤者包括：两名小学生、一名未入学小孩和一对中年夫妇。

② 2010年4月28日15时左右，一名30多岁中年男子冲进广东湛江雷州市雷城第一小学，持刀砍伤18名学生和1名男性美术教师。凶手进入雷城第一小学教学楼5、6楼，挥刀对四（1）班、五（3）班、五（4）班乱砍，致使16名学生不同程度受伤，一姓符姓美术老师在阻止凶手继续行凶时，头部被砍伤。案发后约一小时，疑凶被抓获。

③ 2010年4月29日上午，江苏省泰兴市泰兴镇中心幼儿园发生一起持刀行凶事件。该事件中受伤的人员一共为32名，其中学生29名，教师2名，保安1名。犯罪嫌疑人叫徐玉元，男，47岁，泰兴市泰兴镇人，已婚，高中文化。

④ 转引自彭晓芸：《被混淆和被忽略的——关于校园惨案的媒介伦理》，载《南方传媒研究》，广州：南方日报出版社，2010，27页。

⑤ 转引自徐春柳：《一场信息封锁引发的游行抗议——从泰兴事件看屠童案中的媒体传播》，载《南方传媒研究》，广州：南方日报出版社，2010，40页。

⑥ 转引自彭晓芸：《被混淆和被忽略的——关于校园惨案的媒介伦理》，载《南方传媒研究》，广州：南方日报出版社，2010，27页。

而暨南大学新闻学院范以锦院长并没有把媒体报道一棍子打死。他在微博上发表“校园惨案报道”之我见：“分寸把握得不好或恶意炒作的媒体，负效应大于正效应，甚至无正效应。而负责任的媒体，分寸把握得好，正效应大。完全没有负效应几乎是不可能的。媒体的责任就是要着力强化正效应，把负效应缩小到最低限度。”①

那么，国外的学者对这一问题怎么看？巴尔的摩大学犯罪学学者杰弗里·罗斯(Jeffrey Ross）认为，媒体的关注，既能煽风点火，也能雪中送炭。但是媒体不是暴行的主因。暴徒有了动机才会去施暴。媒体没有种下仇恨暴力的种子，但是可能让暴徒醒悟：“哦，我可以去攻击这样一个没什么抵抗力的目标。”暴徒多了一个选择。媒体既要公正平衡地报道事实，又不想被过多的审查或自我审查束缚。片面追求轰动性的新闻应该被避免。②

波士顿东北大学社会学和犯罪学教授杰克·莱文（Jack Levin）认为，要报道这些新闻，但是不要过度报道，不要追求轰动的效果。媒体不要把凶手变成了名人，去挖掘他生活中的每个细节。对媒体彻底的禁令是没道理的，我们只是应该克制。在美国，1988 到 1989 年间，有一系列这样的凶杀案，都是成人对孩子下了杀手。第一例是在 1988 年 5 月，一个 36 岁的女人 Laurie Dann 走进了伊利诺伊州的一所小学，杀死了两个孩子。当年 9 月，一个南卡罗来纳州的年轻人模仿了伊利诺伊的袭击，他杀死了本市的两个小学生。警察搜查了这个年轻人的房间，发现在他的床头墙上贴着《人物》周刊的封面，那一期的封面人物就是 Laurie Dann。他模仿了他心目中的英雄，他也想成为有名的人，成为重要的人。③

南京大学新闻传播学院杜骏飞教授认为，“犯罪模仿”仍然是一个有争议的话题，但我们也感到有义务提醒新闻界：(1) 我们不能排除存在这种可能。(2) 即使这种可能性非常小，社会和媒介本身也难以承受其后果和责任。因而，我们必须要在“必须报道”和“杜绝模仿”中求得平衡。换言之：如果报道可能促成犯罪模仿，那么，即使在中国的新闻环境中能自由报道，新闻界也必须要有足够的节制，如此才能符合社会的最高利益。④

时评人长平认为，把正常的媒体报道同“有闻必报”和“过度渲染”混为一谈，是一种偷换概念的狡辩。他认为，媒体不该也不可能有闻必报，而且在报道凶杀案的时候，大众媒体要有所节制，不应该对作案过程及现场惨状进行过度渲染，在必要时还要

---

① 转引自彭晓芸：《被混淆和被忽略的——关于校园惨案的媒介伦理》，载《南方传媒研究》，广州：南方日报出版社，2010，27 页。

② 参见蒋志高、温哲敏：《自由与责任——杀童案媒介伦理再讨论》，载《南方传媒研究》，广州：南方日报出版社，2010，20～21 页。

③ 参见上文，21 页。

④ 参见杜骏飞：《如何报道杀童案件》，载《南方传媒研究》，广州：南方日报出版社，2010，41 页。

长平杀童案报道的媒体伦理反思

对受害者的隐私予以保护。媒体报道的确可能对潜在的杀人者有示范作用，让他们了解到自己的“冤屈”或者其他情绪可以通过滥杀无辜进行发泄。不过以此理由阻止媒体报道的人，只看到了媒体报道的这样一个作用。媒体报道的社会效应是多样共存的，我们必须综合考虑各方面的影响，然后才能得出合理的结论。①

案例四 1993年美国关于影视暴力的大辩论

1992年和1993年，美英两国民众纷纷指斥好莱坞影视中暴力情节的泛滥成灾，人们对此产生了极大的愤慨，受调查的大部分观众甚至发出了要求“实行查禁”的强烈呼声。前美国总统卡特的国家安全事务助理布热津斯基在1993年发表的著作《失去控制：21世纪前夕的全球混乱》中对美国电视大加挞伐。他认为，电视媒介造成的道德上的腐败在大规模蔓延。1993年3月英国《星期日泰晤士报》在一篇评论中指出：“长久以来，一直笼罩在好莱坞上空的浪漫温馨的光环早已不复存在，人们已经不再相信，这个世界影视会让尽情的欢娱来丰富自己的生活。相反，成千上万的美国人视好莱坞为一个十足的魔窟，它嘲弄、毁坏着人们心中珍爱的价值观念。这个一代人的‘梦之苑’，竟沦为毒品加工厂！他们崇尚无秩序的混乱残暴和随心所欲的暴力，忽视了大多数美国人对于银幕、荧屏和流行歌曲中展现人性丑陋面目日益产生的反感。”② 时任总统克林顿也对电视多有指责，他说，电影和电视要给民众值得尊敬的东西，摒弃没有人性与暴力，因为这已经对美国广大民众造成了很大副作用。

正是在这样的大背景下，从1993年6月开始，美国自上而下开展了关于影视暴力问题的激辩。在当年6月8日召开的听证会上，讨论的核心议题就是影视暴力节目和社会现实暴力之间的关联。听证会上多数参会人员都同意，影视暴力节目虽然不是生活中暴行诱发的唯一因素，但是无疑是诱发因素之一，这种观点就连许多娱乐界的头面人物也承认。但也有少数参会人员反驳道，电视暴力只不过是许多触发美国暴力犯罪的原因之一，除了电视暴力之外，单身父母、双职工父母的孩子，日益淡漠的家庭联系，以及宗教危机都是造成社会暴力的重要因素。他们认为，表达这样的观点并不是要为电视暴力开脱，只是认为一味地谴责影视界，显然是不公正的。这场辩论也提出了许多其他复杂的问题，如何在不损害《第一修正案》价值的前提下，找到一个合理的解决方案？如何才能调节电视暴力与戏剧化的描写，正义与邪恶作斗争这两者的关系？调查研究数据是不是真实反映了电

① 参见长平：《杀童案报道的媒体伦理反思》，http://www.21ccom.net/articles/sxpl/pl/article_201004308720.html，2010-04-30。

② 非光：《1993年美国关于影视暴力节目的一场大辩论》，载《中国广播电视学刊》，1994（5）。

视暴力使社会犯罪率上升的事实?①

听证会后约两个月，在影城好莱坞又举行了“第二个关于电视暴力的交流会议”，围绕电视暴力问题展开了进一步的讨论。到会人士指出，自 1954 年美国国会第一次调查电视可能带来的有害影响的问题以来，所有重大研究结果都毫无例外地显示，在观众收看电视暴力节目和青年观众在现实生活中模仿这种暴力行为之间存在确定的因果关系。有参会人员指出，电视节目制作人虽然解决不了其他的社会问题，却可以做点事情，改善孩子们都能看到的电视节目的质量。如果电视节目制片人内部不实行自我节制，影视界以外关心电视暴力的人就不会客气。最可能发生的事情就是政府介入。但那是最危险的。

但是，许多制片人感觉到，他们成了许多社会问题和家长缺少指导孩子看电视现象的“替罪羊”。他们认为，尽管研究结果显示影视中的暴力行为和现实生活的暴力行为有某种关联，但问题是这种研究并没有提供社会行动如何表现的指南。他们指责学术研究经常把所有形式的暴力混为一谈。也有制片人争辩说：冲突是一切戏剧的中心，没有冲突将不会有故事。他们强调，剧情发展中的暴力，同样也是教育人们认识现实生活中的冲突，以及如何避免使用暴力的一种途径。②

已故的传播学者乔治·格伯纳教授不完全同意上述观点，即影视完全排除展示暴力事实上是不可能的。他认为，“我们关心电视暴力的原因，是我们从电视上看到的十分之九的暴力，是一种‘幸福’的暴力，即是人欣赏的暴力，是一种犯罪而不受到惩罚的暴力”。③他把这种暴力称为“糖衣裹着的毒药”。格伯纳指责电视节目制作人只知道赚钱，一再在电视上播放暴力场面。他认为，这些节目在制作上，应该摆脱那种只有展现暴力才会有人看的刻板公式。这种公式利用了人们的恐惧和不满心理。格伯纳号召社会各界来为解决影视中过多的暴力想办法。

在这种号召下，1993 年 6 月听证会以后，美国节目制作人同意在播放含有暴力的电视节目前，主动加上“儿童不宜”的预告。但许多人指责这是电视网为了讨好国会而采取的一个步骤。还有一些人认为，附加警告这一举动不仅无助于克服影片暴力节目泛滥的现状，反而可以帮助某些没有家长来管的儿童更容易找到更加刺激的电视节目。一些制片人建议，在制作电视节目的同时，用情节的发展来展示暴力行为造成的痛苦和破坏，从而把暴力行为放置到道德的水平上来评价。④这场辩论似乎无果而终，但辩论本身给我们提供的问题发人深省。

①②③④ 参见非光：《1993 年美国关于影视暴力节目的一场大辩论》，载《中国广播电视学刊》，1994（5）。

案例五 罗尼·扎莫拉谋杀案

1977 年发生了一起震惊全美国的谋杀案，之所以震惊全国，受到全国人民的广泛关注，并不是因为谋杀案本身案情离奇，而是因为代理律师在辩护中创造了历史新词："电视中毒"（television intoxication）。佛罗里达州的一个叫罗尼·扎莫拉（Ronny Zamora）的 15 岁青少年，伙同一个 14 岁的朋友达雷尔·阿格雷拉（Darrell Agrella），杀害了一名 80 多岁的无助老妇人埃莉诺·哈格特（Elinor Haggart）。这名老妇人是扎莫拉的邻居，在谋杀她以后，他们从她家里抢走了 415 美元，然后和朋友一起到迪斯尼世界寻欢作乐。

随后对扎莫拉的谋杀审判在迈阿密进行。浮夸炫耀的艾利斯·罗宾（Ellis Rubin）① 是这位青年的代理人，在为其做无罪辩护时，他引用了一个新颖的辩护词"电视中毒"，指出是收看电视暴力让扎莫拉这样做的。辩护律师提出，他的当事人是"不由自主地沉迷于电视"的受害者。一个吸毒或因无知而上瘾的人不能对在这种状态下产生的行为负法律责任。律师声言，扎莫拉这样的小小年纪，就在成长的 15 年里共看了 5 万起电视谋杀节目，律师认为他观看了太多电视暴力节目《侦探科杰克》（*Kojak*），已经习惯了暴力，无法区分是非对错。因为他从五岁开始就沉溺于电视暴力节目，从而不能区分幻想和现实。而当他枪击受害者时，他不能确定他是在看电视节目还是在犯罪。这个青年被描述为一个电视瘾君子，他由暴力节目和动作片喂大。

律师辩护的关键是，扎莫拉是从电视上学会怎样威胁别人保持缄默的。当老妇人发现扎莫拉要杀害自己，并要入室盗窃时，她就威胁说要报警。但扎莫拉知道（据称是从电视上知道的）"死人不会说话"。在罗宾看来，是电视，而不是扎莫拉，参与了犯罪。由于庭审过程对全国进行直播。律师关于"如果判扎莫拉有罪，那么电视就是从犯"的辩护通过这一过程引起了社会反思。最终，陪审团不同意罗宾的这种说法，扎莫拉被判处了最轻微的谋杀罪。在陪审团看来，看电视不应成为杀人的借口。

罗宾通过传唤《侦探科杰克》中的电视明星特利·萨瓦拉斯（Telly Savalas），以及研究暴力行为和电视之间的关系的知名专家，来提供证据证明电视对青少年的身心造成损害性影响，但他的这一做法并没有获得成功。当扎莫拉没有上诉成功时，罗宾也因此被他的当事人斥责。扎莫拉怪罪罗宾为他提供的"电视中毒"辩护不但没有价值，反而使自己的庭审成为全国性的一个玩笑。27 年以后，也就是 2004 年，扎莫拉已达到最低 25 年的罪刑要求被获释。

在扎莫拉获释的当天，已是 79 岁的罗宾接受了记者的采访，他还坚信："我遗憾自己的辩护没有使被告无罪释放，如果今天再让我以这种理由辩护的话，可能会有一个不

---

① 2006 年，美联社以《81 岁的律师罗宾去世，因"电视中毒"辩护而知名》为题对其进行报道，在报道中重点回顾了罗宾为扎莫拉辩护的经过。

同的结果。”此时的罗宾仍然坚持他的辩护理由。罗宾因为把谋杀案和电视暴力联系起来而招致不少人批评，但陪审团对罗宾的辩护还是有所肯定，他们认为，通过聚焦于电视暴力，罗宾能够为扎莫拉的不幸背景提供证据，这一做法是有利于被告的。①

媒体暴力能界定和量化吗?

从传播学的角度说，“媒体暴力”是媒介效果论者经常使用的学术概念。乍一看，人们可能会联想到与它对应的另一个词汇“现实暴力”。从字面意思上理解，“媒体暴力”就是“媒体上的暴力”，即大众传播媒介中刊登或播放的暴力内容；而“现实暴力”就是现实社会生活中人们所从事的暴力行为。前者发生在虚拟空间中，这种暴力是被媒体建构出来的，而后者是发生在实体空间中，是社会真实存在的。他们存在于两个不同的世界中。如果“媒体暴力”真是这样去理解的话，把它和现实世界切割开来，那倒还很容易界定和量化。而事实上，“媒体暴力”的内涵真的是如上述理解的那样窄吗?

国内有论者对“媒体暴力”从两个方面来定义。(1)“媒体暴力”是指包括电影、电视、电子游戏、报刊等在内的媒体含有或刊登暴力内容，并对人们正常生活造成某种不良影响的暴力现象。(2)“媒体暴力”是指媒体利用议程设置和话语霸权造成的对某些个体或群体的损害。② 前一种含义是指媒体的内容出现暴力倾向，并对现实的暴力产生影响；而后者，则直接把媒体定义为施暴者，是媒体自身利用其传播特性对个体或群体的掠夺和伤害。显然，通过前面的一系列案例来看，我们讨论的“媒体暴力”无论是媒体上展现的，还是现实生活中发生的，究竟什么样的行为才能称之为暴力呢? 传播学者乔治·格伯纳把“暴力”定义为“以公然的武力对待他人或自身，或者违背他人意愿使其遭受伤害或杀害的痛苦的强制性行为”③。

媒体暴力
是指媒体上的暴力内容，以及对现实生活中人们暴力行为的影响。

① http://en.wikipedia.org/wiki/Ellis_Rubin.

② 参见彭晓芸:《被混淆和被忽略的——关于校园惨案的媒介伦理》，载《南方传媒研究》，广州：南方日报出版社，2010，29页。

③ 转引自〔美〕格伦·斯帕克斯、谢里·斯帕克斯:《媒介暴力的影响》，载《媒介效果：理论与研究前沿》，简宁斯·布莱恩特、道尔夫·兹尔曼主编，石义彬、彭彪译，北京：华夏出版社，2009，199页。

从格伯纳的定义看，暴力行为本身就模糊不清，而“媒体暴力”还需要从媒体的内容上衡量，需要对其内容进行分析，如果要研究对现实暴力的影响，还要从两者之间的关联性上进行研究，这就更增加了研究的复杂性。因此，传播学者麦克雷教授指出，“实际上，媒介暴力很难定义，更不可能被量化，不能被简化成一目了然的变量：人不是巴甫洛夫的狗，不会像狗被嗅觉和视觉信息刺激一样，被影像和词语刺激”。①

对于媒体暴力对于现实生活产生的效果，有人形容“丰富多彩”，有人形容“支离破碎”。一句戏谑之言说，最简练的一句结论是“看情况”。所谓情况，指的是一个研究假设的前提设定，比如媒体暴力效果是长期的还是短期的、是累积的还是非累积的、是微观的还是宏观的。媒介内容的种类和收看或阅读的环境也属于事先设定的前提。②

麦克雷得出结论：媒体内容与观众态度之间的因果关系无法论证。他认为，媒体暴力之所以难以量化，在于媒体暴力和现实暴力之间存在诸多复杂的中介因素。“也有些学者认为二者之间存在关联关系（这些学者经常彼此批评），却对卷入其中的其他复杂因素如家庭背景、社会价值观等避而不谈。攻击性强的人和经常接触暴力的人，可能会比别人更爱看暴力内容；某些阶层的家庭破裂可能让人变得爱攻击，结果就表现为消费暴力节目……”③

单个案例能反映媒体暴力吗？

2010年上半年学校和幼儿园的几宗滥杀无辜案，当包括一些专家在内的一些人呼吁，警惕媒体给其他人的作恶带来示范效应，警惕媒体成为校园暴力和血案的“帮凶”，当几起暴力事件接二连三地发生时，一些专家就抛出了媒体“示范效应”论和“帮凶”论。把一些个案发生的原因归咎于媒体的影响，认为媒体报道凶杀案及其杀人动机，就是一种“媒介暴力”。这种论断不只在当下中国存在，很多国家都有类似的例子。奥利弗·斯通1990年的电影《天生杀人狂》热播，于是有人认为巴黎东郊公园轰动一时的杀人犯是受了这部电影的影响；借由詹姆斯在被捕的时候对逮捕他的警员说的一句话：“我就是‘小丑，’”有人就推导出他施行暴力是受到《蝙蝠侠》系列电影的影响。

上个世纪50年代，美国青少年犯罪率上升，有人归咎于媒体。60年代后期，美国人民对社会暴力问题的关注达到了一个新高度，城市暴动引起了人们的迷惘与紧张；街头犯罪持续急剧增加；国内大学因越南战争和相关问题而陷入混乱。最为严重的是，肯尼迪总统、其兄弟罗伯特以及马丁·路德·金的遇刺让美国人深为忧虑。在这些所有的事件中，

① 〔法〕埃里克·麦格雷：《传播理论史——一种社会学的视角》，刘芳译，北京：中国传媒大学出版社，2009，33页。

② 参见蒋志高、温哲敏：《自由与责任——杀童案媒介伦理再讨论》，载《南方传媒研究》，广州：南方日报出版社，2010，18页。

③ 〔法〕埃里克·麦格雷：《传播理论史——一种社会学的视角》，刘芳译，北京：中国传媒大学出版社，2009，33页。

电视成为全国最受广泛关注的媒介。与此同时，人们普遍怀疑，大众传播中描绘的暴力就是引起日常生活中暴力行为的原因。① 90 年代前后，美国一些城市暴力活动频繁发生，未成年人滥用枪支，又有人认为这与有线电视、电子游戏和好莱坞动作片数量增加有关。以上的这些事例都说明人们往往容易从一些单个的案例来得出一个很难得到证实的结论。

《天生杀人狂》难道只影响了那个杀人犯？为什么其他人也受到影响而没有杀人？南平血案的报道难道就只对泰州凶杀案的凶手徐玉元产生了示范效应？而报道没有影响到其他人？如果说媒体数量增加致使一些城市暴力频繁，那么其他城市暴力为什么没有频繁发生？麦克雷教授对以上这种简单的推理思维方式提出了批评，他认为，这些案例数量如此之少，在统计学上几乎不具有意义。何况每个案例都需要具体全面的分析，如了解杀人犯的经历，分析这些经历对他们的影响，观察他们内心深处的失衡状态，了解他们是否卷入结构化的意识形态和行为网络，然后才能解释他们的行为。②

以上论述并不意味着人们可以忽略单个凶杀案，也不意味着对凶杀案进行报道的媒体就毫无责任。我们要具体分析凶杀案背后的根本原因，把单个案例置于整个大的社会环境中分析，而不是只置于媒介环境中分析，只有这样，才能得出比较确切的答案。当众多人抛出“帮凶”论之时，温家宝总理却力排“众议”。他指出，频频发生的凶杀案，说明中国社会存在深层次矛盾，而且日趋尖锐化。社会矛盾的深化和存在不公平问题是导致事件发生的根源。政府正在努力发挥基层的协调作用，维护公民的生命安全和权益，让社会更为和谐。③ 看看那些行凶者，虽然我们掌握的信息不多，但可以知道，他们的年龄在 45 岁上下，都面对下岗、绝症、家庭崩溃等绝望的现实。当然，社会转型期和经济高速成长期，犯罪率往往高起。但是如果我们的就业、住房、医疗、养老等制度能够覆盖这些弱势群体，他们对社会的绝望就可能较少转化为仇恨。

日本的暴力电子游戏和黑帮动画都很有名，这些媒介也经常被指责为充斥极端暴力，可日本是强奸案和谋杀案发案率最低的国家之一。美国盛产动作片，犯罪率也很高，可那里的影视节目分级制度比欧洲严格得多（儿童理论上看不到暴力节目）。针对这些有趣的案例，麦克雷认为，实际上，与暴力活动频繁直接相关的是一些城市经济衰退、社会管理松散、维持公共秩序的警力减少、黑帮形成以及美国根深蒂固的个人主义传统、枪支自由买卖等事实。“不文明行为”这种危害更大的暴力的发展，则应追究到西方国家这几十年来家庭关系解构、经济危机导致某些体制失信于人——总之是有社会原因，而且它们不是

① 参见〔美〕希伦·A·洛厄里、梅尔文·L·德弗勒：《大众传播效果研究的里程碑》，刘海龙等译，北京：中国人民大学出版社，2009，200 页。

② 参见〔法〕埃里克·麦格雷：《传播理论史——一种社会学的视角》，刘芳译，北京：中国传媒大学出版社，2009，34 页。

③ 参见人民网舆情监测室：《笑蜀解读温总理对袭童案谈话》，访谈时间：2010-05-14，14:30～15:30。

不可避免的。[①]

媒体暴力能达成共识吗？

关于媒介中是否有暴力内容，以及人们接触这些暴力内容是否导致攻击性行为的研究，在美国传播学发展史上已经历了很长的历史过程。起初针对媒体暴力研究的对象是漫画书和电影，之后有电子游戏等。20世纪50年代电视在美国普及以后，60年代媒体与暴力研究成为一个广泛关注的议题，也相应组建了多个研究委员会。政府专门为各个委员会拨出了部分资金以资助此类研究，而不像20年代那样只是个别的慈善基金会提供资助。

在20世纪60年代，美国暴力原因和防范委员会完成了一项名为《暴力与媒体》的研究报告。在报告中，研究者把媒体暴力对现实的攻击性行为的影响从时间跨度上分为短期和长期两种。其中短期影响有两个部分：

- 人们接触到媒体对于暴力的描述，从中学会了如何实施暴力行动。
- 如果人们实施暴力行为有可能得到好处，或他们遇到与大众媒体所描述的相类似的情境时，他们很可能就会将学到的东西付诸实践。

其他的长期影响包括：

- 媒体对于暴力的描述很大程度上包含了“严格的好人与坏人”、“对与错”这样的“非此即彼”的区分，年轻人很可能会形成并坚持一种僵化的心理模式。
- 媒体对于阶层、民族、种族和职业群体的不准确的描绘将对于不同社会群体间的沟通产生毁灭性的影响。当一个群体被描绘为暴力的，这个群体的成员也许会效法这种描绘；而群体外的人也许就会对群体成员产生仇恨、恐惧或其他情绪上的反应，从而产生不必要的群体间的冲突和暴力。当不同群体的成员间没有相互的个人交往时，这种描绘尤其具有说服力。

媒体，尤其是电视中暴力描述的范围和强度，很可能会形成或支持这样一种观点：世界是完全暴力的。这种世界观倾向于促使人们对暴力持普遍的容忍态度，感到试图控制它是毫无希望的，并相信为了在这样一个暴力的世界生存，个人也必须同样使用暴力。[②]

洛厄里和德弗勒两位学者在20世纪60年代末期研究中提出三项主要的结论：

- 电视内容充满着暴力。
- 儿童暴露在暴力内容下的时间越来越多。
- 有证据支持以下假设：观看暴力娱乐的内容会增加攻击行为的可能性。[③]

---

① 参见〔法〕埃里克·麦格雷：《传播理论史——一种社会学的视角》，刘芳译，北京：中国传媒大学出版社，2009，33页。

② 参见〔美〕希伦·A·洛厄里、梅尔文·L·德弗勒：《大众传播效果研究的里程碑》，刘海龙等译，北京：中国人民大学出版社，2009，195～196页。

③ 参见〔英〕丹尼斯·麦奎尔：《麦奎尔大众传播理论》，崔保国、李琨译，北京：清华大学出版社，2006，368页。

20世纪60年代末，由卫生局局长科学顾问委员会形成的5卷本的《卫生局局长报告：电视暴力与社会行为》指出：

- 观看暴力节目导致攻击性倾向。
- 暴力倾向导致了选择收看暴力节目。
- 暴力倾向和收看暴力节目两者都是另外一个条件或另外一系列条件的产物。①

1982年由美国国家精神健康研究所出版，汇集了有关电视的2500项个案研究信息。这2500个研究汇集在一起，得出的三大发现是：

- 在电视暴力和攻击性行为之间存在一种直接的关联，然而却无法预测谁会受其影响以及为什么受影响。
- 看电视多的观众比看电视少的观众更胆怯、更缺少信任、更焦虑。
- 观看报道所称的“亲社会”② 的节目的儿童，其行为更负责任。③

在琳恩（Linné）1998年对于欧洲学术研究者收看媒介与暴力节目的调查中，她询问这些学者有关媒介暴力与社会暴力之间的因果关系的意见。22%的受访者认为“有明显的因果关系”；33%的受访者认为“有不太明显的因果关系”；4%的人则认为“没有因果关系”；其他的受访者则认为这个议题问题太多，以至于难以提出一个简单的答案。④

进入新世纪以来，在美国学术圈和政界中至少有三种关于媒介暴力影响的假说：

- 暴力作品更可能产生影响而不是毫无影响，而且这种影响更可能是消极的而非积极的。
- 媒体的暴力内容比其他类型内容更可能助长暴力思想与行为。
- 媒体暴力比其他媒体内容更值得研究关注，更值得政府和社会采取行动。⑤

一系列实验和调查研究都在探寻媒体暴力和攻击性行为之间的因果关系是否确立。从以上各个阶段的结论看，研究者对媒体暴力所形成的结论虽然有相同之处，但也有诸多迥异甚至是对立之处，真可谓“公说公有理、婆说婆有理”，很难形成一家之言。可以说，自20世纪60年代到现在，经历了近50年，媒体暴力议题仍然被称为“一场争论”。

媒体暴力与真实暴力的关联

上述讨论关于媒体暴力对攻击性行为的影响虽然没有定论，但主导结论仍然偏向于认

---

① 参见〔美〕希伦·A·洛厄里、梅尔文·L·德弗勒：《大众传播效果研究的里程碑》，刘海龙等译，北京：中国人民大学出版社，2009，206页。

② 指的是对社会有益的节目，如《芝麻街》和《海绵宝宝》。

③ 参见〔美〕谢丽·比亚吉：《媒介/影响：大众传播媒介概论》，宋铁军译，北京：中国人民大学出版社，2011，280页。

④ 参见〔英〕丹尼斯·麦奎尔：《麦奎尔大众传播理论》，崔保国、李琨译，北京：清华大学出版社，2006，369～370页。

⑤ 参见〔美〕格伦·斯帕克斯、谢里·斯帕克斯：《媒介暴力的影响》，载《媒介效果：理论与研究前沿》，简宁斯·布莱恩特、道尔夫·兹尔曼主编，石义彬、彭彪译，北京：华夏出版社，2009，208页。

为接触媒介暴力会有增加攻击性行为的风险，这两者之间呈正相关关系。《暴力与媒体》的报告结论、洛厄里和德弗勒两位学者的研究、国家精神健康研究所的发现、琳恩的调查结论都肯定了媒体暴力和真实暴力之间是有关联的。但是这些研究基本上都承认媒体暴力只是现实暴力的诱发因素之一，就像 1993 年关于影视暴力节目的辩论中大多数参会者的意见。为了对媒体暴力可能诱发真实暴力作出解释，研究者们发展出很多理论，比如社会学习理论、激发理论和脱敏理论。

还有一些人认为，媒体暴力和真实暴力之间虽然存在关联性，但这种关联不是正相关的，而是负相关的，即媒体暴力可能减少真实暴力，正像上述案例二《世界新闻报》所报道的那样，暴力电影让现实世界更和谐。持有这一观点的人发展出了“象征性宣泄”（symbolic catharsis）理论，这一观点预言接触媒介暴力会使愤怒或沮丧的观众宣泄他们的情绪，从而在观看后，他们不太可能会实施攻击行为。

还有人认为媒体暴力和真实暴力无关，就像麦克雷教授认为的那样，这些人认为，即使两者有关联，也不是人们想象中的那种直接的关联性。麦克雷教授的观点是，传媒并没有制造现实暴力，但是传媒可能被凶手用来制造自己的暴力世界，满足他们的可怕想象，以为从此获得了认可。传媒是行动方式的后备库，不是行动的刺激者。如果传媒确实让人模仿，那模仿的也只是谋杀的具体做法，而不是谋杀本身。他从国别上分析认为，真实暴力与媒介暴力在统计上也得不出什么关系。在西方国家谈论传媒对行为的效果时，具有某种讽刺意味的是：西方国家目前正在经历身体暴力基本上被控制、被压制的时期，西方社会也处在有史以来最和平、传媒消费最发达的时期（这本身就表明媒介暴力与真实暴力无关）。

麦克雷教授告诫人们，研究传媒效果不应争论效果是有是无，而应探讨为什么大家普遍信其有，传媒总是沦为替罪羊。近两个世纪以来，西方社会的一大迷思就是儿童至高无上，小孩子都是纯洁无辜的生命，要永远保护起来，免遭世界污染。西方社会赋予儿童这样一个地位，从某些方面来说是积极的，因为儿童以前被简单视作不完整的成人，但是现在这种做法忽视了儿童的精神世界有时也会像他们的父母一样模棱两可的事实。

一旦发现孩子们举动异常甚至表现出残忍的一面（有些行为是通过喜欢看某类电视节目暴露出来的），社会就大吃一惊，就把儿童的不良兴趣归咎于传媒的影响。谴责传媒是为了迅速撇清父母的责任——他们失去了家长的权威，用电视给孩子当保姆。谴责传媒也间接将某些人群罪犯化、污名化：上个世纪 80 年代，法国谴责电视暴力实际上是诱导人们联想某些关联项，将矛头最终指向了郊区青少年。[①]

国内关于媒体和暴力的专著少之又少，龙耘教授对此作了大量的实证研究，形成了专著《电视与暴力——中国媒介涵化效果的实证研究》。龙耘调查了兰州、上海、北京三个地区的社会治安状况、受众所接触的“媒介现实”以及人们对当地社会治安的恐惧感，得

① 参见〔法〕埃里克·麦格雷：《传播理论史——一种社会学的视角》，刘芳译，北京：中国传媒大学出版社，2009，33～34 页。

出的结论是，就黄金时段电视剧的播出及收视情形看，三地在“媒介现实”方面没有明显差异，而关于社会治安方面的客观现实的差异却相当显著，受众恐惧感的变化趋势与其所在地区的治安状况在相当程度上具有一致性。这不能不引起我们的深思——至少在有关安全感的观念构建方面，真正的客观现实的冲击力要远远大于媒介对人的影响。[①] 龙耘教授的结论是，在安全议题的观念认知上，相对地区差异而言，媒介的影响力是有限的，即人们更多地是以当地实际状况而非媒介描述来建构自身的治安观感。

媒体凶杀报道的底线伦理

2010 年上半年学校和幼儿园的几宗滥杀无辜案后，对媒体的抨击声四起，好像社会没问题，该死的媒体成了棺材店老板，天天盼着死人。国内外学界确实有人把媒体比喻为棺材店老板，意指媒体在市场驱动下，以报道天灾人祸为主打的新闻最能赢得眼球，这当然值得媒体警惕，防止自己陷入以煽、色、腥为基本特征的煽情主义和黄色新闻。

但媒体的首要功能是环境监测，优先报道天灾人祸而不是歌功颂德符合新闻传播规律，而且重视突发事件报道恰恰是近期中国媒体的一个重要改革方向。再说，就算媒体真是棺材店老板，那也是别的人、别的原因造成了死亡，才产生了殡葬业。“对惨案细节不可渲染，这是底线，但不渲染细节不等于不该报道。不公开报道，就等于拒绝向社会预警，就等于让公众置于高危境地而一无所知，就等于帮助罪犯行凶。”[②]

再从媒体新闻生产过程来看，记者不大可能出现在上述杀戮现场，不可能目击什么。掌握重要信息的是事后控制现场并开展侦查的警方。试想在此情形下，媒体想渲染也不一定有机会。何况，媒体伦理的滑坡尚没有到记者在花季少年殒命之际作这种“渲染”和“炒作”的地步。媒体报道和评论有重大新闻价值、关切公共利益的事件，这根本就不是炒作，而是满足公众知情权之举。也有这样的怪现象：一些地方媒体恶狠狠地报道外地天灾人祸，而对本地的同类事件装聋作哑或轻描淡写，那是地方媒体管理者有选择的压制性政策所致，当然应该受到抨击，但那主要也不是媒体的问题。当 1985 年米斯委员会[③]竭力想通过立法控制媒体中娱乐暴力的时候，它的反对者们提出了以下五点意见：

- 艺术自由与审美完整需要一种不干涉态度。政府无权控制作家和导演。
- 没有直接影响能被证明或被证实。间接影响是在传递信息的世界里人们生活的结果，而不能被当作刑事诉讼的基础。
- 暴力是社会和历史问题，不是暴力性的电视节目或电影的结果。
- 媒体暴力的担忧实际上是我们害怕改变社会体制。
- 新闻和娱乐节目的分界线正快速削弱。电视新闻杂志节目很渴望节目素材，以至

---

① 参见龙耘：《电视与暴力——中国媒介涵化效果的实证研究》，北京：中国广播电视出版社，2005，187 页。

② 人民网舆情监测室：《笑蜀解读温总理对袭童案谈话》，访谈时间：2010-05-14，14:30～15:30。

③ 由时任美国司法部部长埃德温・米斯组织起来的，负责研究如何控制美国的色情儿童文学。

于任何可视性的东西（即使它必定会重复）都转变为一个重要的“调查”。传统新闻已享受的所有自由市场观点，现在必须同样地适用于娱乐节目。公众有知情权。①

以上这些反对意见并不是为媒体的暴力内容正名，只是为了防止一些人假借媒体暴力之名，行控制新闻之实；为了防止一些人假借媒体暴力，掩盖暴力事件背后的真正的社会问题；为了防止一些人假借媒体暴力，破坏公众对暴力事件知情的权利。长平一针见血地指出：对潜在的杀人者来说，媒体报道不仅有示范作用，同时也有警示和谴责的功效。无辜受害者的痛苦，有可能唤醒其中的良知尚存者。社会公众的强烈愤慨，也有可能让他们觉得此种发泄得不偿失。人们很难知道，有多少人因为媒体报道而激发了恶念，又有多少人因为媒体报道而收起了屠刀。因此，重要的是把事情说出来，想方设法防患于未然。我猜想那些不主张媒体报道的人，也不会同意社会对此置之不理。他们会说，可以通过内部渠道，让领导知道就行。领导自然会重视，并想办法预防。但是，这种思维早已被证明不是幻想就是欺骗，现代政治认为权力并非“性本善”，只有在民意的监督和制约之下，它才可能为民所用。舆论就是民意的重要表达渠道。可以肯定的是，最不希望媒体报道此类事件者，一定是某些地方官员。官员往往会使用各种手段来阻止媒体报道，受害者家属则会千方百计向媒体通报消息。想想其间的道理，就不会只看到媒体报道的负面作用了。②

就连坚持媒体暴力和真实暴力无关的麦克雷教授都提醒我们，毋庸置疑，暴力内容会给受众造成心理冲击，公共部门应予以管制。但是在具体的传媒内容与具体的心理冲击之间很难建立联系，因为心理冲击因人而异，孩子的成长经历和环境也千差万别。已有研究清楚地表明，对孩子来说，虚构内容不如新闻报道可怕——讲惩恶扬善故事的电影并不很吓人，孩子们大多知道里面的暴力是假的，相比之下，报纸就很可怕，因为它讲的是真人真事。另一方面，当缺乏想象力的制片和作者利用暴力解决销路问题时，暴力就会影响传媒内容的质量。③麦克雷强调报纸在报道凶杀事件的时候，尤其要主要考虑暴力对于新闻内容的影响，摒弃那种只考虑报纸的销路而忽视新闻质量的思想。

我们在做凶杀案件的报道时，要秉持新闻专业主义的态度，以披露信息为主，防止带有更多的情感沉溺，客观立体地呈现凶杀案件的信息，而不去过多地作心理、动机的演绎。这是新闻记者报道凶杀案件的基本伦理底线。有论者就说，反观中国的报道，煽情主义和民粹倾向较为明显，有些报道带有一种类似武侠小说的“快意恩仇”，文笔优美，对凶手投射了感情。

因此，我们既要报道暴力事件，抛却那种媒体“帮凶”论的论调，勇敢地呈现真相，同时，在报道方法上要遵循底线伦理，做一个负责任的记录者，尽管这样做很艰难。“无

① 参见〔美〕克利福德·G·克里斯蒂安等：《媒体伦理学：案例与道德论据》，张晓辉等译，北京：华夏出版社，2000，264页。

② 参见长平：《杀童案报道的媒体伦理反思》，http://www.21ccom.net/articles/sxpl/pl/article_201004308720.html，2010-04-30。

③ 参见〔法〕埃里克·麦格雷：《传播理论史——一种社会学的视角》，刘芳译，北京：中国传媒大学出版社，2009，35页。

论上帝允许发生什么样的事情，都应该在他的报纸中得到体现。这无疑是个警句，但却是危险的行动指南。当然，它的宗旨应该的得到支持，但事实上它却会引发无休止的争论，因为它卷入了一种似是而非的悖论，即万能的善总是蕴含着恶。不过从实际来看，这条规则从来没有赢得过够规模的记者群或读者群的彻底支持。而且，也从来没有一家报纸能够成为符合其标准的样板，尽管黄色报纸在某些方面倒是走得很远。在生活的各个方面，我们都知道有些确定的原则要求我们在某些情况下必须保持沉默。从来没有一个现实主义者会如此巨细无遗，以至于其艺术表达完全不受约束。其实人根本不可能讲述所有的真实，即使可能，也没有人愿意听。”①

思考题

1. 麦克雷教授认为，媒体暴力之所以难以量化，在于媒体暴力和现实暴力之间存在诸多复杂的中介因素。你认为其中的中介因素有哪些？
2. 经历了近50年之后，在不同的学术领域中媒体暴力议题仍然被称为“一场争论”。你认为学界为什么对媒体暴力难以达成共识，主要是方法论的问题还是在于研究对象本身？
3. 对于媒体暴力和真实暴力的关联性你怎么看？是赞成有关联还是无关联，为什么？
4. 现实生活暴力事件的接连发生，你认为主要根源在哪里，是由于媒体报道的原因还是社会本身出了问题？
5. 从伦理的角度看，媒体对暴力事件报道的道德底线在哪里？你能举出媒体对暴力事件报道逾越道德底线的例子吗？

① 〔美〕利昂·纳尔逊·弗林特：《报纸的良知：新闻事业的原则和问题案例讲义》，萧严译，北京：中国人民大学出版社，2005，160页。

Chapter 15
第十五讲　自杀事件与媒体传播

- 甲方观点：媒体报道与自杀模仿之间有关联
- 乙方观点：媒体报道与自杀模仿之间无关联
- 自杀研究鼻祖涂尔干及其百年前结论
- 仿效是心理因素还是社会因素
- 五个关于自杀的问题你答对了吗？
- 自杀率激增与媒体报道有关吗？
- 警惕以防媒体渲染为由抵制信息公开
- 社交媒体可能减少自杀现象发生
- 香港媒体如何报道自杀：以两个建议为例
- 自杀报道不能轻视自律：世界卫生组织的建议

案例一 富士康员工自杀与是否导致模仿的争论

2010年1月到5月，深圳富士康公司员工发生十多起自杀事件，从前几起就可以看出，事件发生比较密集，因此被一些媒体称为“连跳”。

- 2010年1月23日，富士康19岁员工马向前死亡。
- 2010年3月11日，富士康20多岁李姓男工坠亡。
- 2010年3月17日，富士康一女性员工从宿舍楼跳下摔伤。
- 2010年3月29日，富士康一男性员工从宿舍楼上坠下。
- 2010年4月6日，富士康观澜厂区C8栋宿舍一女工坠楼。
- 2010年4月7日，富士康观澜厂区宿舍一女工坠楼身亡。

……

“连跳”事件发生后不久，媒体开始介入报道此事，媒体的曝光不仅没有阻止连跳事件发生，而且还引发了关于媒体报道是否引起人们模仿自杀的讨论，甚至出现了对媒体报道的指责。专家学者、媒体记者及部分社会公众认为，富士康员工的连续自杀原因之一是媒体报道可能导致出现“模仿”效应。于是乎，媒体报道自杀是否产生“模仿”效应成了许多媒体评论的议题。

有论者认为，“对于‘富士康事件’，媒体报道应保持负责任的克制。我们不奢望沉默的关注能够引发更多的思考与行动，至少希望在目前阶段，别让如潮而又无结果的议论不断激起富士康员工更大的委屈与不满，以至于发生更多的悲剧”[1]。

也有论者认为，富士康自杀事件在时间分布上的密集，自杀方式的一致，自杀者年龄的相仿，这让人怀疑，自杀具备“维特效应”[2]的全部特征，对于大企业，每次非正常死亡都可能成为新闻事件，即便是孤立的多次死亡也会被描述为相关事件，这两点都会放大“维特效应”，从而在短期内造成连串自杀；[3]上海市精神卫生中心院长肖泽萍表示，富士康的自杀率远低于中国平均自杀率，是媒体的炒作报道让社会的焦点集中在这个企业上，而一些媒体对自杀事件的细节化描写容易造成模仿效应。[4]

一般而言，假使某些人在生活中出现心理危机，而自己或周围的人并未意识，那么，一些有负面效应的社会事件的广泛流传，媒介不厌其烦的细节描述，以及负面成因的严厉批评，会在一定程度上助长、加剧这些心理危机者的心理危机程度。这就是人们所说的“维特效应”。[5]

---

① 刘道彩：《为何媒体越关注，富士康跳楼越密集》，载《中国青年报》，2010-05-26。

② “维特效应”类似“模仿”效应、“仿效”效应，下文还要对其解释。

③ 参见周飙：《富士康应认真对待员工自杀“维特效应”》，载《21世纪经济报道》，2010-04-14。

④ 参见肖波：《富士康第八跳引发关注 炒作自杀事件易造成模仿》，载《新闻晚报》，2010-05-14。

⑤ 参见刘克梅：《要警惕负面事件传播“维特效应”》，载《武汉晚报》，2010-05-26。

有部分研究者对自杀报道的合法性提出质疑。我国首家危机干预中心副主任医师陈进称，一个有良知的媒体应该回避报道每一个自杀个案。但是对于一个生命的“永诀”，媒体真的应该回避、漠视，甚至无动于衷吗？难道媒体不报道自杀事件，就能促使那些想自杀的人回心转意吗？这种因噎废食的做法不是现代媒体负责任的表现，也未必是社会文明进步的标志。但也有另外一种看法，上海市心理学会副会长孙时进教授指出，媒体要关注自杀现象，但切勿炒作个案。媒体进行自杀报道必须要具备危机干预的常识。①

案例二 郑州富士康四天两人跳楼自杀

2013 年 4 月下旬，郑州富士康园区内发生两起跳楼身亡事件，这家全球最大电子产品代工厂再次因“自杀潮”引发舆论关注。24 号，郑州富士康航空港区工厂豫康宿舍楼内，24 岁的安姓男子跳楼身亡。27 号下午 6 点半左右，23 岁金姓女工从富鑫公寓 6 楼跳下。死者安某的哥哥告诉《新京报》记者，弟弟 21 日才在同学介绍下到富士康打工，23 日参与员工培训，24 日凌晨就跳楼。哥哥猜测，弟弟也许是在培训过程中受到了刺激或压力。记者从当地媒体同行的口中得知，由于富士康郑州工厂是当地的重点项目，因此与政府的关系十分微妙，对于富士康的负面新闻，往往很多当地媒体被授意置若罔闻。

对此，富士康新闻发言人刘坤说，“这名男死者并不是富士康的员工”。至于这名男死者到底是谁，刘坤并没有做过多解释，他表示，“来到富士康就应该承受压力”。刘坤说：“我们做的都是一些国际上最时尚的产品，这方面的工作压力一定会有的，因为每一个年轻人不管来自于哪个院校，即便来自于非常好的院校，到这个企业里面，你可能也只是沙海之中的那么一粒沙子。”

富士康科技集团工会联合会的实名微博也予以回应：“郑州富士康两名员工坠楼”一事，经富士康工会调查了解，报道内容与事实存在出入，其中坠楼的 24 岁男子并非富士康员工，也没有任何在富士康郑州园区工作的经历。对于女性死者，富士康工会向员工家属表达了抚慰，并提供了必要的帮助，同时将配合执法机关展开调查。整个善后工作都是以富士康工会名义进行的，而这个工会一直被质疑不合格。

富士康集团表示，2011 年在大陆地区 15 个园区都组建了工会组织，员工入会率达 86.3%；工会代表职工方利益，签订了 2011 年集团集体协商合同。此外，工人们将选举产生至多 1.8 万个工会委员会。不过一个由北京大学等高校组成的第三方课题组调研发现，90.2%的富士康员工不知道富士康工会选举的事情。94.7%的工人在过去从未曾

① 《自杀会传染，如何化解富士康“N 连跳”的示范效应?》，载《南方日报》，2010-05-28。

参加过任何形式的工会选举投票。如果按百分制、60分为及格线，工人为富士康工会的平均打分为55分。有83%的受访者认为工会没有发挥作用。

据媒体报道，有富士康郑州工厂员工认为出现跳楼的悲剧，与最近工厂里实行的“静音模式”不无关系。所谓“静音模式”就是员工在进入车间后不能说任何与工作无关的内容，即使谈论工作也要把声音压低到最低，不能让第三人听到才行，三人以上的谈话必须要在线长办公区谈论，否则就可能受到处罚甚至被开除。同时，每天组长都会规定内部稽核人员必须稽核20个问题点，如果发现不了20个问题，就取消其加班资格，被稽查到的员工下午4点半下班后要参加公司内部的教育培训，时长两小时，不计入加班时间，之后会根据员工的违纪情况取消其一周到一个月的加班。据了解，富士康员工正常工作时间为每天早上7点半到下午4点半，其余为加班时间，工人基本依靠加班时间来挣更多收入，如果一个月没加班，工人到手的薪水便会明显减少。目前为止，确有员工因违反“静音模式”被处分记“大过”，还有员工因此一个月未被安排加班，而这意味着员工只能拿到不到2000元的月工资。

据媒体此前报道，4月16号，富士康创始人郭台铭因为产品良品率不理想，亲自驻扎郑州园区监督管理。郑州工厂员工说，总裁来的时候搞得我们这里十分紧张。“这是一种试图把人当成机器的模式，任何一个把人变成机器的社会体系和管理体系最终是失败的，因为人永远做不了机器，人永远不是机器，所以这个东西的出发点就是有问题的。人在这种环境之下，自己内部的压力得不到释放就会郁积，最后的一句话就是不在沉默中灭亡，就在沉默中爆发，这就是很典型的对于人没有尊重没有敬畏，试图把人变成机器的想法，最终证明这一定是错的，不可能有任何的收获。”

负责协调处理善后的郑州航空港区IT产业园第一社区服务中心党工委书记王继跃否认上述说法。他称，安某进厂才几天，具体跳楼原因不明，经初步了解，或因在厂区外与人发生矛盾等原因所致。而金某跳楼身亡前曾旷工3天，或和车间同事关系不和有关。但据一位富士康郑州工厂员工透露，现在富士康已经紧急取消了“静音模式”的相关规定，这位员工苦笑说，“这也算是五一假期的一种福利了”。

案例三　大学生相约自杀，网站被判赔偿

2010年12月3日，浙江省丽水市莲都区人民法院对一起大学生利用腾讯QQ网络相约自杀的民事赔偿纠纷作出一审判决，腾讯被判承担10%的责任。

原告为自杀大学生范某的父母。他们起诉称，今年6月，被告张某利用腾讯QQ向不特定的公众发出自杀邀请，并留下手机号码。两原告之子范某在看到后便接受了自杀邀请，并于6月24日到达丽水与被告张某一同在酒店内自杀。由于难以忍受痛苦，被告

张某放弃了自杀行为。但范某仍然坚持自杀，最终身亡。

两原告认为，被告张某通过网络邀约死者小范进行自杀，最终导致两原告之子死亡；被告深圳市腾讯计算机系统有限公司作为网络服务提供者，未及时对相约自杀的内容进行删除或者屏蔽，致使其得以传播，故被告腾讯公司应对两原告之子小范的死亡承担连带赔偿责任。

法院审理认为，被告张某多次在不同的QQ群上向不特定的对象长期公开告示自杀邀请，被告腾讯公司也一直未对这种可能侵害他人生命健康权益的有害信息采取措施，致使范某与被告张某相约并实施自杀。两被告的行为间接结合发生损害后果，应当根据过失大小和原因比例各自承担相应的赔偿责任。两原告作为赔偿权利人有权要求两被告承担赔偿责任。

综合案件事实，法院遂依法作出一审判决：被告小张于判决生效后十日内一次性赔偿原告范某父母死亡赔偿金、丧葬费、交通费的20%计101225元，精神损害抚慰金10000元，两项合计111225元；被告腾讯公司于本判决生效后十日内一次性赔偿原告死亡赔偿金、丧葬费、交通费的10%计50612.50元，精神损害抚慰金5000元，两项合计55612.50元。[①]

案例四 崔真实自杀“催”出《崔真实法》

2008年10月2日，韩国女星崔真实在住所浴室利用绷带上吊自杀。崔真实自杀后，有两名韩国女子模仿崔真实的自杀手法，上吊了结生命。据当时媒体报道，导致崔真实自杀的直接诱因，很可能是流传于网上的不实传言。韩国男星安在焕因高利贷重压于当年9月自杀身亡后，网上即有传言称安的“债主”正是崔真实。虽然经查证、澄清，已经确认为谣言，但身为“搜索狂”，又对负面传言“非常敏感”的崔真实，还是深感困扰，撒手离开了这个让她享尽荣耀而又不堪其扰的世界。

韩国政府担心艺人相继寻短会引发自杀潮，针对崔真实被网络谣言困扰而寻短事件，积极拟立《崔真实法》，增加适用“限制性本人确认制”（网络实名制）的网站。韩国政府计划从当年11月起，将适用“确认制”的网站，从日用户数量超过20万的网络媒体和30万的门户网站、视频网站，扩大到日用户数量超过10万的所有网站。如果这一方案实施，则几乎所有稍有影响的网站，都将实行实名制。[②]

有论者指出，韩国倘若推行网络实名制，网络谣言应该减少几许，崔真实也许不会遭遇那么多心灵创伤了。但不得不说的是，与其把崔真实自杀完全归咎为网络谣言，不

① 参见《大学生QQ相约自杀 腾讯被判承担10%责任并赔偿》，载《京华时报》，2010-12-04。

② 张天蔚：《崔真实自杀能否将网络世界“催”向真实》，载《北京青年报》，2008-10-06。

如归咎为人性之恶，如果人性之恶持续发酵，即便没有网络，即便网络上没有谣言可供生长和蔓延的空间，崔真实仍会遭遇谣言之苦。当年阮玲玉愤而自杀，是缘于流言，而非源于网络流言，说白了，网络只是一个载体。韩国政府此次推行网络实名制并非没有争议，有人担心会破坏言论自由。韩国民主党表示："网上污蔑罪等于是企图阻止对权力进行正当批判的'反烛光法案'，破坏言论自由。这是大国家党利用崔真实自杀事件制定的一种战略。"

实行网络实名制在韩国并不是一呼百应，也不是达成舆论一律，而是遭受了不少质疑，最关键的原因，就是如一些人所担忧的那样——会伤害言论自由。况且，韩国早在前几年就在一些领域实施了网络实名制，但效果未达到预期。何况，就全世界来说，推行网络实名制仅仅是韩国一家，其实名制并不成熟，尚有待检验。[1]

韩国女星崔真实自杀前哭诉：人言可畏

案例五　北京资深报人缘何自杀？

2013 年 1 月 8 日早晨，《新快报》调查记者刘虎发出微博："昨晚有家山东地市级报纸的同行说，该报社自 2008 年来就有 3 人因抑郁症自杀身亡。面对这样的世界，我们该说什么呢？"

2012 年 8 月 22 日晚，《都市快报》首席评论员徐迅雷在其微博上称："刚刚朱铁志先生短信告知：我的好友、著名杂文家、《人民日报》大地副刊主编徐怀谦先生，因罹患抑郁症，于今天下午 2 时不幸去世！该消息随后得到人民日报社相关人员证实。"多位中国媒体人也在新浪微博上发出了徐怀谦自杀的消息。

生于 1968 年的徐怀谦 1989 年毕业于北京大学中文系，在首钢锻炼一年后进入《人民日报》文艺部工作，1999 年去河南虞城县挂职县委副书记离开过报社两年。后获中国社科院研究生院文学硕士学位。著有《智慧的星空——与思想者对话录》、《拍案不再惊奇》、《生命深处的文字》等文集。他生前曾写下"我的痛苦是敢想不敢说，敢说不敢写，敢写不敢发"、"有人说这是一个平庸的时代，一个物质的时代，一个娱乐的时代，一个缺乏大师的时代，可是，我们不能把什么过错都推给时代，一个人左右不了时代，却可以左右自己的脸，它可以不漂亮，却不可以没内容"。

香港浸会大学新闻系教授黄煜在接受媒体采访时表示，徐怀谦的想法有一定的代表性。但是他的病与他长期的工作环境以及工作环境长期的压力有关。有职业道德和良心的

① 参见王石川：《不要盲目追捧"崔真实法"》，载《现代快报》，2008-10-07。

中国媒体人在矛盾中挣扎，生存十分艰难。[①]

时评人长平认为，中国媒体人的健康状况确实是非常不好的，网友的传言反映了媒体人在工作中，因精神上受到压力，甚至处于分裂的状态，这确实是事实。抑郁症是一种比较普遍的、可以说是越来越多的一种疾病，不管在哪个行业，都有可能存在这种疾病。徐怀谦生前写下的文字表明，媒体人的确是想说想写，想传递真相，但是另一方面又不能。徐怀谦说出了他的一种苦恼，这也是媒体人普遍的一种苦恼。[②]

案例六 张国荣自杀报道和后续效应

2003 年 4 月 1 日，香港知名艺人张国荣在香港中环文华酒店坠楼身亡，身上留有一封遗书，在经香港警方证实后确定张国荣自杀死亡。据了解，遗书中提到了他最近的感情波折。港方人士推测张国荣自杀可能有情感上的因素，也有可能跟他长期患胃病有关，甚至还有说他演完《异度空间》后"撞邪"的说法。

张国荣自杀事件发生后，媒体的报道连篇累牍、大肆渲染。魏永征教授指出，个别传媒的过度渲染行为给整个香港传媒界带来了负面影响，记者公信力明显下降。人们也像"防火，防盗"那样地"防记者"。张国荣跳楼自杀后，家属以重金雇请保安，24 小时轮流看守张氏尸体，不让记者接近，在出殡时也取消了瞻仰遗容的项目。这样张的死亡面容果然一张也没有流传出去，报刊上登的还是他在表演时留下的美好笑容。当然像张国荣这样的知名人物可以这样做，而平头百姓一旦发生不幸事件，对记者还是防不胜防。[③]

从张国荣自杀当日深夜到 2 日凌晨 9 小时内，全香港有 6 名男女跳楼自杀，其中 5 人不治，轻生原因涉及感情、失业、经济、病痛困扰等方面。香港的专项研究也显示：自传媒大篇幅报道张国荣死讯后，4 月份香港共有 131 宗自杀身亡个案，较 3 月份增加 32%，亦较 2002 年 4 月份高出 18 人。去年 4 月的自杀个案中，死于跳楼的占 32%，较采用其他方法自杀 14%的比例为高。男死者当中，六成七年龄介乎 25 至 39 岁。在当月的自杀者当中，有几名死者轻生前留下的遗书中，清楚写明其自杀与张国荣轻生有关。香港大学香港赛马会防止自杀研究中心总监叶兆辉指出，传媒对自杀案件广泛而深入的报道，容易使一些患上精神病、抑郁症、有自杀倾向，或对特定性别和年龄组别及与死

① 参见《中国官媒主编自杀凸显媒体人困境》，http://blog.sina.com.cn/s/blog_87059d280101f3xm.html。

② 参见《中国媒体人坚持抗争 大环境会越来越好》，http://www.my1510.cn/article.php?id=83491，2012-08-28。

③ 参见魏永征：《香港传媒怎样为自杀推波助澜》，http://academic.mediachina.net/article.php?id=4311，2005-11-28。

者生前背景及遭遇类同的高危人士，产生自杀动机，模仿采用同样的自杀方式。因为这些人士对自杀报道较为敏感。①

案例七 记者翻拍自杀者遗照登报被追刑责

2009年3月27日，台湾《苹果日报》记者陈韦劭在新北市立殡仪馆采访郭姓女子自杀新闻，翻拍取得该女子照片后配合文字报道，内文指称"新北市一名女子疑转业压力大，前天买木炭……在书房烧炭自杀"。翻拍的自杀死者照片发表后，了解该报实务运作的人士指，在自杀新闻处理中，该报要求记者想方设法弄到死者照片，不管在殡仪馆翻拍灵堂遗照，或从亲属朋友间要照片，第二天就登在报纸上。郭姓女子的谢姓丈夫主张，妻子生前到照相馆拍大头照，妻子过世后，由他继承照片的著作权；他不满《苹果日报》报道妻子自杀新闻，且未经许可刊登她的照片，指控《苹果日报》及陈韦劭侵害著作权，并提起附带民事诉讼。

2012年6月14日，"台湾士林地方法院"就上述案件作出一审判决。法官认为，记者陈韦劭未经家属同意擅自翻拍，《苹果日报》刊登重制，也应该判罚，依违反"著作权法"判陈韦劭徒刑3月、得易科罚金②，《苹果日报》被判罚金8万新台币。民事部分，二审判陈韦劭与报社须赔20万新台币。这一判决成为台湾记者擅自翻拍死者照片、被认定违反著作权法规重制他人著作财产权、被判有罪案例。

岛内法律界人士认为，本件判决相当罕见，如未来判决有罪确定，虽然可能冲击新闻采访自由，却也具有纠正八卦媒体以"不正当手段"取得新闻来源的作用。在社会新闻中经常大量刊载与尸体、裸体相关照片而引起外界争议的《苹果日报》，对于旗下记者未经同意刊登死者照片被判刑且遭罚一事，仅透过法务经理叶锡波表示，收到判决书后将会上诉。至于判决本身则不愿多谈。

但是检方认为，一审判决刑度和罚金都太轻，于是提起上诉。2012年11月15日，"台湾智慧财产（即知识产权）法院"认定陈韦劭和雇主《苹果日报》侵害著作权，认为该新闻虽附防自杀专线电话，但从内容中看不出报道目的是为了提醒民众生命可贵；并且每天发生自杀事件可能不止一宗，社会大众多知道一件他人的辛酸故事，并不代表可彰显民众知情权。"智慧财产法院"审酌陈姓记者已付和解金，被判处缓刑，但认为《苹果日报》刊登这则新闻未提醒民众生命可贵，也没有必要刊登死者照片，判罚金30万元新台币。

---

① 参见《香港学者研究称明星自杀会有"模仿效应"》，http：//news. sina. com. cn /c /2004-11-09 /10254189514s. shtml，2004-11-09。

② 易科罚金是指本受徒刑或拘役先告知受刑人，因如执行宣告刑，将有相当不良之后果，故变更本所宣告之徒刑或是拘役，而改为罚金之易刑处分。这里具体是指为免于受到侵犯新闻自由的指责而不判决记者实刑。

合议庭认为，《苹果日报》刊登死者照片，并非在合理使用范围内，根据《苹果日报》的发行量，一审所判罚金太轻，改判罚 30 万元新台币；陈韦劭部分，审酌他无前科，且已依先前民事判决支付对方 20 万元新台币和解金，于是改判陈缓刑 3 年。此案仍可上诉。①

甲方观点：媒体报道与自杀模仿之间有关联

2010 年上半年，媒体对富士康员工自杀事件的报道，引起了模仿自杀的讨论。人们经常把自杀模仿的效应称为“维特效应”。其实，18 世纪晚期，当时人们就认为媒体对自杀的再现与现实生活中的自杀行为之间存在着复杂的关联。1774 年，在德国文学家歌德的小说《少年维特的烦恼》中，主人公维特为情开枪自杀。小说面世后，许多青年仿效维特自毙，从而形成一股青少年自杀浪潮，引起欧洲一片惊恐。因此，此书当时被许多国家列为禁书。后世的媒介效果研究者将模仿媒介自杀的行为称为“维特效应”。②

“维特效应”得到了世界卫生组织和国际自杀预防协会 2008 年一份文件的支持。该文件指出，自杀是一个重要的公共健康问题，对社会、公共情绪和经济都有深远影响。全世界每年大约有 100 万人自杀，据估计每例自杀死亡都可能影响到 6 个人：影响自杀及其预防的因素非常复杂，至今还没有被研究透彻，但是有证据显示媒体在其中扮演重要角色。脆弱个体会被自杀报道影响而进行效仿，特别是当报道广泛、显著、煽情并且仔细描述了自杀的方法时。但该文件也认为，负责任的自杀报道可以教育公众，并可能鼓励那些处于自杀危机中的人去寻求帮助。

台湾郑泰安博士在专著《媒体与自杀：自杀可以预防吗?》中以台湾艺人倪敏然（1946—2005）自杀事件，自杀身亡者、自杀企图（未遂）者，以及忧郁症病人为对象进行了量化分析研究。研究结果显示，不当的媒体自杀报道，的确会导致自杀行为的增加。这种增加对于忧郁症状尚未完全缓解以及不久之前曾经企图自杀不成的人风险较高。在倪敏然自杀事件当中，媒体正扮演了散布“病态的暗示”的媒介角色。原本已经是自杀高风险者（曾经自杀未遂者、忧郁症病人、酗酒者、个性行动者、生活上遭遇到亲友、健康、工作、财物等的失落者），一旦接触到有关自杀的病态报道，发生自杀行为的风险将大为提升。③

---

① 参见刘海伟：《苹果日报记者擅自翻拍死者照片登报被判刑》，http://news.sina.com.cn/m/2012-06-15/104024597323.shtml，2012-06-15；《翻拍自杀死者照片挨告 记者缓刑报社判罚 30 万》，http://www.fjsen.com/b/2012-11/16/content_9853075.htm，2012-11-16。

② 参见《世卫组织：媒体该怎样报道自杀》，http://blog.sina.com.cn/s/blog_477654540100ireh.html，2012-15-19。

③ 参见郑泰安：《媒体与自杀：自杀可以预防吗?》，台北：台湾商务印书馆股份有限公司，2008，27 页。

乙方观点：媒体报道与自杀模仿之间无关联

媒体报道与自杀模仿之间有关联一说，得到了世界卫生组织和台湾学者相关研究的支持。但是，本教材作者想在此提供一些不同见解和视角。在此主要援引法国当代传播学者埃里克·麦克雷教授关于媒体与自杀有无关系的论述。麦克雷教授在谈到自杀传播时，以肯定性的口吻指出，因新闻报道而产生的自杀浪潮并不存在。他认为，法国社会学家涂尔干在 19 世纪末就以统计数字为依据，有力反驳了报刊对个人意识有直接效果的观点。西方国家报刊普遍发达，但各国自杀率各不相同，所以媒体诱人模仿、复制自杀和犯罪的说法并不成立。即便个别极端行为可能是在读了相关报道之后发生的，自杀现象首先应该在自杀者的“社会圈子”里找原因。[①]

这也是许多社会学家一直坚持的观点，要在个人所处的社会环境中寻找自杀原因，自杀不仅是个人的选择而且是社会的事实，即自杀行为受到一个人周围的社会环境的强烈影响。[②] 例如，韩国为什么自杀率居高不下，他们认为，要降低自杀率，首先要认识到自杀并非个人问题，而是社会问题。韩国 2012 年年初发生的瑞山打工学生自杀事件、大邱中学生自杀事件等都与性暴力、学校暴力等蔓延的社会问题有关。由于社会的压迫和社会的穷困而不得不做出自杀选择的自杀，实际上是一种社会性的他杀行为。韩国还出现了年龄越大自杀率越高的趋势，自杀的主要原因是抑郁症、疾病、孤单等，但根本原因还是经济贫困。[③]

麦克雷教授认为，学者的看法和结论经常与大众格格不入。在自杀问题上，社会学家一般不作道德判断。比如，社会学的视角帮助我们去理解影响一个问题的多方面的社会因素，而常人往往倾向于单一归因。关于自杀的看法恰恰就是一个典型的例证。麦克雷教授对社会学奠基人之一涂尔干（现多译为埃米尔·迪尔凯姆）的《自杀论》给予高度评价。该著作历经百年之后，仍具有现实社会意义：1993 年的法国媒体还怀着掌握权力且注意自我批评的满足感，讨论有关皮埃尔·贝雷戈瓦总理自杀的报道是否会导致社会模仿，引发自杀浪潮。他揶揄说，时至今日，媒体还在抛出模仿导致犯罪和自杀增加的话题，仿佛犯罪和自杀都是冲动的结果，而没有日积月累的原因。

自杀研究鼻祖涂尔干及其百年前结论

既然麦克雷教授极力推崇涂尔干对自杀研究的贡献，我们就来概述一下涂尔干对自杀的观点，以及关于自杀仿效的论述。19 世纪与 20 世纪之交，随着西方国家的工业化和城

① 参见〔法〕埃里克·麦克雷：《传播理论史——一种社会学的视角》，刘芳译，北京：中国传媒大学出版社，2009，16 页。

② 参见〔美〕戴维·波普诺：《社会学》（第十版），李强等译，北京：中国人民大学出版社，1999，7 页。

③ 参见詹德斌：《韩国 8 年蝉联自杀大国头名 名人自杀致模仿效应》，载《环球时报》，2012-09-10。

市化进程，自杀成为突出的社会问题。19 世纪兴起的心理学和社会学使自杀的研究成为一个专门领域。这个领域的研究是由法国社会学家涂尔干开创的，他运用统计方法对自杀现象的研究，成为学术研究理论和经验研究相结合的范例。

1897 年，涂尔干出版专著《自杀论》。他认为自杀是一种常态，自杀不应以个人心理探讨，自杀是社会影响个人的，所以应该以社会学的角度将自杀化为一种客观的社会事实，调查自杀率的变化。为此，他在批判以个体心理学解释自杀现象的传统理论的基础上，建立了用社会事实的因果关系分析自杀的理论，阐述了社会与个人的关系，认为当个体同社会团体或整个社会之间的联系发生障碍或产生离异时，便会发生自杀现象。

涂尔干将自杀分为利己型自杀、利他型自杀、宿命型自杀和失范型自杀四种类型（如图）。涂尔干运用社会统计方法，特别是以统计交互表格的形式，说明自杀现象受到民族、自然环境、性别、婚姻状况、宗教信仰、社会稳定和繁荣程度等社会事实的影响，从而建立了社会事实的因果关系。他认为，稳定的、传统的和有着很深宗教影响的群体、社群和社会有较低的自杀率，比其他团体更具凝聚力、聚合性、结合性，其中的个人具有更为明确的生活目标和意义（见表 15-1）。

表 15-1　　自杀的四种类型

	利己型	利他型	宿命型	失范型
描述	个人并不感到与广大的社会有关	个人将群体利益置于他或她个人生命之上	个人自杀的原因是感到无法控制他或她自己的生命	当社会缺乏秩序时，个人自杀
例证	贫民窟无业游民的自杀	老年的爱斯基摩人、日本神风敢死队飞行员的自杀	囚犯自杀	股票破产者的自杀
心理指标	沮丧与忧郁	责任感，羞耻感和负疚感	恐惧，听天由命	不安全，失望

仿效是心理因素还是社会因素

涂尔干把仿效看作是自杀的心理因素，而非社会因素。他认为，人们经常运用仿效来说明在一群人中产生某种集体感情的过程，以及赞同共有的或传统的行为规则的过程。这种做法是错误的，仿效只不过是无意识的笨拙模仿的过程。他对随意使用仿效这个词的人批评道，如果不能准确地理解仿效这个词，那我们就有为了做出某种解释而使用纯粹口头表达方式的危险。涂尔干得出结论，自杀的念头不是传染的。

涂尔干认为，自杀可以由一个人传染给另一个人，不能先验地证明这种传染性会产生社会影响。[①] 一种道德感染现象几乎只能通过两种方式产生：或者是作为榜样的事实通过

① 参见〔法〕埃米尔·迪尔凯姆：《自杀论》，冯韵文译，北京：商务印书馆，1996，118 页。

人们所说的公众舆论口头传播，或者是通过报纸杂志传播。人们通常指责后者；事实上，报纸杂志无疑是一种有力的传播手段。因此，如果说仿效起到传播的作用，那么我们应该看到自杀者的多少随着报纸杂志在公众心目中所占的地位不同而有所不同。遗憾的是这种地位很难确定。没有理由假设法国卢瓦尔河以南的人看到的报刊明显地少于卢瓦尔河以北的人，但这两个地区在自杀方面差别很大。[1]

涂尔干认为，榜样是使冲动爆发的偶然因素；但引起冲动的不是榜样，如果冲动不存在，榜样就是无害的。把仿效当作任何集体生活主要根源的理论是多么没有根据。从来没有什么行为像自杀那样容易通过传染的途径传播，然而这种传染性并不产生社会影响。因此，人们赋予它的种种功效都是虚构的。在一个有限的范围内，仿效很可能引起同一种思想或同一种行为在某种程度上的重复，但是它绝不会有如此深远的影响，以致触及和改变社会的感情。[2]

涂尔干总结道，如果肯定自杀是在个人之间传染，那么我们绝不会看到仿效传播自杀，以致影响社会自杀率。仿效很可能引起许多个别情况，但不会使不同的社会和每个社会内部比较特殊的社会群体对自杀本身具有不同的倾向。由此而产生的影响总是非常有限的。有些论者赋予仿效以一种它所没有的能力，曾经要求禁止报刊报道自杀和犯罪。这种禁令可能成功地稍微减少一点这些不同行为每年的总数。但是这种禁令能不能改变社会自杀率和社会凶杀率却很成问题。[3]

五个关于自杀的问题你答对了吗？

社会学家涂尔干十分肯定地认为，禁止报刊报道自杀并不能减少社会自杀率。他是把自杀看作一种复杂的社会现象。在美国，一些社会学家也是这样看待自杀现象的。社会学家戴维·波普诺在其经典教科书中温婉地批评说：“一些社会学门外汉认为，社会学是一门显而易见的科学。按照他们的看法，社会学家花很多钱去发现一些尽人皆知的东西。这样一种错误看法的存在是因为，社会学家所研究的是为人们所熟悉的世界。社会学告诉我们，事物总是与我们的第一眼印象不同，要更为复杂。”[4]

波普诺以自杀为例设计了五个问题：请你根据一般常识判断一下，在下列关于美国人自杀及其原因的判断中，哪一条是正确的?

（1）因为妇女具有依赖性，受压抑、受性因素影响，所以她们比男人自杀率高。

（2）年轻人比老年人自杀率高。一个人年轻时，生活的压力和不确定性最强。

（3）由于历史上的不平等、种族歧视，美国黑人比白人自杀率高。

（4）很多人在节日自杀，因为这时候一些人最感寂寞、最感沮丧。

---

① 参见〔法〕埃米尔·迪尔凯姆：《自杀论》，冯韵文译，北京：商务印书馆，1996，129 页。

② 参见上书，132 页。

③ 参见上书，130～131 页。

④ 参见〔美〕戴维·波普诺：《社会学》（第十版），李强等译，北京：中国人民大学出版社，1999，6 页。

（5）当媒体中不断谈到其他人自杀时，受其影响，人们更易于自杀。

实证研究有效地揭示了这些论断的真伪：男性自杀率始终高于女性，尽管女性中企图自杀者比男性多；老年人自杀率明显高于年轻人，部分是由于健康原因；美国黑人自杀率相对低于白人；新近的研究并不支持认为节假日是引发自杀风险之因素的流行观点；其他一些研究也证明，那些已有自杀风险的人有可能受到大众媒体中关于自杀的大量报道的影响，但是，那些没有自杀风险的人并不会因媒体的影响而发生自杀行为。[①] 那么，我们能不能将美国人按性别、年龄等分类的自杀率推及到中国来呢？根据相关调查，与世界上多数国家不同，中国年轻人自杀率高于老人，中国女性自杀率高出男性两倍。此外，中国农村的自杀率高于城市。[②]

从以上论述看，常识往往会误导我们。自杀并不是像人们简单认为的那样，是一种失控、非理性、无规则的行为。我们必须从社会学的角度探讨，对其“为什么”作出科学解释。在回答这一问题时，社会学不对某种个人行为作出解释，它研究的是自杀行为背后的社会环境和氛围。所以，当我们社会中出现某一个和某几个人自杀时，就抛出了媒体“帮凶”论的论调或者认为媒体具有“维特效应”，这种逻辑思维不是社会学家倡导的。涂尔干一再提醒我们，个人自杀的模仿行为是属于心理因素。媒体对自杀的报道可能为自杀者提供榜样，但榜样只是动机爆发的偶然因素。所以涂尔干的结论对解释上述问题（5）的调查结果特别管用。

自杀率激增与媒体报道有关吗？

从上文看，对于维特效应是否存在，也就是媒体对自杀报道是否引起人们模仿，一直是人们争论的议题。不赞成媒体具备维特效应的大多数是社会学家。他们认为，自杀是复杂的社会现象，我们不能简单地进行单一归因。既然如此，我们也不能把一个时期的自杀率激增与媒体报道挂钩起来。再以韩国为例，有学者就认为，韩国极高的自杀率所折射的是其深重的社会问题，其中涉及经济、国民意识、犯罪问题等等，冰冻三尺非一日之寒。而韩国政府也远未对自杀问题抱以足够重视，甚至期望在不增加预算的情况下自杀率会自动下降。[③]

如果按照这样的观点，富士康的自杀率一段时间的激增，与媒体报道可能就关系不大。可能个别自杀者是效仿媒体报道的自杀行为，但那也可能是心理因素而非社会因素造成的结果。程绮瑾博士在香港的一次关于自杀报道的研讨会上，以富士康为例，表达的观点和麦克雷教授如出一辙。程博士认为，从来没有一个学者说过自杀是不可以报道的，或者任何一个学者有定论地说在富士康自杀事件中存在“维特效应”。“维特效应”确实是有

① 参见〔美〕戴维·波普诺：《社会学》（第十版），李强等译，北京：中国人民大学出版社，1999，5～6页。

② 参见 http：//zh. wikipedia. org /wiki /%E4%B8%AD%E5%9B%BD%E8%87%AA%E6%9D%80%E7%8E%87.

③ 参见《韩国 8 年自杀率第一 性犯罪和贫困是主因》，http：//www. guancha. cn /Neighbors /2012 _ 09 _ 10 _ 96596. shtml，2012-09-10。

研究、有证据的，但是不是可以应用到富士康这类自杀的事件上来，到现在还没有显示任何证据。从研究者角度来说，富士康自杀事件并不是用来研究“维特效应”的一个很好的例子，又或者如果真要研究“维特效应”的话，也不是只看它在富士康厂区内的影响，而是看，比如在整个深圳，跳出厂区之外的其他人群，同年龄段的、同背景的人是不是产生这种模仿效应。①

有观点认为，媒体报道自杀可能影响范围内人群的自杀率变化，尤其是报道关于名人自杀或者死亡的事件。但他们研究也发现，自杀率可能貌似提高，但若持续跟进调查，则自杀率可能回落，若加入往年的数据，自杀率也可能回落，因此媒体的负面事件报道是否会导致社会自杀率升高有待考证。② 有学者在香港的研讨会上就提出，上世纪 90 年代，香港出现了第一例烧炭自杀，紧接着第二个月就有九宗烧炭自杀。这可能造成一段时间的自杀率上升，但并不能说明全年的自杀率就因此而上升。这些问题有待进一步探讨和验证。

这就告诫我们，对于自杀个案，每一个试图自杀者的动机都不一样，个人心理素质、微环境及周边的社会支持程度起重大作用。而宏观上偏高的自杀率，则无疑反映了社会和文化层次上的问题，需要在公共政策的层面去防范和解决。在中国这样一个日趋现代化的社会中，人们的生活质量很难仅仅用 GDP 这样的经济指标来衡量。怎样为社会中每一个成员提供最基本的医疗保障和社会支持（包括对抑郁症和精神疾病患者的支持），是现代中国面临的一个重大课题。③

警惕以防媒体渲染为由抵制信息公开

之所以我们要慎重看待自杀报道与自杀模仿以及自杀率激增之间的关系，就在于说明两个目的：第一，我们要警惕一些人以媒体渲染说来抵制媒体对事件的报道，特别是掩藏自杀背后的社会因素；第二，媒体对自杀的报道并不是像人们所说的就带来消极的后果，也可能带来积极的后果。我们先从第一个问题说起，专栏作家令狐补充在香港的研讨会上发言说，自杀问题好像是关乎媒体自律问题，但他一直对这个前提持怀疑态度。他不认同自杀具有传染性这一说法。一些小报对烧炭自杀的报道方法是把其当成一种奇观来做，那是一种窥视，或者是一种猎奇，跟我们经常说的媒体本身要履行社会责任所采取的方法是走在两条道上的。甚至是烧炭自杀事情都不是报纸的单一因素可以导致它发生的。

对于有人提出媒体对富士康事件报道用 12 连跳不符合伦理规则，令狐补充认为，他倒不觉得在中国这样的语境里用 12 连跳有多不合适，这样的用词实际上也带来了更多的关注，有呼救吁请关注的效果。如果媒体不这样去渲染能引起社会对自杀问题的重视吗？当然，他并不是否认记者应该忽视报道中的措词，专业人士确实要保持一种公允、客观的方式，但如果已经是 12 连跳的时候，所有规则可能都已经没了。他还认为，那些富士康

---

① 参见《媒体该如何报道自杀？（上）》，http：//www.my1510.cn/article.php?id=d2420e02fcc5fff1，2010-06-30。

② 参见 http：//zh.wikipedia.org/wiki/%E8%87%AA%E6%AE%BA%E6%A8%A1%E4%BB%BF.

③ 参见 http：//zh.wikipedia.org/wiki/%E4%B8%AD%E5%9B%BD%E8%87%AA%E6%9D%80%E7%8E%87.

员工大部分是收不到外界信息的，富士康员工几连跳以后，他问了一下在富士康工作的员工，他们很多人都不知道。他总结道，自杀事件有“维特效应”并未被确定，媒体的渲染或者是报道手法也未必对此产生影响。很多时候，这一说法变成了一个打压媒体的口实，它们之间是没有真正关联性的，至今他没有看到一篇社会学家的调查说明这种关联性。①

对于一些人提出的一个人有自杀倾向以后，可能从媒体上获取了自杀的方式，从而完成自杀过程。令狐补充认为，一个人有自杀倾向后，要去获取自杀的方式，可以从自身的本能，也可以从不管是从书上还是从媒体上找这种方式，但不能单纯归结为媒体。他赞同自杀有的时候更多是一种本能。媒体关于自杀报道是对一些人是有影响的，确实是要规范的。但是现在社会上，特别是在大陆，让他感受到自杀报道具有传染性这一说法俨然成了打压媒体的一个理由。②

社交媒体可能减少自杀现象发生

在坚持媒体报道对自杀具有渲染性的人看来，媒体缺点多多，不是一无是处，也可能是弊大于利。很多人可能认为趋同商业主义的网站或新媒体在对自杀事件的传播上渲染性更甚。这些人可能忽视了媒体对自杀事件的传播，尤其是新媒体传播带来的积极效应。比如说，通过媒体传播让世人得以警示，可能防范了自杀事件的发生；通过媒体传播，自杀事件得以公开，人们的知情权得到了满足，也可能了解了自杀事件背后所隐藏的社会问题。

相比较于媒体渲染说，媒体可能对自杀的信息公开更重要。网络专家毛向辉在香港的研讨会上分享了他遇到的两个案例及其对新媒体在自杀事件中功能的认识。一个是某位推友之前发出一条信息，“大家再见，如果有缘，来世再见吧，我已经决定今晚主动去结束我的生命”，他的讯息马上就被推特上他的朋友转发，然后又传播给了推特上的一些名人，一些推友就主动把电话留给想自杀的推友，说“你可以打电话过来，我们可以聊一聊之类的”，也有一些推友想办法去联络想自杀推友身边的人。后来这个人也开始慢慢跟别人做一些开放的对话，然后把电话也公布出来，很多人都打电话给他，最后他决定不去自杀了。第二个案例是一个中学生，他自杀前还主动留了电话，说我要去自杀，然后他的一些朋友就开始传播给一些推特名人，这些推特名人就变成了一个自杀救助中心的角色。推特的好处是什么？因为在这种新媒体上佐拉和奥巴马可以在一句话中出现，也就是说在整个新媒体空间我们把社会和人之间的关系拉到比传统空间更近的地方。物理空间中虽然我们可以做邻居，但我们的心灵交流是很少的。但在推特上，这种新媒体空间之中，可以很容易找到给你同情的人、给你帮助的人，或者说对你有辅助作用的人，所以这可能就是社会性媒体和传统媒体的一个差别。③

毛向辉进而认为，推特上这种人文关怀可能引发人们去思考，如果想自杀的人能够在

①② 参见《媒体该如何报道自杀？（上）》，http：//www. my1510. cn /article. php?id＝d2420e02fcc5fff1，2010-06-30。
③ 参见《媒体该如何报道自杀？（下）》，http：//www. my1510. cn /article. php? id＝bc6a5a44d2e2016c，2010-06-30。

第一时间获得一些类似支持的话，孤立感或是对社会的排斥感可能会少一些，或许他就可能放弃自杀的念头。推特是一个非常自由的社会化媒体，当两个人说出自杀的念头之后，并不是所有的人都去劝阻他，其实有一些反而是在推他。有的人选择这种方式，有的人选择另外的方式，这也就形成了一种综合的拉力。[①] 但是，关键在于想自杀者有了一个沟通的空间。如果想自杀者愿意的话，他（她）有一个公布信息的平台，前一个案例中，想自杀者被动公布了自己的电话，而后一个中学生，主动在新媒体上留了电话。通过新媒体传播，想自杀者有了一个和社会其他人对话的空间，这种社交化媒体传播与传统的人际传播和大众传播是不一样的。从这里，我们看到了新媒体对自杀事件传播的积极效应。世界卫生组织情绪健康及滥用药物部主管 J. M. Bertoloter 如是说："适当的传媒报道是十分重要的，可以是公布自杀数字引起社会关注，也可以是提供面对困难和寻求协助方法的教育工作。"[②]

香港媒体如何报道自杀：以两个建议为例

前文讨论媒体报道自杀是否产生模仿效应的问题，也讨论媒体报道是否引起自杀率激增的问题。在探讨这两个问题的过程中，我们并不否定国内媒体对自杀事件报道的失范现象，也并不意味着，媒体就可以肆无忌惮、无所顾忌地去报道自杀。在报道自杀时要遵循一般的伦理规约。对于自杀报道的伦理规范在大陆目前还是付之阙如，我们不妨借鉴香港和世界卫生组织的建议，提升媒体在对自杀事件报道过程中的伦理责任。

香港大学社会科学学院和香港赛马会防止自杀研究中心合作发布的《探讨传媒对自杀的影响：自杀新闻报道建议》（以下简称《建议》），这份手册共 36 页，"手册旨在协助专业的传媒工作者，了解报道自杀消息可能出现的正面和负面影响；本手册在现有业内报道守则的基础上，提供更多的研究结果、外国经验和详细的注意事项和报道须知，供传媒工作者留意及自律。我们的目标是在确保公众的信息自由下，将可能因报道引致自杀高危者模仿的机会减至最低"。我们摘录了《建议》第 15—16 页的"专业传媒报道"以展示中国香港地区如何报道自杀新闻。[③] 香港记者协会在如何报道自杀新闻时也给出了详细的指引。我们也在此作了转录。

《探讨传媒对自杀的影响：自杀新闻报道建议》第 15—16 页

作为专业的传媒工作者，应避免报道引致有自杀倾向的读者、观众和听众作出自毁行为，与此同时可为自杀高危者提供求助的方法，而报道的重点在于教育和为公众提供必要的讯息。专业传媒工作者须遵守数项基本原则：

- 自杀行为在涉及公众利益的情况下，才具有报道的价值。

① 参见《媒体该如何报道自杀？（下）》，http：//www.my1510.cn/article.php？id=bc6a5a44d2e2016c，2010-06-30。
② 香港大学社会科学学院和香港赛马会防止自杀研究中心：《探讨传媒对自杀的影响：自杀新闻报道建议》。
③ 本节中还包括了"有关自杀的特别题目"，在这里未作摘录，只摘录自杀报道的一般规则。

● 传媒工作者在报道时要尽力减少对其他人的伤害。

● 传媒的报道手法须恰当、有分寸。

报道手法的具体操作如下：

位置与标题

除非涉及公众利益或重大公众关注的事件，避免就自杀的报道刊于头版。

尽量避免用大字标题。

避免将自杀方法或某一自杀原则放在标题上，例如“跳楼亡”、“烧炭死”或“为情自杀”。

内容

1. 用字

● 不应使用“自杀成功”、“自杀失败”或“自杀癖”等含价值判断的字眼。

● 采用“自杀率”取代“自杀风气”或“自杀潮”。

● 报道（尤其涉及知名人士）不可煽情，用字不可夸大。

● 不可歌颂自杀行为或将之浪漫化。

● 不可批评自杀者，也不可予以同情。

● 提及自杀者的全名及其他个人资料，有可能令其他自杀高危者以为自杀能引起公众注意，因此传媒的处理手法要特别小心。

2. 自杀方式

● 报道不可详述自杀方法、过程、地点、使用工具、服用的药物和数量等。

3. 自杀原因

● 自杀从来不是由单一原因导致，没有真凭实据的话，报道不可简化自杀的动机为某一个原因。

● 同样道理，不可把自杀解释为无缘无故或“一个谜”。

● 若获悉自杀者有精神问题或滥用药物的记录时，内文有需要提及。

4. 自杀后果

● 避免令读者误解自杀是解决某一类问题（如破产、学业问题等）的选择。

● 若特写亲友或公众的伤心或内疚情况，可能令人误以为自杀能引起家人或公众注意，传媒的处理要特别小心。

5. 其他

● 报道手法须考虑遗属和家人的感受。若刊登自杀者或其亲友的照片时，应考虑可能对当事人构成的伤害。

相片及图片说明

● 若刊登自杀者相片，自杀高危者会以为自杀后能“见报”，传媒的处理要特别小心。

● 不可采用相片、美工或设计图片详细描述自杀的方法和地点。

求助资料

● 提供其他解决问题的办法，如精神健康服务的资料与辅导热线电话，列出自杀的先兆和警告字句。

● 提供曾接受辅导、其后成功解决问题的例子。

● 对遗属提供求助热线。

● 提供抑郁症是可痊愈和求助的重要性等讯息。

电视新闻

● 除非涉及公众利益或重大公众关注的事件，电视新闻不可在头条新闻中报道自杀消息。

● 报道时用字须小心及准确。

● 不可详述自杀的过程，小心处理自杀者的背景资料。

● 不可美化自杀新闻。

《香港记者协会对处理自杀新闻的指引》①

● 香港近期有关自杀新闻的处理，引起社会部分人士深切关注。需要指出的是，外国学者对自杀新闻是否造成“模仿”效应仍然莫衷一是，有研究指出，报道这类案件可能引起“模仿”效应，诱使更多人选择以自杀方式来解决问题；但也有研究指出，自杀新闻与该类案件的多寡没有显著关系。

● 本会曾比较海外传媒组织对自杀新闻的处理方式，发现它们各有不同。美国和加拿大的新闻界有不成文的共识：除非自杀者是知名人士或有关个案对公众构成重大影响，否则不会报道个别自杀案件，只报道自杀案件的总体趋势和原因；大部分国家会如英国和澳洲，不对自杀新闻的处理作出限制，不过，当地传媒报道这类新闻时会有一定程度的自我约束，尽可能避免产生“模仿”效应。

● 本会认为，香港新闻界不宜完全不报道个别的自杀案件，而应在报道自杀新闻和避免产生“模仿”效应之间求取平衡。

● 编辑及记者尤应顾及自杀新闻对感情脆弱者的影响，在处理相关新闻时须注意下列事项：

☆煽情的报道手法会引致模仿效应；

☆不经意地美化自杀会鼓励其他人认同自杀者的做法；

☆巨细无遗地描述自杀方法会鼓动感情脆弱者加以模仿。

● 本会建议，传媒报道自杀新闻时，除非涉及重大公众利益，否则应按下列原则处理：

☆新闻工作者应低调处理有关新闻，报章应在内页刊登有关新闻；电台及电视若真的要播报有关新闻，必须顾及电子传媒对公众的巨大影响力，而把有关新闻安排在非主要新闻时段内播出。

☆报道时应避免绘影绘声地描述自杀的过程和所采用的手法。

☆传媒应避免予人错误观念，尤其是使青少年以为用自杀手段可以一朝成名，故此，

---

① 香港大学社会科学学院和香港赛马会防止自杀研究中心：《探讨传媒对自杀的影响：自杀新闻报道建议》附录部分。

报道自杀者的名字和刊登照片之举，可免则免。

☆新闻界须尊重自杀案件中事主家人的私隐，不要雪上加霜，加添他们的伤痛。

☆自杀成因复杂，新闻界报道个别案件时，不宜简单地将责任归咎于任何一方；更重要的是深入探讨自杀的趋势以及相关的补救方法。

☆在报道个别自杀案件时，报章宜同时提供一些防止自杀的辅导机构或服务的资料，如撒玛利亚会和其他志愿机构的联络电话和相关资料，以便有需要者寻求其他解决方法。

● 传媒应该知道，自杀新闻处理得宜，对教育公众防止自杀举足轻重，因为他们可在报道个别自杀案件时，让公众获知可能的自杀原因、有关的先兆、自杀趋势、最新的治疗法以及一些没有走上自杀之路而仍能克服困境人士的励志个案。

自杀报道不能轻视自律：世界卫生组织的建议

世界卫生组织在 2000 年发表了一份文献：《自杀预防：对媒体从业人员的指引》（*Preventing Suicide：A Resource for Media Professional*），对媒体如何处理自杀报道，分别就一般原则，以及对特定自杀事件的报道提出建议。2008 年对其进行了修改，提出了负责任的报道需要的 11 个原则。以下第一部分是 2000 年提出的媒体在自杀报道中的六要、六不要原则。第二部分是 2008 年提出的负责任的报道需要的 11 个原则（见表 15-2）。

表 15-2 媒体在自杀报道中的六要与六不要原则①

六要（what to do）	六不要（what not to do）
要与健康或卫生机构的专家密切合作，从事实面出发报道	不要刊登自杀者照片或遗书
要将自杀视为“完成的”自杀，而非“成功的”案例	不要巨细靡遗的描述自杀的方法
要将相关报道资料刊登于内页	不要简化自杀的理由
要强调除了自杀之外，还有其他解决问题的途径	不要将自杀予以光荣化或煽情化
要提供救助或辅导专线以及小区资源的信息	不要强调自杀者的个人特质、宗教或文化上之背景
要报道自杀的危险因素或可能的前兆	不要借报道责备任何人

2008 年提出的负责任的报道需要的 11 个原则②：

● 把握机会对公众进行自杀教育

人们对自杀有很多误解，而媒体正可以在消除这些误解方面发挥作用。导致一个人自杀的因素通常是多元而复杂的，不应该简单化呈现。精神疾病是自杀的最强烈诱因。例如

① 世界卫生组织发布的《自杀预防：对媒体从业人员的指引》：http：//www. docin. com /p-90611407. html，1997-05-29。

② 世界卫生组织发布的《媒体该怎样报道自杀》，http：//blog. sina. com. cn /s /blog _ 477654540100ireh. html，2010-05-19。

抑郁、滥用药物之类的精神紊乱可能影响到一个人应对各种生活压力和处理人际矛盾的能力。此外，文化、基因和社会经济因素也可能诱发自杀。然而人们几乎总是会在自杀事件还没有得到彻底调查之前，就把自杀错误地归因于考试失败、关系破裂之类的单一事件。自杀肯定不能被描述为一种解决个人问题的方法。自杀行为的复杂性会对自杀者的家属、朋友产生毁灭性影响。他们通常会去寻找原因，反思他们是否曾错过了某些自杀"讯号"，也会哀悼所失，感到愧疚、气愤、被歧视、被孤立。自杀报道如果能涉及这些影响，将会有助于教育公众。

● 避免使用将自杀煽情化或正常化的语言，亦避免将自杀呈现为一种解决问题的方法

媒体从业者也许比任何人都了解语言在传递微妙意义方面的重要性。将自杀界定为一种重要公共健康问题的语言有助于教育公众。一方面，媒体语言不应将自杀煽情化。"自杀流行"之类夸张的词语应替换为"比例上升"。在标题中使用"自杀"一词时一定要慎重。另一方面，应避免使用会让公众误解自杀或者将自杀正常化的语言。"政治自杀"之类借用"自杀"来打比方的词语会让公众对"自杀"一词逐渐麻木。"未成功的自杀"之类的词语暗示着死亡是令人期待的结果，相比起来，"未致死的自杀"表达更准确，更不容易引起误解……

● 避免将自杀新闻放置在显著位置，亦避免不正确地复述自杀事件

相比起较为含蓄的呈现，将自杀新闻放置在显著位置和不正确地复述，更可能引起效仿行为。报纸的自杀报道最好放在内页而非头版，而且最好是在内页的底部而非上部。电视、广播节目则最好将自杀新闻放在第二、第三段或者更靠后的位置而非头条。需要特别谨慎考虑自杀案例的原貌应该在多大程度上被反复报道或者被更新。

● 避免详细描述已致死或未致死之自杀所使用的方法

应避免对某一已致死或未致死之自杀所使用的方法进行细节讨论，因为条分缕析的描述可能促动脆弱人群去模仿这一行为。例如在报道过量摄取药物自杀时，详细介绍所摄药物的特性、数量、成分或制造方法是不明智的。当自杀方法并不常见时，报道尤其需要小心。虽然此类死亡也许格外具有新闻价值，但是对这些新奇方法的介绍可能会诱发其他人效仿同一方法。

● 避免提供发生已致死或未致死之自杀的具体地点

有时某些地点会获得"自杀胜地"的名声，例如曾有致死或非致死的自杀发生过的某座大桥、某幢高楼、某处悬崖、某个火车站或某个十字路口。媒体从业者应特别小心不要用煽情的语言来描述这些地方，或者夸大在该地方曾发生的自杀事故的数目，以免将这些地点定位成所谓的"自杀胜地"。

● 谨慎设置标题

标题的设计是要通过尽量少的语言介绍新闻要点来吸引读者注意。应避免在标题里使用"自杀"一词，以及详细描述自杀的方法或地点。

● 谨慎使用照片或视频

在使用某一自杀案例的照片或现场视频时一定要慎重，尤其是当这些照片或视频会让

受众清楚看到自杀的地点或方法时。另外，除非得到自杀死者家属的许可，否则不要刊发死者照片。如果要使用视觉形象，不应把它们放在显著位置，也不应美化自杀者。

● 报道名人自杀时格外小心

名人自杀无疑具备新闻价值，而且报道名人自杀通常被认为是在满足公众兴趣。然而，因为著名娱乐明星或政治人物受到普遍崇敬，报道他们的自杀格外容易影响到脆弱人群。美化名人的自杀死亡也许令人认为社会推崇自杀行为，因此报道名人自杀时需要格外谨慎。报道不应美化自杀，不应详细描述自杀方法，而应指出自杀行为无济于事，并对他人产生诸多影响。另外，当名人自杀原因还没有立刻得到澄清时，报道需要慎重。媒体自己猜测自杀原因是有害的，最好等待警方的调查结果。

● 对自杀者家属给予相应的关怀

不应轻易做出采访自杀者家属的决定。有亲人因自杀丧生的人们本身也处于高度自杀危机之中。当深爱的人因自杀死去，这些家属的情绪格外脆弱，需要处理自身的哀伤和其他相关事项。无论何时都应尊重他们的隐私。

● 提供求助信息

无论何时何地，自杀报道的后面都应尽可能附上求助信息。媒体可以根据不同的自杀案例提供相应的救援资源，不过一般来说都应包括全科保健医生和其他健康专家的联系方法，以及危机干预热线电话等。如此可以为那些因为看到自杀报道而倍感哀伤甚或考虑自我伤害的人提供迅捷的帮助。

● 注意媒体从业者本身亦可能被自杀事件影响

媒体从业者可能需要准备报道某个自杀案例，有时这样的案例可能恰好与他们自身的经验有吻合之处。特别是当从业者恰好与案发地有密切的联系，当地又是人际关系紧密的小地方时，报道对从业者的影响会尤其明显。媒体机构有责任确保提供必要的支持，特别是针对那些新入行的工作人员。相关的支持应包括安排检讨的机会、安排资深者给予指导等。每个媒体从业者在感到自己受到新闻报道影响时，都应毫不犹豫地向机构内外的相关人士求助。

思考题

1. 你看过歌德的小说《少年维特之烦恼》吗？媒体报道与自杀模仿之间的关联性，你赞成哪方观点，或你自己的观点是什么？
2. 涂尔干在《自杀论》中提出了一个重要概念“仿效”，你认为仿效是心理因素还是社会因素？
3. 你怎样分析文中给出的1992—2002年香港自杀率的变化？你认为自杀率变化与媒体报道有关吗？
4. 一方面我们要警惕以防止媒体渲染为由抵制信息公开，另一方面我们也要防止媒体对自杀事件的过度渲染。你认为媒体在报道自杀事件时主要遵循的伦理规约是什么？
5. 比较香港对自杀报道的伦理建议和世界卫生组织的伦理建议，它们的共同之处在哪里？其中有不同吗？

案例汇总

上编　理论框架篇

中编　媒体道德篇

下编　媒体伦理篇

后　记

本后记的唯一任务，就是致谢帮助完成本教材写作的所有人。理论和框架的运用和确立，一百多个案例的资料汇集与整理，需要如此众多研究者、新老媒体和当事人的帮助，对此我心中充盈着无尽的谢意。

在理论框架的梳理和建构方面，我首先要感谢世界知名的媒体伦理学家克利福德·G·克里斯琴斯教授。我不但从与他未曾谋面之际就从他的著述中获益甚丰甚巨，而且自2012年5月迎接他来华访学，到2014年4月在清华大学举办的“第四届全球媒体伦理圆桌会议”，多次耳提面命。克里斯琴斯教授很早就提出将伦理（ethics）与道德（morals）加以区分，对我推出自己的分析框架启发甚大。令我万分感动的是，他老人家对我关怀备至，还在清华会议上因我为颈椎病所困扰的身体状况而当众哽咽。

在国内新闻传播学者这一边，我特别要感谢陈力丹、郭镇之、胡舒立、单波、陈昌凤、孙有中诸位师友。在中国人民大学新闻学院陈力丹教授极为丰富的研究领域中，媒体职业道德是他近年研究的焦点之一，我从他的著述中获益良多。清华大学新闻与传播学院郭镇之教授2005年将《守望社会——电视暗访的边界》一书后半部的写作任务交付给我，让我从此涉足媒体伦理这一领域。财新传媒总编辑兼中山大学传播与设计学院院长胡舒立教授作为新闻专业主义的中国践行者，多次就新闻专业主义语境下的媒体伦理议题与我长谈，并数度邀请我参加国际性工作坊，使我的研究建立在比较宽阔的国际视野之下。

我记得：正是在武汉大学新闻与传播学院单波副院长2009年12月主持召开的以“跨文化对话：媒介伦理与新闻专业主义”为主题的“第五次跨文化传播国际学术会议”上，我首次尝试提出了我的媒体伦理分析框架。而在清华大学新闻与传播学院副院长陈昌凤、北京外国语大学英语学院院长孙有中和单波三位教授的邀请下，克里斯琴斯教授得以在三年内两度访华，令我有缘有幸结识和深交［令我们大家欣慰的是，克里斯琴斯教授主编的《媒介伦理：案例与道德推理》（第九版）中文版由孙教授领衔翻译，于不久前面世］。

在国内媒体法学者这一边，我特别要感谢魏永征教授、徐迅女士和周泽律师。魏永征教授作为新闻传播法权威，多年来对我提携有加。中央人民广播电台法律顾问、中国政法大学传播法研究中心执行主任徐迅教授审读了书稿，针对本书的观点和材料，尤其是对媒体伦理与媒体法的关系问题上，提出了多条宝贵意见乃至朋友间的直率批评。在本教材的第九讲、第十讲和第十二讲及其他各讲中，凡是涉及媒体法以及媒体与司法关系的部分，都可以看到魏老师和徐老师的影响。我的前同事、当下知名律师周泽关于媒体审判的独到见解也令有关讨论精彩纷呈。

近年来，我在中山大学传播与设计学院和北京外国语大学国际新闻与传播系开设媒体伦理与媒体法课程，在中国人民大学、武汉大学、浙江大学、暨南大学、广州大学、汕头大学等高校举办媒体伦理研究方法和专题讲座，在受到认可之余，也得到了许多积极反馈，在此向有关师生致谢。

在案例的采集和整理方面，我要特别感谢恕我在书中较多引用的如下个人：南京晓庄学院教授邵建；前财新传媒记者陆媛；《国际先驱导报》记者郇公弟；安徽资深媒体人宾语；前《南方周末》编辑傅剑锋；新疆《喀什噶尔》杂志记者刘毅敏；河南媒体人赵登岩；《南方都市报》记者周卫；云南电视台编剧兼网络时评家饕餮（蔡立）；清华大学新闻与传播学院研究生、《中国青年报》记者来杨；《新民周刊》主笔胡展奋；“落魄书生”周筱赟；前《21 世纪经济报道》上海特稿部主任左志坚。

以上各位的亲历或书写，是本教材中重要的案例和观点来源。值得专门提及的是，书中第八讲的一个案例，几乎全靠宾语的独家报道压缩改写而成，几经联络，相关引用得到了他的慨允。周筱赟和左志坚还就第十三讲有关案例专门写文供我使用，并纠正了媒体报道和网络文章中的一些讹误。

最后，我要感谢本系列和本书的策划编辑司马兰和姜颖昳女士，以及中国传媒大学出版社前总编辑闵惠泉，我们熟识多年，合作始终愉快。出身北京大学哲学系的闵博士是我的师长，他对作为哲学分支的伦理学情有独钟，对本书的出版鼓励多多。

展江

2014 年 5 月 2 日于北京德外寓所

图书在版编目（CIP）数据

媒体道德与伦理・案例教学/展江，彭桂兵著 .--北京：中国传媒大学出版社，2014.9（2022.7 重印）
新闻学与传播学案例系列教材
ISBN 978-7-5657-0987-6

Ⅰ.①媒… Ⅱ.①展…②彭… Ⅲ.①传播媒介-伦理学 Ⅳ.①G206.2-05

中国版本图书馆 CIP 数据核字（2014）第 100664 号

新闻学与传播学案例系列教材
媒体道德与伦理・案例教学
MEITI DAODE YU LUNLI ・ANLI JIAOXUE

著　　者　展　江　彭桂兵
策划编辑　司马兰　姜颖昳
责任编辑　司马兰　姜颖昳　曾婧娴
封面设计　拓美设计
责任印制　李志鹏

出版发行　中国传媒大学出版社
社　　址　北京市朝阳区定福庄东街 1 号　　**邮　　编**　100024
电　　话　010-65450532　65450528　　**传　　真**　65779405
网　　址　http://cucp.cuc.edu.cn
经　　销　全国新华书店

印　　刷　唐山玺诚印务有限公司
开　　本　787mm×1092mm　1/16
印　　张　22.5
字　　数　492 千字
版　　次　2014 年 9 月第 1 版
印　　次　2022 年 7 月第 6 次印刷

书　　号　ISBN 978-7-5657-0987-6 / G・0987　　**定　　价**　49.80 元

本社法律顾问：北京嘉润律师事务所　郭建平

新闻学与传播学案例系列教材

史论类

媒体道德与伦理·案例教学
媒体法·案例教学
传播学概论·案例教学
中国新闻史·案例教学
世界新闻史·案例教学

新闻实务类

财经新闻报道·案例教学
新闻编辑·案例教学
新闻采访与写作·案例教学
新闻评论·案例教学
深度报道实务·案例教学
新闻图片编辑·案例教学
新闻摄影·案例教学
公共外交·案例教学

广电类

广播电视概论·案例教学
广播电视新闻采访·案例教学
影视制作·案例教学
节目创意与执行·案例教学

新媒体类

全媒体新闻编辑·案例教学
融合报道·案例教学
互联网与新媒体实务·案例教学
数据新闻·案例教学
移动媒体概论·案例教学

中国传媒大学出版社网址：http://cucp.cuc.edu.cn
配套教学 PPT 请教师发邮件至以下邮箱索取
意见反馈及联系信箱：39797430@qq.com
联系电话：010-6578 3601